高等职业教育
数智化财经
—系列教材—

智能化成本核算与管理

刘小海 朱宏涛 关 坤 主 编
胡越君 余 畅 刘真兵 副主编

清华大学出版社
北 京

内 容 简 介

本书是财务会计类专业"岗课赛证"融通教材。本书以新能源电池企业的实际经济业务为原型,将职业院校财务会计类专业学生应具备的成本核算与管理知识和岗位工作任务、技能竞赛、初级会计师考试紧密结合,以满足工作岗位、技能竞赛和初级会计师考试需要。各项目内容设计循序渐进,注重"岗课赛证"融通,提供真实企业案例和仿真的、全面的会计实务素材。本书力求通过成本核算与管理理论知识同岗位任务的零距离对接,为学生将来从事成本会计岗位工作打下坚实的基础。本书同步建设有在线开放课程,配有微课、视频、成本管理理念、思维培养、职业拓展等数字化资源,可微信扫码视听。

本书既可用于各层次院校财务会计类专业智能化成本核算与管理课程教学,也可作为企业在职会计人员岗位培训用书。

本书封面贴有清华大学出版社防伪标签,无标签者不得销售。
版权所有,侵权必究。举报:010-62782989,beiqinquan@tup.tsinghua.edu.cn。

图书在版编目(CIP)数据

智能化成本核算与管理 / 刘小海,朱宏涛,关坤主编. -- 北京:清华大学出版社,2024.8. -- (高等职业教育数智化财经系列教材). -- ISBN 978-7-302-66753-7

Ⅰ. F231.2-39
中国国家版本馆 CIP 数据核字第 20246WQ716 号

责任编辑:左卫霞
封面设计:傅瑞学
责任校对:李 梅
责任印制:杨 艳

出版发行:清华大学出版社
    网 址:https://www.tup.com.cn,https://www.wqxuetang.com
    地 址:北京清华大学学研大厦 A 座   邮 编:100084
    社 总 机:010-83470000   邮 购:010-62786544
    投稿与读者服务:010-62776969,c-service@tup.tsinghua.edu.cn
    质量反馈:010-62772015,zhiliang@tup.tsinghua.edu.cn
    课件下载:https://www.tup.com.cn,010-83470410
印 装 者:三河市君旺印务有限公司
经 销:全国新华书店
开 本:185mm×260mm   印 张:19.25   字 数:492 千字
版 次:2024 年 9 月第 1 版   印 次:2024 年 9 月第 1 次印刷
定 价:59.80 元

产品编号:106891-01

前　言

本书全面贯彻党的二十大精神,落实新时代党对加强教材建设和管理的总体要求,坚持把立德树人作为根本任务,以培养适应社会需要的高素质技能型会计人才为出发点,以培养学生遵循职业道德、提高职业素养、熟悉成本核算工作流程、锻炼成本管控职业能力为目标,按照《企业会计准则》《企业内部控制基本规范》《企业会计信息化工作规范》以及国家税务总局发布的最新税务政策,结合《职业教育专业简介(2022年修订)》的新要求,融合企业实际工作以及全国职业院校业财税融合大数据应用技能竞赛相关内容,经高职院校一线教师和全国职业院校技能大赛技术支持企业资源事业部负责人反复研究编撰而成。

本书主要具有以下四大特色及创新。

1. 德技并修,构建课程思政的育人大格局

本书坚持为党育人,为国育才的理念,将思想政治教育以"素养目标""成本管理理念""编者寄语"等方式呈现,引导学生热爱祖国、遵纪守法、爱岗敬业、诚实守信、廉洁自律、客观公正,要求学生做一个坚守会计准则、善于学习、善于管理、善于服务的人。同时为授课教师设计了课程思政内容融入点,教师可根据不同的教学内容和环节融入党的二十大精神及其他思政内容,实现思政教育与专业知识的有机融合,使学生在润物细无声的知识学习中受到理想信念层面的教育。

2. 产教融合,深化"岗课赛证"融通

本书由八个省份八所职业院校一线教师对接国家专业教学标准、会计职业岗位任务、全国职业院校技能大赛业财税融合大数据应用赛项、初级会计师考试、1+X业财税融合成本管控职业技能等级证考试进行编写,并得到了业财税融合成本管控1+X证书、全国职业院校业财税融合大数据应用技能竞赛技术支持企业——湖南中德安普大数据网络科技有限公司的支持和参与,该公司为教材提供了内容真实、结构完整的企业运营、成本管控等方面的案例。本书通过"任务描述""工作情境""高手过招""课赛融通""课证融通"等方式深化"岗课赛证"融通,通过"职业拓展""思维培养"等方式融合企业发展新理念、新方法、新技术、新元素,提升教材在实践工作中的可应用性。

3. 校企合作,促使人才培养模式转变

本书以企业实际业务为基础编写,全面反映数字经济时代下业财税融合的现代会计理念,实现高职学生不但上手快、会思考、精分析、能决策、强管理、促创新的人才培养目标,而且使学生从单纯的会计核算型人才向能运用"大智移云物"等新技术、新方法,具备新质生产力的人才转变。

4. 推进数字资源一体化设计,搭建教学改革创新平台

本书落实加快建设数字中国,推进大数据与会计专业教学数字化要求,将"岗课赛证"融通等核心技能录制了微课,学生可通过扫描书中二维码观看。同时本书还配套建设有在线开放课程,扫描本页下方二维码即可在线学习该课程,内含微课、视频、测试等丰富的数字教学资源,能满足不同地域、不同时间、不同类别学生的学习要求,授课教师也可应用在线平台开展线上线下课堂教学,实现"纸媒"与"数媒"无缝对接。

本书是高等职业教育大数据与会计、大数据与财务管理、会计信息管理、财税大数据应用等专业的必修核心课程教材,由郴州职业技术学院、绍兴职业技术学院、山西财贸职业技术学院、江西工业贸易职业技术学院、安徽工业经济职业技术学院、山东莱芜职业技术学院、咸宁职业技术学院、广西金融职业技术学院的一线教师结合多年的教学经验和湖南中德安普大数据网络科技有限公司资源事业部员工多年的实践工作经验编写而成。本书由郴州职业技术学院刘小海、绍兴职业技术学院朱宏涛、山西财贸职业技术学院关坤担任主编,江西工业贸易职业技术学院胡越君、安徽工业经济职业技术学院余畅、湖南中德安普大数据网络科技有限公司刘真兵担任副主编,咸宁职业技术学院陈晓娟、王艳、山东莱芜职业技术学院孙士涛、广西金融职业技术学院马靖杰、郴州职业技术学院李潇参与教材编写及相关数字化资源制作。本书由郴州职业技术学院刘杰教授审稿。本书在编写过程中得到了行业企业、兄弟院校的大力支持,在此表示衷心的感谢。

因水平所限,本书难免存在不足之处,敬请广大同行批评指正。

编 者

2024 年 4 月

智能化成本核算与管理
在线开放课程

目 录

项目一 成本核算概述 1
- 任务一 成本与成本会计认知 2
- 任务二 企业生产类型与管理要求 8
- 任务三 成本核算的原则、要求和程序 13
- 课后训练 23

项目二 要素费用的核算 29
- 任务一 材料费用的核算 30
- 任务二 外购动力费用的核算 45
- 任务三 薪酬费用的核算 49
- 任务四 其他要素费用的核算 60
- 课后训练 67

项目三 生产费用的核算 75
- 任务一 辅助生产费用的核算 76
- 任务二 制造费用的核算 95
- 任务三 生产损失的核算 106
- 任务四 产品费用的核算 115
- 课后训练 132

项目四 成本计算的基本方法 138
- 任务一 产品成本的计算方法 139
- 任务二 品种法的计算 142
- 任务三 分批法的计算 159
- 任务四 分步法的计算 171
- 课后训练 188

项目五 成本计算的辅助方法 196
- 任务一 分类法的计算 197
- 任务二 定额法的计算 203
- 课后训练 217

项目六 成本报表的编制与分析 221
- 任务一 成本报表认知 222

任务二　成本报表编制 ……………………………………………………… 225
　　任务三　成本报表分析 ……………………………………………………… 235
　　课后训练 ……………………………………………………………………… 258

项目七　成本管理与控制 …………………………………………………… 264
　　任务一　标准成本法 ………………………………………………………… 265
　　任务二　作业成本法 ………………………………………………………… 278
　　任务三　目标成本法 ………………………………………………………… 285
　　任务四　质量成本管理 ……………………………………………………… 291
　　课后训练 ……………………………………………………………………… 297

参考文献 …………………………………………………………………………… 300

编者寄语 …………………………………………………………………………… 301

项目一

成本核算概述

素养目标

培养成本节约意识、成本管理大局意识;培育爱岗敬业、诚实守信、廉洁自律的会计职业道德;培养数字化学习与创新能力。

知识目标

了解成本的含义和作用;熟悉企业的生产类型和管理要求对成本计算方法的影响;熟悉产品成本核算的工作流程;掌握产品成本核算有关账户及结构。

能力目标

能根据企业的生产特点和管理要求为企业选择正确的产品成本计算方法。

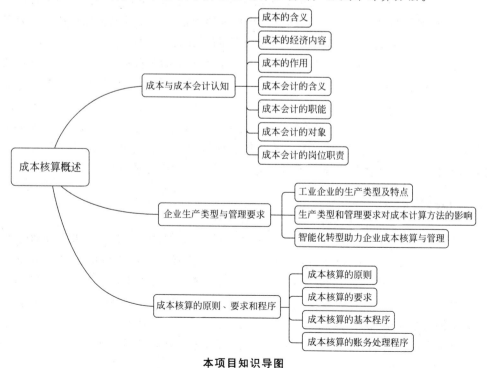

本项目知识导图

任务一　成本与成本会计认知

任务描述

做好成本会计的核算是工业企业降低成本、提高产品质量、提升企业利润的重要途径之一。本任务中的技能点是初级会计职称《初级会计实务》科目考试中的技能考核点——产品成本的定义，也是业财税融合成本管控1+X证书的技能考核点——成本的实质与核算意义、成本核算岗位的设置与职能。

工作情境

任逍遥是郴州市一所高职院校的毕业生，毕业后在湖南启航电池有限公司财务部工作，负责成本会计相关工作。

思考：（1）成本会计的工作任务是什么？
（2）会计工作如何给企业创造价值？

成本是指企业为生产和销售一定种类和数量的产品而发生的，以货币形式表现的各种物化劳动和活劳动的耗费。企业进行产品生产需要消耗生产资料和劳动力，这些消耗在成本中用货币计量，就表现为材料费用、折旧费用、工资费用等。例如，湖南启航电池有限公司购买原材料是为了获得其使用效率，该支出属于成本；湖南启航电池有限公司雇佣工人是为了取得服务，该支出也属于成本。

一、成本的含义

成本是商品经济的价值范畴，是商品价值的组成部分。人们要进行生产经营活动或达到一定的目的，就必须耗费一定的资源，其所耗费资源的货币表现及对象化称为成本。随着商品经济的不断发展，成本概念的内涵和外延都处于不断变化发展之中。

产品成本（product cost）是指企业为了生产产品而发生的各种耗费，可以指一定时期为生产一定数量产品而发生的成本总额，也可以指一定时期生产产品的单位成本。产品成本有狭义和广义之分，狭义的产品成本是企业在生产单位（车间、分厂）内为生产和管理而支出的各种耗费，主要有原材料、燃料和动力、生产工人工资和各项制造费用。广义的产品成本还包括生产发生的各项管理费用和销售费用等。作为产品成本列示的具体内容必须符合国家有关规定，企业不得随意乱挤和乱摊成本。本教材主要针对狭义的产品成本概念。

二、成本的经济内容

产品生产是工业企业的基本活动，产品的生产过程同时也是物化劳动和活劳动的消耗过程。在社会主义市场经济中，产品价值（w）是由生产中消耗的生产资料价值（c）、劳动者为自己的劳动所创造的价值（v）、劳动者为社会所创造的价值（m）三个部分组成的。

从理论上讲，产品成本是企业在生产经营过程中所耗费的生产资料价值（c）和劳动者为自己的劳动所创造的价值（v）的总和（$c+v$）。产品成本既是生产耗费的反映，又是生产补偿的尺度。只有当产品销售出去以后，产品价值得以实现，才能补偿产品成本（$c+v$），并产生剩余价值(m)。但在实际工作中,为了促使工业企业加强经济核算,节约生产耗费,减少生产损失,便于进行产品成本计算,某些不形成产品价值的损失(如废品损失、停工损失)也作为生产费用计入产品成本。可见,在实务中,产品成本的实际内容除应主要反映理论成本的客观经济内涵外,也应充分体现企业成本核算和管理的要求,把某些在理论上不属于 $c+v$ 的内容列入成本。

三、成本的作用

1. 成本是补偿生产耗费的重要尺度

为了保证企业的再生产活动,必须对生产耗费进行补偿。企业的生产耗费是靠企业的营业收入来补偿的,补偿的多少首先要看企业成本耗费的多少。因而成本是衡量这一补偿份额大小的重要尺度。例如,开一家面馆,在取得销售收入后,必须把店面费、买面的钱、电费、人工费等相当于成本的数额划分出来,用以补偿生产经营中的资金耗费。这样,成本就是一种补偿,用来补偿生产耗费。

成本也是划分生产经营耗费和企业纯收入的依据,在一定的销售收入中,成本越低,企业纯收入就越高。可见,成本是一种尺度。例如,经营一家包子铺卖包子,起初是纯手工制作,后来老板考虑购买揉面机、蒸包柜等机械化设备。这个决策从经济效益考虑是否可行呢?老板把这个任务交给了会计,会计利用专业知识进行了预测和分析,见表1-1。

表 1-1 包子铺简易利润表展示   单位:元

项 目		使用原有设备	安装机械化设备
销售收入		60 000	60 000
成本	原料	18 000	18 000
	人工	10 000	5 000
	水电费	1 000	1 800
	租金	10 000	10 000
	折旧	1 800	3 000
	其他	5 000	4 000
	合计	45 800	41 800
营业利润		14 200	18 200

通过表1-1计算可知,使用原有设备时营业利润为14 200元,安装机械化设备后的营业利润为18 200元。通过收入和成本对比分析可以发现,安装机械化设备,每月可以增长4 000元的营业利润,因此老板决定购买机械化设备。可见,过去的成本信息是进行决策分析的重要依据,没有过去准确的成本信息则无法进行正确的决策。

2. 成本是反映企业工作质量的重要标准

成本可以反映企业经营管理各项工作的业绩。例如,产品设计是否可行,生产工艺是否合理,固定资产利用程度如何,原材料耗费是否合理,劳动生产率的高低,产品质量的好坏,产品产量的增减以及供、产、销各环节的工作是否衔接协调等,都可以通过成本直接或间接地反映出来。

成本是综合反映企业工作质量的重要标准,企业可以通过对成本的计划、控制、监督、考核和分析来促使内部各职能部门加强经济核算,提高管理方式,不断降低成本,提高企业效益。例如,通过正确制定和执行各项成本计划指标,可以事先控制成本水平和监督各项费用,促使企业层面及企业内部各单位努力降低各种成本;通过对企业的成本进行对比和分析,可以及时发现成本的节约或浪费情况,出现成本节约的情况相互分享经验,在企业各个部门推广;出现成本浪费的情况采取措施,降低企业成本,提高经济效益。

3. 成本是企业制定产品价格时的重要因素

产品的定价要考虑很多因素,包括产品成本、市场需求、行业竞争、国家政策等。其中产品成本是影响产品价格的重要因素之一,一般情况下产品定价不能低于成本。

4. 成本是企业进行决策的重要依据

正确的生产经营决策是企业持续发展的重要前提,例如,A产品是否停产,B产品是否扩大产能生产,是否研发新产品等。进行生产经营决策,需要考虑的因素有很多,成本是主要因素之一。这是因为在价格等因素一定的前提下,成本的高低直接影响企业获利的多少。

四、成本会计的含义

成本会计是指收集、整理成本信息,并用成本信息进行成本控制的管理活动,即成本会计是运用成本核算理论和成本管理方法进行产品的总成本和单位成本计算并进行成本管理的会计活动。

在我国,成本核算和成本会计工作要根据《企业会计准则》及相关的成本管理法规进行。成本会计提供的资料是财务会计进行资产计价和利润计算的必要依据,但成本会计只是提供企业内部管理使用的会计信息。成本管理是企业为降低成本所进行的各项管理工作的总称。成本会计是适应成本管理的需要而形成的,同时又是成本管理的重要组成部分。

五、成本会计的职能

成本会计的职能是指成本会计作为一种经济管理活动,在生产经营过程中所能发挥的作用。随着社会经济的发展,成本会计不断融合管理科学,以满足不断增长的经济管理需求。成本会计从最初的事后成本计算,已发展到如今的成本预测、成本决策、成本计划、成本控制、成本核算、成本分析、成本考核七大功能。

1. 预测职能

成本预测是指运用一定的科学方法,认真分析影响成本水平的各种因素,对未来成本水平及变化趋势做出科学的预测和估计。它是进行成本决策和编制成本计划的重要基础,通过成本预测可以寻求降低产品成本,提高经济效益的途径,有助于减少决策的盲目性。

2. 决策职能

成本决策是指在成本预测的基础上,拟订优化成本的各种方案,并采用一定的专门方法进行可行性研究和技术经济分析,从中选择最优方案,以确定目标成本的过程。成本决策是编制成本计划的基础,通过成本决策优胜劣汰,实现对成本的事先控制。

3. 计划职能

为了保证成本决策所确定的目标成本得以实现,必须通过一定的程序和方法,规定计划期为完成生产任务所发生的生产耗费和各种产品的成本水平,制订相应的实施措施,并以书面文件的形式下达各执行单位和部门,作为计划执行和考核的依据。成本计划是进行成本控制、成本分析和成本考核的重要依据。成本计划的制订过程也是进一步挖掘企业降低成本、费用潜力的过程。

4. 控制职能

成本控制是在生产经营过程中,根据成本计划,对各项实际发生和将要发生的成本费用进行审核和监督,及时揭示执行过程中的差异,采取措施将成本费用控制在计划之内,以保证成本计划顺利进行。成本控制是对成本的事中控制,广义的成本控制还包括事前的成本控制和事后的成本控制。通过成本控制可以及时发现成本管理中的问题,防止浪费,消除生产过程中的损失,使生产经营过程顺利进行。

5. 核算职能

成本核算是指运用专门的成本计算方法,按规定的成本项目,通过一系列生产费用的归集与分配,计算出各种产品的实际总成本和单位成本,做出有关的账务处理,并编制成本报表。成本核算是以已经发生的各种费用为依据,为成本管理提供客观、真实的成本资料,是一种事后的反映。同时,为今后的成本预测、成本决策和成本计划提供依据,是最基本的成本会计职能。

6. 分析职能

成本分析是指根据成本核算所提供的信息和其他有关资料,结合成本计划,运用一系列专门的分析方法,了解成本水平与成本构成情况,分析影响成本费用变动的各种因素及影响程度。通过成本分析可以了解成本计划的完成情况、成本变化的趋势、成本超支节约的责任或原因,并提出积极建议,以采取有效措施,进一步挖掘增产节约降低产品成本的潜力。

7. 考核职能

成本考核是在成本分析的基础上,以各责任者为对象,以其可控制的成本为界限,并按责任的归属考核其成本指标完成情况,评价其工作业绩,决定其奖惩。定期的成本考核将成本管理的责、权、利紧密结合,充分调动了企业内部各部门及个人生产积极性,使企业能够不断挖掘生产潜力、优化生产、提高经济效益。

在成本会计的各个职能中,成本核算是最基本的职能,没有成本核算就无法进行成本预测、决策、计划、控制、分析、考核。成本会计的各个职能是相互联系、互为条件的,并贯穿于企业生产经营活动的全过程,在全过程中发挥作用。

成本会计的职能和关系如图 1-1 所示。

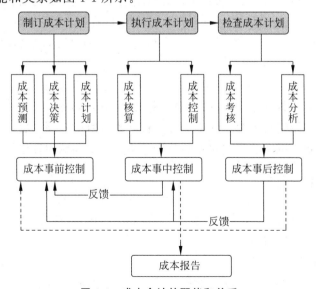

图 1-1 成本会计的职能和关系

六、成本会计的对象

成本会计的对象是指成本会计反映和监督的具体内容。一般来说,成本所包括的内容,也就是成本会计应该反映和监督的内容,即企业生产经营过程中发生的产品生产成本和期间费用。由于不同行业的生产经营特点不同,各行业成本会计所要反映和监督的具体内容也有所不同。下面以工业企业的生产经营活动为例,说明其成本会计对象的具体内容。

工业企业的基本生产经营活动是生产和销售产品。在生产过程中,企业从原材料投入到产品制成,一方面会发生各种各样的生产耗费,另一方面也会制造出产品。这一过程中的生产耗费,包括劳动资料与劳动对象等物化劳动耗费和活劳动耗费两大部分。其中,房屋、机器设备等作为固定资产的劳动资料,通过计提折旧的方式逐渐、部分地转移到所制造的产品中去,构成产品生产成本;原材料等劳动对象,其价值一次性全部转移到新产品中去,也构成产品生产成本;生产过程中劳动者为自己劳动所创造的那部分价值,以工资形式支付给劳动者,这部分工资也构成产品生产成本。由此可见,工业企业在产品生产过程中发生的各种生产耗费,主要包括原料及主要材料、辅助材料、燃料等各种劳动对象的耗费,生产单位(如分厂、车间)固定资产计提的折旧,直接生产人员及生产单位管理人员的工资以及其他一些货币支出等。所有这些耗费,就构成了工业企业在产品制造过程中的全部生产费用。为生产一定种类和一定数量产品而发生的各种生产费用支出的总和,就构成了产品的生产成本。工业企业在生产过程中各种生产费用的支出和产品生产成本的形成,是工业企业成本会计所要反映和监督的主要内容。

企业在销售产品过程中,也会发生各种各样的费用支出,如销售过程中应由企业负担的运输费、装卸费、包装费、保险费、展览费、广告费,以及为销售本企业商品而专设销售机构发生的各种费用等,所有这些为销售本企业产品而发生的费用,构成了企业的销售费用。销售费用也是企业在生产经营过程中所发生的一项重要费用,它的归集和结转过程也是成本会计所反映和监督的一项内容。

企业的行政管理部门为组织和管理生产经营活动,也会发生各种各样的费用,如企业行政管理部门人员的工资、差旅费、固定资产折旧、业务招待费等,这些费用构成了企业的管理费用。管理费用也是企业在生产经营过程中所发生的一项重要费用,它的归集和结转过程也是成本会计所反映和监督的一项内容。

企业为筹集生产经营所需资金等也会发生一些费用,如利息净支出、汇兑净损失、金融机构的手续费等,这些费用构成了企业的财务费用。财务费用也是企业在生产经营过程中所发生的费用,它的归集和结转过程也是成本会计所反映和监督的一项内容。

由此可见,工业企业成本会计的对象包括产品生产成本和期间费用。

七、成本会计的岗位职责

不同企业设置的成本会计岗位职责也不一样,总的来说,成本会计岗位职责主要涉及对成本数据的收集、分析、记录和报告。

1. 收集成本数据

成本会计与各部门(如生产、采购、销售等)协调,确保及时获取准确的成本数据,定期收集原材料成本、直接劳动成本、间接劳动成本、制造费用等数据。其主要目的是确保成本数据完整、准确,为成本分析和决策提供有力支持。

2. 分析成本数据

运用成本分析方法(如比较分析、趋势分析、结构分析等)对收集到的成本数据进行深入分析,找出成本变动的原因和趋势。其主要目的是帮助管理层识别成本控制的关键点,提高成本控制能力。

3. 记录成本信息

按照会计准则和公司政策,将成本数据录入会计系统,编制成本报表,确保成本信息的准确性和合规性。其主要目的是为公司的财务报告提供可靠的成本信息,满足内外部审计的需求。

4. 报告成本信息

定期向管理层提交成本报告,包括成本分析、成本预算与实际对比、成本趋势预测等内容,为管理层的决策提供有力支持。其主要目的是使管理层了解公司的成本状况,为战略规划和决策提供数据支持。

5. 监控成本执行

设定成本控制标准,对实际成本进行监控,发现成本超支或异常情况时,及时调查原因并采取相应措施。其主要目的是确保成本控制在合理范围内,提高公司的盈利能力和竞争力。

6. 与其他部门协作

成本会计与生产、采购、销售等部门保持密切沟通,了解各部门的成本需求和建议。提供成本相关的专业意见和建议,帮助其他部门优化成本管理。其主要目的是形成全公司范围内的成本管理合力,共同推动公司成本管理水平的提升。

总之,成本会计需要全面了解公司的成本结构和业务流程,通过收集、分析、记录和报告成本数据,为公司的决策提供有力支持。同时,成本会计还需要与其他部门紧密合作,共同推动公司成本管理水平的提升。

高手过招

微课:成本趋势分析

成本管理理念

精益全价值链视角下企业降本增效探索

"降本增效是企业精益改善永恒的主题,坚持文化引领、坚持领导作用、坚持目标导向,持续改善提升,持续全员参与,持续数字赋能。"2023年10月29日,沈阳鼓风机集团战略投资部副部长孔祥卓在中国制造业精益数字化转型主题会议上与参会者分享企业在精益成本管理上的探索与实践成果。

孔祥卓表示,沈阳鼓风机集团全价值链精益成本管理的具体做法主要有五点:第一是营造成本文化,提升全员意识。随着全价值链降本增效工作开展,形成"凝心聚力开源节流,集思广益降本增效"的成本文化。第二是明晰成本职责,构建责任体系。明晰从基准成本、目标成本、实际成本、成本核算、成本改善的各个阶段，建立各单位的具体成本管理职能，明确各成本阶段的主要职责，形成各单位的成本职责说明书。第三是确定横纵主线，建立管控机制。逐步摸索建立了横纵两条成本管理主线，横轴是以产品线为对象开展成本企划，实现系统性降本，纵轴是以客户需求的具体项目为对象开展的目标成本管理，实现单个项目成本的毛利率管控。第四是应用成本工具，开展持续改善。从设计端、采购端和制造端上开展结构优化、针对定制化配套，与供应商联动优化配置降低成本，拓展阳光采购新模式、从制造端科学明晰成本科目，直接从源头推动制造成本下降。第五是信息数据挖掘，数字化赋能。通过大数据比对，分析未来价格趋势，快速估算新订单成本，同时通过最终成本数据统计，评估降本效果，为未来降本找到方向。

资料来源：http://gz.people.com.cn/n2/2023/1029/c194849-40620871.html。

思考： 2024年政府工作报告中提出深入推进数字经济创新发展，制定支持数字经济高质量发展政策，积极推进数字产业化、产业数字化，促进数字技术和实体经济深度融合。数字化如何赋能实现企业降本增效？

任务二 企业生产类型与管理要求

任务描述

影响产品成本计算方法的主要因素是产品成本计算对象，而影响产品成本计算对象的主要因素则是企业的生产类型特点和管理要求；本任务中的技能点是成本会计的基础，是初级会计职称《初级会计实务》科目考试中的技能考核点——成本核算对象与核算程序，也是业财税融合成本管控1+X证书的技能考核点——成本核算的基础工作。

工作情境

湖南启航电池有限公司生产车间有基本生产车间，包括生产一部、生产二部；辅助生产车间，包括供气车间、供电车间、供水车间。生产一部生产半成品磷酸铁锂，生产二部生产产成品62.8kWh磷酸铁锂电池组和78.54kWh磷酸铁锂电池组。磷酸铁锂电池生产工艺可细分为磷酸铁生产工艺、磷酸铁锂生产工艺、负极材料生产工艺、整合工艺。

思考： (1) 从生产工艺角度，产品生产可以分为哪些类型？
(2) 从生产组织方式角度，产品生产可以分为哪些类型？
(3) 生产工艺和生产组织方式对成本计算方法有哪些影响？
(4) 湖南启航电池有限公司可以按照什么标准确定成本对象？

一、工业企业的生产类型及特点

企业产品成本计算的过程，就是将生产经营过程中所发生的费用按照一定的对象进行归集和分配，最终计算出产品的总成本和单位成本的过程。

在实际工作中，工业企业计算产品成本有多种方法，影响产品成本计算方法的主要因素是产品成本计算对象，而影响产品成本计算对象的主要因素则是企业的生产类型特点和管理要求。因此，在确定企业产品成本计算方法之前，要分析企业的生产类型特点和成本管理要求，从而选择适合本企业的产品成本计算方法，由此才能得出准确的产品成本。企业生产的类型可以按照生产工艺过程的特点和生产组织方式的不同进行划分。生产类型的分类如图 1-2 所示。

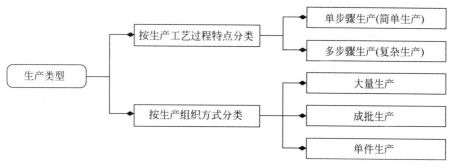

图 1-2　生产类型的分类

1. 生产类型按生产工艺过程的特点分类

生产工艺过程是指制造各种产品的具体方法,即工人使用机器设备等直接改变原材料的形状、尺寸、成分、性质等,使其成为预期产品的过程。例如,湖南启航电池有限公司磷酸铁锂电池生产过程中的预备、粉碎、混合、压制、烘烤、理化测试和收尾等一系列生产过程。

按照生产工艺过程的特点,产品生产可以分为单步骤生产和多步骤生产。

(1) 单步骤生产(简单生产)。单步骤生产是指生产工艺过程不能间断,或者由于工作场地,不便于分散在不同地点进行生产。此类生产的生产周期较短,工艺比较简单,例如发电企业、采掘工业、燃气企业、铸造企业等的生产。

(2) 多步骤生产(复杂生产)。多步骤生产是指产品的生产工艺过程是由若干可以分散在不同时间和地点进行的生产步骤所组成的生产。此类生产的生产周期长,工艺比较复杂,例如纺织企业、钢铁企业、机械制造企业、服装加工企业、造纸及冶金企业等的生产。

多步骤生产按照其产品加工方式的不同,还可以分为连续加工式生产和装配式(平行加工)生产。

连续加工式生产是指从原材料投入生产直到产品完工,需要依次经过各生产步骤的连续加工,前一步骤完工的半成品是企业自制半成品,也往往是下一步骤的加工对象。此类企业如纺织、造纸、服装等企业。

装配式生产是指各个生产步骤可以在不同时间、不同地点同时进行,即将原材料投入不同的生产加工部门制成各种零件、部件,然后再将零件、部件装配成产成品。此类企业如机械制造、电动车制造等企业。

2. 生产类型按生产组织方式分类

生产组织方式是指企业生产的专业化程度,具体是指企业在一定时期内生产产品品种的多少、同类产品的数量多少以及生产的重复程度。按照企业生产组织方式,产品生产可以分为大量生产、成批生产和单件生产。

(1) 大量生产。大量生产是指不断地重复生产一种或几种特定产品的生产。这种生产类型的企业一般生产的品种较少,但每一品种的产量较大,规格较单一,且多采用专业设备进行生产,因此生产的专业化水平较高,如供水、发电、采掘、纺织、钢铁、造纸等生产就属于这种类型。

(2) 成批生产。成批生产是指按照事先规定的批别和数量进行的生产。这种生产类型的企业一般生产的品种较多,规格也较多,但每一种品种的产量可能有大有小,如机械、服装等生产属于这种类型。成批生产按照批量大小又可以分为大批生产和小批生产。大批生产和大量生产相接近，小批生产和单件生产相接近。

（3）单件生产。单件生产是指生产品种规格或质量要求比较特殊的产品，或根据客户订单个别设计、单独进行的生产。这种生产类型的企业一般生产的品种较多，但每一种品种的产量较少，规格较特殊，且生产完成后，很少再重复生产该种规格的产品，如重型机械、精密仪器、船舶等生产就属于这种类型。

将上述生产工艺过程的特点、生产组织方式的不同结合起来，可以形成不同的生产企业类型。

二、生产类型和管理要求对成本计算方法的影响

企业采用哪种成本计算方法，在很大程度上由产品的生产类型所决定，而对不同的生产类型的成本管理要求也不相同。由于成本计算总是按照一定的成本计算对象归集和分配生产费用，所以生产特点和管理要求对产品成本计算的影响主要表现在以下三个方面：成本核算对象、成本计算期、完工产品与在产品之间的费用分配。

1. 对成本核算对象的影响

要计算产品成本，首先要确定成本核算对象。企业应当根据生产类型和管理要求，确定成本核算对象，归集成本费用，计算产品的生产成本。制造企业一般按照产品品种、批次订单或生产步骤等确定产品成本核算对象。

（1）大量大批单步骤生产产品或管理上不要求提供有关生产步骤成本信息的，一般按照产品品种确定成本核算对象。

（2）单件小批量生产产品的，一般按照每批或每件产品确定成本核算对象。

（3）多步骤连续加工产品且管理上要求提供有关生产步骤成本信息的，一般按照每种（批）产品及各生产步骤确定成本核算对象。

产品规格繁多的，可以将产品结构、耗用原材料和工艺过程基本相同的产品，适当合并作为成本核算对象。成本核算对象的具体确定情况，如表1-2所示。

表 1-2 成本核算对象

生产组织	生产工艺	管理要求	成本核算对象
大量大批	单步骤生产	—	产品品种
大量大批	多步骤生产	不要求分步	
大量大批	多步骤生产	要求分步	生产步骤
单件小批	多步骤生产	要求分步	
单件小批	多步骤生产	不要求分步	产品批次

2. 对成本计算期的影响

成本计算期即生产费用计入产品成本所规定的起止日期。企业产品的生产特点和管理要求不同，对确定成本计算期同样有影响。

在大量大批生产中，由于连续不断地生产，企业不断地投入原材料、不断地产出完工产品，因而产品成本要定期在月末计算。成本计算期与生产周期不一致，而与会计报告期一致，满足会计分期核算确定企业经营损益的需求。

在单件小批生产的情况下，由于生产一般是不重复进行的，而各批产品的生产周期往往不同，一批产品投产时间相同、完工时间相同，成本计算一般要等到某件或某批产品完工后才能

计算,因此,成本计算期与生产周期一致,与会计报告期不一致。

3. 对生产费用在完工产品与在产品之间分配的影响

企业生产的特点,还影响月末进行成本计算时是否需要在完工产品与在产品之间分配生产费用,即是否需要计算在产品成本。

在大量大批生产的情况下,由于成本计算期与产品的生产周期不一致,月末一般都会有尚未完工的在产品,因此,月末计算产品成本时,生产费用就必须在完工产品和月末在产品之间进行分配。

在单件小批生产的情况下,由于成本计算期和产品生产周期一致,在产品尚未完工时,该批(件)产品成本计算单所归集的生产费用,全部是在产品的成本;当产品全部完工时,该批(件)产品成本计算单所归集的生产费用,全部是完工产品的成本。因此,一般不存在计算月末在产品成本的问题。

以上三个方面的影响相互联系、相互作用。三者中,生产类型对成本计算对象具有重大影响,以此为基础,不同的成本计算对象又影响不同的成本计算期和生产费用是否要在完工产品和在产品之间分配。可以说,成本计算对象的确定是正确选择成本计算方法的关键依据,也是区分不同成本计算方法的主要标志。

三、智能化转型助力企业成本核算与管理

随着科技的不断进步和企业的日渐发展,成本会计也随之不断发展和完善。在传统的成本会计中,核算和管理成本的手段主要有手工计算、电子表格和专业成本软件等,但是这些方式往往存在着计算精度低、速度慢、易出错等问题,且缺少智能化管理手段,难以满足企业的核算和管理需求。在数字化时代下,通过利用云计算、大数据等高科技手段,可以更有效地收集、分析和管理成本数据。同时,还可以通过智能算法来预测未来的成本,及时进行调整,从而更好地掌控企业成本。

中国铁塔以数字化建设助力管理提升 推动企业转型升级

中国铁塔股份有限公司(以下简称中国铁塔)持续推进数字化建设与企业经营管理深度融合,构建专业化、集约化、精益化、高效化、数字化"五化"运营体系,推动企业从数量规模型向质量效益型转型升级。2023年,中国铁塔全员劳动生产率约296万元/人,人均管理铁塔数量近100座,资产管理效率、管理规范性和服务质量显著提升。

1. 数字化赋能生产经营流程,提升精益管理能力

"一码到底"夯实管理基础。从源头建立一物一码机制,实行205万个站址"一站一个身份证",240万件物资"一物一条资产码",通过数据源头生成、全局共享、刚性一致,流程效率有效提升,物资发货至收货、入库至出库、出库至安装环节时长分别缩短63%、32%、40%,月库存物资占用成本减少563万元,且资产运营全寿命周期"可视、可管、可控",有效避免了资产流失和"跑冒滴漏"风险。

智能运维提升作业效率。采用"视频+AI+边缘计算"模式,建设智能运维平台,集中监控全国百万站址,自动发现故障问题并派单运维,实现人海排查运维向智能定点派单转变。现场巡检工作量下降48%,资产盘点效率提升85%,无效上站减少23%,在提升效率的同时,持

续优化运行服务质量,站址平均退服时长缩短70%。

业财融合提升管理精度。推进业财深度融合,集成财务与资产资源、运维、采购、人力、审计等141个业财接口,通过"业务财务一体化、会计核算自动化"实现一套制度、一个流程、一套标准、一个系统、一本账、一套表。以管理会计为抓手搭建铁塔单站核算体系,以物理站址为最小单元准确归集资产、收入、成本,统一为全国205万个站址出具损益表,全面压实并细化从管理层到一线员工对成本利润的经济责任,2023年公司净利润同比增幅超10%。

2. 数字化平台助力智慧管理,提升智能监管能力

打造"阳光采购2.0"工程,提升采购监管实时性与精准性。打通国资国企在线监管平台与企业采购管理系统,实现监管数据"自动采集、自动稽核、自动报送"。以53个监管采集指标为标准,穿透一线生产和管理,建成自动采集通道;建立71条数据稽核规则和7个智能监管业务模型,提升源头数据质量,并对采购业务高风险场景进行自动风险识别和风险预警。2023年各级单位采购数据报送质量和效率全面提升,上报时长压缩75%,节省8 800人工时/月。

搭建综合安全管理智慧平台,提升安全生产管理能力。将公司"全量站址、全量办公场所、全量施工项目、全量合作单位、全量设备设施、全量仓储"六个全量数据统一纳入云平台进行集中呈现和动态管理。全面落实"六个全量"塔长制管理,支持为每一座"塔"生成唯一"二维码",记录各类设施及塔长信息,平台与各业务系统对接,确保责任到人。2023年排查并整治安全隐患32万处,整治完成率98.8%。

升级资产运营监控平台,提升资产运营管理能力。聚焦"账实相符管理""资产健康管理""闲置资产管理""资产盘活""资产配置异常"等关键环节,建模分析发现问题和短板,通过工单管理、督办升级等电子化流程,强化问题处理和短板提升,实现"数据＋系统"驱动的资产运营。目前平台累计派发46万余条工单,派单有效率高达100%,成功发现3 000余起站址私装设备问题,规范3 900余个站址的拆除流程,有效降低运维成本、提高维护服务质量、防范资产运营风险、促进资产保值增值。

3. 数字化应用布局新兴产业,培育发展"新赛道"

升级"数字塔",服务千行百业。通过在塔上加载摄像头、传感器等智能设备,将超过21万通信塔升级为数字塔,广泛服务林草、环保、水利、应急、农业、交通、国土、政法、乡村、文旅等行业,助力50万平方公里重点林区防火预警、4.8亿亩农田秸秆焚烧行为监管、4 700个河道和2 300个水库监测、1万多公里公路和近9 000公里铁路护路等,以数字塔为媒介,人、机、物泛在连接的中高点位物联网产业链正逐步构建形成,相关业务收入自2019年以来年复合增长率超40%。

强化算法攻坚,掌握核心能力。全面推进人工智能重点实验室建设,面向"山水林田湖草沙"等治理领域,构建中高点位场景国内领先的AI算法生态,建立开放算法仓,融合超100种算法场景,建立百万级独一无二的中高点位样本库,为算法准确率的提升提供丰富的训练场景。目前自研算法累计达到53种,同比增长253%,算法平均准确率超过75%,同比提升13%,其中烟火侦测、非法垂钓等18种算法赶超行业先进水平。

培育平台生态,提升市场竞争力。打造智慧能源平台,集成新建汽车充电、共享电单车等新能源应用功能,拓展综合节能行业应用,搭建平台智能化模型,持续丰富线上营销、网络直播、智能客服等互联网应用,优化客户体验,提高客户黏性,降低市场化获客成本。截至2023年年底,已支撑换电累计付费用户累计超过100万,AIoT(人工智能物联网)链接设备达到700万台,发布平台智能化模型33个,助力能源业务持续打造优质产品,品牌影响力大幅提升。

资料来源:http://www.sasac.gov.cn/n2588025/n2588124/c30220496/content.html。

思考：党的二十大报告提出加快发展数字经济，促进数字经济和实体经济深度融合，打造具有国际竞争力的数字产业集群。通过数字化建设企业可从哪些方面受益？

任务三　成本核算的原则、要求和程序

任务描述

成本核算是企业管理活动中的重要环节，产品成本核算的过程，就是将生产过程中的各种耗费计入产品成本的过程；本任务中的技能点是学习成本会计的基础，也是初级会计职称《初级会计实务》科目考试中的技能考核点——成本核算对象与核算程序，同时是业财税融合成本管控1＋X证书的技能考核点——成本核算的一般流程。

工作情境

任逍遥是湖南启航电池有限公司的财务部实习生，需要了解公司的生产流程和成本核算资料，但公司生产业务复杂，成本核算按什么程序进行一直困扰着他。

思考：（1）成本核算主要设置哪些账户？明细账如何设置？

（2）成本核算的一般程序是什么？

一、成本核算的原则

成本核算是企业管理活动中的重要环节，它可以帮助企业制定明确的生产经营策略，了解生产成本的构成情况，优化生产结构，提高盈利能力，所以在进行成本核算时，必须遵循一些原则。

（1）合法性原则。企业在计算成本的过程中必须遵守相关的法律、法规，不合法的费用必须被排除在成本计算之外，以确保成本的准确性和合法性。

（2）可靠性原则。成本信息必须真实可靠，不应该含有虚假信息，所有的核算结果应该是可核实的。这样，企业才能够依靠准确的成本信息做出合理的决策。

（3）相关性原则。成本分类需要提供有用的信息，为管理层提供在决策过程中需要的关键信息，以帮助企业做出更加明智和有效的决策。另外，成本核算的及时性也非常重要，信息需要实时更新，以确保全面了解生产成本的变化趋势。

（4）分期核算原则。将生产活动划分成不同的时间段，按照一定的周期进行核算，可以避免信息的混杂和不准确。企业需要将整个经营周期进行划分，对每个周期内的成本进行合理地归集和总结，以便更好地了解企业的盈利状况。

（5）权责发生制原则。企业应该按照时序原则对成本进行计算。无论成本是否已经支付，只要是本期发生的成本，都应该计入当期的成本内，以确保成本核算的准确性。

（6）实际成本计价原则。企业在计算生产成本时，应该以实际的成本为基础进行计算。要求生产过程中的原材料、燃料、动力、劳务等费用都必须按照实际使用的数量进行计算。即使在实际使用过程中出现了偏差，在计算成本时仍应该按照实际的标准进行计算，而不是按照计划价格计算。

（7）一致性原则。成本核算所采取的方法，必须在各个时期内保持一致，以确保成本数据的连贯性和可比性。这对于企业在决策过程中及时评估不同时间段的产品成本，有着非常重要的作用。

(8) 重要性原则。企业在成本核算时,应该将重要的成本项目作为重点,将具体的事项视为优先,以保证成本核算结果的准确性和可靠性。

总之,在进行成本核算时,必须遵循一些基本的原则,这些原则可以确保成本信息的真实性、全面性、及时性以及准确性。只有遵循这些原则,企业才能够更好地了解生产活动中所发生的实际成本,更合理地制定生产经营策略,提高企业的盈利能力和竞争优势。

二、成本核算的要求

(一) 对成本费用进行合理分类

成本费用的分类如图 1-3 所示。

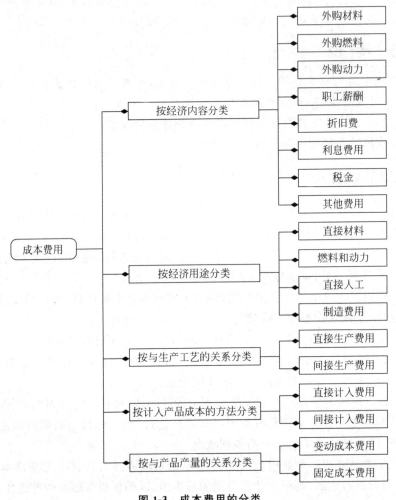

图 1-3 成本费用的分类

1. 按经济内容分类

企业在生产经营过程中发生的各项耗费称为生产经营费用,简称成本费用。成本费用按经济内容划分,可以分为劳动对象方面费用、劳动手段方面费用和活劳动方面费用三大类。为了具体地反映工业企业各种费用的构成和水平,还可以在此基础上进一步划分为以下八个费用要素。

(1) 外购材料。外购材料是指企业为进行生产经营而耗用的一切从外单位购进的原料及主要材料、半成品、辅助材料、包装物、修理用备件和低值易耗品等。

(2) 外购燃料。外购燃料是指企业为进行生产经营而耗用的一切从外单位购进的各种固体、液体和气体燃料。

(3) 外购动力。外购动力是指企业为进行生产经营而耗用的从外单位购进的各种动力。

(4) 职工薪酬。职工薪酬是指企业为进行生产经营而发生的各种职工薪酬。

(5) 折旧费。折旧费是指企业按照规定计算的固定资产折旧费用。出租固定资产的折旧费不包括在内。

(6) 利息费用。利息费用是指企业应计入财务费用的借入款项的利息支出减去利息收入后的净额。

(7) 税金。税金是指应计入企业当期损益的各种税金,如房产税、车船税、土地使用税、印花税等。

(8) 其他费用。其他费用是指不属于以上各要素但应计入产品成本或期间费用的费用支出,如差旅费、租赁费、外部加工费以及保险费等。按照以上费用要素反映的费用,称为要素费用。

工业企业按照上列费用要素分类核算的作用:可以反映企业在一定时期内共发生哪些费用,数额是多少,据以分析各个时期各种费用的结构和水平;可以为编制企业的材料采购资金计划和劳动工资计划提供资料;可以为企业核定储备资金定额和考核储备资金周转速度提供资料。这种分类核算的不足之处:不能反映各种费用的经济用途,因而不便于分析这些费用的支出是否节约、合理。因此,对于工业企业的这些费用,还必须按经济用途进行分类。

2. 按经济用途分类

计入产品成本的生产费用按其经济用途所分的项目称为产品成本项目,简称成本项目。工业企业一般应设置以下成本项目。

(1) 直接材料。直接材料是指直接用于产品生产、构成产品实体的原料、主要材料费用以及有助于产品形成的辅助材料费用。

(2) 燃料和动力。燃料和动力是指直接用于产品生产的各种外购和自制的燃料、动力费用。

(3) 直接人工。直接人工是指直接参加产品生产的职工薪酬。

(4) 制造费用。制造费用是指间接用于产品生产的各项费用,或直接用于产品生产但不便于直接计入产品成本,因而没有专设成本项目的费用,以及企业内部生产单位为组织和管理生产活动而发生的各种费用。

费用按经济用途分类一方面能反映各种费用的具体经济用途,便于考核各项费用定额或计划的执行情况,分析费用支出是否合理、节约;另一方面将生产费用划分为若干成本项目,便于分析产品成本构成,寻求降低产品成本的途径,提高成本管理水平。

3. 其他分类

(1) 费用按与生产工艺的关系可分为直接生产费用和间接生产费用。

(2) 费用按计入产品成本的方法可分为直接计入费用和间接计入费用。

(3) 费用按与产品产量的关系可分为变动成本费用和固定成本费用。

(二) 正确划分各种费用界限

为了加强对各种费用的控制,保证产品成本客观、准确,正确计算损益,企业必须划分以下几方面的费用界限。

1. 正确划分支出应否计入产品成本和期间费用的界限

这一划分的重点在于"应否计入"。企业用于产品生产和销售、用于组织和管理生产经营活动、用于筹集生产经营资金的各种费用，应计入产品成本和期间费用，包括产品生产过程中实际消耗的原材料、燃料、动力、周转材料等；生产过程中应付职工的各种报酬；生产车间管理人员工资、办公费、生产用固定资产折旧、无形资产摊销、租赁费等各种间接费用；生产过程中发生的停工损失、废品损失；销售部门销售产品而发生的各种销售费用，管理部门为组织和管理生产经营活动而发生的各种管理费用，以及财务部门为筹集生产经营资金而发生的各种财务费用等。

企业的下列支出不得列入产品成本和期间费用：为购置和建造固定资产、无形资产的支出；对外投资的支出；利润分配的支出；被没收的财物损失；支付的滞纳金、罚款、违约金、赔偿金以及企业赞助、捐赠支出、固定资产盘亏和清理损失、非正常原因的停工损失和自然灾害损失；国家规定不得列入成本、费用的其他支出。

正确划分支出应否计入产品成本和期间费用的界限如图 1-4 所示。

图 1-4　正确划分支出应否计入产品成本和期间费用的界限

2. 正确划分应计入产品成本和期间费用的界限

这一划分的重点在于"应计入哪里"。企业发生的生产经营支出，一部分计入产品成本，一部分计入期间费用。在工业企业中，生产一定种类和数量的产品而发生的直接费用和间接费用应计入产品成本，并在收入实现后转化为费用，计入企业的损益；为销售产品而发生的产品销售费用、为管理和组织企业生产经营活动而发生的管理费用，以及为筹集生产经营资金而发生的财务费用等，与产品生产无直接、间接关系，作为期间费用直接计入当期损益。因此，为了正确计算产品成本和期间费用，正确计算各月损益，必须正确划分应计入产品成本和期间费用的界限。正确划分应计入产品成本和期间费用的界限如图 1-5 所示。

3. 正确划分各个会计期间的产品成本和期间费用的界限

这一划分的重点在于"应计入的期间"。企业在生产经营过程中发生的产品成本和期间费用，必须按照权责发生制的要求来区分其归属期间。凡是应由本期负担的产品成本和期间费用，应全部计入本期的产品成本和期间费用；凡是不应由本期负担的产品成本和期间费用，则应计入其他期间的产品成本和期间费用。因此，为了按月分析和考核产品成本和期间费用，正确计算各月损益，必须在各个月份之间正确划分应计入产品成本和期间费用的界限。正确划分各个会计期间的产品成本和期间费用的界限如图 1-6 所示。

图 1-5　正确划分应计入产品成本和期间费用的界限

图 1-6　正确划分各个会计期间的产品成本和期间费用的界限

4. 正确划分各种产品的生产成本界限

这一划分的重点在于"应计入哪一种产品成本"。凡属于某种产品单独发生,能够直接计入该种产品的费用,均应直接计入该种产品成本;凡属于应由几种产品共同承担的不能直接计入某种产品的费用,则应选择合理的分配方法,分配计入这几种产品的成本。应该防止在盈利产品与亏损产品之间、可比产品和不可比产品之间任意转移生产费用,借以掩盖成本超支或以盈补亏的错误做法。如果企业生产的产品不止一种,那么,为了正确计算各种产品的成本,正确分析和考核各种产品成本计划或定额成本的执行情况,必须将应计入本月产品成本的生产费用在各种产品之间进行正确划分。正确划分各种产品的生产成本界限如图1-7所示。

5. 正确划分完工产品成本和在产品成本的费用界限

这一划分的重点在于"完工产品成本与在产品成本的分配"。期末,如果某种产品全部完工,其各项成本之和就是该产品的完工成本;如果某种产品全部没完工,其各项成本之和就是该产品的期末未完工成本;如果某种产品部分完工、部分未完工,就需要采用适当的分配方法将成本在完工产品和在产品之间进行分配,计算完工产品成本和月末在产品成本。正确划分完工产品成本和在产品成本的费用界限如图1-8所示。期初在产品成本、本期投入产品成本、完工产品成本和期末在产品成本四者之间的关系如下:

期初在产品成本+本期投入产品成本=完工产品成本+期末在产品成本

图1-7 正确划分各种产品的生产成本界限　　图1-8 正确划分完工产品成本和在产品成本的费用界限

上述五个方面成本费用界限的划分过程,也就是产品成本的计算和各项期间费用的归集过程。

(三) 正确确定财产物资的计价和价值结转方法

工业企业的生产经营过程,同时也是各种劳动的耗费过程。在各种劳动耗费中,财产物资的耗费占有相当大的比重。因此,这些财产物资计价和价值结转方法是否恰当,将对成本计算的正确性产生重要影响,如固定资产价值的计算方法、折旧方法及折旧率的确定、材料成本的组成内容、发出材料的计价方法和周转材料的摊销方法等。

为了计算产品成本和期间费用,企业应合理确定财产物资的计价和价值结转方法。基本原则是国家有统一规定的,应采用国家统一规定的方法;国家没有统一规定的,企业应根据财产物资的特点,结合管理要求合理选用。各种方法一经确定,应保持相对稳定,不能随意改变,以保证成本信息的可比性,同时,禁止通过任意改变财产物资计价和价值结转方法来调节成本、费用。

(四) 做好成本核算的基础工作

为了加强成本审核、控制,正确、及时地计算成本,企业应做好以下各项基础工作。

1. 建立健全有关成本核算的原始记录和凭证,并建立合理的凭证传递流程

原始记录和凭证是进行成本核算工作的首要条件。进行成本核算和成本分析,都要以数

据可靠、内容齐全的原始记录和凭证为依据。因此,企业必须建立健全有关成本核算的原始记录和凭证,及时提供真实可靠、内容完整的原始记录。例如,企业对材料的领用、工时的消耗、生产设备的运转、废品的发生、产成品和自制半成品的交库等均需填写相关的领料单(表1-3和表1-4)、考勤记录、工资结算单和产品入库单等。

表1-3 原材料领料单

领 料 单

领用部门:生产二部
仓库:原材料库　　　　　2×23年12月31日　　　　　编号:259

编号	类别	材料名称	规 格	单位	数 量		实际成本	
					请领	实发	单价	金额
1	直接材料	条码纸	100*150*350	卷	200	200	8.76	1 752.00
2	直接材料	胶带	8mm宽	m	2 942 800	2 942 800	3.10	9 122 680.00
3	直接材料	注液孔密封盖	MFQ-3689	个	399 300	399 300	0.18	71 874.00
4	直接材料	热缩管	FEP	pcs	399 300	399 300	1.06	423 258.00
5	直接材料	正极粘结剂	≥56%	kg	21 000	21 000	247.79	5 203 590.00
用途	生产78.54kWh磷酸铁锂电池组				领料部门		发料部门	
					负责人	领料人	核准人	发料人
					冯若天	刘豪祥	蒋然	杨新之

第三联 记账联

表1-4 半成品领料单

领 料 单

领用部门:生产二部
仓库:半成品库　　　　　2×23年12月31日　　　　　编号:381

编号	类别	材料名称	规 格	单位	数 量		实际成本	
					请领	实发	单价	金额
1	半成品	磷酸铁锂	纯度99.5%	kg	880 400	880 400	83.04	73 108 416.00
用途	生产78.54kWh磷酸铁锂电池组				领料部门		发料部门	
					负责人	领料人	核准人	发料人
					冯若天	刘豪祥	蒋然	云果

第三联 记账联

原始凭证要规范填写,内容包括经济活动时间、内容、计量单位及数量、填表人及负责人签章等信息。同时,会计部门要会同生产技术、劳动工资、供销等职能部门,根据成本核算管理的需要,制定各种原始凭证的传递程序。

2. 建立消耗定额制度,加强标准化管理

定额是企业在生产经营活动中,根据本单位当前的生产条件和技术水平,充分考虑各方面因素,在人力、物力和财力的配备、利用和消耗及获得的成果等方面所应遵守的标准或应达到的水平。

定额管理是成本管理的基础,也是加强标准化管理的基础。企业从公司总部(厂部)到各生产单位(车间、分厂)及班组都应建立健全定额管理制度。定额一旦确定,应有一定的稳定期,一般为一年。当然,定额也应在企业的动态管理中进行更改,随着生产技术水平和管理水平的提高而定期修订。

3. 建立健全材料物资的计量、收发、领退和盘点制度

成本核算是以价值形式来核算企业生产经营管理中的各项费用的,但价值形式的核算是以实物计量为基础的。因此,为了进行成本管理、正确地计算成本,必须建立健全材料物资的计量、收发、领退和盘点制度。凡是材料物资的收发、领退,在产品、半成品的内部转移,以及产成品的入库等,均应填制相应的凭证,办理审批手续,并严格进行计量和验收。库存的各种材料物资、车间的在产品、产成品均应按规定进行盘点。只有这样,才能保证账实相符,保证成本计算的准确性。

4. 做好厂内计划价格的制定和修订工作

在计划管理基础较好的企业中,为了分清企业内部各单位的经济责任,便于分析和考核企业内部各单位成本计划的完成情况和管理业绩,加速和简化核算工作,应对原材料、半成品、厂内各车间相互提供的劳务(如修理、运输等)制定厂内计划价格,以作为企业内部结算和考核的依据。厂内计划价格要尽可能符合实际,保持相对稳定,一般在一个年度内不变。

在制定了厂内计划价格的企业中,各项原材料的耗用、半成品的转移及各车间与部门之间相互提供劳务等,都要先按计划价格计算(这种按实际生产耗用量和计划价格计算的成本,称为计划价格成本)。月末计算产品实际成本时,在计划价格成本的基础上,采用适当的方法计算各产品应负担的价格差异,如材料成本差异,将产品的计划价格成本调整为实际成本。这样既可以加速和简化核算工作,又可以分清内部各单位的经济责任。

5. 选择适当的成本计算方法

产品成本是在生产过程中形成的,产品的生产工艺过程和生产组织不同,所采用的产品成本计算方法也应该有所不同。计算产品成本是为了加强成本管理,因此,企业管理要求也会影响产品成本计算方法的选择。企业只有按照产品生产特点和管理要求,选用适当的成本计算方法,才能正确、及时地计算产品成本,为成本管理提供有用的成本信息。

三、成本核算的基本程序

成本核算的基本程序是指根据成本核算的基本要求,对生产费用进行归集与分配及计入产品成本的程序。

1. 确定成本计算对象

成本计算对象是生产费用的承担者,即归集和分配生产费用的对象,是计算产品成本的前提。由于企业的生产特点、管理要求、规模大小和管理水平的不同,企业成本计算对象也不相同。对工业企业而言,产品成本计算的对象包括产品品种、产品批别和产品生产步骤三种。企业应根据自身的生产特点和管理要求,选择合适的产品成本计算对象。

2. 确定成本项目

成本项目是指生产费用要素按照经济用途划分成的若干项目,可以反映成本的经济构成及产品生产过程中不同的资金耗用情况。因此,企业为了满足成本管理要求,可在直接材料、直接人工和制造费用三个成本项目的基础上进行必要的调整,如单设其他直接支出、废品损失和停工损失等成本项目。

3. 确定成本计算期

成本计算期是指成本计算的间隔期,即多长时间计算一次成本。产品成本计算期的确定主要取决于企业生产组织的特点。通常,在大量、大批生产的情况下,产品成本的计算期间与会计期间是一致的;在单件、小批量生产的情况下,产品成本的计算期间则与产品的生产周期是一致的。

4. 审核生产费用

对企业的各项支出进行严格的审核和控制,并按照国家有关规定确定其应否计入产品成本、期间费用,以及应计入产品成本、期间费用的多少。也就是说,要在对各项支出的合理性、合法性进行严格审核和控制的基础上,做好成本、费用界限划分的工作。

5. 生产费用的归集和分配

生产费用的归集和分配,就是如何正确地将生产费用按成本项目归集和分配到各成本计算对象上去。这是成本计算的关键,关系到成本信息的科学性和真实性。归集和分配生产费用的原则如下:产品生产直接发生的生产费用直接作为产品成本的构成内容,直接计入该产品成本;为产品生产服务发生的间接费用,可先按发生地点和用途进行归集汇总,然后分配计入各受益产品。产品成本计算的过程也就是生产费用的分配和汇总过程。

6. 计算完工产品成本和月末在产品成本

对于月末既有完工产品又有在产品的,应将月初在产品生产费用与本月生产费用之和,采用适当的方法在完工产品和月末在产品之间进行分配和归集,计算完工产品和月末在产品的成本。这是生产费用在完工产品与月末在产品之间的纵向分配和归集。

四、成本核算的账务处理程序

成本核算的账务处理程序是指将生产经营过程中发生的各项费用,按照成本核算的要求进行归集和分配,并计算出各种产品的生产成本和各项期间费用的过程,它主要包括以下几个步骤。

(一)产品成本核算账户

为了进行成本核算,需要设置"生产成本""制造费用"两个一级账户,"生产成本"账户下面再分别设置"基本生产成本"和"辅助生产成本"两个二级账户。

也可以将"生产成本"账户分设为"基本生产成本"和"辅助生产成本"两个总分类账户,分别进行成本核算。

设置"销售费用""管理费用""财务费用"等账户进行期间费用的核算。如果需要单独核算废品损失,还应设置"废品损失"账户。

1. "生产成本"账户

"生产成本"账户用来核算企业进行产品生产(包括完工产品、自制半成品等)、自制材料、自制工具及自制设备等所发生的各项生产费用。

生产成本下设两个明细账——"基本生产成本"和"辅助生产成本"。

2. "生产成本——基本生产成本"账户

基本生产是指为完成企业主要生产目的而进行的产品生产。为了归集基本生产所发生的各种生产费用,计算产品生产成本,应设置"基本生产成本"账户。该账户借方登记企业为进行基本生产而发生的各种生产费用;贷方登记转出的完工入库的产品成本;余额在借方,表示基本生产的在产品成本。

"基本生产成本"应按产品品种或产品批别、生产步骤等成本计算对象设置产品成本明细分类账(或称产品成本计算单),账内按产品成本项目分设专栏或专行。基本生产成本明细账如图1-9所示。

基本生产成本　明细账　　生产车间:生产二部
产品名称:62.8kWh 磷酸铁锂电池组

2X23年		凭证		摘要	产量/组	成本项目			
月	日	种类	号数			直接材料	直接人工	制造费用	合计
12				月初在产品成本		4500000	500000	850000	5850000
	31	记	77	分配材料费用		54000000			54000000
	31	记	79	分配人工费用			3000000		3000000
	31	记	86	分配制造费用				5600000	5600000
	31			生产费用合计		58500000	3500000	6450000	68450000
	31	记	89	结转完工产品成本	260	52000000	2600000	5200000	59800000
	31			完工产品单位成本		200000	10000	20000	230000
	31			月末在产品成本		6500000	900000	1250000	8650000

图1-9 基本生产成本明细账

3. "生产成本——辅助生产成本"账户

辅助生产是指为基本生产服务而进行的产品生产和劳务供应。辅助生产所提供的产品和劳务,有时也对外销售,但这不是它的主要目的。为了归集辅助生产所发生的各种生产费用,计算辅助生产所提供的产品和劳务的成本,应设置"辅助生产成本"账户。该账户的借方登记为进行辅助生产而发生的各种耗费;贷方登记完工入库产品的成本或分配转出的劳务成本;余额在借方,表示辅助生产的在产品成本。

"辅助生产成本"账户应按辅助生产车间和生产的产品、劳务分设明细分类账,账内按辅助生产的成本项目或费用项目分设专栏或专行,进行明细登记。辅助生产成本明细账如图1-10所示。

辅助生产成本　明细账　　生产车间:

年		凭证		摘要	成本项目					
月	日	种类	号数		材料费用	燃料及动力	职工薪酬	折旧费用	……	合计

图1-10 辅助生产成本明细账

4. "制造费用"账户

为了核算企业为生产产品和提供劳务而发生的各项制造费用,应设置"制造费用"账户。该账户的借方登记实际发生的制造费用;贷方登记分配转出的制造费用;除季节性生产企业外,该账户月末应无余额。

"制造费用"账户,应按车间、部门设置明细分类账,账内按费用项目设立专栏进行明细登记。制造费用明细账如图1-11所示。

5. "废品损失"和"停工损失"账户

需要单独核算废品损失的企业,应设置"废品损失"账户。该账户的借方登记不可修复废品的生产成本和可修复废品的修复费用;贷方登记废品残料回收的价值、应收的赔款以及转

制造费用　明细账　　生产车间：

<table>
<tr><td colspan="2">年</td><td colspan="2">凭证</td><td rowspan="2">摘要</td><td colspan="54">成本项目</td></tr>
<tr><td rowspan="2">月</td><td rowspan="2"></td><td rowspan="2">种类</td><td rowspan="2">号数</td><td colspan="9">材料费用</td><td colspan="9">职工薪酬</td><td colspan="9">水电费</td><td colspan="9">折旧费用</td><td colspan="9">……</td><td colspan="9">合计</td></tr>
<tr><td></td><td>百</td><td>十</td><td>万</td><td>千</td><td>百</td><td>十</td><td>元</td><td>角</td><td>分</td><td>百</td><td>十</td><td>万</td><td>千</td><td>百</td><td>十</td><td>元</td><td>角</td><td>分</td><td>百</td><td>十</td><td>万</td><td>千</td><td>百</td><td>十</td><td>元</td><td>角</td><td>分</td><td>百</td><td>十</td><td>万</td><td>千</td><td>百</td><td>十</td><td>元</td><td>角</td><td>分</td><td>百</td><td>十</td><td>万</td><td>千</td><td>百</td><td>十</td><td>元</td><td>角</td><td>分</td><td>百</td><td>十</td><td>万</td><td>千</td><td>百</td><td>十</td><td>元</td><td>角</td><td>分</td></tr>
</table>

图 1-11　制造费用明细账

出的废品净损失；该账户月末应无余额。“废品损失”账户应按车间设置明细分类账，账内按产品品种分设专户，并按成本项目设置专栏或专行进行明细登记。

对于停工比较频繁的企业，为了考核和控制企业停工期间发生的各项费用，应当增设“停工损失”账户。

（二）对各要素费用进行归集和分配

企业当期发生的各项要素费用，应根据费用的原始凭证和有关材料，按费用发生的地点和经济用途编制各种费用分配表，如材料费用分配表、工资费用分配表、辅助生产费用分配表和制造费用分配表等。属于生产经营管理费用的，应分别记入“生产成本——基本生产成本”“生产成本——辅助生产成本”“制造费用”“管理费用”等账户；不属于生产经营管理费用的，应记入相关账户。

（三）分配辅助生产成本

月末将归集的“生产成本——辅助生产成本”账户费用，按其受益对象和提供的产品及劳务量，编制辅助生产成本分配表，分配记入“生产成本——基本生产成本”“制造费用”“管理费用”等账户。

（四）分配制造费用

月末将归集在“制造费用”账户的费用，按其受益产品和分配标准，编制制造费用分配表，分配记入“生产成本——基本生产成本”等账户。

（五）完工产品成本的计算和结转

按产品成本计算期定期编制产品成本计算单，计算完工产品成本，并将完工产品成本从“生产成本——基本生产成本”账户转入“库存商品”账户。

（六）各项期间费用的结转

月末将“销售费用”“管理费用”“财务费用”账户上归集的费用，转入“本年利润”账户。

高手过招

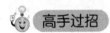

微课：成本核算流程

 **职业拓展**

数字化转型升级助力国有企业东方锅炉高质量发展

1. 推进基础数据治理,为数字化转型夯基筑台

数字化转型的首要目标是数字化管理,其本质就是将现代化的管理思想、方法、技术和手段充分数字化。企业统一的数据系统是实现数字化管理的重要基础。

为实现数字化管理,2010年以来,东方锅炉各业务领域电子化数据应用占到总数据量应用的90%以上,实现从采购合同、订单执行、财务报账及领料发料全过程数据统计与分析,并提供一站式快捷查询,实时掌握原材料的到货执行及财务报账情况。各生产管理部门建立起以电子化数据为纽带的工作新模式,实现"电子发布即可用",彻底消除了各个环节等待资料时间,缩短生产准备周期。

2. 协调推进管理数据化全覆盖,打通数字化发展经脉

在构建企业统一的数据系统的同时,东方锅炉聚焦营销服务、生产制造、项目执行,一体推进管理数据化、智能化。以项目管理为主线,深度融合产品设计及制造要素,应用数字化技术,实现从生产到安装全流程的协同管理;建立生产管理协同平台,推动生产联动,注重全过程的数据采集和实时分析,应对变化实现策略优化和适时调整,提高生产执行效率。

3. 七个先行试点+智能车间总体规划,以点带面、穿珠成链推进智能制造

结合产业发展需求及公司"十四五"规划,东方锅炉聚焦核心产品制造质量、效率、安全和成本管控,按照智能制造总体规划,结合各车间产品特点分别设计实施路线,通过关键工序自动化突破和上下游工序自动化整合,使每个车间都参与到智能设备研发中来,以此带动各车间智能化升级。

在推进智能制造过程中,坚持研发和应用两端紧密合作,东方锅炉结合产品制造特性,积极对接国内优秀设备制造厂商,共同探索进行"行业定制",开发出一批先进、实用的智能化、自动化生产设备,初步实现了相关产品加工过程的信息深度自感知、智慧优化自决策、精准控制自执行等功能,提高了数字化设备比率,提升了劳动生产效率,为全面推进东方锅炉数字化转型和智能制造奠定了坚实基础。

4. 量身定制智能服务,实现产品智慧化

东方锅炉开发的"产品分析云"技术平台针对性强、准确度高、时效性好,实现了电厂控制系统数据实时采集、分析、研判,为用户创造了良好的经济效益。

东方锅炉已开发涵盖智能运行、安全监视与预防、优化控制、数字化锅炉等用户迫切需要的智能应用,集成在具有三维漫游、AR检修指导功能为一体的智慧电厂平台,并成功应用于莱州电厂机组,受到用户好评。

资料来源:http://www.zg.gov.cn/_m_/-/articles/v/15018544.shtml。

思考:我国现阶段为什么企业都在进行数字化转型?

 **课 后 训 练**

一、单项选择题

1. (　　)是成本会计最基本的职能。

A. 成本预测　　　　B. 成本核算　　　　C. 成本分析　　　　D. 成本决策
2. 下列各项中,应计入产品成本的是(　　)。
   A. 固定资产报废净损失　　　　　　B. 支付的矿产资源补偿费
   C. 预计产品质量保证损失　　　　　D. 基本生产车间设备计提的折旧费
3. 某企业只生产和销售甲产品,2×23 年 4 月初在产品成本为 3.5 万元,4 月发生以下费用:生产耗用材料 6 万元,生产工人工资 2 万元,行政管理部门人员工资 1.5 万元,制造费用 1 万元,月末在产品成本 3 万元。该企业 4 月完工甲产品的生产成本为(　　)万元。
   A. 11　　　　　　B. 9.5　　　　　　C. 9　　　　　　D. 12.5
4. 下列各项中,应当计入工业企业产品成本的是(　　)。
   A. 制造费用　　　　B. 管理费用　　　　C. 广告费　　　　D. 财务费用
5. 下列各项中,属于直接生产费用的是(　　)。
   A. 产品生产工人的工资及福利费　　B. 车间辅助人员的工资及福利费
   C. 车间管理人员的工资及福利费　　D. 生产车间的办公费用
6. 区别各种成本计算方法的主要标志是(　　)。
   A. 成本计算对象的确定
   B. 本期完工产品与上期完工产品的划分
   C. 生产费用在完工产品与在产品之间的分配
   D. 生产工艺及生产流程的不同
7. 某企业 A 产品本年的总成本为 210 万元,其中,直接材料 100 万元,直接人工 54 万元,制造费用 56 万元。则 A 产品中直接材料成本比率为(　　)。
   A. 25.71%　　　　　　　　　　　　B. 47.62%
   C. 26.67%　　　　　　　　　　　　D. 73.33%
8. 下列各项中不直接在"基本生产成本"账户核算的内容是(　　)。
   A. 生产工人的薪酬　　　　　　　　B. 直接用于产品生产的原材料
   C. 车间管理人员的薪酬　　　　　　D. 直接用于产品生产的燃料和动力
9. 下列不属于成本核算原则的有(　　)。
   A. 可靠性原则　　　　　　　　　　B. 相关性原则
   C. 实质大于形式原则　　　　　　　D. 重要性原则
10. 企业为做好成本、费用界限划分,对各项支出的合理性、合法性进行严格把控,应当进行(　　)成本核算程序。
    A. 确定成本计算对象　　　　　　　B. 确定成本项目
    C. 生产费用的归集和分配　　　　　D. 审核生产费用

二、多项选择题
1. 下列属于成本会计职能的有(　　)。
   A. 成本预测与成本决策　　　　　　B. 成本计划与成本控制
   C. 成本核算与成本分析　　　　　　D. 成本考核
2. 下列各项中,应计入产品生产成本的有(　　)。
   A. 生产车间管理人员的职工薪酬　　B. 生产产品耗用的燃料费
   C. 生产产品耗用的直接材料　　　　D. 生产产品耗用的动力费
3. 工业企业的生产类型有(　　)。

A. 大量大批单步骤生产　　　　　　　B. 大量大批连续式多步骤生产
　　C. 大量大批平行式加工多步骤生产　　D. 单件小批平行式加工多步骤生产
4. 下列各项中,属于确定产品成本计算方法时主要考虑的因素有(　　)。
　　A. 成本计算对象
　　B. 成本计算期
　　C. 生产费用在完工产品和在产品之间的分配
　　D. 企业规模
5. 成本的作用主要有(　　)。
　　A. 成本是企业补偿生产耗费的尺度
　　B. 成本是制定产品价格的重要依据
　　C. 成本是衡量企业经营管理水平的重要指标
　　D. 成本是企业进行预测、决策和分析的重要依据
6. 成本会计的任务主要有(　　)。
　　A. 进行成本预测、成本决策,编制成本计划和费用预算,为提高企业管理水平和经营管理效果服务
　　B. 进行成本费用核算,反映成本计划和费用预算的执行情况,为企业生产经营管理提供所需的成本、费用数据
　　C. 进行成本费用的审核与控制,防止浪费和损失,促使企业节约费用、降低成本
　　D. 进行成本费用的分析与考核,促使企业改进生产经营管理,挖掘降低成本、费用的潜力,提高经济效益
7. 下列各项中,不能计入产品成本的费用有(　　)。
　　A. 车间设备的折旧费　　　　　　　　B. 已按规定缴纳的房产税
　　C. 车间的劳动保护费　　　　　　　　D. 按规定支付的金融机构的手续费
8. 产品成本按其计入的方式,可以分为(　　)。
　　A. 直接生产费用　　　　　　　　　　B. 直接计入费用
　　C. 间接生产费用　　　　　　　　　　D. 间接计入费用
9. 下列步骤属于成本核算基本程序的有(　　)。
　　A. 确定成本计算对象
　　B. 确定成本计算期
　　C. 生产费用的归集和分配
　　D. 计算完工产品成本和月末在产品成本
10. 下列明细账户中,属于"生产成本"账户的二级账户的有(　　)。
　　A. 基本生产成本　　B. 制造费用　　C. 辅助生产成本　　D. 直接材料

三、判断题

1. 同一产品不同步骤、不同的半成品、不同的成本项目不能采用不同的成本计算方法。
(　　)
2. 根据生产组织的特点,工业企业的生产可以分为单步骤生产和多步骤生产两种。
(　　)
3. 在不单独核算停工损失的企业中,属于自然灾害造成的停工损失直接反映在"营业外支出"科目中。
(　　)

4. 企业在某一会计期间实际发生的费用总和,不一定等于该会计期间产品成本的总和。（　　）
5. 固定资产折旧费全部计入产品的成本。（　　）
6. 制造费用和废品损失属于产品成本项目。（　　）
7. 期间费用按经济用途可分为销售费用、管理费用和财务费用。（　　）
8. 直接生产费用都是直接计入费用,间接生产费用都是间接计入费用。（　　）
9. 成本会计的工作就是进行成本核算、成本分析。（　　）
10. 成本会计的对象可以概括为各行业企业生产经营业务成本和期间费用。（　　）

四、课证融通题

假设某新能源有限公司 2×23 年 10 月为进行 62.8kWh 磷酸铁锂电池组、78.54kWh 磷酸铁锂电池组的生产而发生下列业务。

耗用主要材料 480 000 元、辅助材料 20 000 元,其中,生产甲产品耗用主要材料 220 000 元、辅助材料 10 000 元,生产乙产品耗用主要材料 200 000 元、辅助材料 8 000 元,基本生产车间一般消耗主要材料 60 000 元、辅助材料 2 000 元;支付职工薪酬 360 000 元,其中,生产甲产品支付职工薪酬 110 000 元,生产乙产品支付职工薪酬 90 000 元,支付车间管理人员职工薪酬 60 000 元,支付厂部管理人员职工薪酬 100 000 元;除此之外,发生车间设备折旧费 5 000 元、车间厂房租赁费 8 000 元、厂部办公用房折旧费 55 000 元。

要求：根据上述资料,不考虑其他因素,分析回答下列问题。

(1) 成本项目包括(　　)。
　　A. 直接材料　　B. 直接人工　　C. 制造费用　　D. 主要材料

(2) 期间费用具体包括(　　)。
　　A. 制造费用　　B. 销售费用　　C. 管理费用　　D. 财务费用

(3) 计算本月各费用要素的金额正确的是(　　)。
　　A. 材料费＝480 000＋20 000＝500 000（元）
　　B. 折旧费＝5 000＋55 000＝60 000（元）
　　C. 职工薪酬＝110 000＋90 000＋60 000＋100 000＝360 000（元）
　　D. 其他支出＝8 000（元）

(4) 计算产品各成本项目的金额正确的是(　　)。
　　A. 直接材料＝220 000＋10 000＋200 000＋8 000＝438 000（元）
　　B. 直接人工＝110 000＋90 000＝200 000（元）
　　C. 制造费用＝60 000＋2 000＋5 000＋8 000＋60 000＝135 000（元）
　　D. 主要材料＝220 000＋200 000＝420 000（元）

(5) 计算期间费用的金额正确的是(　　)。
　　A. 制造费用＝60 000＋2 000＋5 000＋8 000＋60 000＝135 000（元）
　　B. 管理费用＝100 000＋55 000＝155 000（元）
　　C. 折旧费＝5 000＋55 000＝60 000（元）
　　D. 其他支出＝8 000（元）

五、岗课赛证融通题

任务一：职业判断

某新能源有限公司成立于 2×11 年,主要经营磷酸铁及磷酸铁锂正极材料,同时也积极布局了三元材料业务,产品最终主要应用于新能源汽车以及储能领域,与国内多家车企建立合作关系。该公司的生产工艺流程如图 1-12～图 1-14 所示。

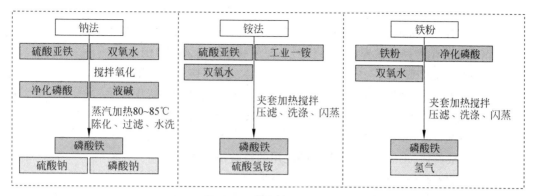

图 1-12　磷酸铁工艺流程

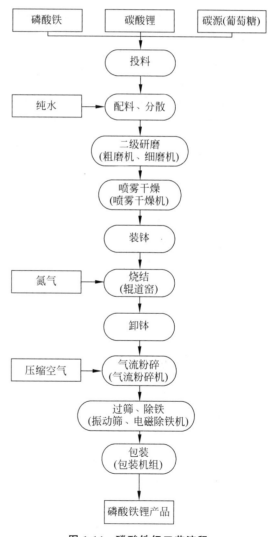

图 1-13　磷酸铁锂工艺主流程　　　　图 1-14　磷酸铁锂工艺流程

1. 根据业务描述，判断该公司主要经营的磷酸铁和磷酸铁锂（正极材料）的产品类型（　　）。
   A. 均为产成品
   B. 均为原材料
   C. 分别为半成品和产成品
   D. 分别为产成品和半成品

2. 该企业为生产磷酸铁锂（正极材料）而耗用的葡萄糖采购费用是（　　）。
   A. 直接生产费用
   B. 间接生产费用
   C. 直接计入费用
   D. 间接计入费用

3. 下列各项中，属于磷酸铁锂（正极材料）直接生产费用的有（　　）。
   A. 磷酸铁锂（正极材料）生产工人工资
   B. 磷酸铁锂（正极材料）生产产品耗用的磷酸铁费用
   C. 磷酸铁锂（正极材料）车间厂房的折旧费用
   D. 磷酸铁锂（正极材料）生产过程中的粗磨机折旧费用

4. 下列各项中，可以列入磷酸铁成本费用的是（　　）。
   A. 磷酸铁锂（正极材料）生产工人的薪酬
   B. 纳法工艺下生产磷酸铁领用的双氧水材料
   C. 公司销售人员的薪酬
   D. 磷酸铁生产部生产耗用的水电费

5. 为了正确划分费用与成本的界限，企业需将（　　）计入产品成本。
   A. 直接材料　　B. 制造费用　　C. 期间费用　　D. 直接人工

项目二

要素费用的核算

素养目标
培养遵守成本核算规范的职业意识和耐心细致的职业素养。

知识目标
了解要素费用的内容,掌握要素费用的核算方法。

能力目标
能正确归集成本费用,能正确登记要素费用相关的成本费用账簿,能熟练掌握成本要素费用的核算。

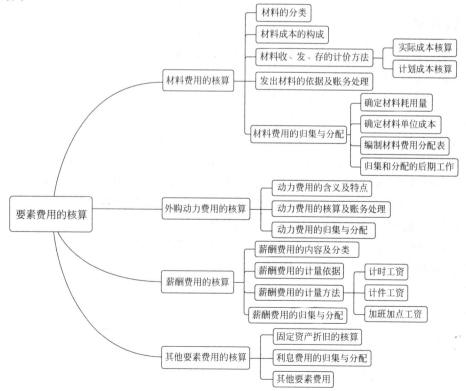

本项目知识导图

任务一　材料费用的核算

任务描述

材料费用在产品成本中往往占比最高,正确归集和合理分配材料费用对成本管控具有重要意义。本任务中的技能点是初级会计职称《初级会计实务》科目考试中的技能考核点——产品成本的归集和分配中的基本生产费用的归集和分配,也是业财税融合成本管控1+X证书的技能考核点——产品材料成本核算。

工作情境

任逍遥是郴州市一所高职院校的毕业生,毕业后入职湖南启航电池有限公司财务部工作。工作中,任逍遥发现公司生产的磷酸铁锂电池组需要耗用磷酸铁锂、石墨、隔膜、电解液等主要材料,还需要铝箔、铜箔、铝带、镍带、胶纸、隔膜纸等辅料。

思考:(1)生产产品的主要材料和辅料有何区别?

(2)企业的材料可以分为哪几类?

材料是人类赖以生存和发展的物质基础。20世纪70年代,人们把信息、材料和能源誉为当代文明的三大支柱。而20世纪80年代以高技术群为代表的新技术革命,又把新材料、信息技术和生物技术并列为新技术革命的重要标志。在成本会计中,通常将材料称为直接材料,包括企业生产产品和提供劳务过程中所消耗的、直接用于产品生产、构成产品实体的各种原材料及主要材料、外购半成品以及有助于产品形成的辅助材料等。

一、材料的分类

同一种材料在不同的企业中,可能被划分为不同类别,一种材料也可能兼有多种用途。按其主要用途材料可分为以下几类。

(1)原料及主要材料:经过加工后构成产品主要实体的各种原料及主要材料,如制衣用的布料、炼铁用的铁矿石、炼油用的原油、制造机器用的钢材等。企业中作为进一步加工用的外购半成品,若其性质与原材料一样,也可作为原料及主要材料。

(2)辅助材料:在生产中不构成产品主要实体,只起一定辅助作用的材料。例如,湖南启航电池有限公司生产磷酸铁锂电池组时,使用的铝箔、铜箔、铝带等均属于辅助材料。

(3)修理用备件:为修理本企业机器设备和运输工具所专用的各种备品、配件。例如,机器设备的电机、轴承、传动轴等零配件均属于修理用备件。

(4)包装物:为包装本企业产品,随同产品一同出售或者在销售产品时出租、出借给购货单位使用的各种包装物等,如桶、箱、坛、袋、瓶等。

(5)燃料:在生产过程中用来燃烧发热的各种燃料,包括固体燃料、液体燃料和气体燃料,如煤、汽油、天然气等。

(6)低值易耗品:单位价值较低,容易耗损的各种工具、管理用具、玻璃器皿以及劳保用品等低值易耗品。从性质上看,低值易耗品并不是劳动对象,而是劳动资料,但由于它不具备固定资产的条件,因此也属于材料。

二、材料成本的构成

（一）材料成本的构成内容

企业按获得材料的来源不同，可将材料分为外购材料、加工材料和自制材料，这三类材料的成本构成是不同的，如图2-1所示。

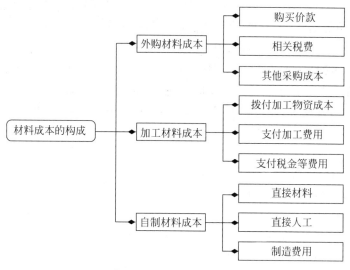

图2-1 材料成本的构成

1. 外购材料成本

企业的外购存货主要包括原材料和商品。存货的采购成本包括：购买价款，相关税费，以及运输费、装卸费、保险费等其他可归属于存货采购成本的费用。

（1）购买价款：一般指企业购入材料或商品的发票上列明的价款，但不包括按照规定可以抵扣的增值税进项税额。

（2）相关税费：指企业购买存货发生的进口关税、消费税、资源税和不能抵扣的增值税进项税额以及相应的教育费附加等应计入存货采购成本的税费。

（3）其他可归属于存货采购成本的费用：指采购成本中除购买价款、相关税费以外的，可归属于存货采购的费用，如在存货采购过程中发生的仓储费、包装费、运输途中的合理损耗、入库前的挑选整理费用等。

运输途中的合理损耗是指商品在运输过程中，因商品性质、自然条件及技术设备等因素，所发生的自然的或不可避免的损耗。例如，汽车在运输煤炭、化肥等的过程中自然散落以及易挥发产品在运输过程中的自然挥发等。

2. 加工材料成本

企业通过进一步加工取得的存货，主要包括产成品、在产品、半成品、委托加工物资等。

存货的加工成本是指存货的加工过程中发生的追加费用，包括直接人工以及按照一定方法分配的制造费用。直接人工是指企业在生产产品过程中发生的直接从事产品生产人员的职工薪酬。制造费用是指企业为生产产品而发生的各项间接费用。

企业委托外单位加工完成的存货，包括加工后的原材料、包装物、低值易耗品、半成品、产成品等，以实际耗用的原材料或者半成品成本、加工费、运输费、装卸费等费用以及按规定应计入成本的税金,作为实际成本。其在会计处理上主要包括拨付加工物资、支付加工费用和税金、收回加工物资和剩余物资等环节。

3. 自制材料成本

企业自制的存货,包括自制原材料、自制包装物、自制低值易耗品、自制半成品及库存商品等,其成本包括投入的原材料或半成品、直接人工和按照一定方法分配的制造费用。

制造费用是指企业为生产产品和提供劳务而发生的各项间接费用,包括企业生产部门(如生产车间)管理人员的薪酬、折旧费、办公费、水电费、物料消耗、劳动保护费、季节性和修理期间的停工损失等。在生产车间只生产一种产品的情况下,企业归集的制造费用可直接计入该产品成本;在生产多种产品的情况下,企业应采用与该制造费用相关性较强的方法对其进行合理分配。通常采用的方法有生产工人工时比例法、生产工人工资比例法、机器工时比例法和按年度计划分配率分配法等,还可以按照耗用原材料的数量或成本、直接成本或产品产量分配制造费用。

(二)不构成材料成本的内容

下列费用不应计入存货成本,而应在其发生时计入当期损益。

(1) 非正常消耗的直接材料、直接人工和制造费用,应在发生时计入当期损益,不应计入存货成本。例如,由于自然灾害而发生的直接材料、直接人工和制造费用。由于这些费用的发生无助于使该存货达到目前场所和状态,不应计入存货成本,而应确认为当期损益。

(2) 仓储费用是指企业在存货采购入库后发生的储存费用,应在发生时计入当期损益。但是在生产过程中为达到下一个生产阶段所必需的仓储费用应计入存货成本。例如,酒类产品生产企业为使生产的酒达到规定的产品质量标准而必须发生的仓储费用,应计入酒的成本,而不应计入当期损益。

(3) 不能归属于使存货达到目前场所和状态的其他支出,应在发生时计入当期损益,不得计入存货成本。

(4) 企业为非特定客户设计产品发生的设计费用通常应计入当期损益。

(5) 商品流通企业采购商品进货费用金额较小的,可以在发生时直接计入当期销售费用。

三、材料收、发、存的计价方法

企业对材料收、发、存的计价方法直接影响存货成本、结存存货成本和经营成果,选择并采用合理科学的计价方法是合理准确计算成本和经营成果的基础。企业应当根据各类存货的实物流转方式、存货的性质、企业管理的要求等实际情况,合理地选择材料收、发、存的计价方法,以合理确定当期存货的成本。对于性质和用途相同的存货,应当采用相同的成本计价方法确定成本。

(一)采用实际成本核算

采用实际成本核算,对于材料的收入、发出及结存,无论是总分类核算还是明细分类核算,均按照实际成本计价,不存在成本差异的计算与结转等问题,具有方法简单、核算程序简便易行等优点。但是采用实际成本核算,日常不能直接反映材料成本的节约或超支情况,不便于对材料等及时实施监督管理,不便于反映和考核材料物资采购、储存及耗用等业务对经营成果的影响。因此,这种方法通常适用于材料收发业务较少、监督管理要求不高的企业。在会计实务工作中,对于材料收发业务较多、监督管理复杂且要求较高、计划成本资料较为健全、准确的企业,一般不采用实际成本进行材料收入、发出的核算。

在实际成本核算方式下,企业应当采用的发出存货成本计价方法有个别计价法、先进先出法、月末一次加权平均法和移动加权平均法。计价方法一经选用,不得随意变更。由于不同存货计价方法的经济后果可能存在差异,企业应在国家统一会计制度规定范围内尽可能选择发出存货成本偏高的计价方法,以使企业利益相关者特别是股东作出谨慎的经济决策。

1. 个别计价法

个别计价法是假设存货具体项目的实物流转与成本流转相一致,按照各种存货逐一辨认各批发出存货和期末存货所属的购进批别或生产批别,分别按其购入或生产时所确定的单位成本计算各批发出存货和期末存货成本的方法。在这种方法下,把每一种存货的实际成本作为计算发出存货成本和期末存货成本的基础。

个别计价法的成本计算准确,符合实际情况,但在存货收发频繁的情况下,其发出成本分辨的工作量较大。因此,这种方法通常适用于一般不能替代使用的存货、为特定项目专门购入或制造的存货以及提供的劳务,如珠宝、名画等贵重物品。

个别计价法的思路如图 2-2 所示。

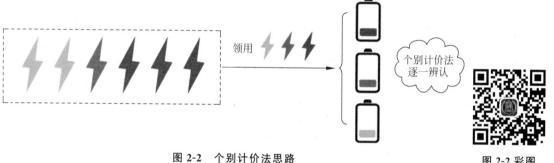

图 2-2 个别计价法思路　　　　　图 2-2 彩图

2. 先进先出法

先进先出法是指以"先购入的存货应先发出(销售或耗用)"为存货实物流动假设前提,对发出存货进行计价的一种方法。采用这种方法,先购入的存货成本在后购入存货成本之前转出,据此确定发出存货和期末存货的成本。具体方法如下:购入存货时,逐笔登记入库存货的数量、单价和金额;发出存货时,按照先进先出的原则逐笔登记存货的发出成本和结存金额。

先进先出法可以随时结转存货发出成本,但较烦琐。如果存货收发业务较多,且存货单价不稳定时,其工作量较大。在物价持续上升时,期末存货成本接近于市价,而发出成本偏低,会高估企业当期利润和库存存货价值;反之,会低估企业存货价值和当期利润。

先进先出法的思路如图 2-3 所示。

【课赛融通 2-1】 湖南启航电池有限公司 2×23 年 12 月初库存条码纸 50 卷,单价 9 元/卷,胶带 60 000m,单价 3 元/m。本月新购入条码纸及胶带有关原始单据如图 2-4 和图 2-5 以及表 2-1 所示。

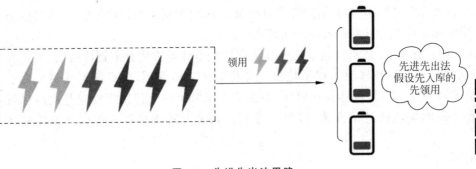

图 2-3 先进先出法思路

图 2-3 彩图

购 销 合 同

合同编号：64301104

购货单位（甲方）：湖南启航电池有限公司
供货单位（乙方）：长沙凯壹纸业有限公司

根据《中华人民共和国民法典》及国家相关法律、法规之规定，甲乙双方本着平等互利的原则，就甲方购买乙方货物一事达成以下协议。

一、货物的名称、数量及价格：

货物名称	规格型号	单位	数量	单价	金额	税率	价税合计
条码纸	100*150*350	卷	500	8.80	4 400.00	13%	4 972.00
胶带	8mm 宽	m	6 000 000	3.20	19 200 000.00	13%	21 696 000.00
合计（大写）	贰仟壹佰柒拾万零玖佰柒拾贰元整						￥21 700 972.00

二、交货方式和费用承担：交货方式： 供货方送货 ，交货时间： 2×23年12月08日 前。
交货地点： 长沙市睿一路163号 ，运费由 供货方 承担。

三、付款时间与付款方式： 验收后以银行转账方式支付货款 。

四、质量异议期：订货方对供货方的货物质量有异议时，应在收到货物后 3天 内提出，逾期视为货物质量合格。

五、未尽事宜经双方协商可作补充协议，与本合同具有同等效力。

六、本合同自双方签字、盖章后生效。本合同一式贰份，甲乙双方各执壹份。

甲方（签章）： 乙方（签章）：
授权代表： 苏廷耀 授权代表： 孙妍
地 址： 长沙市睿一路163号 地 址： 长沙天心区金池路161号
电 话： 43657173 电 话： 43559207
日 期： 2×23 年 12 月 01 日 日 期： 2×23 年 12 月 01 日

图 2-4 材料采购合同

图 2-5 材料采购发票

表 2-1 材料采购入库单

材料入库单

发票号码：55058515

供应单位：长沙凯壹纸业有限公司　　　　　　　　　　　　　收料单编号：00109

材料类别：原材料　　　　　2×23 年 12 月 08 日　　　　　　收料仓库：原材料库

编号	名称	规格	单位	数量		实际成本				
				应收	实收	买价		运杂费	合计	单位成本
						单价	金额			
1	条码纸	100*150*350	卷	500	500	8.80	4 400.00		4 400.00	8.800 0
2	胶带	8mm 宽	m	6 000 000	6 000 000	3.20	19 200 000.00		19 200 000.00	3.200 0
	合计			6 000 500	6 000 500		¥19 204 400.00		¥19 204 400.00	¥3.200 5
	备注									

采购员：赵俞凯　　　　检验员：杜雷彬　　　　记账员：何隽怡　　　　保管员：杜雷彬

本月公司生产二部生产 62.8kWh 磷酸铁锂电池组领用条码纸 400 卷，胶带 5 900 000m。

要求：假设湖南启航电池有限公司采用先进先出法核算发出材料成本，请填制材料领料单（单价保留 6 位小数，金额保留整数精确到元），并编制会计分录。

解析：根据先进先出法的原理，依次计算编制领料单，见表 2-2。

表 2-2 领料单

2×23 年 12 月 31 日

领料部门：生产二部　　仓库：原材料库　　用途：62.8kWh 磷酸铁锂电池组　　投产量：7960 组　　编号：1090

材料编号	材料名称	规格	计量单位	数量		实际成本	
				请领	实发	单价	金额
1	条码纸	100*150*350	卷	400	400	8.825	3 530
2	胶带	8mm 宽	m	5 900 000	5 900 000	3.197 966	18 868 000

根据表 2-2,编制以下会计分录。

借:生产成本——基本生产成本——62.8kWh 磷酸铁锂电池组　　18 871 530
　　贷:原材料——条码纸　　　　　　　　　　　　　　　　　　　　3 530
　　　　　　——胶带　　　　　　　　　　　　　　　　　　　　18 868 000

 高手过招

微课:先进先出法

3. 月末一次加权平均法

月末一次加权平均法是指以本月全部进货数量加上月初存货数量作为权数,去除本月全部进货成本加上月初存货成本,计算出存货的加权平均单位成本,以此为基础计算本月发出存货的成本和期末结存存货的成本的一种方法。计算公式如下:

$$存货单位成本 = \frac{月初结存存货成本 + \sum(本月各批进货的实际单位成本 \times 本月各批进货的数量)}{月初结存存货数量 + 本月各批进货数量之和}$$

本月发出存货成本＝本月发出存货的数量×存货单位成本

本月月末结存存货成本＝月末结存存货的数量×存货单位成本

或:

本月月末结存存货成本＝月初结存存货成本＋本月收入存货成本－本月发出存货成本

采用月末一次加权平均法只在月末一次计算加权平均单价,可以简化成本计算工作。但由于月末一次计算加权平均单价和发出存货成本,不便于存货成本的日常管理与控制。

月末一次加权平均法的思路如图 2-6 所示。

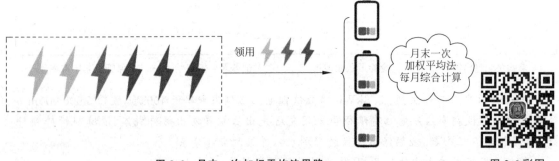

图 2-6　月末一次加权平均法思路　　　　　　　图 2-6 彩图

【课赛融通 2-2】 沿用上述先进先出法中课赛融通 2-1 的有关资料。

要求:假设湖南启航电池有限公司采用月末一次加权平均法核算发出材料成本,请填制材料领料单(单价保留 6 位小数,金额保留整数精确到元,尾差倒挤至月末存货成本),并编制会计分录。

解析:根据月末一次加权平均法的原理,依次计算编制领料单,见表 2-3。

表 2-3　领料单

2×23 年 12 月 31 日

领料部门：生产二部　　仓库：原材料库　　用途：62.8kWh 磷酸铁锂电池组　　投产量：7960 组　　编号：1090

材料编号	材料名称	规　　格	计量单位	数　　量		实际成本	
				请领	实发	单价	金额
1	条码纸	100*150*350	卷	400	400	8.825	3 530
2	胶带	8mm 宽	m	5 900 000	5 900 000	3.197 966	18 868 000

根据表 2-3，编制以下会计分录。

借：生产成本——基本生产成本——62.8kWh 磷酸铁锂电池组　　18 871 530
　　贷：原材料——条码纸　　　　　　　　　　　　　　　　　　　　　3 530
　　　　　　　——胶带　　　　　　　　　　　　　　　　　　　　18 868 000

微课：月末一次加权平均法

4. 移动加权平均法

移动加权平均法是指以每次进货成本加上原有结存存货成本的合计额，除以每次进货数量加上原有结存存货数量的合计数，据以计算加权平均单位成本，作为在下次进货前计算各次发出存货成本依据的一种方法。计算公式如下：

$$存货单位成本 = \frac{原有结存存货成本 + 本次进货成本}{原有结存存货数量 + 本次进货数量}$$

本次发出存货成本＝本次发出存货数量×本次发货前存货的单位成本

本月月末结存存货成本＝月末结存存货数量×本月月末存货单位成本

或：

本月月末结存存货成本＝月初结存存货成本＋本月收入存货成本－本月发出存货成本

采用移动加权平均法能够使企业管理层及时了解存货的结存情况，计算的平均单位成本以及发出和结存的存货成本比较客观。但由于每次收货都要计算一次平均单位成本，计算工作量较大，对收发存货较频繁的企业不太适用。

移动加权平均法的思路如图 2-7 所示。

（二）采用计划成本核算

采用计划成本核算材料的收入、发出及结存，无论是总分类核算还是明细分类核算，均按照计划成本计价。在计划成本法下，购入的材料无论是否验收入库，都要先通过"材料采购"科目进行核算，以反映企业所购材料的实际成本，从而与"原材料"科目相比较，计算确定材料成本差异，通过"材料成本差异"科目核算，月末，计算本月发出材料应负担的成本差异，根据领用材料的用途计入相关资产的成本或者当期损益，从而将发出的计划成本调整为实际成本。

企业购入验收入库的材料，按计划成本，借记"原材料"科目，贷记"材料采购"科目，按实际

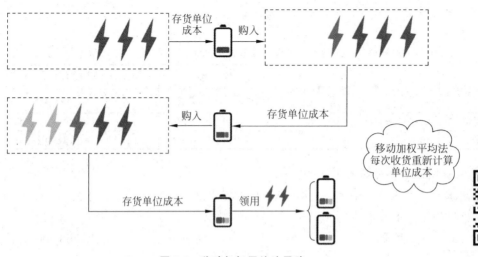

图 2-7　移动加权平均法思路

图 2-7 彩图

成本大于计划成本的差异,借记"材料成本差异"科目,贷记"材料采购"科目;按实际成本小于计划成本的差异,借记"材料采购"科目,贷记"材料成本差异"科目。在实务中,企业也可以集中在月末一次性对本月已付款或已开出并承兑商业汇票的入库材料汇总核算,记入"原材料"科目,同时结转材料成本差异。

在企业采用计划成本对材料进行日常核算的情况下,企业发出材料同样也主要有以下几种情形。

(1)生产、经营管理领用材料,企业按照领用材料的用途和计划成本,借记"生产成本""制造费用""销售费用""管理费用"等科目,贷记"原材料"科目。

(2)出售材料结转成本,按出售材料计划成本,借记"其他业务成本"科目,贷记"原材料"科目。

(3)发出委托外单位加工的材料,按发出委托加工材料计划成本,借记"委托加工物资"科目,贷记"原材料"科目。

在实务中,为了简化核算,企业平时发出原材料不编制会计分录,通常在月末,根据领料单等编制"发料凭证汇总表"结转发出材料的计划成本,按计划成本分别记入"生产成本""制造费用""销售费用""管理费用""其他业务成本""委托加工物资"等科目,贷记"原材料"科目,同时结转材料成本差异。年度终了,企业应对材料成本差异进行核实调整。

材料成本差异率的计算公式为

$$本月材料成本差异率 = \frac{月初结存材料的成本差异 + 本月验收入库材料的成本差异}{月初结存材料的计划成本 + 本月验收入库材料的计划成本} \times 100\%$$

本月发出材料应负担的成本差异 = 本月发出材料的计划成本 × 本月材料成本差异率

如果企业的材料成本差异率各期之间是比较均衡的,也可以采用期初材料成本差异率分摊本期的材料成本差异。

$$期初材料成本差异率 = \frac{期初结存材料的成本差异}{期初结存材料的计划成本} \times 100\%$$

发出材料应负担的成本差异 = 发出材料的计划成本 × 期初材料成本差异率

【课赛融通 2-3】 湖南启航电池有限公司 2×23 年 12 月生产一部生产磷酸铁锂的物料耗用表,见表 2-4。

表 2-4　12 月物料耗用表

部门：生产一部

项　　目				产　　品	磷酸铁锂/t
存货类别	材料名称	规格型号	单位	计划投产量	2 060
				标准单耗	总耗(含 0.3% 合理损耗量)
原料	葡萄糖	固形物≥80%	t	0.11	227
原料	碳酸锂	纯度 99.5%	t	0.24	496
原料	磷酸铁	纯度 99.5%	t	0.96	1 983

生产磷酸铁锂相关材料的存货信息见表 2-5。

表 2-5　12 月材料信息表

产品名称	单位	规格	期初数量	期初金额	计划单价	月采购计划数量	月实际采购数量	平均入库单价	采购金额（不含税）	税　额
葡萄糖	t	固形物≥80%	35	58 100	1 660	270	270	1 660	448 200	58 266
碳酸锂	t	纯度 99.5%	77	20 097 000	261 000	580	580	262 760	152 400 800	19 812 104
磷酸铁	t	纯度 99.5%	306	3 826 836	12 506	2 402	2 402	13 050	31 346 100	4 074 993

要求：假设湖南启航电池有限公司采用计划成本核算发出材料成本，请填制材料领料单、发出材料实际成本计算表(差异率百分号前保留 2 位小数，金额保留整数精确到元，尾差倒挤至结存材料差异)，并编制会计分录。

说明：①材料申请数量＝实发数量；②期初材料成本差异＝0。

解析：根据计划成本核算的原理，依次计算编制领料单，见表 2-6。

表 2-6　领料单

2×23 年 12 月 31 日

领料部门：生产一部　　仓库：原材料库　　用途：磷酸铁锂　　投产量：2 060t　　编号：1088

存货类别	材料名称	规　格	单位	申请数量	实发数量	单价	金　额
原料	葡萄糖	固形物≥80%	t	227	227	1 660	376 820
原料	碳酸锂	纯度 99.5%	t	496	496	261 000	129 456 000
原料	磷酸铁	纯度 99.5%	t	1 983	1 983	12 506	24 799 398

填写发出材料实际成本计算表，见表 2-7。

表 2-7　发出材料实际成本计算表

部门：生产一部　　日期：2×23 年 12 月 31 日　　产品：磷酸铁锂　　单位：元

存货类别	材料名称	发出材料计划成本	期初材料计划成本	期初材料成本差异	本月入库材料计划成本	本月入库材料实际成本	本月入库材料成本差异	差异率/%	差异额	发出材料实际成本
原料	葡萄糖	376 820	58 100	0	448 200	448 200	0	0.00	0	376 820
原料	碳酸锂	129 456 000	20 097 000	0	151 380 000	152 400 800	1 020 800	0.60	776 736	130 232 736
原料	磷酸铁	24 799 398	3 826 836	0	30 039 412	31 346 100	1 306 688	3.86	957 257	25 756 655
合　计		154 632 218	23 981 936	0	181 867 612	184 195 100	2 327 488	4.46	1 733 993	156 366 211

根据表2-7,编制以下会计分录。

(1)按计划成本发出材料。

借:生产成本——基本生产成本——磷酸铁锂　　　　　　154 632 218

　　贷:原材料——葡萄糖　　　　　　　　　　　　　　　　376 820

　　　　　　　——碳酸锂　　　　　　　　　　　　　　　129 456 000

　　　　　　　——磷酸铁　　　　　　　　　　　　　　　　24 799 398

(2)结转材料成本差异。

借:生产成本——基本生产成本——磷酸铁锂　　　　　　　1 733 993

　　贷:材料成本差异——碳酸锂　　　　　　　　　　　　　　776 736

　　　　　　　　　——磷酸铁　　　　　　　　　　　　　　957 257

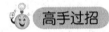

微课:计划成本法

四、发出材料的依据及账务处理

1. 发出材料的依据

企业各生产单位及有关部门领用的材料具有种类多、业务频繁等特点。为了简化核算,企业可以在月末根据领料单或限额领料单中有关领料的单位、部门等加以归类,编制发出材料汇总表,据以编制记账凭证、登记入账。

(1)领料单。领料单是一种一次性使用的领发料凭证,由领料单位填制,经负责人签章后,据以办理领发料。在企业中,领发那些没有消耗定额的材料和临时需要的材料,通常使用领料单这种领发料凭证。原材料领料单的格式见表2-8。

表2-8　原材料领料单

领　料　单

领用部门:生产二部

仓库:原材料库　　　　　　　　2×23年12月31日　　　　　　　　编号:259

编号	类别	材料名称	规格	单位	数量		实际成本	
					请领	实发	单价	金额
1	直接材料	条码纸	100*150*350	卷	200	200	8.76	1 752.00
2	直接材料	胶带	8mm宽	m	2 942 800	2 942 800	3.10	9 122 680.00
3	直接材料	注液孔密封盖	MFQ-3689	个	399 300	399 300	0.18	71 874.00
4	直接材料	热缩管	FEP	pcs	399 300	399 300	1.06	423 258.00
5	直接材料	正极粘结剂	≥56%	kg	21 000	21 000	247.79	5 203 590.00
用途	生产78.54kWh磷酸铁锂电池组				领料部门		发料部门	
					负责人	领料人	核准人	发料人
					冯若天	刘豪祥	蒋然	杨新之

(2) 限额领料单。限额领料单是一种对指定的材料在规定领料限额内多次领用的领发料凭证。限额领料单的格式见表 2-9。

表 2-9　限额领料单

湖南启航电池有限公司
限额领料单

领料部门：生产二部
用途：生产 62.8kWh 磷酸铁锂电池组　　　　2×23 年 12 月　　　　　　编号：47694830

材料类别	材料名称	规格	计量单位	单价	领用限额	全月实领	
						数量	金额
半成品	磷酸铁锂	纯度 99.5%	kg	83.04	1 178 000	1 170 000	97 156 800.00

日期	请领			实发		限额结余
	数量	领料单位负责人签章	领料人签章	数量	发料人签章	
2×23-12-04	100 000	冯若天	严睿	100 000	曹景辉	1 078 000
2×23-12-11	260 000	冯若天	严睿	260 000	曹景辉	818 000
2×23-12-18	280 000	冯若天	严睿	280 000	曹景辉	538 000
2×23-12-25	260 000	冯若天	严睿	260 000	曹景辉	278 000
2×23-12-29	270 000	冯若天	严睿	270 000	曹景辉	8 000
合　计	1 170 000			1 170 000		8 000

生产计划部门负责人：冯若天　　　供应部门负责人：蒋然　　　仓库管理员：曹景辉

(3) 发出材料汇总表。在工业企业中，有些材料（如螺钉、螺母、垫圈等）的领发，次数多、数量零星、价值不高，为了简化手续，平时领用这类材料时，可以不填制领料单，由领料人在领料登记表上登记领用数量并签章证明，据以办理发料，到月末，由仓库根据领料登记表按领料单位和用途汇总填制发出材料汇总表。发出材料汇总表的格式见表 2-10。

表 2-10　发出材料汇总表

发出材料汇总表

2×23 年 12 月 31 日　　　　　　　　　　　　　　　　　　　　　单位：元

领料部门及用途	隔 膜 纸			隔 膜			其他材料	合 计
	数量	单价	金　额	数量	单价	金　额		
生产二部生产 62.8kWh 磷酸铁锂电池组	80	743.36	59 468.80	11 980 000.00	2.06	24 678 800.00		24 738 268.80
生产二部生产 78.54kWh 磷酸铁锂电池组	40	743.36	29 734.40	5 993 000.00	2.06	12 345 580.00		12 375 314.40
合　计	120	743.36	89 203.20	17 973 000.00	2.06	37 024 380.00		37 113 583.20

会计主管：王驰皓　　　记账：顾肖　　　保管：杨新之　　　制表：曹景辉

对于已领但月末尚未耗用的材料,企业应当办理退料手续,以便如实反映材料的实际消耗,正确计算产品成本中的材料费用。退料分为两种情况:一是余料下月不再继续使用,这种情况应填制退料单(或用红字填制领料单),并连同材料退回仓库;二是余料下月需继续使用,则应办理"假退料"手续,其实物仍在车间,只是在凭证传递上填制一张本月退料单,表示该项余料已经退库,同时编制一张下月的领料单,表示该项余料又作为下月的领料出库,这种方式能够保证车间成本计算的正确性且减少办理手续。

材料费用的核算主要解决企业在生产经营过程中消耗材料的价值是多少,由谁来承担以及负担多少的问题。

2. 发出材料的账务处理

原材料费用的核算一方面要根据其用途确定相应的借方科目,另一方面企业应根据发出原材料的费用总额,贷记"原材料"科目。

基本生产车间发生的直接用于产品生产的原材料费用,应专门设置"直接材料"成本项目。如果是各产品分开领用,应根据领退料凭证直接记入某种产品成本的"直接材料"项目。如果是几种产品共同耗用的材料费用,应采用适当的分配方法,分配记入各有关产品成本的"直接材料"成本项目,应借记"生产成本——基本生产成本"账户及所属产品成本明细账"直接材料"成本项目。

基本生产车间或辅助生产车间发生的直接用于生产但没有专设成本项目的各种原材料费用以及用于组织和管理生产活动的各种材料费用,一般应借记"制造费用"账户,贷记"原材料"账户。

用于产品销售以及企业行政部门组织和管理生产的材料费用,则由销售费用和管理费用负担,记入"销售费用"和"管理费用"账户。

五、材料费用的归集与分配

企业发生的材料如果能够直接明确对应产品,即能够直接记入成本核算对象,应当直接计入成本核算对象的生产成本,例如,直接记入"生产成本——基本生产成本——磷酸铁锂""生产成本——基本生产成本——62.8kWh 磷酸铁锂电池组"等。如果无法直接明确领用材料对应的产品,则应当按照合理的分配标准对材料费用进行分配,分配后间接计入对应成本对象的生产成本。需要分配的材料,其分配步骤如下。

1. 确定材料耗用量

材料费用归集的基础工作包括以下三个方面。

(1)建立健全发出材料的计量制度。材料的计量建立在记账和盘点的基础上,材料的盘存方式包括永续盘存制和实地盘存制。

(2)建立健全各种领发料凭证制度。材料的发出应根据领料单、限额领料单、领料登记表等领料凭证,编制材料耗用量汇总表,计算本期材料消耗总额。

(3)建立健全材料退库制度和盘点制度。

2. 确定材料单位成本

根据材料计价方法,确定材料单位成本。材料发出的计价取决于收入材料的入账价值,材料发出计价可以按实际成本计量,也可以按计划成本计量。

3. 编制材料费用分配表

(1)材料费用的分配标准。材料费用的分配标准包括产品的重量、体积、产量、定额耗用量和定额成本等,每一个企业都必须选择适当的分配标准,具体分为按重量等比例分配、按材料实际耗用量分配、按材料定额耗用量分配、按材料定额费用分配。

(2) 材料费用分配方法。属于几种产品共同耗用的原材料,应采用适当的分配方法,分配计入各有关产品成本。可选的分配方法分为材料定额耗用量分配法和材料定额费用分配法。

① 材料定额耗用量分配法。材料定额耗用量是指企业生产一定数量的产品按事先核定的单位产品消耗量计算确定的原材料理论耗用数量。

材料定额耗用量分配法是指以各种材料费用受益产品的材料定额耗用量为分配标准,以单位材料定额耗用量应负担的材料费用为分配率,据以分配材料费用的方法。这一方法适用于材料消耗比较单一、单位产品消耗定量比较准确的产品。具体计算公式为

受益产品定额耗用量＝受益产品产量×单位产品材料定额耗用量

$$材料费用分配率 = \frac{被分配的材料费用}{各受益产品材料定额耗用量之和}$$

某受益产品应负担的材料费用＝该受益产品材料定额耗用量×材料费用分配率

【课证融通 2-1】 湖南启航电池有限公司生产 62.8kWh 磷酸铁锂电池组和 78.54kWh 磷酸铁锂电池组两种产品。2×23 年 12 月投产 62.8kWh 磷酸铁锂电池 500 组,78.54kWh 磷酸铁锂电池 725 组,共同耗用石墨 110 000kg,石墨的实际单价为 62 元/kg,两种产品的石墨消耗定额分别为 84kg/组和 80kg/组。

要求：根据上述资料,采用材料定额耗用量比例法分配 62.8kWh 磷酸铁锂电池组和 78.54kWh 磷酸铁锂电池组实际耗用石墨材料的费用,并编制相应的会计分录。

解析：根据上述资料,第一步计算石墨定额耗用量,第二步计算石墨分配率,第三步分配石墨费用,具体计算如下。

- 计算石墨定额耗用量。

  62.8kWh 磷酸铁锂电池组的石墨定额耗用量＝500×84＝42 000(kg)

  78.54kWh 磷酸铁锂电池组的石墨定额耗用量＝725×80＝58 000(kg)

- 计算石墨数量分配率。

$$石墨数量分配率 = \frac{110\ 000}{42\ 000+58\ 000} = 1.1$$

- 分配石墨费用。

  62.8kWh 磷酸铁锂电池组应分配的石墨数量＝42 000×1.1＝46 200(kg)

  78.54kWh 磷酸铁锂电池组应分配的石墨数量＝58 000×1.1＝63 800(kg)

  62.8kWh 磷酸铁锂电池组应分配的石墨费用＝46 200×62＝2 864 400(元)

  78.54kWh 磷酸铁锂电池组应分配的石墨费用＝63 800×62＝3 955 600(元)

根据上述计算过程,编制会计分录如下。

借：生产成本——基本生产成本——62.8kWh 磷酸铁锂电池组　　2 864 400
　　　　　　　　　　　　　　——78.54kWh 磷酸铁锂电池组　　3 955 600
　　贷：原材料——石墨　　　　　　　　　　　　　　　　　　　6 820 000

② 材料定额费用分配法。材料定额费用是指企业生产一定数量的产品按事先核定的单位产品定额费用计算确定的理论材料费用。

材料定额费用分配法是指以各种材料费用受益产品的材料定额费用为分配标准,以实际消耗的材料费用占各受益产品定额费用之和的比例为分配率,据以分配材料费用的方法。这

一方法适用于产品生产过程中消耗的材料品种较多，不宜按品种确定材料定额耗用量，但有比较合理的材料费用消耗定额的产品。具体计算公式为

$$受益产品材料定额费用 = 受益产品产量 \times 单位产品材料定额费用$$

$$材料费用分配率 = \frac{被分配的材料费用}{各受益产品材料定额费用之和}$$

$$某受益产品应负担的材料费用 = 该受益产品材料定额费用 \times 材料费用分配率$$

【课证融通2-2】 湖南启航电池有限公司生产62.8kWh磷酸铁锂电池组和78.54kWh磷酸铁锂电池组两种产品。2×23年12月投产62.8kWh磷酸铁锂电池500组，78.54kWh磷酸铁锂电池750组。共同耗用葡萄糖220 000元。两种产品的葡萄糖消耗定额分别为0.1t/组和0.2t/组，葡萄糖的单价为每吨1 600元。

要求： 根据上述资料，采用材料定额费用比例法分配62.8kWh磷酸铁锂电池组和78.54kWh磷酸铁锂电池组实际耗用葡萄糖的费用，并编制相应的会计分录。

解析： 根据上述资料，第一步计算耗用葡萄糖的定额成本，第二步计算葡萄糖费用分配率，第三步分配葡萄糖费用，具体计算如下。

- 计算耗用葡萄糖的定额成本。

62.8kWh磷酸铁锂电池组耗用葡萄糖的定额成本 $= 500 \times (0.1 \times 1\,600) = 80\,000$（元）

78.54kWh磷酸铁锂电池组耗用葡萄糖的定额成本 $= 750 \times (0.2 \times 1\,600) = 240\,000$（元）

- 计算葡萄糖费用分配率。

$$葡萄糖材料费用分配率 = \frac{220\,000}{80\,000 + 240\,000} = 0.6875$$

- 分配葡萄糖费用。

62.8kWh磷酸铁锂电池组应分配的葡萄糖费用 $= 80\,000 \times 0.6875 = 55\,000$（元）

78.54kWh磷酸铁锂电池组应分配的葡萄糖费用 $= 240\,000 \times 0.6875 = 165\,000$（元）

根据上述计算过程，编制会计分录如下。

借：生产成本——基本生产成本——62.8kWh电池　　　　　55 000
　　　　　　　　　　　　　　　——78.54kWh电池　　　　　165 000
　　贷：原材料——葡萄糖　　　　　　　　　　　　　　　　220 000

4. 归集和分配的后期工作

材料费用分配表按照各生产车间和部门分别编制后，可合并汇总成全公司的材料费用汇总分配表，据此可编制材料费用记账凭证、登记生产费用明细账。

实务训练

1. 湖南启航电池有限公司生产62.8kWh磷酸铁锂电池组和78.54kWh磷酸铁锂电池组两种产品，2×24年1月投产62.8kWh磷酸铁锂电池200组，78.54kWh磷酸铁锂电池300组，共同耗用NMP清洗剂100kg，该原材料的单位实际成本为2 000元/kg，两种产品材料的消耗定额分别为5kg/组和15kg/组。

要求： 根据上述资料，采用材料定额耗用量比例法分配62.8kWh磷酸铁锂电池组和78.54kWh磷酸铁锂电池组两种产品耗用的材料费用，并编制相应的会计分录。

2. 湖南启航电池有限公司生产62.8kWh磷酸铁锂电池组和78.54kWh磷酸铁锂电池组两种产品，2×24年1月投产62.8kWh磷酸铁锂电池200组，78.54kWh磷酸铁锂电池300组，

共同耗用隔膜 80 000 元。两种产品材料的消耗定额分别为 20m²/组和 30m²/组。材料计划单价为 100 元/m²。

要求：根据上述资料，采用材料定额费用比例法分配 62.8kWh 磷酸铁锂电池组和 78.54kWh 磷酸铁锂电池组实际耗用的材料费用，并编制相应的会计分录。

湖南启航电池有限公司第四季度电解液进货情况见表 2-11，假设第三季度末电解液的库存数量为 0。

表 2-11　电解液采购汇总表

购入时间	数量/kg	单位成本/元	总成本/元
10 月 4 日	1 000	87.5	87 500
11 月 5 日	4 000	88	352 000
11 月 27 日	5 000	90	450 000
12 月 7 日	6 000	95	570 000

该公司一直采用月末一次加权平均法核算材料成本，本季度初管理层考虑将其计价方法改为先进先出法。

思考：湖南启航电池有限公司管理层此项决策会对企业产生什么影响？

房地产公司虚列直接材料成本偷逃税款

某县税务稽查局对房地产行业进行税收专项检查时发现某房地产企业已开发完工的商业住宅楼单位成本比同地段、同时期其他房地产开发商开发的商业住宅楼单位成本高出许多。查账后发现，该房地产公司用于基础设施建设的花木、石景费用高达 638.57 万元，占开发总成本 8 510.35 万元的 7.5%。检查人员要求该公司财务人员提供采购花木、石景的合同、发票和货款支付等凭证。合同表明，花木主要有银杏树 64 棵、每棵 5.5 万元，香樟树 55 棵、每棵 3.2 万元，以及其他花木盆景，总价值 528 万元。但检查人员经过现场清点确认，银杏树只有 38 棵，香樟树只有 23 棵，比发票开具数量各少 26 棵、32 棵；石景、石材数量也比合同上的数量少出一半左右。经最终检查确认，该房地产开发公司当年以虚列花木、石景费用为手段，多列支出 317.27 万元，少缴企业所得税 104.7 万元。税务局依法追缴其所逃税款，另处罚款 52.35 万元，并加收滞纳金 15 万元。

资料来源：http://m.canet.com.cn/view-622580-1.html.

思考：(1) 企业偷税漏税会给企业带来哪些不良影响？

(2) 企业家应不应该承担应有的社会责任？

任务二　外购动力费用的核算

外购动力包括企业从外部购买的电力、煤气、热力、蒸汽等动力，如果企业没有辅助生产部

门或辅助生产部门产量不足，外购动力是企业重要的动力来源。本任务的技能点是初级会计职称《初级会计实务》科目考试中的技能考核点——产品成本的归集和分配中的基本生产费用的归集和分配，也是业财税融合成本管控1+X证书的技能考核点——其他费用核算。

工 作 情 境

任逍遥在湖南启航电池有限公司的工作中观察到，企业需要从售电公司购买电，用于生产设备运转、照明等。

思考：（1）产品消耗的电力与材料有何区别？

（2）电力费用是否构成产品成本？

（3）企业的外购动力费用应当如何核算？

一、动力费用的含义及特点

1. 动力费用的含义

企业的动力费用是企业在生产经营过程中消耗电力、热力等形成的费用。动力费用包括外购动力费用和自制动力费用。外购动力费用是指企业从外部购买的各种动力，如电力、热力等所支付的费用。

动力费用的主要用途包括两个部分：一是生产耗用，这是直接用于产品生产的动力费用；二是组织管理生产耗用，如车间照明、行政管理部门照明用电等。

2. 外购动力费用的特点

（1）核算比较简单，不存在收、发、存业务，没有领发料过程。

（2）动力消耗通常采用仪器记录，分配标准明确。

（3）费用分配期与外购动力付款期不一致，通常是先使用动力，后支付价款。

二、动力费用的核算及账务处理

1. 动力费用的核算

动力费用分配的基本计算公式为

$$动力费用分配率 = \frac{费用总额}{各车间（部门）动力数量之和}$$

某车间（部门）应负担的动力费用 = 该车间（部门）动力数量 × 动力费用分配率

2. 动力费用的账务处理

直接用于产品生产的动力费用，借记"生产成本——基本生产成本"账户及所属产品成本明细账"燃料和动力"成本项目；直接用于辅助生产的动力费用，借记"生产成本——辅助生产成本"账户，或借记"制造费用"账户；间接用于产品生产的动力费用、用于组织和管理企业生产经营活动的动力费用、用于销售产品的动力费用等，应分别借记"制造费用""管理费用""销售费用"等账户。

三、动力费用的分配步骤与分配标准

1. 动力费用的分配步骤

（1）确定动力费用的分配去向。

（2）分配间接动力费用。

(3) 编制动力费用分配表,进行账务处理。

2. 动力费用的分配标准

企业各车间、部门通常都装有动力设备检测仪器,在有仪器设备记录的情况下,应根据仪器设备耗用量及单价计算分配外购动力费用。车间耗用的动力费用,需要在各种产品之间进行分配。

分配动力费用的标准通常有生产工时、机器工时、机器功率时数、定额耗用量。

分配公式为

$$动力费用分配率 = \frac{各产品共同耗用的动力费}{各产品的分配标准数额之和}$$

某产品应分配的动力费用 = 该种产品分配标准数额 × 动力费用分配率

【例 2-1】 湖南启航电池有限公司 2×23 年 12 月,外购电力相关凭证如图 2-8 和表 2-12 以及图 2-9 所示。

图 2-8 外购电力发票

表 2-12 外购电力付款申请书

付款申请书

2×23 年 12 月 31 日　　　　　　　　　　　　　　　　　　　　　第 9 号

收款单位	国网湖南省电力公司长沙供电分公司	付款原因
账　号	2143353213673811594	
开户行	工行长沙市香骏路支行	
金　额	壹佰参拾贰万捌仟捌佰捌拾零元零角零分	
附　件　　张	金额(小写)　¥1 328 880.00	支付电费
审	财	
批	务	

财务主管:王驰皓　　记账:陆虹峥　　复核:何隽怡　　出纳:戴珊悦　　制单:戴珊悦

图2-9 外购电力付款银行回单

其中：生产产品耗电1 000 000度，公司按机器工时比例分配电费。本月，62.8kWh磷酸铁锂电池组的机器工时为520 000小时，78.54kWh磷酸铁锂电池组的机器工时为460 000小时。

要求：计算分配湖南启航电池有限公司62.8kWh磷酸铁锂电池组和78.54kWh磷酸铁锂电池组应负担的动力费用，并编制相应的会计分录（不考虑增值税和其他部门电费支出）。

解析：根据上述资料，第一步计算电费分配率，第二步分配外购电费，具体计算如下。

（1）计算电费分配率。

$$电费分配率 = \frac{1\,000\,000 \times 0.98}{520\,000 + 460\,000} = 1(元/小时)$$

（2）分配外购电费。

  62.8kWh磷酸铁锂电池组应分配的动力费用＝1×520 000＝520 000(元)

  78.54kWh磷酸铁锂电池组应分配的动力费用＝1×460 000＝460 000(元)

根据上述计算结果，编制会计分录如下。

借：生产成本——基本生产成本——62.8kWh电池   520 000
        ——78.54kWh电池   460 000
 贷：银行存款   980 000

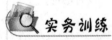

湖南启航电池有限公司2×24年1月耗用天然气900 000m³，单价4.5元/m³。其中，生产产品耗用天然气850 000m³，公司按生产工时比例进行分配。该月，62.8kWh磷酸铁锂电池组的生产工时为700 000小时，78.54kWh磷酸铁锂电池组的生产工时为500 000小时。

要求：计算分配湖南启航电池有限公司62.8kWh磷酸铁锂电池组和78.54kWh磷酸铁锂电池组应负担的动力费用,并编制相应的会计分录(不考虑增值税和其他部门的天然气耗用)。

思维培养

动力电池降本"三板斧"

2021年8月底,相较于2020年,制造电池的原材料价格上涨明显,金属镍涨幅53%、钴涨幅50%、锂盐涨幅150%、铜涨幅76%、铝涨幅70%、BDO涨幅300%、PVDF原材料R142b涨幅700%、针状焦上涨66%、石油焦上涨150%、六氟磷酸锂上涨500%,部分原材料供需缺口仍在不断拉大,价格上涨仍未见顶。

行业龙头企业是如何降低成本的呢?在2021第十四届高工锂电产业峰会上,包括宁德时代副董事长、蜂巢能源董事长兼CEO、亿纬锂能董事长、璞泰来董事总经理、国轩高科工研总院材料研究院铁锂材料研发部经理等企业领袖高层在主题演讲中,分享了企业在应对新周期变化过程中的降本思路:

(1) 以技术创新、商业模式创新,驱动电池成本下降;
(2) "越级"掌控核心原材料,产业链长单合作,优先布局高技术含量材料;
(3) 革新材料储备,解决"掐脖子"金属原料问题,研发无钴电池、钠离子电池;
(4) 新材料、新设备、新工艺的产业协同,提升效率、降低能耗。

电池企业正在积极寻求,与供应商签订保供协议、入股供应商、与供应商合资建厂、积极开拓新供应商、穿透性采购关键原材料、布局矿产资源、布局电池回收等途径,降低成本,全面提升企业供应链竞争力。

资料来源:https://baijiahao.baidu.com/s?id=1711666701207616025&wfr=spider&for=pc.

思考:企业还可以通过哪些方式降低动力电池的生产成本?

任务三　薪酬费用的核算

任务描述

劳动创造价值,企业生产产品的价值增值主要依靠其中凝结的人类劳动,因此薪酬费用是产品成本的重要组成部分,正确核算薪酬费用对产品成本核算意义重大。本任务的技能点是初级会计职称《初级会计实务》考试中的技能考核点——产品成本的归集和分配中的基本生产费用的归集和分配,也是业财税融合成本管控1+X证书的技能考核点——人工成本核算。

工作情境

任逍遥是湖南启航电池有限公司一名新入职员工,还处在试用期,他非常关心辛勤工作所能获得的报酬。通过与同事交流,任逍遥知道,如果他能够顺利转正,薪资将由基本工资、奖励、补助构成,企业也会为他缴纳社保和公积金。

思考:(1) 职工的薪酬主要包括哪些内容?
(2) 如果请假对薪酬有何影响?
(3) 企业的职工薪酬应当如何核算?

一、薪酬费用的内容及分类

职工是指与企业订立劳动合同的人员,包含全职、兼职和临时职工,也包括虽未与企业订立劳动合同但由企业正式任命的人员和向企业提供的服务与职工所提供服务类似的人员,还包括由于企业与劳务中介公司签订用工合同,而向企业提供服务的人员。企业的职工具体可分为行政管理人员、专设销售机构人员、车间管理人员、基本生产车间生产工人和辅助生产车间生产工人。

职工薪酬是指企业为获得职工提供的服务或解除劳动关系而给予的各种形式的报酬或补偿。职工薪酬包括短期薪酬、离职后福利、辞退福利和其他长期职工福利。企业提供给职工配偶、子女、受赡养人、已故员工遗属及其他受益人的福利,也属于职工薪酬。

(1) 短期薪酬,是指企业在职工提供相关服务的年度报告期间结束后12个月内需要全部予以支付的职工薪酬,因解除与职工的劳动关系给予的补偿除外。短期薪酬具体包括职工工资、奖金、津贴和补贴,职工福利费,医疗保险费、工伤保险费和生育保险费等社会保险费,住房公积金,工会经费和职工教育经费,短期带薪缺勤,短期利润分享计划,非货币性福利以及其他短期薪酬。

(2) 带薪缺勤,是指企业支付工资或提供补偿的职工缺勤。包括年休假、病假、短期伤残、婚假、产假、丧假、探亲假等。

(3) 利润分享计划,是指因职工提供服务而与职工达成的基于利润或其他经营成果的薪酬协议。

(4) 离职后福利,是指企业为获得职工提供的服务而在职工退休或与企业解除劳动关系后,提供的各种形式的报酬和福利,短期薪酬和辞退福利除外。

(5) 辞退福利,是指企业在职工劳动合同到期之前解除与职工的劳动关系,或者为鼓励职工自愿接受裁减而给予职工的补偿。

(6) 其他长期职工福利,是指除短期薪酬、离职后福利、辞退福利之外所有的职工薪酬。包括长期带薪缺勤、长期残疾福利、长期利润分享计划等。

二、薪酬费用的计量依据

职工薪酬的计量需要建立健全各项原始记录,确保职工薪酬核算的真实可靠。与职工薪酬计量相关的原始记录主要包括以下几项。

工资卡:记录工资级别、标准等。

考勤记录:反映出勤情况的记录。如考勤卡、考勤簿等。

产量记录:完成的产品数量、质量等。如工作通知单、工序进程单、工作班产记录等。

三、薪酬费用的计量方法

(一) 计时工资的计算

计时工资的月工作天数有两种计算方法:一是月工作天数按月平均日历天数计算,即每月固定按30天计算,此时节假日和双休日计算了工资,缺勤期间如果有节假日和双休日,应扣除相应的工资;二是月工作天数按月平均实际工作日数计算,用一年365天减去52个周末(即104个双休日)和法定假日11天,平均每月20.83天,此时双休日没有计算工资,缺勤期间有双休日,也不应扣除相应的工资。

计时工资计算表见表2-13。

表2-13 计时工资计算表

姓名	日工资率	应扣缺勤病假工资	应扣缺勤事假工资	应付工资

1. 月薪制

按职工固定的月标准工资扣除缺勤工资计算其工资,也可称为"扣缺勤法",这是一种减法思维的计算方法。其计算公式为

$$应付计时工资=月标准工资-缺勤应扣工资$$

$$缺勤应扣工资=缺勤天数×日工资×应扣比例$$

$$日工资=\frac{月标准工资}{月工作天数}$$

总工资的计算公式为

$$应付工资=月标准工资-事假天数×日工资-病假天数×日工资×病假扣款率$$

【例2-2】 假设湖南启航电池有限公司顾肖月标准工资为5 280元,考勤记录显示,某月共有9个双休日,顾肖实际工作15天,请事假4天,病假2天,病事假期间没有双休日,病假的扣款比例为10%。

要求:假设湖南启航电池有限公司采用月薪制计算工资,请分别按30天和20.83天计算该月顾肖应得的工资为多少?

解析:(1)按月工作日30天计算:

$$日工资=5\,280÷30=176(元)$$

$$应付工资=5\,280-4×176-2×176×10\%=4\,540.8(元)$$

(2)按月工作日20.83天计算:

$$日工资=5\,280÷20.83=253.48(元)$$

$$应付工资=5\,280-4×253.48-2×253.48×10\%=4\,215.38(元)$$

2. 日薪制

日薪制是按照职工实际出勤日数和日工资计算其应付工资,也可称为"出勤工资累计法",这是一种加法思维。其计算公式为

$$应付计时工资=出勤天数×日工资+病假应发工资$$

$$病假应发工资=病假天数×日工资×病假应发工资比例$$

总工资的计算公式为

应付工资＝出勤天数×日工资＋病假天数×日工资×(1－病假扣款率)

【例 2-3】 假设湖南启航电池有限公司顾肖月标准工资为 5 280 元，考勤记录显示，某月共有 9 个双休日，顾肖实际工作 15 天，请事假 4 天，病假 2 天，病事假期间没有双休日，病假的扣款比例为 10%。

要求： 假设湖南启航电池有限公司采用日薪制计算工资，请分别按 30 天和 20.83 天计算该月顾肖应得的工资为多少？

解析： (1) 按月工作日 30 天计算：

$$日工资＝5\,280÷30＝176(元)$$

$$实际出勤天数＝15＋9＋2×90\%＝25.8(天)$$

$$应付工资＝176×25.8＝4\,540.8(元)$$

(2) 按月工作日 20.83 天计算：

$$日工资＝5\,280÷20.83＝253.48(元)$$

$$实际出勤天数＝15＋2×90\%＝16.8(天)$$

$$应付工资＝253.48×16.8＝4\,258.46(元)$$

(二) 计件工资的计算

计件工资是按照工人生产的产品数量、产品质量和单位计件工资标准计算的劳动报酬，计件工资计算表见表 2-14。

表 2-14 计件工资计算表

姓 名	62.8kWh 电池组 (计件单价 300 元/件)		78.54kWh 电池组 (计件单价 500 元/件)		计件工资/元	备注
	产量/个	金额/元	产量/个	金额/元		

1. 个人计件工资

个人计件工资是按个人完成的产品数量和单位计件工资标准计算的工资，其计算公式为

$$个人计件工资＝\sum[(合格品数量＋料废品数量)×单位计件工资]$$

$$单位计件工资＝小时工资率×单位产品工时定额$$

需要说明的是，计算计件工资时，产量的数量包括料废品，但不包括工废品。

2. 集体计件工资

集体计件工资要在集体内部各工人之间按照贡献大小进行分配，通常按每人所属级别的工资标准和工作日数 (或工时数) 乘积进行分配，其计算公式为

集体计件工资 = $\sum$[(合格品数量+料废品数量)×单位计件工资]

集体计时工资总额 = $\sum$ 成员个人计时工资

计件工资分配率 = $\dfrac{\text{集体计件工资}}{\text{集体计时工资总额}}$

某人应得计件工资 = 该人计时工资 × 计件工资分配率

(三) 加班加点工资的计算

1. 关于休息日加班天数

依据《国务院关于职工工作时间的规定》第三条:"职工每日工作8小时、每周工作40小时。"每周超出法定工作时间的天数,应视为休息日加班。

2. 关于休息日加班费

根据《中华人民共和国劳动法》(简称《劳动法》)第四十四条第二项规定:"休息日安排劳动者工作又不能安排补休的,支付不低于工资的百分之二百的工资报酬。"日工资标准的计算方法为月基本工资除以法定工作天数,而根据劳动和社会保障部《关于职工全年月平均工作时间和工资折算问题的通知》,职工全年月平均工作天数为20.83天。其计算公式为

$$\text{休息日加班费} = \dfrac{\text{月基本工资}}{20.83\text{ 天}} \times \text{加班天数} \times 200\%$$

3. 关于法定节假日加班费

根据《中华人民共和国劳动法》第四十四条第三项规定:"法定休假日安排劳动者工作的,支付不低于工资的百分之三百的工资报酬。"其计算公式为

$$\text{法定节假日加班费} = \dfrac{\text{月基本工资}}{20.83\text{ 天}} \times \text{加班天数} \times 300\%$$

四、薪酬费用的归集与分配

一般企业会设置"应付职工薪酬"账户对薪酬费用进行归集,"应付职工薪酬"账户一般下设"工资""职工福利""社会保险费""住房公积金""工会经费""职工教育经费"等明细账户。

每月企业发生薪酬费用,应按照"谁受益、谁负担"的原则进行计提和分配,借记"生产成本——基本生产成本""生产成本——辅助生产成本""制造费用""管理费用""销售费用"等账户,贷记"应付职工薪酬"账户。

如果基本生产车间只生产一种产品,则发生在基本生产车间的生产工人工资应直接记入该产品成本计算单中的"直接人工"成本项目;如果车间同时生产两种或两种以上产品,则应将生产工人的工资分配后记入各个产品成本计算单中的"直接人工"成本项目。分配标准可以选用定额工时或实际工时。其计算公式为

$$\text{工资费用分配率} = \dfrac{\text{被分配的生产工人工资费用}}{\text{各种产品实际工时(或定额工时)之和}}$$

某产品应负担工资费用 = 该产品实际(定额)工时 × 工资费用分配率

【课赛融通2-4】 假设湖南启航电池有限公司所在湖南省2×23年社保和公积金的缴纳比例和上、下限额见表2-15。

表 2-15　湖南省 2×23 年社保和公积金计算标准

类　型	最低缴费基数/元	最高缴费基数/元	单位承担比例/%	个人承担比例/%	单位最低金额/元	个人最低金额/元	单位最高金额/元	个人最高金额/元
基本养老保险	2 360	24 930	15	8	354	188.8	3 739.5	1 994.4
基本医疗保险	7 778	38 892	6.7	2	521.13	155.56	2 605.76	777.84
失业保险	2 360	24 930	0.7	0.3	16.52	7.08	174.51	74.79
工伤保险	2 360	24 930	0.21	0	4.96	0	52.35	0
住房公积金	2 360	38 892	12	12	283.2	283.2	4 667.04	4 667.04
小　计					1 179.81	634.64	11 239.16	7 514.07
合　计					1 814.45		18 753.23	

2×23 年 12 月，公司各部门人数、工资详情见表 2-16。

表 2-16　2×23 年 12 月人员及工资详情

部　门	职　务	人数	基本工资/元	绩效工资/元	应付工资/元
董事会	董事长/总经理	1	20 000	0	20 000
董事会	董事	6	17 000	0	17 000
总经办		20	14 000	0	14 000
投资管理部	主管	2	12 000	0	12 000
投资管理部	投资员	28	8 000	0	8 000
监审法务部		21	10 000	0	10 000
行政部	主管	2	9 200	0	9 200
行政部	行政专员	33	6 500	0	6 500
财务部	财务部经理	1	15 000	0	15 000
财务部	主管	2	12 000	0	12 000
财务部	资金会计	2	8 000	0	8 000
财务部	税务会计	2	8 000	0	8 000
财务部	销售会计	2	8 000	0	8 000
财务部	总账会计	2	8 500	0	8 500
财务部	出纳	3	5 000	0	5 000
采购部	主管	2	10 000	0	10 000
采购部	采购员	43	7 000	0	7 000
生产部	车间管理人员	30	8 000	0	8 000
生产一部	生产工人（磷酸铁锂）	792	3 000	1 949	4 949
生产二部	生产工人（62.8kWh）	906	3 000	1 933	4 933
生产二部	生产工人（78.54kWh）	566	3 000	2 039	5 039
供气车间	生产工人	3	4 500	0	4 500
供电车间	生产工人	8	4 500	0	4 500
供水车间	生产工人	4	4 500	0	4 500

续表

部门	职务	人数	工资部分/元		
			基本工资/元	绩效工资/元	应付工资/元
研发部	主管	5	15 000	0	15 000
研发部	技术员	410	12 000	0	12 000
质检部	主管	3	10 000	0	10 000
质检部	质检员	42	7 500	0	7 500
仓储部	主管	5	8 000	0	8 000
仓储部	仓管员	45	5 000	0	5 000
营销部	主管	6	8 000	15 350	23 350
营销部	业务员	140	5 000	12 138	17 138

(1) 公司本月员工社会保险费、公积金的缴费基数以基本工资为基础结合上限下限进行计算，计提比例与全省计算标准相同。

(2) 不考虑个人所得税的计算。

(3) 表中的"人数"为该职务对应的员工人数，表中填写的工资仅为本职务1位员工对应的数据。

(4) 同部门同职务的员工所计提的工资、社保、公积金等相关金额均一致。

(5) 工会经费计提比例为2%，职工教育经费计提比例为8%。

要求：编制公司12月工资表，12月工资及社保、公积金汇总表，12月工会经费及职工教育经费计提表(金额保留2位小数)，并编制会计分录。

解析：根据题目信息，计算并填写12月工资表见表2-17。

汇总工资和公司承担的社会保险费、住房公积金，计算并填写12月工资及社保、公积金汇总表，见表2-18。

根据工会经费、职工教育经费的计提比例及计提标准，计算并填写12月工会经费及职工教育经费计提表，见表2-19。

根据表2-17～表2-19，编制以下会计分录。

(1) 计提工资。

借：管理费用　　　　　　　　　　　　　　　　　　　2 142 900.00
　　制造费用　　　　　　　　　　　　　　　　　　　　240 000.00
　　生产成本——基本生产成本——磷酸铁锂　　　　　3 919 608.00
　　　　　　　　　　　　　——62.8kWh 磷酸铁锂电池组　4 469 298.00
　　　　　　　　　　　　　——78.54kWh 磷酸铁锂电池组　2 852 074.00
　　生产成本——辅助生产成本——供气车间　　　　　　　13 500.00
　　　　　　　　　　　　　——供电车间　　　　　　　　36 000.00
　　　　　　　　　　　　　——供水车间　　　　　　　　18 000.00
　　研发支出——费用化支出　　　　　　　　　　　　4 995 000.00
　　销售费用　　　　　　　　　　　　　　　　　　　2 539 420.00
　　贷：应付职工薪酬——工资　　　　　　　　　　　21 225 800.00

表 2-17 12 月工资表

单位：元

部门	职务	人数	工资部分			社会保险费公积金（公司部分）						代缴社会保险费公积金（个人部分）						实发工资
			基本工资	绩效工资	应付工资	基本养老保险	基本医疗保险	工伤保险	失业保险	住房公积金	小计	基本养老保险	基本医疗保险	工伤保险	失业保险	住房公积金	小计	
董事会	董事长/总经理	1	20 000.00	0.00	20 000.00	3 000.00	1 340.00	42.00	140.00	2 400.00	6 922.00	1 600.00	400.00	0.00	60.00	2 400.00	4 460.00	15 540.00
董事会	董事	6	17 000.00	0.00	17 000.00	2 550.00	1 139.00	35.70	119.00	2 040.00	5 883.70	1 360.00	340.00	0.00	51.00	2 040.00	3 791.00	13 209.00
总经办		20	14 000.00	0.00	14 000.00	2 100.00	938.00	29.40	98.00	1 680.00	4 845.40	1 120.00	280.00	0.00	42.00	1 680.00	3 122.00	10 878.00
投资管理部	主管	2	12 000.00	0.00	12 000.00	1 800.00	804.00	25.20	84.00	1 440.00	4 153.20	960.00	240.00	0.00	36.00	1 440.00	2 676.00	9 324.00
投资管理部	投资员	28	8 000.00	0.00	8 000.00	1 200.00	536.00	16.80	56.00	960.00	2 768.80	640.00	160.00	0.00	24.00	960.00	1 784.00	6 216.00
监审法务部		21	10 000.00	0.00	10 000.00	1 500.00	670.00	21.00	70.00	1 200.00	3 461.00	800.00	200.00	0.00	30.00	1 200.00	2 230.00	7 770.00
行政部	主管	2	9 200.00	0.00	9 200.00	1 380.00	616.40	19.32	64.40	1 104.00	3 184.12	736.00	184.00	0.00	27.60	1 104.00	2 051.60	7 148.40
行政部	行政专员	33	6 500.00	0.00	6 500.00	975.00	521.13	13.65	45.50	780.00	2 335.28	520.00	155.56	0.00	19.50	780.00	1 475.06	5 024.94
财务部	财务部经理	1	15 000.00	0.00	15 000.00	2 250.00	1 005.00	31.50	105.00	1 800.00	5 191.50	1 200.00	300.00	0.00	45.00	1 800.00	3 345.00	11 655.00
财务部	主管	2	12 000.00	0.00	12 000.00	1 800.00	804.00	25.20	84.00	1 440.00	4 153.20	960.00	240.00	0.00	36.00	1 440.00	2 676.00	9 324.00
财务部	资金会计	2	8 000.00	0.00	8 000.00	1 200.00	536.00	16.80	56.00	960.00	2 768.80	640.00	160.00	0.00	24.00	960.00	1 784.00	6 216.00
财务部	税务会计	2	8 000.00	0.00	8 000.00	1 200.00	536.00	16.80	56.00	960.00	2 768.80	640.00	160.00	0.00	24.00	960.00	1 784.00	6 216.00
财务部	销售会计	2	8 500.00	0.00	8 500.00	1 275.00	569.50	17.85	59.50	1 020.00	2 941.85	680.00	170.00	0.00	25.50	1 020.00	1 895.50	6 604.50
财务部	总账会计	3	5 000.00	0.00	5 000.00	750.00	521.13	10.50	35.00	600.00	1 916.63	400.00	155.56	0.00	15.00	600.00	1 170.56	3 829.44
采购部	出纳	2	10 000.00	0.00	10 000.00	1 500.00	670.00	21.00	70.00	1 200.00	3 461.00	800.00	200.00	0.00	30.00	1 200.00	2 230.00	7 770.00
采购部	主管	4	7 000.00	0.00	7 000.00	1 050.00	521.13	14.70	49.00	840.00	2 474.83	560.00	155.56	0.00	21.00	840.00	1 576.56	5 423.44
采购部	采购员	30	8 000.00	0.00	8 000.00	1 200.00	536.00	16.80	56.00	960.00	2 768.80	640.00	160.00	0.00	24.00	960.00	1 784.00	6 216.00
生产一部	车间管理人员	792	3 000.00	1 949.00	4 949.00	450.00	521.13	6.30	21.00	360.00	1 358.43	240.00	155.56	0.00	9.00	360.00	764.56	4 184.44
生产一部	生产工人（磷酸铁锂）	906	3 000.00	1 933.00	4 933.00	450.00	521.13	6.30	21.00	360.00	1 358.43	240.00	155.56	0.00	9.00	360.00	764.56	4 168.44
生产二部	生产工人（62.8 kWh）	566	3 000.00	2 039.00	5 039.00	450.00	521.13	6.30	21.00	360.00	1 358.43	240.00	155.56	0.00	9.00	360.00	764.56	4 274.44
生产二部	生产工人（78.54 kWh）	3	4 500.00	0.00	4 500.00	675.00	521.13	9.45	31.50	540.00	1 777.08	360.00	155.56	0.00	13.50	540.00	1 069.06	3 430.94
供气车间	生产工人	3	4 500.00	0.00	4 500.00	675.00	521.13	9.45	31.50	540.00	1 777.08	360.00	155.56	0.00	13.50	540.00	1 069.06	3 430.94
供电车间	生产工人	8	4 500.00	0.00	4 500.00	675.00	521.13	9.45	31.50	540.00	1 777.08	360.00	155.56	0.00	13.50	540.00	1 069.06	3 430.94

续表

部门	职务	人数	工资部分			社会保险费公积金(公司部分)						代缴社会保险费公积金(个人部分)						实发工资
			基本工资	绩效工资	应付工资	基本养老保险	基本医疗保险	工伤保险	失业保险	住房公积金	小计	基本养老保险	基本医疗保险	工伤保险	失业保险	住房公积金	小计	
供水车间	生产工人	4	4 500.00	0.00	0.00	4 500.00	675.00	521.13	9.45	31.50	540.00	1 777.08	360.00	155.56	0.00	13.50	540.00	1 069.06	3 430.94
研发部	主管	5	15 000.00	0.00	0.00	15 000.00	2 250.00	1 005.00	31.50	105.00	1 800.00	5 191.50	1 200.00	300.00	0.00	45.00	1 800.00	3 345.00	11 655.00
研发部	技术员	410	12 000.00	0.00	0.00	12 000.00	1 800.00	804.00	25.20	84.00	1 440.00	4 153.20	960.00	240.00	0.00	36.00	1 440.00	2 676.00	9 324.00
质检部	主管	3	10 000.00	0.00	0.00	10 000.00	1 500.00	670.00	21.00	70.00	1 200.00	3 461.00	800.00	200.00	0.00	30.00	1 200.00	2 230.00	7 770.00
质检部	质检员	42	7 500.00	0.00	0.00	7 500.00	1 125.00	521.13	15.75	52.50	900.00	2 614.38	600.00	155.56	0.00	22.50	900.00	1 678.06	5 821.94
仓储部	主管	5	8 000.00	0.00	0.00	8 000.00	1 200.00	536.00	16.80	56.00	960.00	2 768.80	640.00	160.00	0.00	24.00	960.00	1 784.00	6 216.00
仓储部	仓管员	45	5 000.00	0.00	0.00	5 000.00	750.00	521.13	10.50	35.00	600.00	1 916.63	400.00	155.56	0.00	15.00	600.00	1 170.56	3 829.44
营销部	主管	6	8 000.00	15 350.00	23 350.00	1 200.00	536.00	16.80	56.00	960.00	2 768.80	640.00	160.00	0.00	24.00	960.00	1 784.00	21 566.00	
营销部	业务员	140	5 000.00	12 138.00	17 138.00	750.00	521.13	10.50	35.00	600.00	1 916.63	400.00	155.56	0.00	15.00	600.00	1 170.56	15 967.44	

表2-18 12月工资及社保、公积金汇总表

单位:元

项目	工资部分			社会保险费(公司部分)					住房公积金(公司部分)	合计
	基本工资	绩效工资	应付工资	养老保险	医疗保险	工伤保险	失业保险	合计		
管理费用	2 142 900.00	0.00	2 142 900.00	321 435.00	158 358.38	4 500.09	15 000.30	499 293.77	257 148.00	2 899 341.77
制造费用	240 000.00	0.00	240 000.00	36 000.00	16 080.00	504.00	1 680.00	54 264.00	28 800.00	323 064.00
生产成本(磷酸铁锂)	2 376 000.00	1 543 608.00	3 919 608.00	356 400.00	412 734.96	4 989.60	16 632.00	790 756.56	285 120.00	4 995 484.56
生产成本(62.8kWh)	2 718 000.00	1 751 298.00	4 469 298.00	407 700.00	472 143.78	5 707.80	19 026.00	904 577.58	326 160.00	5 700 035.58
生产成本(78.54kWh)	1 698 000.00	1 154 074.00	2 852 074.00	254 700.00	294 959.58	3 565.80	11 886.00	565 111.38	203 760.00	3 620 945.38
辅助生产成本(供气车间)	13 500.00	0.00	13 500.00	2 025.00	1 563.39	28.35	94.50	3 711.24	1 620.00	18 831.24
辅助生产成本(供电车间)	36 000.00	0.00	36 000.00	5 400.00	4 169.04	75.60	252.00	9 896.64	4 320.00	50 216.64
辅助生产成本(供水车间)	18 000.00	0.00	18 000.00	2 700.00	2 084.52	37.80	126.00	4 948.32	2 160.00	25 108.32
研发费用	4 995 000.00	0.00	4 995 000.00	749 250.00	334 665.00	10 489.50	34 965.00	1 129 369.50	599 400.00	6 723 769.50
销售费用	748 000.00	1 791 420.00	2 539 420.00	112 200.00	76 174.20	1 570.80	5 236.00	195 181.00	89 760.00	2 824 361.00
合计	14 985 400.00	6 240 400.00	21 225 800.00	2 247 810.00	1 772 932.85	31 469.34	104 897.80	4 157 109.99	1 798 248.00	27 181 157.99

表 2-19　12 月工会经费及职工教育经费计提表

项　目	计提标准		工会经费		职工教育经费		工会经费、职工教育经费合计/元
	应付工资总额/元	计提比率/%	计提金额/元	计提比率/%	计提金额/元		
管理费用	2 142 900.00	2	42 858.00	8	171 432.00		214 290.00
制造费用	240 000.00	2	4 800.00	8	19 200.00		24 000.00
生产成本(磷酸铁锂)	3 919 608.00	2	78 392.16	8	313 568.64		391 960.80
生产成本(62.8kWh)	4 469 298.00	2	89 385.96	8	357 543.84		446 929.80
生产成本(78.54kWh)	2 852 074.00	2	57 041.48	8	228 165.92		285 207.40
辅助生产成本(供气车间)	13 500.00	2	270.00	8	1 080.00		1 350.00
辅助生产成本(供电车间)	36 000.00	2	720.00	8	2 880.00		3 600.00
辅助生产成本(供水车间)	18 000.00	2	360.00	8	1 440.00		1 800.00
研发费用	4 995 000.00	2	99 900.00	8	399 600.00		499 500.00
销售费用	2 539 420.00	2	50 788.40	8	203 153.60		253 942.00
合　计	21 225 800.00	—	424 516.00	—	1 698 064.00		2 122 580.00

(2) 计提社会保险费。

借：管理费用　　　　　　　　　　　　　　　　　　　　　499 293.77
　　制造费用　　　　　　　　　　　　　　　　　　　　　　54 264.00
　　生产成本——基本生产成本——磷酸铁锂　　　　　　　790 756.56
　　　　　　　　　　　　　　——62.8kWh 磷酸铁锂电池组　904 577.58
　　　　　　　　　　　　　　——78.54kWh 磷酸铁锂电池组　565 111.38
　　生产成本——辅助生产成本——供气车间　　　　　　　　3 711.24
　　　　　　　　　　　　　　——供电车间　　　　　　　　9 896.64
　　　　　　　　　　　　　　——供水车间　　　　　　　　4 948.32
　　研发支出——费用化支出　　　　　　　　　　　　　1 129 369.50
　　销售费用　　　　　　　　　　　　　　　　　　　　　195 181.00
　　贷：应付职工薪酬——社会保险费　　　　　　　　　4 157 109.99

(3) 计提住房公积金。

借：管理费用　　　　　　　　　　　　　　　　　　　　　257 148.00
　　制造费用　　　　　　　　　　　　　　　　　　　　　　28 800.00
　　生产成本——基本生产成本——磷酸铁锂　　　　　　　285 120.00
　　　　　　　　　　　　　　——62.8kWh 磷酸铁锂电池组　326 160.00
　　　　　　　　　　　　　　——78.54kWh 磷酸铁锂电池组　203 760.00
　　生产成本——辅助生产成本——供气车间　　　　　　　　1 620.00
　　　　　　　　　　　　　　——供电车间　　　　　　　　4 320.00
　　　　　　　　　　　　　　——供水车间　　　　　　　　2 160.00
　　研发支出——费用化支出　　　　　　　　　　　　　　599 400.00
　　销售费用　　　　　　　　　　　　　　　　　　　　　　89 760.00

贷：应付职工薪酬——住房公积金　　　　　　　　　　　　1 798 248.00
　（4）计提工会经费。
　　借：管理费用　　　　　　　　　　　　　　　　　　　　　　42 858.00
　　　　制造费用　　　　　　　　　　　　　　　　　　　　　　 4 800.00
　　　　生产成本——基本生产成本——磷酸铁锂　　　　　　　　78 392.16
　　　　　　　　　　　　　　　　——62.8kWh 磷酸铁锂电池组　89 385.96
　　　　　　　　　　　　　　　　——78.54kWh 磷酸铁锂电池组 57 041.48
　　　　生产成本——辅助生产成本——供气车间　　　　　　　　　 270.00
　　　　　　　　　　　　　　　　——供电车间　　　　　　　　　 720.00
　　　　　　　　　　　　　　　　——供水车间　　　　　　　　　 360.00
　　　　研发支出——费用化支出　　　　　　　　　　　　　　　99 900.00
　　　　销售费用　　　　　　　　　　　　　　　　　　　　　　50 788.40
　　　　贷：应付职工薪酬——工会经费　　　　　　　　　　　　424 516.00
　（5）计提职工教育经费。
　　借：管理费用　　　　　　　　　　　　　　　　　　　　　171 432.00
　　　　制造费用　　　　　　　　　　　　　　　　　　　　　　19 200.00
　　　　生产成本——基本生产成本——磷酸铁锂　　　　　　　 313 568.64
　　　　　　　　　　　　　　　　——62.8kWh 磷酸铁锂电池组　357 543.84
　　　　　　　　　　　　　　　　——78.54kWh 磷酸铁锂电池组 228 165.92
　　　　生产成本——辅助生产成本——供气车间　　　　　　　　 1 080.00
　　　　　　　　　　　　　　　　——供电车间　　　　　　　　 2 880.00
　　　　　　　　　　　　　　　　——供水车间　　　　　　　　 1 440.00
　　　　研发支出——费用化支出　　　　　　　　　　　　　　 399 600.00
　　　　销售费用　　　　　　　　　　　　　　　　　　　　　203 153.60
　　　　贷：应付职工薪酬——职工教育经费　　　　　　　　　1 698 064.00

高手过招

微课：薪酬费用归集与分配

实务训练

　　湖南启航电池有限公司生产一部工人段子衡 2×24 年 1 月月标准工资为 7 500 元。考勤记录显示，本月共有 8 个双休日，段子衡实际工作 20 天，请事假 2 天，病假 1 天，病事假期间没有双休日，病假的扣款比例为 20%。

　　要求：（1）假设湖南启航电池有限公司采用月薪制计算工资，请分别按 30 天和 20.83 天计算该月段子衡应得的工资为多少？

　　（2）假设湖南启航电池有限公司采用日薪制计算工资，请分别按 30 天和 20.83 天计算该月段子衡应得的工资为多少？

思维培养

（1）根据计时工资的计算原理，思考：每月按 30 天计算和按月平均工作日（如 20.83 天）计算月工资率时，计算出勤或缺勤天数的方法有何不同？

（2）根据计件工资的计算原理，思考：在实际工作中如何确定各种产品的计件单价？

任务四　其他要素费用的核算

任务描述

企业生产过程中，除耗费材料、人工、外购动力外，还需要进行设备、厂房的折旧，以及修理费用、保险费用等其他费用的耗费。因此，合理核算其他要素费用对于完整核算产品成本具有重要意义。本任务的技能点是初级会计职称《初级会计实务》科目考试中的技能考核点——产品成本的归集和分配中的基本生产费用的归集和分配，也是业财税融合成本管控 1＋X 证书的技能考核点——其他费用核算。

工作情境

任逍遥在参观湖南启航电池有限公司的生产车间时一直很困惑，生产产品要使用机器设备，机器设备存放在厂房中，那么使用机器设备和厂房不会有损耗吗？这些损耗对应的费用去了哪里呢？

思考：（1）企业生产除材料、职工薪酬、外购动力外，还有哪些要素费用支出？

（2）其他要素费用包含哪些内容？

（3）其他要素费用应当如何核算？

一、固定资产折旧的核算

固定资产月折旧额按月初固定资产的原值和规定的折旧率计算。即月份内开始使用的固定资产，当月不提折旧，从下月起计算折旧；月份内减少或停用的固定资产，当月仍计算折旧，从下月起停止计算折旧。我国新的会计准则规定，除已提足折旧仍继续使用的固定资产和单独计价入账的土地以外，企业应对所有固定资产计提折旧。

（一）折旧费用的核算

1. 应计提折旧的固定资产

（1）房屋和建筑（不论使用与否）；

（2）在用的机器设备、仪器仪表、运输工具；

（3）季节性停用、大修理停用的设备；

（4）融资租入和经营租赁方式租出的固定资产。

2. 不应计提折旧的固定资产

（1）未使用、不需用的机器设备；

（2）以经营租赁方式租入的固定资产；

（3）在建工程项目交付使用以前的固定资产；

(4) 已提足折旧仍继续使用的固定资产(提足折旧为固定资产原价减去预计净残值);
(5) 未提足折旧前报废的固定资产(不足额部分记入"营业外支出");
(6) 国家规定不提折旧的其他固定资产(如土地等)。

(二) 折旧方法

我国目前采用的折旧计算方法,主要是使用年限法和工作量法。此外,现行会计制度允许采用双倍余额递减法、年数总和法等加速折旧法。

(三) 折旧费用归集和分配

折旧费用按照固定资产的使用部门进行归集,按照固定资产的使用车间、部门和用途分别记入"制造费用""管理费用""销售费用"等账户。

需要说明的是,固定资产修理费按以下原则进行处理。

(1) 对于中小修理费用,一般直接计入当月有关的成本费用,若各月发生的中小修理费用极不均衡,如季节性固定资产的修理费用,也可以采用待摊的方法进行核算。

(2) 对大修理费用,应采用待摊的办法分月计入成本费用。

【课赛融通 2-5】 湖南启航电池有限公司共有 10 条生产线,其中 1#生产线为生产一部生产磷酸铁锂使用,2#至 7#生产线为生产二部生产 62.8kWh 磷酸铁锂电池组使用,8#至 10#生产线为生产二部生产 78.54kWh 磷酸铁锂电池组使用。

2×23 年 12 月 1 日公司房屋及建筑物、机器设备、运输工具、电子设备等固定资产信息见表 2-20。

要求:假设湖南启航电池有限公司使用直线法计提折旧,请计算并填制 2×23 年 12 月固定资产折旧明细表、2×23 年 12 月固定资产折旧费用分配表(金额保留 2 位小数),并编制上述业务的会计分录。

解析:根据直线法计提折旧的原理,计算并填制 2×23 年 12 月固定资产折旧明细表,见表 2-21。

汇总固定资产折旧费用,计算并填写 2×23 年 12 月固定资产折旧费用分配表,见表 2-22。

根据表 2-21 和表 2-22,编制以下会计分录。

借:生产成本——基本生产成本——磷酸铁锂　　　　　　　1 425 933.11
　　　　　　　　　　　　——62.8kWh 磷酸铁锂电池组　 9 514 597.38
　　　　　　　　　　　　——78.54kWh 磷酸铁锂电池组　4 757 298.69
　　生产成本——辅助生产成本——供气车间　　　　　　　　　　9 856.25
　　　　　　　　　　　　——供电车间　　　　　　　　　　　176 391.25
　　　　　　　　　　　　——供水车间　　　　　　　　　　　 51 822.50
　　制造费用　　　　　　　　　　　　　　　　　　　　　　　 17 928.10
　　管理费用　　　　　　　　　　　　　　　　　　　　　　　 21 284.60
　　销售费用　　　　　　　　　　　　　　　　　　　　　　　 15 744.20
　　研发支出——费用化支出　　　　　　　　　　　　　　　1 374 338.00
　贷:累计折旧——房屋及建筑物　　　　　　　　　　　　　1 343 664.21
　　　　　　——机器设备　　　　　　　　　　　　　　　15 933 059.20
　　　　　　——运输工具　　　　　　　　　　　　　　　　　18 012.34
　　　　　　——电子设备　　　　　　　　　　　　　　　　　70 458.33

表 2-20 固定资产信息表

2×23 年 12 月 1 日

序号	类别	固定资产名称	部门	资产编码	单位	数量	折旧年限/年	残值率	购入日期或安装完工日期	单价/元	原值/元	累计折旧/元
1	房屋及建筑物	办公楼	管理部门	FWJZW002	栋	1	40	0.05	2×16/12/31	6 119 866.22	6 119 866.22	2 458 784.72
2		办公楼	研发部门	FWJZW003	栋	1	40	0.05	2×16/12/31	11 903 377.16	11 903 377.16	4 782 430.31
3		办公楼	销售部门	FWJZW004	栋	1	40	0.05	2×16/12/31	3 488 447.72	3 488 447.72	1 401 556.66
4		厂房	生产部门	FWJZW006	栋	1	40	0.05	2×16/12/31	6 658 406.90	6 658 406.90	2 675 154.30
5		磷酸铁锂生产用厂房	生产二部	FWJZW007	栋	1	40	0.05	2×16/12/31	55 137 700.00	55 137 700.00	22 152 720.10
6		62.8kWh 生产用厂房	生产二部	FWJZW008	栋	1	40	0.05	2×16/12/31	397 064 145.60	397 064 145.60	159 528 792.36
7		78.54kWh 主生产用厂房	生产二部	FWJZW009	栋	1	40	0.05	2×16/12/31	198 532 072.80	198 532 072.80	79 764 396.18
8		小 计									678 904 016.40	272 763 834.63
9	机器设备	1#生产线设备	生产二部	SCX001	组	1	10	0.05	2×20/12/31	166 333 441.60	166 333 441.60	46 088 224.35
10		2#生产线设备	生产二部	SCX002	组	1	10	0.05	2×13/11/28	850 000 000.00	850 000 000.00	807 500 000.00
11		2#生产线设备	生产二部		组	1	10	0.05	2×21/12/31	183 762 974.00	183 762 974.00	33 460 174.83
12		3#生产线设备	生产二部	SCX003	组	1	10	0.05	2×13/11/28	850 000 000.00	850 000 000.00	807 500 000.00
13		3#生产线设备	生产二部	SCX004	组	1	10	0.05	2×21/12/31	183 762 974.00	183 762 974.00	33 460 174.83
14		4#生产线设备	生产二部	SCX005	组	1	10	0.05	2×21/12/31	183 762 974.00	183 762 974.00	33 460 174.83
15		5#生产线设备	生产二部	SCX006	组	1	10	0.05	2×21/12/31	183 762 974.00	183 762 974.00	33 460 174.83
16		6#生产线设备	生产二部	SCX007	组	1	10	0.05	2×21/12/31	183 762 974.00	183 762 974.00	33 460 174.83
17		7#生产线设备	生产二部		组	1	10	0.05	2×13/11/28	850 000 000.00	850 000 000.00	807 500 000.00
18		8#生产线设备	生产二部	SCX008	组	1	10	0.05	2×20/12/31	183 762 974.00	183 762 974.00	50 917 657.35
19		8#生产线设备	生产二部		组	1	10	0.05	2×13/11/28	850 000 000.00	850 000 000.00	807 500 000.00
20		9#生产线设备	生产二部	SCX009	组	1	10	0.05	2×20/12/31	183 762 974.00	183 762 974.00	50 917 657.35
21		9#生产线设备	生产二部		组	1	10	0.05	2×20/12/31	183 762 974.00	183 762 974.00	50 917 657.35
22		10#生产线设备	生产二部	SCX010	组	1	10	0.05	2×20/12/31	183 762 974.00	183 762 974.00	50 917 657.35

续表

序号	类别	固定资产名称	部门	资产编码	单位	数量	折旧年限/年	残值率	购入日期或安装完工日期	单价/元	原值/元	累计折旧/元
23	机器设备	供气设备	供气车间		组	1	10	0.05	2×13/11/28	118 427 159.00	118 427 159.00	112 505 801.05
24		供气设备	供气车间		组	1	10	0.05	2×20/12/31	1 245 000.00	1 245 000.00	344 968.75
25		供电设备	供电车间		组	1	10	0.05	2×13/11/28	100 000 000.00	100 000 000.00	95 000 000.00
26		供电设备	供电车间		组	1	10	0.05	2×20/12/31	22 281 000.00	22 281 000.00	6 173 693.75
27		供水设备	供水车间		组	1	10	0.05	2×13/11/28	100 000 000.00	100 000 000.00	95 000 000.00
28		供水设备	供水车间		组	1	10	0.05	2×20/12/31	6 546 000.00	6 546 000.00	1 813 787.50
29		研发设备	研发部门		组	1	10	0.05	2×22/12/31	162 324 745.00	162 324 745.00	14 135 779.90
30		小计									5 731 024 111.60	3 954 576 276.33
31	运输工具	货车	管理部门		辆	3	5	0.05	2×20/1/1	193 102.33	579 307.00	421 928.56
32		货车	销售部门		辆	3	5	0.05	2×20/1/1	186 104.83	558 314.50	406 639.08
33		轿车	管理部门		辆	3	5	0.05	2×17/1/2	353 379.17	1 060 137.50	1 007 130.62
34		小计									2 197 759.00	1 835 698.26
35	电子设备	计算机	生产部门		台	30	3	0.05	2×21/9/28	6 000.00	180 000.00	123 500.00
36		空调	生产部门		台	24	3	0.05	2×15/9/28	7 500.00	180 000.00	171 000.00
37		计算机	研发部门		台	415	3	0.05	2×22/9/28	6 000.00	2 490 000.00	919 916.62
38		空调	研发部门		台	40	3	0.05	2×15/9/28	7 500.00	300 000.00	285 000.00
39		计算机	管理部门		台	267	3	0.05	2×15/9/28	6 000.00	1 602 000.00	1 521 900.00
40		空调	管理部门		台	22	3	0.05	2×15/9/28	7 500.00	165 000.00	156 750.00
41		计算机	销售部门		台	146	3	0.05	2×15/9/28	6 000.00	876 000.00	832 200.00
42		空调	销售部门		台	10	3	0.05	2×15/9/28	7 500.00	75 000.00	71 250.00
43		小计									5 868 000.00	4 081 516.62
44		合计									6 417 993 887.00	4 233 257 325.84

表 2-21 2×23 年 12 月固定资产折旧明细表

序号	类别	固定资产名称	部门	资产编码	单位	数量	折旧年限/年	残值率	购入日期或安装完工日期	单价/元	原值/元	净残值/元	本月折旧额/元	累计折旧/元	固定资产账面净值/元
1	房屋及建筑物	办公楼	管理部门	FWJZW002	栋	1	40	0.05	2×16/12/31	6 119 866.22	6 119 866.22	305 993.31	12 112.24	2 470 896.96	3 648 969.26
2		办公楼	研发部门	FWJZW003	栋	1	40	0.05	2×16/12/31	11 903 377.16	11 903 377.16	595 168.86	23 558.77	4 805 989.08	7 097 388.08
3		办公楼	销售部门	FWJZW004	栋	1	40	0.05	2×16/12/31	3 488 447.72	3 488 447.72	174 422.39	6 904.22	1 408 460.88	2 079 986.84
4		厂房	生产部门	FWJZW006	栋	1	40	0.05	2×16/12/31	6 658 406.90	6 658 406.90	332 920.35	13 178.10	2 688 332.40	3 970 074.50
5		磷酸铁锂生产用厂房	生产一部	FWJZW007	栋	1	40	0.05	2×16/12/31	55 137 700.00	55 137 700.00	2 756 885.00	109 126.70	22 261 846.80	32 875 853.20
6		62.8kWh生产用厂房	生产二部	FWJZW008	栋	1	40	0.05	2×16/12/31	397 064 145.60	397 064 145.60	19 853 207.28	785 856.12	160 314 648.48	236 749 497.12
7		78.54kWh生产用厂房	生产二部	FWJZW009	栋	1	40	0.05	2×16/12/31	198 532 072.80	198 532 072.80	9 926 603.64	392 928.06	80 157 324.24	118 374 748.56
8		小计									678 904 016.40	33 945 200.83	1 343 664.21	274 107 498.84	404 796 517.56
9	机器设备	1#生产线设备	生产一部	SCX001	组	1	10	0.05	2×20/12/31	166 333 441.60	166 333 441.60	8 316 672.08	1 316 806.41	47 405 030.76	118 928 410.84
10		2#生产线设备	生产一部		组	1	10	0.05	2×13/11/28	850 000 000.00	850 000 000.00	42 500 000.00	0.00	807 500 000.00	42 500 000.00
11		2#生产线设备	生产二部	SCX002	组	1	10	0.05	2×21/12/31	183 762 974.00	183 762 974.00	9 188 148.70	1 454 790.21	34 914 965.04	148 848 008.96
12		3#生产线设备	生产二部		组	1	10	0.05	2×13/11/28	850 000 000.00	850 000 000.00	42 500 000.00	0.00	807 500 000.00	42 500 000.00
13		3#生产线设备	生产二部	SCX003	组	1	10	0.05	2×21/12/31	183 762 974.00	183 762 974.00	9 188 148.70	1 454 790.21	34 914 965.04	148 848 008.96
14		4#生产线设备	生产二部	SCX004	组	1	10	0.05	2×21/12/31	183 762 974.00	183 762 974.00	9 188 148.70	1 454 790.21	34 914 965.04	148 848 008.96
15		5#生产线设备	生产二部	SCX005	组	1	10	0.05	2×21/12/31	183 762 974.00	183 762 974.00	9 188 148.70	1 454 790.21	34 914 965.04	148 848 008.96
16		6#生产线设备	生产二部	SCX006	组	1	10	0.05	2×21/12/31	183 762 974.00	183 762 974.00	9 188 148.70	1 454 790.21	34 914 965.04	148 848 008.96

续表

序号	类别	固定资产名称	部门	资产编码	单位	数量	折旧年限/年	残值率	购入日期或安装完工日期	单价/元	原值/元	净残值/元	本月折旧额/元	累计折旧/元	固定资产账面净值/元
17	机器设备	7#生产线设备	生产二部	SCX007	组	1	10	0.05	2×21/12/31	183 762 974.00	183 762 974.00	9 188 148.70	1 454 790.21	34 914 965.04	148 848 008.96
18		8#生产线设备	生产二部		组	1	10	0.05	2×13/11/28	850 000 000.00	850 000 000.00	42 500 000.00	0.00	807 500 000.00	42 500 000.00
19		8#生产线设备	生产二部	SCX008	组	1	10	0.05	2×20/12/31	183 762 974.00	183 762 974.00	9 188 148.70	1 454 790.21	52 372 447.56	131 390 526.44
20		9#生产线设备	生产二部		组	1	10	0.05	2×13/11/28	850 000 000.00	850 000 000.00	42 500 000.00	0.00	807 500 000.00	42 500 000.00
21		9#生产线设备	生产二部	SCX009	组	1	10	0.05	2×20/12/31	183 762 974.00	183 762 974.00	9 188 148.70	1 454 790.21	52 372 447.56	131 390 526.44
22		10#生产线设备	生产二部	SCX010	组	1	10	0.05	2×13/11/28	118 427 159.00	118 427 159.00	5 921 357.95	1 454 790.21	52 372 447.56	131 390 526.44
23		供气设备	供气车间		组	1	10	0.05	2×13/11/28	1 245 000.00	1 245 000.00	62 250.00	9 856.25	112 505 801.05	5 921 357.95
24		供气设备	供气车间		组	1	10	0.05	2×20/12/31	100 000 000.00	100 000 000.00	5 000 000.00	0.00	354 825.00	890 175.00
25		供电设备	供电车间		组	1	10	0.05	2×13/11/28	22 281 000.00	22 281 000.00	1 114 050.00	176 391.25	95 000 000.00	5 000 000.00
26		供电设备	供电车间		组	1	10	0.05	2×20/12/31	100 000 000.00	100 000 000.00	5 000 000.00	0.00	6 350 085.00	15 930 915.00
27		供水设备	供水车间		组	1	10	0.05	2×13/11/28	6 546 000.00	6 546 000.00	327 300.00	51 822.50	95 000 000.00	5 000 000.00
28		研发设备	研发部门		组	1	10	0.05	2×22/12/31	162 324 745.00	162 324 745.00	8 116 237.25	1 285 070.90	1 865 610.00	4 680 390.00
29														15 420 850.80	146 903 894.20
30		小计									5 731 024 111.60	286 551 205.58	15 933 059.20	3 970 509 335.53	1 760 514 776.07
31	运输工具	货车	管理部门		辆	3	5	0.05	2×20/1/1	193 102.33	579 307.00	28 965.35	9 172.36	431 100.92	148 206.08
32		货车	销售部门		辆	3	5	0.05	2×20/1/1	186 104.83	558 314.50	27 915.73	8 839.98	415 479.06	142 835.44
33		轿车	管理部门		辆	3	5	0.05	2×17/1/2	353 379.17	1 060 137.50	53 006.88	1 007 130.62	53 006.88	
34		小计									2 197 759.00	109 887.96	18 012.34	1 853 710.60	344 048.40
35	电子设备	计算机	生产部门		台	30	3	0.05	2×21/9/28	6 000.00	180 000.00	9 000.00	4 750.00	128 250.00	51 750.00
36		空调	生产部门		台	24	3	0.05	2×15/9/28	7 500.00	180 000.00	9 000.00	0.00	171 000.00	9 000.00
37		计算机	研发部门		台	415	3	0.05	2×22/9/28	6 000.00	2 490 000.00	124 500.00	65 708.33	985 624.95	1 504 375.05
38		空调	研发部门		台	40	3	0.05	2×15/9/28	7 500.00	300 000.00	15 000.00	0.00	285 000.00	15 000.00
39		计算机	管理部门		台	267	3	0.05	2×15/9/28	6 000.00	1 602 000.00	80 100.00	0.00	1 521 900.00	80 100.00
40		空调	管理部门		台	22	3	0.05	2×15/9/28	7 500.00	165 000.00	8 250.00	0.00	156 750.00	8 250.00
41		计算机	销售部门		台	146	3	0.05	2×15/9/28	6 000.00	876 000.00	43 800.00	0.00	832 200.00	43 800.00
42		空调	销售部门		台	10	3	0.05	2×15/9/28	7 500.00	75 000.00	3 750.00	0.00	71 250.00	3 750.00
43		小计									5 868 000.00	293 400.00	70 458.33	4 151 974.95	1 716 025.05
44	合计										6 417 993 887.00	320 899 694.37	17 365 194.08	4 250 622 519.92	2 167 371 367.08

表 2-22 2×23 年 12 月固定资产折旧费用分配表 单位：元

项目		房屋及建筑物	机器设备	运输工具	电子设备	合计
生产成本	磷酸铁锂	109 126.70	1 316 806.41	0.00	0.00	1 425 933.11
生产成本	62.8kWh 磷酸铁锂电池组	785 856.12	8 728 741.26	0.00	0.00	9 514 597.38
生产成本	78.54kWh 磷酸铁锂电池组	392 928.06	4 364 370.63	0.00	0.00	4 757 298.69
生产成本	供气车间	0.00	9 856.25	0.00	0.00	9 856.25
生产成本	供电车间	0.00	176 391.25	0.00	0.00	176 391.25
生产成本	供水车间	0.00	51 822.50	0.00	0.00	51 822.50
制造费用	车间共用	13 178.10	0.00	0.00	4 750.00	17 928.10
管理费用		12 112.24	0.00	9 172.36	0.00	21 284.60
销售费用		6 904.22	0.00	8 839.98	0.00	15 744.20
研发费用		23 558.77	1 285 070.90	0.00	65 708.33	1 374 338.00
合计		1 343 664.21	15 933 059.20	18 012.34	70 458.33	17 365 194.08

微课：折旧费用归集与分配

二、利息费用的归集与分配

要素费用中的利息费用，是企业财务费用的一个费用项目，不构成产品成本。它一般按季结算支付季内各月应付的利息。每月应预提利息，季末支付时冲减应付利息。

一般企业每月预提利息费用时，借记"财务费用"账户，贷记"应付利息"账户。期末实际支付利息费用时，借记"应付利息"账户，贷记"银行存款"账户。

三、其他要素费用

除上述费用外，要素费用还包括邮电费、租赁费、印刷费、图书资料费、办公用品费、试验检验费、排污费、差旅费、保险费、交通补助费等。这些要素费用的处理方法可按发生部门和用途分情况处理，有的应计入产品成本，借记"制造费用"等账户；有的应计入当期损益，借记"管理费用""财务费用""销售费用"账户。

实务训练

湖南启航电池有限公司生产一部 2×23 年 8 月 7 日购入一台机器设备原值为 5 000 万元，公司财务部预计该机器设备使用期限为 10 年，预计净残值率为 10%。

要求：(1) 假设湖南启航电池有限公司采用双倍余额递减法对该设备计提折旧，计算 2×23 年该设备计提的折旧额为多少？

（2）根据上述计算结果，编制相应的会计分录。

成本管理理念

改变折旧陡增 9 亿元净利　鞍钢股份被疑操纵利润

鞍钢股份 2012 年年底发布公告称，将于 2013 年起对公司部分固定资产折旧年限进行调整，其中将房屋折旧年限延长 10 年至 40 年，将建筑物折旧年限延长 10 年至 40 年，将传导折旧年限延长 4 年至 19 年，将机械折旧年限延长 4 年至 19 年，将动力折旧年限延长 2 年至 12 年。

公司表示，本次会计估计变更的影响额将不会超过 2012 年度本公司所有者权益及净利润绝对值的 50%，也不会使公司 2012 年度的盈亏性质发生变化。此外，本次会计估计变更不会对公司的主营业务范围产生影响，预计影响公司 2013 年所有者权益和净利润分别增加人民币 9 亿元，预计 2013 年将比 2012 年少提折旧费用人民币 12 亿元。值得注意的是，近年来，鞍钢股份一直在降低每年公司资产折旧的费用。2011 年公司折旧费用人民币 68.9 亿元，2012 年预计公司折旧费用人民币 55.4 亿元。

延长折旧年限或对"美化"企业财报有点帮助，却难从根本上提升企业的核心竞争力，这是典型的"舍本逐末"的做法。钢铁行业产能过剩、结构失衡、成本高企等问题难以在短期内有所缓解，鞍钢的做法对上市公司而言难有实质性利好消息，企业将面临压缩成本、优化产能等多重挑战。

资料来源：http://finance.people.com.cn/stock/n/2012/1120/c67815-19632165.html。

思考：作为财务人员该如何"守住底线"？

◀ 课 后 训 练 ▶

一、单项选择题

1. 用于产品生产构成产品实体的材料费用，应记入（　　）科目。
   A. 基本生产成本　　B. 销售费用　　C. 制造费用　　D. 废品损失
2. 生产车间领用的直接用于产品生产、有助于产品形成的辅助材料，应借记的账户为（　　）。
   A. 辅助生产成本　　B. 原材料　　C. 基本生产成本　　D. 制造费用
3. 下列各种存货发出的计价方法中，不利于存货成本日常管理与控制的方法是（　　）。
   A. 先进先出法　　　　　　　　B. 移动加权平均法
   C. 月末一次加权平均法　　　　D. 个别计价法
4. "材料成本差异"账户的期末借方余额表示（　　）。
   A. 实际成本小于计划成本的节约差异额
   B. 实际成本大于计划成本的超支差异额
   C. 实际买价小于计划成本的节约差异额
   D. 实际买价大于计划成本的超支差异额
5. 基本生产车间管理人员的薪酬费用，应记入的科目是（　　）。
   A. 制造费用　　B. 销售费用　　C. 基本生产成本　　D. 管理费用

6. 下列固定资产折旧方法中,不需要考虑固定资产净残值的方法是( )。
   A. 工作量法　　　　　　　　　　B. 双倍余额递减法
   C. 直线法　　　　　　　　　　　D. 年数总和法

7. 某企业为工业生产企业,11月1日,仓库结存某型号材料100kg,成本共计155万元;11月5日,购入50kg,单价1.5万元/kg;11月15日,车间领用140kg;11月27日,购入90kg,单价1.4万元/kg。企业采用月末一次加权平均法核算原材料成本,则11月30日结存的材料成本为( )万元。
   A. 140　　　　B. 148　　　　C. 150　　　　D. 155

8. 某企业本期购进5批存货,发出2批,在物价持续上升的情况下,与加权平均法相比,该企业采用先进先出法导致的结果是( )。
   A. 当期利润较低　　　　　　　　B. 库存存货价值较低
   C. 期末存货成本接近于市价　　　D. 发出存货的成本较高

9. 某企业为增值税小规模纳税人,该企业购入一批原材料,取得增值税专用发票上注明的价款为150万元,增值税税额为19.5万元,另付运费1万元,取得增值税专用发票上注明的增值税税额为0.09万元,款项全部以银行存款支付。不考虑其他因素,该批原材料的入账成本为( )万元。
   A. 169.5　　　　B. 151　　　　C. 170.5　　　　D. 170.59

10. 某企业为商品流通企业,11月1日库存甲产品120万元,数量为100件;11月5日,购入50件,单价1.26万元;11月15日,售出60件。企业采用移动加权平均法计算存货成本,则11月15日库存的甲产品成本为( )万元。
    A. 108　　　　B. 109.8　　　　C. 110.7　　　　D. 113.4

11. 某企业材料采用计划成本核算。月初结存材料计划成本为130万元,材料成本差异为节约20万元。当月购入材料一批,实际成本110万元,计划成本120万元,领用材料的计划成本为100万元。该企业当月领用材料的实际成本为( )万元。
    A. 88　　　　B. 96　　　　C. 100　　　　D. 112

12. 甲公司为生产企业,属于增值税一般纳税人,共有职工150人,其中生产人员120人,管理人员30人。公司以其生产的每件成本为1 000元的产品作为福利发放给每名职工。假设该产品的不含税售价为1 200元,适用增值税税率13％,不考虑其他相关税费,则下列会计分录中正确的是( )。

    A. 借:生产成本　　　　　　　　　　　　　　120 000
       　　管理费用　　　　　　　　　　　　　　 30 000
       　　贷:库存商品　　　　　　　　　　　　　　　　150 000
    B. 借:应付职工薪酬　　　　　　　　　　　　150 000
       　　贷:库存商品　　　　　　　　　　　　　　　　150 000
    C. 借:应付职工薪酬　　　　　　　　　　　　173 400
       　　贷:库存商品　　　　　　　　　　　　　　　　150 000
       　　　　应交税费——应交增值税(销项税额)　　23 400
    D. 借:应付职工薪酬　　　　　　　　　　　　203 400
       　　贷:主营业务收入　　　　　　　　　　　　　　180 000
       　　　　应交税费——应交增值税(销项税额)　　23 400

```
借：主营业务成本                              150 000
    贷：库存商品                                        150 000
```
13. 某固定资产的入账价值为220万元,预计使用年限为6年,预计净残值为10万元,采用年数总和法计提折旧,该固定资产在使用的第2年应当计提的折旧额为(　　)万元。
  A. 70   B. 50   C. 35   D. 44

二、多项选择题

1. 下列各项中,属于生产费用要素的有(　　)。
  A. 实收资本 B. 职工薪酬 C. 折旧费 D. 外购材料
2. 下列各项中,应计入企业存货成本的有(　　)。
  A. 存货加工过程中发生的直接人工
  B. 为特定客户设计产品的可直接认定的设计费用
  C. 购买存货时支付的进口关税
  D. 存货采购运输中发生的定额内合理损耗
3. 下列项目中,属于存货加工成本的有(　　)。
  A. 直接人工   B. 按照一定方法分配的制造费用
  C. 管理费用   D. 入库前的挑选整理费
4. 下列项目中,不属于存货成本的有(　　)。
  A. 非正常消耗的直接材料
  B. 非正常消耗的直接人工和制造费用
  C. 在生产过程中为达到下一个生产阶段所必需的仓储费用
  D. 不能归属于使存货达到目前场所和状态的其他支出
5. 生产经营过程中领用的材料,按照用途进行归类,生产产品耗用、企业行政管理部门耗用、生产车间耗用的,应分别记入(　　)科目。
  A. 销售费用 B. 基本生产成本 C. 管理费用 D. 制造费用
6. 在实际成本核算方式下,企业可以采用的发出存货成本的计价方法有(　　)。
  A. 个别计价法   B. 先进先出法
  C. 月末一次加权平均法   D. 移动加权平均法
7. 某企业采用计划成本进行材料日常核算,下列各项中,应通过"材料成本差异"科目借方核算的有(　　)。
  A. 发出材料应负担的节约差异 B. 入库材料的超支差异
  C. 入库材料的节约差异   D. 发出材料应负担的超支差异
8. "材料成本差异"科目借方可以登记的有(　　)。
  A. 购进材料实际成本小于计划成本的差额
  B. 发出材料应负担的超支差异
  C. 发出材料应负担的节约差异
  D. 购进材料实际成本大于计划成本的差额
9. 要素费用的归集和分配,对于间接计入费用的分配标准主要有(　　)。
  A. 成果类 B. 消耗类 C. 加工类 D. 定额类
10. 几种产品共同耗用的材料费用,属于间接计入费用,其分配标准可以按照(　　)。

  A. 产品的体积分配   B. 产品的重量分配
  C. 产品的材料定额消耗量比例分配   D. 产品的材料定额费用比例分配

11. 经过要素费用的分配，记入"基本生产成本"科目借方的费用，已经分别记入各产品成本明细账的（　　）。
  A. "直接材料"成本项目   B. "直接燃料和动力"成本项目
  C. "直接人工"成本项目   D. "制造费用"成本项目

12. 下列选项中计入产品成本的工资费用是（　　）。
  A. 生活福利部门人员工资   B. 车间或分厂管理人员工资
  C. 生产车间技术人员工资   D. 生产工人工资

13. 计算计时工资时，要考虑的因素有（　　）。
  A. 出勤记录   B. 月标准工资
  C. 缺勤情况及性质   D. 职工工龄

14. 职工工资总额的组成内容主要有（　　）。
  A. 计时工资   B. 各种奖金   C. 各种津贴   D. 劳动保险费

三、判断题

1. 直接生产费用都是直接计入费用，间接生产费用都是间接计入费用。（　　）
2. 各项期间费用均不计入产品成本，应全部直接计入当期损益。（　　）
3. 不能归属于使存货达到目前场所和状态的其他支出，应在发生时计入存货成本。
（　　）
4. 企业采用月末一次加权平均法核算发出材料的成本，在本月有材料入库的情况下，物价上涨时，当月月初发出材料的单位成本小于月末发出材料的单位成本。（　　）
5. 企业采用计划成本进行材料日常核算，月末分摊发出材料成本差异时，超支差异记入"材料成本差异"科目的借方，节约差异记入"材料成本差异"科目的贷方。（　　）
6. 材料采用计划成本核算，发出材料应负担的成本差异在年末一次计算分摊。（　　）
7. 年度终了，企业应对材料成本差异率进行核实调整。（　　）
8. 实务中，企业发出的存货可以按实际成本核算，也可以按计划成本核算。如采用计划成本核算，会计期末资产负债表中存货按计划成本列示。（　　）
9. 企业设计产品发生的设计费用通常应计入当期损益，但是为特定客户设计产品所发生的、可直接确定的设计费用应计入存货的成本。（　　）
10. 由几种产品共同耗用的原材料费用，在材料消耗定额比较准确的情况下，可以按照产品的原材料定额消耗量或原材料定额费用比例分配。（　　）
11. 用于基本生产车间和辅助生产车间以及行政管理部门的照明用电不计入成本，应计入管理费用。（　　）
12. 用于产品生产、照明、取暖的动力费用，应记入各种产品成本明细账的"燃料及动力"成本项目。（　　）
13. 产品生产所用电费在其成本构成中不多时也需要单列做"燃料与动力"，以更准确核算产品成本。（　　）
14. 在采用计时工资情况下，若生产一种产品，则生产人员工资及福利费应直接计入该产品成本。（　　）
15. 为了简化核算，当月增加的固定资产当月不计提折旧，从下月起计提折旧，当月减少

的固定资产当月照提折旧,下月起停止计提折旧。（　　）

16. 要素费用中的税金,如印花税、房产税、车船使用税和土地使用税等,不是产品成本的组成部分,而是管理费用的组成部分。（　　）

四、课证融通题

1. 某企业为增值税一般纳税人,适用的增值税税率为13%,该企业生产主要耗用一种原材料甲,该材料按计划成本进行日常核算,甲材料单位计划成本为每千克10元,2×23年12月初,"原材料"账户月初余额40 000元,"材料成本差异"账户月初借方5 200元,该企业12月发生以下经济业务。

① 3日,从A公司购入甲材料5 000kg,增值税专用发票上注明的销售价格为45 000元,增值税税额为5 850元,全部款项以银行存款付清,材料尚未到达。

② 12日,从A公司购入的甲材料到达,验收入库时发现短缺80kg,经查,短缺为运输中合理损耗,按实际数量入库。

③ 26日,从B公司购入甲材料4 000kg,增值税专用发票上注明的销售价格为44 000元,增值税税额为5 720元,材料已验收入库,款项尚未支付。

④ 12月,该企业共领用甲材料6 000kg用于生产产品。

要求：根据上述资料,不考虑其他因素,分析回答下列问题。

（1）根据资料①,下列关于12月3日购入甲材料的会计处理,正确的是（　　）。
　　A. 应借记材料成本差异45 000元　　B. 应借记在途物资45 000元
　　C. 应借记材料采购45 000元　　　　D. 应借记原材料45 000元

（2）根据资料②,下列关于甲材料验收入库时会计处理结果表述正确的是（　　）。
　　A. 超支差异为4 200元　　B. 节约差异为4 200元
　　C. 超支差异为5 000元　　D. 节约差异为5 000元

（3）根据期初资料、资料①至资料③,本月材料成本差异率是（　　）。
　　A. 4.15%　　B. －3.87%　　C. 3.87%　　D. －4.15%

（4）本月发出材料应负担的成本差异是（　　）元。
　　A. 超支2 490　　B. 节约2 322　　C. 超支2 322　　D. 节约2 490

（5）下列关于月末库存材料成本的表述中,正确的是（　　）。
　　A. 结存材料为超支差异　　　　　　B. 结存材料的实际成本为71 878元
　　C. 结存材料为节约差异　　　　　　D. 结存材料实际成本为76 522元

2. 甲企业为增值税一般纳税人,适用的增值税税率为13%,原材料按实际成本核算,2×23年12月初,A材料账面余额为90 000元。该企业12月发生的有关经济业务如下。

① 3日,购入A材料1 000kg,增值税专用发票上注明的价款为300 000元,增值税税额为39 000元。购入该批材料发生保险费1 000元,发生运杂费4 000元,运输过程中发生合理损耗10kg。材料已验收入库,款项均已通过银行付讫。

② 9日,委托外单位加工B材料(属于应税消费品),发出B材料成本为70 000元,支付加工费20 000元,取得的增值税专用发票上注明的增值税税额为2 600元,由受托方代收代缴的消费税为10 000元,材料加工完毕验收入库,款项均已支付。材料收回后用于继续生产应税消费品。

③ 15日,企业发放上个月的工资,日标准工资按30天计算,某生产工人月标准工资6 000元,于5日至11日请事假,假设无其他的工资津贴等。

④ 20日,领用A材料60 000元,用于企业专设销售机构办公设备的日常维修,购入A材料时支付的相应增值税税额为7 800元。

⑤ 28日,生产领用A材料一批,该批材料成本为15 000元。

要求: 根据上述资料,不考虑其他因素,分析回答下列问题(答案中的金额单位用元表示)。

(1) 根据资料①,下列各项中,应计入外购原材料实际成本的是( )。

  A. 运输过程中的合理损耗   B. 购入材料支付的保险费和运杂费

  C. 增值税专用发票上注明的价款   D. 增值税发票上注明的增值税税额

(2) 根据资料①,下列各项中,关于甲企业采购A材料的会计处理结果正确的是( )。

  A. 记入"原材料"科目的金额为305 000元

  B. 记入"原材料"科目的金额为301 950元

  C. 记入"应交税费——应交增值税(进项税额)"科目的金额为39 000元

  D. 记入"应交税费——应交增值税(进项税额)"科目的金额为38 610元

(3) 根据资料②,下列各项中,关于甲企业委托加工业务会计处理表述正确的是( )。

  A. 收回委托加工物资的成本为90 000元

  B. 收回委托加工物资的成本为100 000元

  C. 受托方代收代缴的消费税10 000元计入委托加工物资成本

  D. 受托方代收代缴的消费税10 000元应记入"应交税费"科目的借方

(4) 在月薪制下,这位生产工人能够领到的计时工资为( )元。

  A. 4 600   B. 4 800   C. 5 300   D. 5 400

(5) 根据期初资料、资料①至⑤,甲企业31日A材料的结存成本为( )元。

  A. 304 800   B. 315 000   C. 319 720   D. 320 000

五、岗课赛证融通题

沿用项目一岗课赛证融通题目中任务一的相关资料。

任务二:排产计划

根据在手订单和已交付情况,以及生产产能,按照序号顺序编制2×24年12月的生产机台产能和排产计划,见表2-23和表2-24。

表2-23 生产机台产能 单位:t

序号	生产机台	年设计产能	月设计产能
1	SC#A	36 000	
2	SC#B	48 000	
3	SC#C	66 000	

说明:一年以360天计算,12月按30天排产,预留一天进行设备检修。

表2-24 排产计划 单位:t

序号	订单号	生产机台	计划生产天数	销售订单需求量	已交付	上期期末库存	确认生产量	排产计划
1	DD202412430	SC#A	10	2 500	0	1 500		
2	DD202412440	SC#B	18	8 500	1 700	4 400		
3	DD202412450	SC#C	12	5 000	0	3 000		

续表

序号	订单号	生产机台	计划生产天数	销售订单需求量	已交付	上期期末库存	确认生产量	排产计划
4	DD202412510	SC#A	20	5 000	0	0		
		SC#B	12		0			
		SC#C	8		0			
5	DD202412460	SC#C	10	6 000	0	0		

说明：(1)为谨慎起见，排产量最高不能高于设计产能。

(2)确认生产量时需考虑库存因素。

任务三：物料需求

根据工艺单耗表和排产计划，结合已经完成的任务，测算本月产品所需原材料的数量，见表2-25和表2-26。

表2-25 磷酸铁锂（正极材料）物料需求表

物料编号	物料类别	物料名称	单位	单位产品消耗指标	排产量	所需原料数量
CCP001	原料	碳酸锂	t	0.25		
CCP002	原料	葡萄糖	t	0.12		
CCP003	原料	磷酸铁	t	0.95		

表2-26 磷酸铁物料需求表

物料编号	物料类别	物料名称	单位	单位产品消耗指标	排产量	所需原料数量
BCP001	原料	磷酸二氢铵	t	0.77		
BCP002	原料	硫酸亚铁	t	2.07		
BCP003	原料	双氧水	t	0.56		
BCP004	辅料	磷酸(85%)	t	0.11		
BCP005	辅料	氨水(25%)	t	0.8		
BCP006	辅料	硫酸(98%)	t	0.12		
BCP007	辅料	PAM(聚丙烯酰胺)	t	0.000 39		

说明：(1)碳酸锂、葡萄糖、磷酸铁用于生产磷酸铁锂正极材料，其余原辅料用于生产磷酸铁。

(2)磷酸铁均自给自足，不考虑外购与库存情况。

任务四：采购预算

根据已经完成的物料需求预测碳酸锂的需求量（表2-27），预计2×24年年末碳酸锂库存为300t，采购单价为300 000元/t。

表2-27 碳酸锂采购预算表

项目	12月	项目	12月
预计生产量/t		减：预计期初材料存量/t	200
单位产品材料用量/t		预计材料采购量/t	
预计生产需用量/t		单价/(元/t)	
加：预计期末材料存量/t		预计采购金额/元	
合　计		合　计	

任务五：材料成本计算

根据已经完成的任务,采用月末一次加权平均法计算材料发出单价,见表2-28。

表2-28 材料成本计算表

名 称	期初金额/元	期初数量/t	本期入库金额/元	本期入库数量/t	期末金额/元	期末数量/t	单价/(元/t)
碳酸锂	120 661 505.8	300					
葡萄糖	520 067.77	458	2 896 743.32	1 470			
磷酸铁			131 301 444.58	11 875			
磷酸二氢铵	65 117 052.62	11 265	—	—			
硫酸亚铁	13 126 171.21	31 520	—	—			
双氧水	5 092 314.57	6 680	—	—			
磷酸	9 497 718.52	2 021	—	—			
氨水	11 016 254.29	12 800	—	—			
硫酸	1 801 215.86	2 370	—	—			
PAM(聚丙烯酰胺)	94 941.77	7.6	—	—			

任务六：材料领用汇总

根据已经完成的任务,填写磷酸铁生产部、磷酸铁锂生产部材料领用汇总分配表,见表2-29。

表2-29 材料领用汇总表

编 号	材料名称	领用部门	实发数量/t	单价/元	金额/元
CCP001	碳酸锂				
CCP002	葡萄糖				
CCP003	磷酸铁				
BCP001	磷酸二氢铵				
BCP002	硫酸亚铁				
BCP003	双氧水				
BCP004	磷酸				
BCP005	氨水				
BCP006	硫酸				
BCP007	PAM(聚丙烯酰胺)				

说明：磷酸铁无期初金额,为避免尾差,需直接使用入库金额。

任务七：工资计算

根据已经完成的任务,计算磷酸铁生产部、磷酸铁锂生产部工人的工资,见表2-30和表2-31。

表2-30 工资计算表

部 门		磷酸铁生产部			
一级账户		成本项目	完工产量/t	单位成本/(元/t)	分配金额/元
生产成本	磷酸铁	直接人工		880.00	

表2-31 工资计算表

部 门		磷酸铁锂生产部			
一级账户		成本项目	完工产量/t	单位成本/(元/t)	分配金额/元
生产成本	磷酸铁锂(正极材料)	直接人工		490.00	

项目三

生产费用的核算

素养目标

培养成本管控、降本增效的意识；培养践行职业道德和社会主义核心价值观，履行社会责任的意识；培养独立思考、团结协作的素养。

知识目标

了解生产损失的产生原因；熟悉制造费用、辅助生产成本账户核算的内容；掌握制造费用、辅助生产费用的分配方法及计算；掌握产品费用的分配方法及计算。

能力目标

能熟练运用交互分配法等方法分配辅助生产成本；能熟练运用机器工时比例法等方法分配制造费用；能熟练运用约当产量比例法等方法分配产品费用。

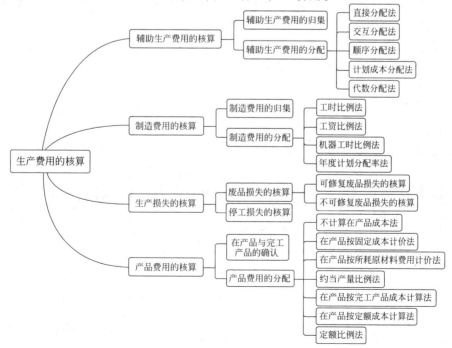

本项目知识导图

任务一　辅助生产费用的核算

任务描述

辅助生产费用是产品成本的重要组成部分,正确归集和合理分配辅助生产费用对成本管控具有重要意义。本任务中的技能点是初级会计职称《初级会计实务》科目考试中的技能考核点——产品成本的归集和分配中的辅助生产费用的归集和分配,也是业财税融合成本管控1+X证书的技能考核点——辅助生产成本核算。

项目活动一　辅助生产费用的归集

工作情境

任逍遥是郴州市一所高职院校的毕业生,毕业后入职湖南启航电池有限公司财务部工作。工作中,任逍遥注意到湖南启航电池有限公司的生产部由基本生产车间和辅助生产车间构成,其中辅助生产车间包括供气车间、供电车间和供水车间。

思考:(1)辅助生产车间与基本生产车间有什么区别?
(2)辅助生产车间可能会有哪些费用支出?
(3)辅助生产车间发生的费用支出应当如何记录?

一、辅助生产费用的确认

辅助生产活动是指企业为辅助基本生产活动正常进行而开展的一系列生产活动。例如,湖南启航电池有限公司的基本生产活动是生产电池,在生产电池的过程中,需要用气、用电、用水,因此,供气、供电、供水的活动就是为了辅助基本生产活动正常进行而开展的辅助生产活动。相应的供气车间、供电车间、供水车间被称为辅助生产车间。基本生产车间与辅助生产车间最大的区别在于生产产品或劳务的根本目的不同。虽然,辅助生产车间生产的产品或劳务偶尔也会对外销售,但其生产的根本目的主要是服务于企业的基本生产和管理。

湖南启航电池有限公司生产部架构如图 3-1 所示。

有的辅助生产车间只生产一种产品或提供一种劳务,例如,供电车间仅供电;有的辅助生产车间可以生产多种产品或提供多种劳务,例如,修理车间可以同时为多种机器设备提供修理服务。

辅助生产车间在生产产品或劳务的过程中发生的材料费用、人工费用、燃料和动力费用、折旧费用等都会构成辅助生产费用。由于辅助生产活动生产的产品或劳务,会被基本生产车间及管理部门使用,

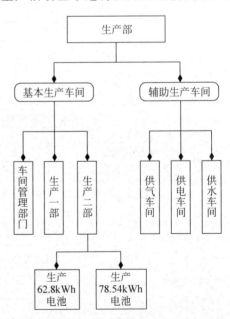

图 3-1　湖南启航电池有限公司生产部架构

因此,辅助生产费用也应最终由基本生产车间及管理部门承担。只有正确归集和分配辅助生产费用,才能正确计算基本生产成本和经营管理费用。可见,辅助生产费用的核算对企业日常经营、降本增效等有着十分重要的意义。

二、辅助生产费用的账户设置与归集账务处理

1. 辅助生产费用核算账户的设置

一般来说,企业通过设置"生产成本——辅助生产成本"账户,对辅助生产费用进行归集和分配。如果企业辅助生产车间不止一个,可以通过下设"生产成本——辅助生产成本——××辅助生产车间"等分户进行分别核算。辅助生产成本明细账的格式见表3-1。

表3-1 生产成本——辅助生产成本明细账

辅助生产车间:供电车间　　　产品或劳务:电　　　　　　　　　　　单位:元

2×23年		凭证号数	摘要	费用明细项目							合计
月	日			直接材料	直接人工	折旧费	水电费	修理费	办公费	其他	
12	31	×	辅助材料	2 840 500							2 840 500
	31	×	工资费用		36 000						36 000
	31	×	社保及其他费用		18 000						18 000
	31	×	外购电				862 330				862 330
	31	×	固定资产折旧			176 390					176 390
			本月生产费用合计	2 840 500	54 000	176 390	862 330				3 933 220
	31	×	分配给生产一部	102 040	3 800	57 900	47 890				211 630
	31	×	分配给生产二部	1 308 000	27 000	67 360	376 840				1 779 200
			……								

2. 辅助生产费用归集的账务处理

企业辅助生产车间发生材料、人工、燃料和动力等费用支出,可以借记"生产成本——辅助生产成本",贷记"原材料——××材料""应付职工薪酬——工资"等。

如果企业有多个辅助生产车间,例如,湖南启航电池有限公司的辅助生产车间包括供气车间、供电车间、供水车间,此时对于辅助车间的管理人员工资、福利费等费用支出,无法直接归属于某个辅助生产车间,需要在三个辅助车间中进行分配。如果计算简单,可直接进行分配,记入"生产成本——辅助生产成本——××辅助生产车间"账户借方。如果计算复杂,可先计入制造费用进行汇总,再从制造费用转入"生产成本——辅助生产成本——××辅助生产车间"账户借方。本教材选择通过"生产成本——辅助生产成本——××辅助生产车间"账户进行核算。

【例3-1】 湖南启航电池有限公司设有供气车间、供电车间、供水车间三个辅助生产车间,2×23年12月发生下列费用。

供气车间发生材料费用214 400元,分配职工工资13 500元,计提社保等其他人工费用6 750元,计提固定资产折旧费9 800元。

供电车间发生材料费用2 840 500元,分配职工工资36 000元,计提社保等其他人工费用18 000元,发生外购电费862 330元(增值税专用发票列明进项税额为112 102.9元,款项已用银行存款支付),计提固定资产折旧费176 390元。

供水车间发生材料费用287 800元,分配职工工资18 000元,计提社保等其他人工费用9 000元,计提固定资产折旧费51 800元。

要求:编制上述业务的会计分录。

解析:上述业务中,发生的材料费用、分配职工工资、计提社保等其他人工费用的会计处理,参照项目二材料费用核算及薪酬费用核算的相关内容。此处仅列示发生外购电费及计提固定资产折旧的有关会计分录。

(1) 收到电费发票并支付电费。

借:生产成本——辅助生产成本——供电车间   862 330
    应交税费——应交增值税(进项税额)   112 102.9
  贷:银行存款   974 432.9

(2) 计提固定资产折旧费用。

借:生产成本——辅助生产成本——供气车间   9 800
                ——供电车间   176 390
                ——供水车间   51 800
  贷:累计折旧   237 990

根据辅助生产成本相关记账凭证中的会计分录,可以登记辅助生产成本明细账,如表3-1为供电车间的辅助生产成本明细账。账页中本月生产费用合计一栏,即为供电车间本月归集的全部辅助生产费用。

实务训练

湖南启航电池有限公司2×24年1月19日,采购一批办公用品,采购相关发票、付款回单、领用单等原始票据如图3-2、表3-2、图3-3、表3-3所示。

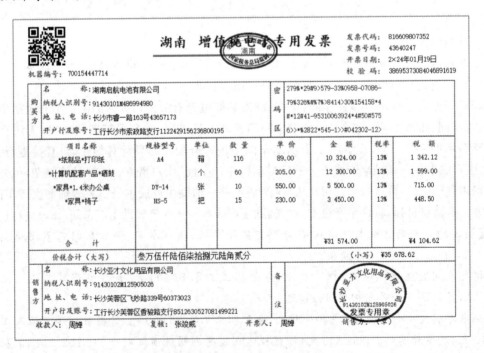

图3-2 办公用品采购发票

表 3-2 办公用品采购付款申请书

付款申请书

银行付讫				
2×24 年 01 月 19 日填				第 4 号

收款单位	长沙亚才文化用品有限公司	付款原因
账　号	8512630527081499221	
开户行	工行长沙市芙蓉区香骏路支行	
金　额	零佰零拾叁万伍仟陆佰柒拾捌元陆角贰分	
附件　1　张	金额(小写)　¥35 678.62	
审批	张竣威	财务	周婵

财务主管:周婵　　记账:高以修　　复核:周婵　　出纳:戴珊悦　　制单:高以修

中国工商银行

业务回单（付款）

日期：2×24 年 01 月 19 日　　回单编号：64453452562

付款人户名：	湖南启航电池有限公司	付款人开户行：	工行长沙市索政路支行
付款人账号(卡号)：	1122429156236800195		
收款人户名：	长沙亚才文化用品有限公司	收款人开户行：	工行长沙芙蓉区香骏路支行
收款人账号(卡号)：	8512630527081499221		
金额：	叁万伍仟陆佰柒拾捌元陆角贰分	小写：	¥35 678.62 元
业务(产品)种类：		凭证种类：6949757939	凭证号码：91817750073187229
摘要：	办公用品费	用途：	币种：人民币
交易机构：9686177680	记账柜员：28181	交易代码：22236	渠道：
8512630527081499221			

本回单为第 1 次打印,注意重复　打印日期：2×24 年 01 月 19 日 打印柜页:5　验证码:596902707284

图 3-3 办公用品采购付款银行回单

表 3-3 办公用品领用单

办公用品领用单

领用品名：办公用品　　　　　2×24 年 01 月 19 日

领用部门	领发数量	金额/元
总经办		1 000.00
财务部		880.00
研发部		2 500.00
营销部		1 300.00
生产一部		2 454.00
生产二部(62.8kWh)		3 940.00
生产二部(78.54kWh)		3 930.00
供气车间		5 000.00
供电车间		2 700.00
供水车间		8 870.00
合计		31 574.00

审核：　　　　　　　　　　　　　　　　　　　　　　　制表：

要求：编制上述业务的会计分录。

陕汽大同公司开展"修旧利废、降本增效"活动

陕汽大同专用汽车有限公司自 2023 年 3 月以来，车厂焊接车间持续开展工器具"修旧利废"主题活动，将修旧利废当作一项重要举措，最大限度降低生产成本，助力公司降本增效。

活动期间，焊接车间按照制造采供降本工作要求，逐级分解任务目标，层层落实目标责任，坚持"能自修的不委外、能加工的不购置、能复用的不报废、能修复的不发新"，发动全体员工想点子、出主意，开展修旧利废工作。该车间将自主维修焊把作为焊工的一项基本劳动技能，通过开展系统的维修培训，使全体焊工达到会使用、会诊断、会维护的"三会"要求。他们还专门制定了检测—诊断—维修保养—测试—复用工作流程，通过制度规范，让原本老旧或已"退休"的设备重新"上岗"发挥作用。一个月的时间里，焊接车间已组织两轮故障二焊把集中维修，利用 39 套报废焊把拆解拼装修复焊把 23 套，节省整机购置费用 1.1 万元。"下一步，专用车厂将继续发挥主观能动性，激发员工创造力，持续深入推进修旧利废、节支降耗工作，推动生产降本增效，助力公司高质量发展。"该公司相关负责人说。

成本费用的降低，需要靠企业每个部门发挥主观能动性，认真梳理工作流程，优化工作程序。同时，还需要有变废为宝的意识，弘扬节俭的传统和美德。

资料来源：https://www.dt.gov.cn/dtszf/bmdt/202304/a3cf5aa9f52c4bafaaf7ced36aeaa684.shtml。

思考：党的二十大报告提出实施全面节约战略，推进各类资源节约集约利用，加快构建废弃物循环利用体系。上述案例中，企业修旧利废除了可以实现成本降低外，还会给社会资源环境带来哪些影响？

项目活动二　辅助生产费用的分配

通过学习,任逍遥了解了企业如何对辅助生产费用进行归集。辅助生产车间会消耗不少人、财、物,但又不能产出可以销售的商品,"这些消耗的人、财、物应该由谁来承担?"成了任逍遥心中的一大困惑。

思考:(1)辅助生产费用应当由谁来承担?

(2)如何将辅助生产费用合理分配给各受益对象?

一、辅助生产费用分配的特点

辅助生产提供的产品或劳务,主要是为基本生产车间和行政管理部门使用和服务的。因此,根据"谁受益谁承担"的原则,辅助生产费用应当合理地分配给受益部门或产品。如果辅助生产车间的产品或劳务由某一个产品或部门消耗,则相关的辅助生产费用可以直接分配给受益对象。但往往辅助生产车间产品或劳务的受益对象不止一个,这时就需要采用一定的方法计算各受益对象应当承担的辅助生产费用金额。同时,与基本生产车间的耗用不同,辅助生产车间有时会互相使用对方生产的产品或劳务,例如,湖南启航电池有限公司的供气车间会使用供水车间生产的水,供水车间会使用供气车间生产的气和供电车间产生的电,供电车间会使用其他辅助生产车间生产的气和水。因此,辅助生产费用分配是一个较为复杂的过程,如果没有使用正确的分配方法和步骤进行分配,就可能造成未完全分配、分配不合理等情形。

二、辅助生产费用分配的方法

常见的辅助生产费用分配方法有直接分配法、交互分配法、顺序分配法、计划成本分配法、代数分配法等。企业在选择辅助生产费用分配方法时,应当根据辅助生产车间所生产产品或劳务的特点、辅助生产的受益对象情况、企业管理条件和要求等因素综合分析,进行选择。

1. 直接分配法

直接分配法是指不考虑辅助生产车间内部相互提供的辅助生产产品或劳务,直接将全部辅助生产费用分配给外部受益对象的一种辅助生产费用分配方法。直接分配一次就可以完成分配,计算简单,但是计算结果往往不够精确,如果辅助生产车间互相使用的产品或劳务较多,采用直接分配法,可能导致分配结果失真。直接分配示意图如图3-4所示。

直接分配法的计算公式为

$$费用分配率(单位成本)=\frac{某辅助生产车间待分配的费用}{该辅助生产部门提供给辅助生产车间以外受益对象的劳务总量}$$

某受益对象应负担的费用=该受益对象接受的劳务供应总量×费用分配率

【课赛融通3-1】　湖南启航电池有限公司设有供气车间、供电车间、供水车间三个辅助生产车间,2×23年12月发生的辅助生产费用详见例3-1内容。各辅助生产车间提供的产品或劳务数据见表3-4。

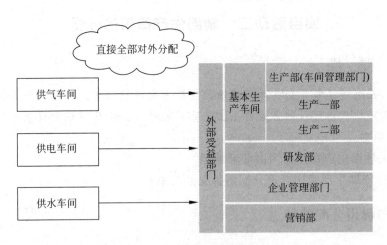

图 3-4　直接分配示意图

表 3-4　辅助生产车间 12 月供应量汇总表

受益单位	供气车间/m³	供电车间/度	供水车间/m³
供气车间	0	200	10
供电车间	0	0	30
供水车间	25	3 500	0
生产部（车间管理部门）	0	600	80
生产一部（磷酸铁锂）	36 660	1 247 620	78 880
生产二部（62.8kWh）	0	1 751 640	0
生产二部（78.54kWh）	0	995 250	0
研发部	0	4 200	300
企业管理部门	0	6 000	150
营销部	0	3 000	100
合　计	36 685	4 012 010	79 550

要求：假设湖南启航电池有限公司的辅助生产费用采用直接分配法进行分配，请分配各辅助生产车间费用（分配率保留 4 位小数，分配金额保留整数精确到元，如有尾差倒挤至生产一部），并编制会计分录。

解析：根据上述资料，第一步，计算各辅助生产车间的费用分配率。

$$\text{供气车间费用分配率} = \frac{214\,400+13\,500+6\,750+9\,800}{36\,685-25} = \frac{244\,450}{36\,660} = 6.668\,0(\text{元}/\text{m}^3)$$

$$\text{供电车间费用分配率} = \frac{2\,840\,500+36\,000+18\,000+862\,330+176\,390}{4\,012\,010-200-3\,500} = \frac{3\,933\,220}{4\,008\,310}$$
$$= 0.981\,3(\text{元}/\text{度})$$

$$\text{供水车间费用分配率} = \frac{287\,800+18\,000+9\,000+51\,800}{79\,550-10-30} = \frac{366\,600}{79\,510} = 4.610\,7(\text{元}/\text{m}^3)$$

第二步，根据费用分配率计算各受益对象应负担的辅助生产费用，见表 3-5。

表 3-5 辅助生产车间费用分配表（直接分配法）

2×23 年 12 月

辅助车间名称		供气车间	供电车间	供水车间	金额合计
待分配费用		244 450	3 933 220	366 600	4 544 270
供辅助车间以外单位的劳务数量		36 660	4 008 310	79 510	—
费用分配率（单位成本）		6.668 0	0.981 3	4.610 7	—
生产部（车间管理部门）	数量	0	600	80	—
	金额	0	589	369	958
生产一部（磷酸铁锂）	数量	36 660	1 247 620	78 880	—
	金额	244 450	1 224 155	363 695	1 832 300
生产二部（62.8kWh）	数量	0	1 751 640	0	—
	金额	0	1 718 884	0	1 718 884
生产二部（78.54kWh）	数量	0	995 250	0	—
	金额	0	976 639	0	976 639
研发部	数量	0	4 200	300	—
	金额	0	4 121	1 383	5 504
企业管理部门	数量	0	6 000	150	—
	金额	0	5 888	692	6 580
营销部	数量	0	3 000	100	—
	金额	0	2 944	461	3 405
分配金额合计		244 450	3 933 220	366 600	4 544 270

根据表 3-5，编制以下会计分录。

借：制造费用　　　　　　　　　　　　　　　　　　958
　　生产成本——基本生产成本——磷酸铁锂　　　1 832 300
　　　　　　　　　　　　　——62.8kWh 磷酸铁锂电池组　1 718 884
　　　　　　　　　　　　　——78.54kWh 磷酸铁锂电池组　976 639
　　研发支出——费用化支出　　　　　　　　　　5 504
　　管理费用　　　　　　　　　　　　　　　　　6 580
　　销售费用　　　　　　　　　　　　　　　　　3 405
　贷：生产成本——辅助生产成本——供气车间　　244 450
　　　　　　　　　　　　　——供电车间　　　3 933 220
　　　　　　　　　　　　　——供水车间　　　366 600

微课：直接分配法

2. 交互分配法

交互分配法也称一次交互分配法,分配过程有两步:先通过一次交互分配解决辅助生产车间的"内部矛盾";再通过一次对外分配完成辅助生产费用的"对外输送"。交互分配与直接分配相比,过程较为复杂,增加了分配的工作量,但是也提高了分配的正确性,分配结果更为合理。交互分配示意图如图 3-5 所示。

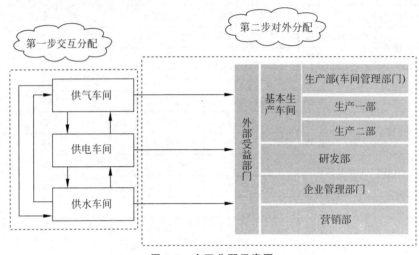

图 3-5 交互分配示意图

交互分配法的计算公式如下。

第一步,交互分配(对内):

$$交互分配率 = \frac{某辅助生产车间待分配的费用}{该辅助生产部门提供的全部劳务总量}$$

$$\begin{aligned}某辅助生产车间应\\负担的交互费用\end{aligned} = \frac{X 辅助生产车间接受的}{Y 辅助生产车间劳务供应总量} \times \begin{aligned}Y 辅助生产车间的\\交互分配率\end{aligned}$$

第二步,对外分配(对外):

$$\begin{aligned}某辅助生产车间待\\对外分配的费用\end{aligned} = \begin{aligned}该辅助车间交互\\前的生产费用\end{aligned} + \begin{aligned}该辅助车间交互\\转入的费用\end{aligned} - \begin{aligned}该辅助车间交互\\转出的费用\end{aligned}$$

某辅助生产车间待对外分配的劳务量 = 该辅助车间交互前的劳务量 $-\sum$ 各辅助车间消耗的该辅助车间的劳务量

$$对外分配率 = \frac{某辅助生产车间待对外分配的费用}{该辅助生产部门对外提供的劳务总量}$$

$$\begin{aligned}某辅助生产车间以外的受益\\对象应负担的辅助生产费用\end{aligned} = \frac{该受益对象接受的}{该辅助车间的劳务量} \times \begin{aligned}该辅助车间的\\对外分配率\end{aligned}$$

【课赛融通 3-2】 沿用上述直接分配法中课赛融通 3-1 的有关资料。

要求: 假设湖南启航电池有限公司的辅助生产费用采用交互分配法进行分配,请分配各辅助生产车间费用(分配率保留 4 位小数,分配金额保留整数精确到元,如有尾差倒挤至生产一部),并编制会计分录。

解析: 根据上述资料,依次计算各辅助生产车间的交互分配率、各辅助生产车间应负担的交互费用、各辅助生产车间待对外分配的费用、各辅助生产车间待对外分配的劳务量、各辅助生产车间的对外分配率以及各外部受益对象应负担的辅助生产费用。填入表 3-6。

项目三 生产费用的核算

表 3-6 辅助生产车间费用分配表（交互分配法）

2×23 年 12 月

	序号	项目	供气车间			供电车间			供水车间			金额合计
			数量	分配率	金额	数量	分配率	金额	数量	分配率	金额	
	1	待分配项目	36 685	6.663 5	244 450	4 012 010	0.980 4	3 933 220	79 550	4.608 4	366 600	4 544 270
交互分配	2	供气车间	0	—	0	200	—	196	10	—	46	242
	3	供电车间	0	—	0	0	—	0	30	—	138	138
	4	供水车间	25	—	167	3 500	—	3 431	0	—	0	3 598
	5	对外分配辅助生产费用	36 660	6.670 1	244 525	4 008 310	0.980 4	3 929 731	79 510	4.653 7	370 014	4 544 270
对外分配	6	生产一部（车间管理部门）	0	—	0	600	—	588	80	—	372	960
	7	生产二部（磷酸铁锂）	36 660	—	244 525	1 247 620	—	1 223 151	78 880	—	367 083	1 834 759
	8	生产二部（62.8kWh）	0	—	0	1 751 640	—	1 717 308	0	—	0	1 717 308
	9	生产二部（78.54kWh）	0	—	0	995 250	—	975 743	0	—	0	975 743
	10	研发部	0	—	0	4 200	—	4 118	300	—	1 396	5 514
	11	企业管理部门	0	—	0	6 000	—	5 882	150	—	698	6 580
	12	营销部	0	—	0	3 000	—	2 941	100	—	465	3 406
		合计	36 660	—	244 525	4 008 310	—	3 929 731	79 510	—	370 014	4 544 270

根据表3-6,编制以下会计分录。

(1) 对内分配。

借:生产成本——辅助生产成本——供气车间	242
——供电车间	138
——供水车间	3 598
贷:生产成本——辅助生产成本——供气车间	167
——供电车间	3 627
——供水车间	184

(2) 对外分配。

借:制造费用	960
生产成本——基本生产成本——磷酸铁锂	1 834 759
——62.8kWh 磷酸铁锂电池组	1 717 308
——78.54kWh 磷酸铁锂电池组	975 743
研发支出——费用化支出	5 514
管理费用	6 580
销售费用	3 406
贷:生产成本——辅助生产成本——供气车间	244 525
——供电车间	3 929 731
——供水车间	370 014

高手过招

微课:交互分配法

3. 顺序分配法

顺序分配法也称梯形分配法,分配过程主要分为两个阶段:首先确定分配顺序,所有辅助生产车间按受益金额大小进行排序,受益少的排在前,受益多的排在后,辅助生产车间排完后,外部受益对象排在辅助生产车间之后。然后,进行辅助生产费用分配,排在第一的辅助生产车间将费用分配给它后面的其他部门,排在第二的辅助生产车间接收到前面分配来的费用并加总后,再分配给它后面的其他部门,以此类推。分配时,应当按照"小大排顺序,只给后来人"的思路,顺序进行分配。顺序分配思路如图3-6所示。

顺序分配法与交互分配法相比,思路更加单向,但辅助生产车间的分配顺序往往难以准确确定,因此这种方法的分配结果往往不够准确。只有那些各辅助生产车间相互受益程度有明显顺序的企业,才比较适宜采用这样的分配方法。顺序分配示意图如图3-7所示。

顺序分配法的计算公式如下。

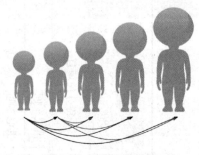

图 3-6 顺序分配思路

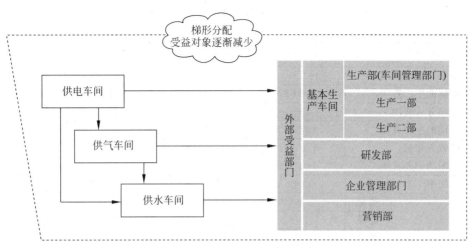

图 3-7 顺序分配示意图

（1）第一个辅助车间分配：

$$费用分配率 = \frac{该辅助生产车间待分配的费用}{该辅助生产部门提供的全部劳务总量}$$

其他部门应分配的费用＝该部门的受益量×费用分配率

（2）第二个辅助车间分配：

$$费用分配率 = \frac{该辅助生产车间直接产生的费用＋排序在前的辅助车间分配转入的费用}{该辅助生产部门提供的全部劳务总量－排序在前的辅助车间受益量}$$

其他部门应分配的费用（不向排序在前的辅助车间）＝该部门的受益量×费用分配率

以此类推。

【课赛融通 3-3】 沿用上述直接分配法中课赛融通 3-1 的有关资料。

要求：假设湖南启航电池有限公司的辅助生产费用采用顺序分配法进行分配，请分配各辅助生产车间费用（分配率保留 4 位小数，分配金额保留整数精确到元，如有尾差倒挤至生产一部），并编制会计分录。

解析：第一步，确定分配顺序。根据题目资料，测算各辅助生产车间受益金额排序情况，计算过程与交互分配过程类似，结果见表 3-7。

表 3-7 确定顺序分配法的分配顺序

项 目	供气车间			供电车间			供水车间			金额合计
	数量	分配率	金额	数量	分配率	金额	数量	分配率	金额	
待分配项目	36 685	6.663 5	244 450	4 012 010	0.980 4	3 933 220	79 550	4.608 4	366 600	4 544 270
供气车间	0	—	0	200	—	196	10	—	46	242
供电车间	0	—	0	0	—	0	30	—	138	138
供水车间	25	—	167	3 500	—	3 431	0	—	0	3 598

根据计算结果可知，受益金额由小到大依次为供电车间、供气车间、供水车间。因此，应当按此顺序进行分配。

第二步，根据顺序分配法的计算原理，依次计算填入表格，见表 3-8。

表 3-8　辅助生产车间费用分配表（顺序分配法）
2×23 年 12 月

辅助车间名称		供电车间	供气车间	供水车间	金额合计
分配顺序		一	二	三	—
归集的辅助生产费用		3 933 220	244 450	366 600	4 544 270
顺序分配分入费用		—	196	3 598	—
待分配辅助生产费用		3 933 220	244 646	370 198	—
提供的劳务总量		4 012 010	36 685	79 550	—
用于分配的劳务总量		4 012 010	36 685	79 510	—
费用分配率		0.980 4	6.668 8	4.656 0	—
供电车间	数量	—	—	—	—
	金额	—	—	—	—
供气车间	数量	200	—	—	—
	金额	196	—	—	—
供水车间	数量	3 500	25	—	—
	金额	3 431	167	—	—
生产部（车间管理部门）	数量	600	0	80	—
	金额	588	0	372	960
生产一部（磷酸铁锂）	数量	1 247 620	36 660	78 880	—
	金额	1 223 013	244 479	367 265	1 834 757
生产二部（62.8kWh）	数量	1 751 640	0	0	—
	金额	1 717 308	0	0	1 717 308
生产二部（78.54kWh）	数量	995 250	0	0	—
	金额	975 743	0	0	975 743
研发部	数量	4 200	0	300	—
	金额	4 118	0	1 397	5 515
企业管理部门	数量	6 000	0	150	—
	金额	5 882	0	698	6 580
营销部	数量	3 000	0	100	—
	金额	2 941	0	466	3 407
对外分配金额合计		3 929 593	244 479	370 198	4 544 270

根据表 3-8，编制以下会计分录。

（1）供电车间进行分配。

借：生产成本——辅助生产成本——供气车间　　　　　　　196
　　　　　　　　　　　　　　　　——供水车间　　　　　 3 431
　　制造费用　　　　　　　　　　　　　　　　　　　　　 588
　　生产成本——基本生产成本——磷酸铁锂　　　　　 1 223 013
　　　　　　　　　　　　　——62.8kWh 磷酸铁锂电池组　1 717 308
　　　　　　　　　　　　　——78.54kWh 磷酸铁锂电池组　975 743
　　研发支出——费用化支出　　　　　　　　　　　　　 4 118
　　管理费用　　　　　　　　　　　　　　　　　　　　 5 882
　　销售费用　　　　　　　　　　　　　　　　　　　　 2 941
　　贷：生产成本——辅助生产成本——供电车间　　　 3 933 220

（2）供气车间进行分配。

借：生产成本——辅助生产成本——供水车间　　　　　　　　　　　167
　　生产成本——基本生产成本——磷酸铁锂　　　　　　　　　244 479
　　贷：生产成本——辅助生产成本——供气车间　　　　　　　　244 646

（3）供水车间进行分配。

借：制造费用　　　　　　　　　　　　　　　　　　　　　　　　372
　　生产成本——基本生产成本——磷酸铁锂　　　　　　　　　367 265
　　研发支出——费用化支出　　　　　　　　　　　　　　　　1 397
　　管理费用　　　　　　　　　　　　　　　　　　　　　　　　698
　　销售费用　　　　　　　　　　　　　　　　　　　　　　　　466
　　贷：生产成本——辅助生产成本——供电车间　　　　　　　　370 198

高手过招

微课：顺序分配法

4．计划成本分配法

计划成本分配法也称计划分配率分配法，分配过程主要分为两个步骤：首先企业根据预测、前期数据分析等综合因素确定各辅助生产车间产品或劳务的计划单价，也就是计划分配率，先按照计划分配率在所有受益部门（含辅助生产车间）之间进行分配。然后确定各辅助生产车间实际成本与已经对外分配金额之间的差异，对于差异，可以采用直接分配法，按比例直接分配给外部受益部门（不含辅助生产车间），也可以简单处理，全部计入管理费用。

计划成本分配法由于引入了计划分配率，因此可以对各辅助生产车间的计划成本完成情况进行考核，同时也排除了辅助生产费用超支或节约对于外部受益对象成本核算的影响，有利于划清经济责任。但由于计划分配率的确定难度较高，存在失真的可能性，因此，计划成本分配法计算的结果可能不够准确。计划成本分配示意图如图3-8所示。

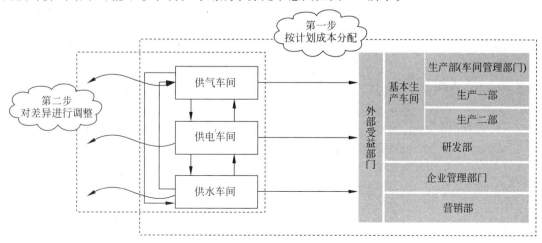

图3-8　计划成本分配示意图

计划成本分配法的计算公式如下。

(1) 按计划成本分配：

某受益部门(含辅助生产车间)分配的辅助生产费用＝该部门的受益量×待分配辅助生产车间的计划分配率

(2) 计算成本差异：

$$\begin{aligned}某辅助生产车间的成本差异额 &= 该辅助生产车间直接产生的费用 + 按计划成本分配转入的费用 - 按计划成本分配的金额 \\ &= 该辅助生产车间的实际成本 - 按计划成本分配的金额\end{aligned}$$

$$按计划成本分配的金额 = 按计划成本对外分配的金额 + 按计划成本分配给辅助生产车间的金额$$

(3) 分配成本差异：

$$某辅助生产车间的成本差异分配率 = \frac{该辅助车间的成本差异额}{该辅助生产部门对外提供的劳务总量}$$

其他部门应分配的成本差异(不含辅助生产车间)＝该部门的受益量×成本差异分配率

【课赛融通 3-4】 沿用上述直接分配法中课赛融通 3-1 的有关资料。

要求：假设湖南启航电池有限公司的辅助生产费用采用计划成本分配法进行分配，供气车间的计划分配率为 6.5 元/m³，供电车间的计划分配率为 0.9 元/度，供水车间的计划分配率为 4.8 元/m³。请分配各辅助生产车间费用(成本差异计入管理费用)，并编制会计分录。

解析：根据上述资料，依次计算填入表 3-9。

表 3-9 辅助生产车间费用分配表(计划成本分配法)

2×23 年 12 月

辅助车间名称		供气车间	供电车间	供水车间	金额合计
待分配的辅助生产费用		244 450	3 933 220	366 600	4 544 270
提供的劳务总量		36 685	4 012 010	79 550	—
计划分配率		6.5	0.9	4.8	—
供气车间	数量	0	200	10	—
	金额	0	180	48	228
供电车间	数量	0	0	30	—
	金额	0	0	144	144
供水车间	数量	25	3 500	0	—
	金额	163	3 150	0	3 313
生产部(车间管理部门)	数量	0	600	80	—
	金额	0	540	384	924
生产一部(磷酸铁锂)	数量	36 660	1 247 620	78 880	—
	金额	238 290	1 122 858	378 624	1 739 772
生产二部(62.8kWh)	数量	0	1 751 640	0	—
	金额	0	1 576 476	0	1 576 476
生产二部(78.54kWh)	数量	0	995 250	0	—
	金额	0	895 725	0	895 725
研发部	数量	0	4 200	300	—
	金额	0	3 780	1 440	5 220

续表

辅助车间名称		供气车间	供电车间	供水车间	金额合计
企业管理部门	数量	0	6 000	150	—
	金额	0	5 400	720	6 120
营销部	数量	0	3 000	100	—
	金额	0	2 700	480	3 180
按计划成本分配的金额合计		238 453	3 610 809	381 840	4 231 102
辅助生产实际成本		244 678	3 933 364	369 913	4 547 955
辅助生产成本差异		6 225	322 555	−11 927	316 853

根据表3-9，编制以下会计分录。

（1）按计划成本分配。

借：生产成本——辅助生产成本——供气车间　　　　　　228
　　　　　　　　　　　　　　——供电车间　　　　　　144
　　　　　　　　　　　　　　——供水车间　　　　　　3 313
　　制造费用　　　　　　　　　　　　　　　　　　　　924
　　生产成本——基本生产成本——磷酸铁锂　　　　　　1 739 772
　　　　　　　　　　　　　　——62.8kWh磷酸铁锂电池组　　1 576 476
　　　　　　　　　　　　　　——78.54kWh磷酸铁锂电池组　　895 725
　　研发支出——费用化支出　　　　　　　　　　　　　5 220
　　管理费用　　　　　　　　　　　　　　　　　　　　6 120
　　销售费用　　　　　　　　　　　　　　　　　　　　3 180
　　贷：生产成本——辅助生产成本——供气车间　　　　238 453
　　　　　　　　　　　　　　——供电车间　　　　　　3 610 809
　　　　　　　　　　　　　　——供水车间　　　　　　381 840

（2）结转成本差异。

借：管理费用　　　　　　　　　　　　　　　　　　　316 853
　　生产成本——辅助生产成本——供水车间　　　　　11 927
　　贷：生产成本——辅助生产成本——供气车间　　　　6 225
　　　　　　　　　　　　　　——供电车间　　　　　　322 555

高手过招

微课：计划成本分配法

5．代数分配法

代数分配法是利用多元一次方程组的原理，计算分配辅助生产费用的一种方法。采用代数分配法分配的主要工作步骤：首先通过多元一次方程组代数求解，计算出各辅助生产车间的分配率；然后根据各受益部门（含辅助生产车间）的受益数量计算出各受益部门应分配的金额。

代数分配法可以说是多次迭代,进行了多次分配,其结果是最准确的,但如果企业的辅助生产部门较多,未知数较多,计算工作量就比较大。不过 Excel、会计电算化等软件具有线性求解的功能,可以用机器代替人工计算,这种方法的劣势就逐渐减弱了。代数分配示意图如图 3-9 所示。

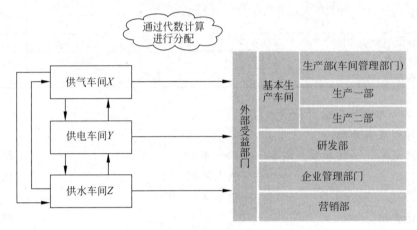

图 3-9 代数分配示意图

【课赛融通 3-5】 沿用上述直接分配法中课赛融通 3-1 的有关资料。

要求:假设湖南启航电池有限公司的辅助生产费用采用代数分配法进行分配,请分配各辅助生产车间费用(分配率保留 7 位小数,分配金额保留整数精确到元,如有尾差倒挤至生产一部供电车间),并编制会计分录。

解析:根据上述资料,设供气车间的费用分配率为 X 元/m³,供电车间的费用分配率为 Y 元/度,供水车间的费用分配率为 Z 元/m³。列出方程组:

$$\begin{cases} 244\,450 + 200Y + 10Z = 36\,685X \\ 3\,933\,220 + 30Z = 4\,012\,010Y \\ 366\,600 + 25X + 3\,500Y = 79\,500Z \end{cases}$$

解得:$X \approx 6.670\,099\,9$,$Y \approx 0.980\,396\,3$,$Z \approx 4.653\,653\,5$。依次填入表 3-10。

表 3-10 辅助生产车间费用分配表(代数分配法)

2×23 年 12 月

辅助车间名称		供气车间	供电车间	供水车间	金额合计
待分配的辅助生产费用		244 450	3 933 220	366 600	4 544 270
提供的劳务总量		36 685	4 012 010	79 550	—
用方程组算出的费用分配率		6.670 099 9	0.980 396 3	4.653 653 5	—
供气车间	数量	0	200	10	—
	金额	0	196	47	243
供电车间	数量	0	0	30	—
	金额	0	0	140	140
供水车间	数量	25	3 500	0	—
	金额	167	3 431	0	3 598
生产部(车间管理部门)	数量	0	600	80	—
	金额	0	588	372	960

续表

辅助车间名称		供气车间	供电车间	供水车间	金额合计
生产一部（磷酸铁锂）	数量	36 660	1 247 620	78 880	—
	金额	244 526	1 223 164	367 080	1 834 770
生产二部（62.8kWh）	数量	0	1 751 640	0	—
	金额	0	1 717 301	0	1 717 301
生产二部（78.54kWh）	数量	0	995 250	0	—
	金额	0	975 739	0	975 739
研发部	数量	0	4 200	300	—
	金额	0	4 118	1 396	5 514
企业管理部门	数量	0	6 000	150	—
	金额	0	5 882	698	6 580
营销部	数量	0	3 000	100	—
	金额	0	2 941	465	3 406
费用金额合计		244 693	3 933 360	370 198	4 548 251

根据表 3-10，编制以下会计分录。

借：生产成本——辅助生产成本——供气车间　　　　　　243
　　　　　　　　　　　　　　——供电车间　　　　　　140
　　　　　　　　　　　　　　——供水车间　　　　　3 598
　　制造费用　　　　　　　　　　　　　　　　　　　　960
　　生产成本——基本生产成本——磷酸铁锂　　　　1 834 770
　　　　　　　　　　　　——62.8kWh 磷酸铁锂电池组　1 717 301
　　　　　　　　　　　　——78.54kWh 磷酸铁锂电池组　　975 739
　　研发支出——费用化支出　　　　　　　　　　　　5 514
　　管理费用　　　　　　　　　　　　　　　　　　6 580
　　销售费用　　　　　　　　　　　　　　　　　　3 406
　贷：生产成本——辅助生产成本——供气车间　　　244 693
　　　　　　　　　　　　　　——供电车间　　　3 933 360
　　　　　　　　　　　　　　——供水车间　　　　370 198

高手过招

微课：代数分配法

实务训练

湖南启航电池有限公司 2×24 年 1 月，各辅助生产车间明细账及劳务供应量信息见表 3-11～表 3-14。

表3-11 生产成本——辅助生产成本明细账

辅助生产车间：供气车间　　　　　产品或劳务：气　　　　　　　　　单位：元

2×24年		凭证号数	摘要	费用明细项目						合计
月	日			直接材料	直接人工	折旧费	水电费	修理费	办公费	其他	
1	31	×	辅助材料	18 000							18 000
	31	×	工资费用		27 000						27 000
	31	×	社保及其他费用		13 000						13 000
	31	×	办公费						5 000		5 000
	31	×	固定资产折旧			7 500					7 500
			本月生产费用合计	18 000	40 000	7 500			5 000		70 500

表3-12 生产成本——辅助生产成本明细账

辅助生产车间：供电车间　　　　　产品或劳务：电　　　　　　　　　单位：元

2×24年		凭证号数	摘要	费用明细项目						合计
月	日			直接材料	直接人工	折旧费	水电费	修理费	办公费	其他	
1	31	×	辅助材料	45 000							45 000
	31	×	工资费用		36 000						36 000
	31	×	社保及其他费用		18 000						18 000
	31	×	办公费						2 700		2 700
	31	×	固定资产折旧			12 800					12 800
			本月生产费用合计	45 000	54 000	12 800			2 700		114 500

表3-13 生产成本——辅助生产成本明细账

辅助生产车间：供水车间　　　　　产品或劳务：水　　　　　　　　　单位：元

2×24年		凭证号数	摘要	费用明细项目						合计
月	日			直接材料	直接人工	折旧费	水电费	修理费	办公费	其他	
1	31	×	辅助材料	33 000							33 000
	31	×	工资费用		22 000						22 000
	31	×	社保及其他费用		15 000						15 000
	31	×	办公费						8 870		8 870
	31	×	固定资产折旧			7 700					7 700
			本月生产费用合计	33 000	37 000	7 700			8 870		86 570

表3-14 辅助生产车间1月供应量汇总表

受益单位	供气车间/m³	供电车间/度	供水车间/m³
供气车间	0	320	100
供电车间	0	0	430
供水车间	50	400	0
生产部（车间管理部门）	0	580	393
生产一部（磷酸铁锂）	11 700	23 500	18 880
生产二部（62.8kWh）	0	65 800	0

续表

受 益 单 位	供气车间/m³	供电车间/度	供水车间/m³
生产二部(78.54kWh)	0	10 700	0
研发部	0	4 200	780
企业管理部门	0	6 000	460
营销部	0	3 000	600
合　计	11 750	114 500	21 643

要求：（1）运用直接分配法分配辅助生产费用，并编制相关会计分录。

（2）运用交互分配法分配辅助生产费用，并编制相关会计分录。

（3）运用代数分配法分配辅助生产费用，并编制相关会计分录。

直接分配法、交互分配法分配率保留4位小数，代数分配法分配率保留8位小数，分配金额保留整数精确到元，如有尾差倒挤至生产一部。

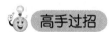

微课：多元一次方程组的三种解法

任务二　制造费用的核算

产品成本主要由料、工、费组成，这里的"费"就是指制造费用，可见制造费用在成本核算中的重要地位。本任务的技能点是初级会计职称《初级会计实务》科目考试中的技能考核点——产品成本的归集和分配中的基本生产费用的归集和分配，也是业财税融合成本管控1+X证书的技能考核点——制造费用核算。

项目活动一　制造费用的归集

工 作 情 境

任逍遥在湖南启航电池有限公司的工作中观察到，企业有很多开支是共同使用的，如生产一部和生产二部在同一栋厂房里。这让他回忆起中午在职工食堂用餐时想到的一个问题，如果一个食堂档口只卖宫保鸡丁和鱼香肉丝两种菜品，那么很容易分清黄瓜是用来制作宫保鸡丁的，蒜薹是用来制作鱼香肉丝的，那么两道菜品共同使用的鸡肉、胡萝卜还有米、盐、油等，这些支出要如何在两种产品之间划分呢？

思考：（1）企业的成本费用中哪些属于直接成本，哪些属于间接成本？

（2）如果多个部门或多种产品共同发生了一些支出，应当如何记录？

一、制造费用的确认

制造费用是指企业发生的间接用于生产产品或劳务的各项费用支出,也包括虽然直接用于生产产品或劳务,但是不便于或不要求直接计入产品或劳务成本的支出。例如,车间管理人员的工资、福利,厂房、设备的折旧,无形资产的摊销等。随着社会经济的发展,生产的机械化程度和柔性不断提升,因此无法直接归属于产品成本的制造费用在成本中所占的比例也不断提升,正确归集、分配和分析、管控制造费用,已经成为企业成本管理的重要议题。

企业成本费用简易流动情况如图 3-10 所示。

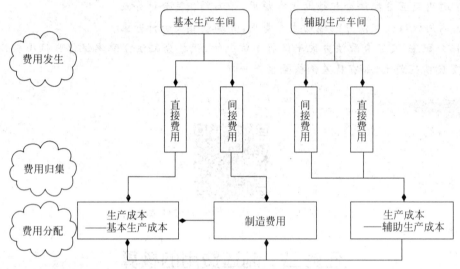

图 3-10　企业成本费用简易流动图

辅助生产车间有时也会发生制造费用,正如本项目任务一项目活动一辅助生产费用的归集中所述,可以将其直接计入辅助生产成本账户,也可以先通过制造费用中单设的"制造费用——辅助生产制造费用"账户核算,月末分配后再计入辅助生产成本。本书中辅助生产车间的间接费用均直接计入辅助生产成本,后续出现的制造费用仅指基本生产车间的制造费用。

制造费用主要分为以下三类。

(1) 间接用于产品生产的费用。例如,车间用房屋建筑物的折旧费、修理费、租赁费、保险费、季节性停工和修理停工损失等。

(2) 车间为组织和管理生产发生的费用。例如,车间管理人员的工资、车间管理人员的差旅费、办公费等。

(3) 直接用于产品生产,但管理上不要求或不便于单独核算而没有专设成本项目的费用。例如,生产工具摊销、设计制图费等。

二、制造费用的账户设置与归集账务处理

1. 制造费用核算账户的设置

一般情况下,企业通过设置"制造费用"账户,对制造费用进行归集和分配。制造费用账户一般为多栏式、零余额账户,制造费用明细账的格式见表 3-15。

表 3-15　制造费用明细账

部门：基本生产车间　　　　　　　　　　　　　　　　　　　　　　　　　　单位：元

2×23年		凭证号数	摘要	费用明细项目						合计
月	日			人工费	摊销费	折旧费	水电费	办公费	其他	
			期初（略）							
12	31	×	工资	240 000						240 000
	31	×	社保及公积金	83 000						83 000
	31	×	工会经费	4 800						4 800
	31	×	职工教育经费	19 200						19 200
	31	×	电费				588			588
	31	×	水费				372			372
	31	×	无形资产摊销费		2 598 600					2 598 600
	31	×	固定资产折旧费			17 900				17 900
	31	×	其他						42 587 500	42 587 500
	31	×	本月合计	347 000	2 598 600	17 900	960	0	42 587 500	45 551 960
	31	×	分配转出	347 000	2 598 600	17 900	960	0	42 587 500	45 551 960

2. 制造费用归集的账务处理

企业发生的各项制造费用支出，可以借记"制造费用"，贷记"原材料——××材料""应付职工薪酬——工资""银行存款""累计折旧""累计摊销"等。

【例 3-2】 湖南启航电池有限公司 2×23 年 12 月无形资产摊销分配表和固定资产折旧分配表见表 3-16 和表 3-17。

表 3-16　无形资产摊销分配表

2×23 年 12 月　　　　　　　　　　　　　　　　　　　　　　　　　　　　单位：元

项　　目	非专利技术	软　件	土地使用权	合　计
车间共用	28 130	709 700	1 860 770	2 598 600
管理部门使用	0	531 250	16 930	548 180
销售部门使用	0	0	12 070	12 070
研发部门使用	0	0	66 116	66 116
合　　计	28 130	1 240 950	1 955 886	3 224 966

表 3-17　固定资产折旧分配表

2×23 年 12 月　　　　　　　　　　　　　　　　　　　　　　　　　　　　单位：元

项　　目	房屋及建筑物	机器设备	运输工具	电子设备	合　计
生产一部（磷酸铁锂）	109 130	1 316 810	0	0	1 425 940
生产二部（62.8kWh）	785 860	8 728 750	0	0	9 514 610
生产二部（78.54kWh）	392 930	4 364 380	0	0	4 757 310
供气车间	0	9 860	0	0	9 860
供电车间	0	176 400	0	0	176 400
供水车间	0	51 830	0	0	51 830

续表

项　目	房屋及建筑物	机器设备	运输工具	电子设备	合　计
车间共用	13 180	0	0	4 720	17 900
企业管理部门	12 120	0	9 180	0	21 300
销售部门	6 910	0	8 840	0	15 750
研发部门	23 560	1 285 070	0	65 710	1 374 340
合　计	1 343 690	15 933 100	18 020	70 430	17 365 240

要求：编制上述业务的会计分录。

解析：制造费用中可能发生的材料费用、人工费用等费用支出的会计处理，参照项目二中材料费用核算及薪酬费用核算的相关内容。本业务仅说明无形资产摊销和固定资产折旧产生的制造费用相应的业务处理。

上述业务的会计分录如下。

(1) 无形资产摊销。

借：制造费用　　　　　　　　　　　　　　　　　　　　　2 598 600
　　管理费用　　　　　　　　　　　　　　　　　　　　　　548 180
　　销售费用　　　　　　　　　　　　　　　　　　　　　　 12 070
　　研发支出——费用化支出　　　　　　　　　　　　　　　 66 116
　　贷：累计摊销——非专利技术　　　　　　　　　　　　　 28 130
　　　　　　　　——软件　　　　　　　　　　　　　　　1 240 950
　　　　　　　　——土地使用权　　　　　　　　　　　　1 955 886

(2) 固定资产折旧。

借：生产成本——基本生产成本——磷酸铁锂　　　　　　　1 425 940
　　　　　　　　　　　　　　——62.8kWh 磷酸铁锂电池组　9 514 610
　　　　　　　　　　　　　　——78.54kWh 磷酸铁锂电池组　4 757 310
　　生产成本——辅助生产成本——供气车间　　　　　　　　　9 860
　　　　　　　　　　　　　　——供电车间　　　　　　　　176 400
　　　　　　　　　　　　　　——供水车间　　　　　　　　 51 830
　　制造费用　　　　　　　　　　　　　　　　　　　　　　 17 900
　　管理费用　　　　　　　　　　　　　　　　　　　　　　 21 300
　　销售费用　　　　　　　　　　　　　　　　　　　　　　 15 750
　　研发支出——费用化支出　　　　　　　　　　　　　　1 374 340
　　贷：累计折旧——房屋及建筑物　　　　　　　　　　　1 343 690
　　　　　　　　——机器设备　　　　　　　　　　　　 15 933 100
　　　　　　　　——运输工具　　　　　　　　　　　　　 18 020
　　　　　　　　——电子设备　　　　　　　　　　　　　 70 430

根据制造费用相关记账凭证中的会计分录，可以登记制造费用明细账，见表3-15。账页中本月合计一栏，即为本月发生的全部制造费用，同时可以看到，全部制造费用都会被分配结转，制造费用期末余额为0。

实务训练

湖南启航电池有限公司2×24年1月29日,车间管理部刘子权报销前往北京出差的差旅费,相关差旅费报销单、飞机票、住宿费发票等原始单据如表3-18、图3-11～图3-13所示。

表3-18 差旅费报销单

差 旅 费 报 销 单

现金付讫

部门 车间管理部   2×24年01月29日

出差人			刘子权			出差事由		考察		
出发			到达			交通费		出差补贴		其他费用
月	日	时	地点	月	日	时	地点	交通工具	单据张数	金额	天数	金额	项目	单据张数	金额

月	日	时	地点	月	日	时	地点	交通工具	单据张数	金额	天数	金额	项目	单据张数	金额
01	12		长沙	01	12		北京	飞机	1	1 410.00	3	300.00	住宿费	1	1 010.00
01	14		北京	01	14		长沙	飞机	1	680.00			市内车费		
													邮电费		
													办公用品费		
													不买卧铺补贴		
													其他		
合计									2	¥2 090.00		¥300.00		1	¥1 010.00

附件 3 张

报销总额	人民币(大写) 叁仟肆佰元整	预借金额		补领金额	¥3 400.00
				退还金额	

主管:王驰皓   审核:何隽怡   出纳:戴珊悦   领款人:刘子权

图3-11 往返客票行程单(往程)

图 3-12 往返客票行程单（返程）

图 3-13 住宿费发票

要求：编制上述业务的会计分录。

准确归集制造费用，提升财报信息披露质量

长春某公司于 2023 年 4 月 4 日申报深交所创业板上市。4 月 14 日被中国证券业协会抽中进行首发企业（首次公开发行企业、IPO 企业）信息披露质量及中介机构执业质量检查。

经过现场检查发现，该公司将各年度支付的供热费用全部确认为当期管理费用，未在生产成本与期间费用之间进行合理分配，亦未按权责发生制在各具体使用年度进行分配。同时，该公司 2022 年发生的气体净化及报警改造项目支出合同金额未按照实际受益部门计入制造费用，而是计入管理费用科目。针对这两项问题，深圳证券交易所下达了问询函，请保荐人、申报会计师发表明确意见,"结合现场检查过程中发现的成本费用归集不准确的情形,说明相关成本费用未准确分配的原因、影响,发行人成本归集的完整性和准确性"。

立信会计师事务所在回复中说明,针对供暖费问题:2020—2022年度,公司支付的供热费用每年为20.74万元,系当年10月下旬至次年4月初的集体供暖费,用于维持春冬季节室内温度,属于一项满足基本生活需求的社会服务。因此供暖费是组织和管理公司生产经营所发生的必要支出,属于公司整体受益的情形,公司将集体供暖费计入管理费用未在生产成本与期间费用之间进行分配符合企业会计准则的要求。

针对气体净化及报警改造项目支出问题:2022年发生的气体净化及报警改造项目支出共12.84万元,未按照实际受益部门计入制造费用,而是计入管理费用的原因是公司人员考虑该项支出未直接影响公司的生产能力,将该项目计入了管理费用。上述事项主要是前期公司财务人员对企业会计准则与公司实际业务理解不到位等原因所致,不存在故意遗漏或虚构交易、事项或者其他重要信息,不存在滥用会计政策或者会计估计,操纵、伪造或篡改编制财务报表所依据的会计记录等情形。

可见,目前我国证券监管部门正完善相关政策机制,从源头提高上市公司质量,对首次公开募股(IPO)从严审核,防范"带病申报"。财务报表信息的审核是 IPO 审核的重要内容,企业只有准确归集制造费用,才能在财务报表中正确反映企业的真实情况,揭示相关风险,对每一位投资人负责。

资料来源:https://www.stcn.com/ipo/detail/2837.html.

思考:(1)上市公司可能采用哪些方式通过制造费用进行财务造假?

(2)在阅读上市公司年报时,关于制造费用的披露,应当关注哪些信息?

项目活动二　制造费用的分配

任逍遥理清了哪些费用属于制造费用,应当如何归集制造费用后,又进一步想到这些制造费用应该由谁来承担。

思考:(1)制造费用应当由谁来承担?

(2)如何将制造费用合理分配给各受益对象?

一、制造费用分配的特点

制造费用从本质上来说,仍然是企业为生产活动而发生的,因此,制造费用应当分配给受益对象。企业期末根据"谁受益谁承担"的原则分配制造费用,计入车间的生产成本中。如果企业的车间只生产单一品种的商品,制造费用可以直接计入该种产品的成本。但目前企业生产线往往具有一定柔性,会同时生产多种产品,所以必须采用合理的分配标准,按月将制造费用分配计入各成本核算对象的生产成本中。

二、制造费用分配的方法

常见的制造费用分配方法有工时比例法、工资比例法、机器工时比例法、年度计划分配率法等方法。企业制造费用分配方法的选择会对计算结果有很大影响,根据可比性原则,分配方法一经选定,不得随意变更。

1. 工时比例法

工时比例法是指企业按照各产品或劳务耗用的生产工人实际工时或定额工时比例,进行制造费用分配的一种方法。工时比例法认为各产品应承担的制造费用大小与生产该产品人员的工作时长有关,这种方法将劳动生产率与制造费用分配联系在一起,在劳动密集型企业中,分配结果比较合理。采用这种方法,需要平时注意记录生产工人的工时,如果记录不准确,则可能会影响制造费用分配结果的准确性。

工时比例分配法的计算公式如下:

$$制造费用分配率 = \frac{待分配的制造费用总额}{各产品或劳务的实际工时总和(或定额工时总和)}$$

某产品应负担的制造费用 = 该种产品的实际工时(或定额工时) × 制造费用分配率

2. 工资比例法

工资比例法是指企业按照各产品或劳务耗用的生产工人实际工资比例,进行制造费用分配的一种方法。工资比例法认为各产品应承担的制造费用大小与生产该产品的人员的工资有关,与工时比例法相比,由于工资数据是重要的财务数据,因此资料易获取且准确性高,不需要专门进行记录。同时,与工时比例法一样,机械化程度低、人工使用多的产品,反而工时、工资较高,分得的制造费用较高;如果一种产品的生产全自动化,反而分配的制造费用较低,这显然是不合理的。因此,工资比例法也比较适用于劳动密集型企业。

工资比例分配法的计算公式如下:

$$制造费用分配率 = \frac{待分配的制造费用总额}{生产各产品或劳务的工人实际工资总额}$$

某产品应负担的制造费用 = 生产该种产品的工人实际工资 × 制造费用分配率

3. 机器工时比例法

机器工时比例法是指企业按照各产品或劳务耗用的机器设备工作时长比例,进行制造费用分配的一种方法。机器工时比例法认为各产品应承担的制造费用大小与该产品使用机器设备的时间有关。一种产品生产的自动化程度越高,使用机器设备的时间就越长,分配的制造费用就越多,与工时比例法、工资比例法相比,机器工时比例法显然更加合理。使用机器工时比例法分配制造费用,需要企业正确统计各产品耗用的设备工时,以确保制造费用被合理分配。

机器工时比例分配法的计算公式如下:

$$制造费用分配率 = \frac{待分配的制造费用总额}{各产品或劳务耗用的机器设备工时总额}$$

某产品应负担的制造费用 = 该种产品耗用的机器工时数 × 制造费用分配率

【课赛融通 3-6】 湖南启航电池有限公司 2×23 年 12 月发生的制造费用见表 3-15,各车间的机器工时数见表 3-19。

表 3-19 各车间 12 月机器工时数汇总表

受 益 单 位	机器工时数
生产一部(磷酸铁锂)	4 620
生产二部(62.8kWh)	13 790
生产二部(78.54kWh)	7 380
合　　计	25 790

要求：假设湖南启航电池有限公司的制造费用采用机器工时比例法进行分配,请分配该企业制造费用(分配率保留 4 位小数,分配金额保留整数精确到元,如有尾差倒挤至生产一部),并编制会计分录。

解析：根据上述资料,第一步,计算制造费用分配率。

$$制造费用分配率 = \frac{45\,551\,960}{25\,790} = 1\,766.264\,4(元/小时)$$

第二步,根据费用分配率计算各受益对象应负担的制造费用,见表 3-20。

表 3-20　制造分配表

2×23 年 12 月

应借账户		成本或费用项目	分配标准（机器工时）	分配率	分配金额
制造费用	生产一部(磷酸铁锂)	制造费用	4 620	—	8 160 143
	生产二部(62.8kWh)	制造费用	13 790	—	24 356 786
	生产二部(78.54kWh)	制造费用	7 380	—	13 035 031
小　计			25 790	1 766.264 4	45 551 960

根据表 3-20,编制以下会计分录。

借：生产成本——基本生产成本——磷酸铁锂　　　　　　　　8 160 143
　　　　　　　　　　　　　　——62.8kWh 磷酸铁锂电池组　24 356 786
　　　　　　　　　　　　　　——78.54kWh 磷酸铁锂电池组　13 035 031
　　贷：制造费用　　　　　　　　　　　　　　　　　　　　45 551 960

高手过招

微课：机器工时比例法

4. 年度计划分配率法

年度计划分配率法是指企业按照确定好的年度预算制造费用和各产品年度预算产量下的标准定额来确定制造费用计划分配率,进而进行制造费用分配的一种方法。使用年度计划分配率法在 1—11 月分配制造费用时,一般不考虑实际发生的制造费用,直接按照计划分配率进行分配,将实际制造费用与按计划分配出去的制造费用的差额留在"制造费用"账户中,差异有可能在借方也有可能在贷方。等到 12 月时,再统一调整分配差额。因此,与其他分配方法不同,采用年度计划分配率法分配制造费用,年中制造费用账户余额有可能不为 0。

使用年度计划分配率法分配制造费用,计算简便,且容易观察与预算的差异,便于控制费用支出。不过,这种方法一般为季节性生产企业采用。可以使淡季与旺季的制造费用得以均衡,产品成本较为均匀。

年度计划分配率法的计算公式如下：

$$年度计划分配率 = \frac{年度制造费用预算总额}{各产品的计划产量 \times 单位定额标准}$$

某产品应负担的制造费用＝该种产品的实际产量×单位定额标准×年度计划分配率

【例 3-3】 假设湖南启航电池有限公司采用年度计划分配率法分配制造费用。年初确定的 2×23 年制造费用预算总额为 546 620 000 元，全年计划生产磷酸铁锂 24 590t，62.8kWh 磷酸铁锂电池组 95 450 组，78.54kWh 磷酸铁锂电池组 47 670 组，磷酸铁锂单位产品的标准工时为 77 小时，62.8kWh 磷酸铁锂电池组单位产品的标准工时为 23 小时，78.54kWh 磷酸铁锂电池组单位产品的标准工时为 28 小时。公司 2×23 年 11 月实际生产磷酸铁锂 1 970t，62.8kWh 磷酸铁锂电池组 7 640 组，78.54kWh 磷酸铁锂电池组 3 810 组。

要求：分配 11 月制造费用（年度计划分配率保留 4 位小数，分配金额保留整数精确到元），并编制相关会计分录。

解析：根据上述资料，第一步，计算年度计划分配率。

$$年度计划分配率 = \frac{年度制造费用预算总额}{各产品的计划产量 \times 单位定额标准}$$

$$= \frac{546\,620\,000}{24\,590 \times 77 + 95\,450 \times 23 + 47\,670 \times 28}$$

$$= 100.786\,6(元/小时)$$

第二步，分别计算各受益对象应当负担的制造费用。

磷酸铁锂应负担的制造费用＝100.786 6×77×1 970＝15 288 319(元)

62.8kWh 电池组应负担的制造费用＝100.786 6×23×7 640＝17 710 221(元)

78.54kWh 电池组应负担的制造费用＝100.786 6×28×3 810＝10 751 914(元)

根据计算结果，编制以下会计分录。

借：生产成本——基本生产成本——磷酸铁锂　　　　　　　　　15 288 319

　　　　　　　　　　　　——62.8kWh 磷酸铁锂电池组　　　17 710 221

　　　　　　　　　　　　——78.54kWh 磷酸铁锂电池组　　　10 751 914

　　贷：制造费用　　　　　　　　　　　　　　　　　　　　　43 750 454

微课：年度计划分配率法

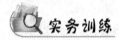

湖南启航电池有限公司 2×24 年 1 月，制造费用明细账及各产品工时统计信息见表 3-21 和表 3-22。

表 3-21　制造费用明细账

部门：基本生产车间　　　　　　　　　　　　　　　　　　　　　　　　　　　　　单位：元

2×23年		凭证号数	摘要	费用明细项目						合计
月	日			人工费	摊销费	折旧费	水电费	办公费	其他	
			期初（略）							
12	31	×	工资	240 000						240 000
	31	×	社保及公积金	83 000						83 000
	31	×	工会经费	4 800						4 800
	31	×	职工教育经费	7 200						7 200
	31	×	电费				790			790
	31	×	水费				351			351
	31	×	无形资产摊销费		2 598 600					2 598 600
	31	×	固定资产折旧费			17 900				17 900
	31	×	其他						39 886 700	39 886 700
	31	×	本月合计	335 000	2 598 600	17 900	1 141	0	39 886 700	42 839 341

表 3-22　各车间 12 月工时数汇总表

受益单位	生产工人工时数
生产一部（磷酸铁锂）	175 720
生产二部（62.8kWh）	106 680
生产二部（78.54kWh）	434 090
合计	716 490

要求：假设公司运用工时比例法分配制造费用，计算各产品应负担的制造费用（分配率保留 4 位小数，分配金额保留整数精确到元，如有尾差倒挤至生产一部），并编制相关会计分录。

成本管理理念

降本增效，激发"新动能"

广西广投柳州铝业股份有限公司（以下简称"广投柳铝"），2023 年以来，始终秉持"一切成本皆可控"的观念，紧盯成本目标，细化降本措施，压实成本责任，把精益化管理贯穿生产经营全过程，不断探索降本增效新思路、新方法、新举措，扎实做好降本增效大文章，提质增效促发展。

广投柳铝从"源头管理控成本、生产要素降成本、研究政策争效益"三个方面不断实现降本增效。公司开展压延冷却水系统经变频改造、回收空压机余热对热轧机乳液进行线外预配等多个公辅设施节能降耗改造项目，节约成本约 300 万元；均热炉完成堆叠装载三层圆锭同步均热的生产作业目标，装载量提高 225%，降低成本约 120 万元；开展熔铸精炼、铸锭不锯切轧制、高镁冷轧卷退火白斑等工艺优化 10 余项，持续提升生产效率及产品质量。以"光伏+制造"模式助力制造节能降耗，减排增效，合理利用公司厂房屋顶进行光伏发电，2022 年 10 月投入使用以来累计发电 1 059 万度，以实际行动落实集团"碳达峰、碳中和"重大决策部署。

广投柳铝用实践告诉大家,降本增效并不是"降薪裁员",不是极端的"节食减肥",而是要从企业全流程、全工艺、全方位多点发力,共同提升"增肌减脂",实现企业健康良性发展。

资料来源：https://baijiahao.baidu.com/s?id=17807056616546815&wfr=spider&for=pc.

思考：党的二十大报告提出积极稳妥推进碳达峰、碳中和,推动能源清洁低碳高效利用,推进工业、建筑、交通等领域清洁低碳转型。推进"碳达峰、碳中和",能给企业带来哪些好处？

任务三　生产损失的核算

企业在生产过程中由于各种原因虽然发生了费用支出,但未能正常生产产品或劳务,由此发生的损失就是生产损失。原料质量不合格、生产工人违规操作、机器故障、突然停电等都有可能导致生产损失的发生。生产损失的发生会对企业正常生产带来损害,如果生产损失巨大,还可能导致企业亏损,因此,正确核算生产损失,明确生产损失原因,对企业成本管控具有重要意义。

项目活动一　废品损失的核算

工作情境

任逍遥在湖南启航电池有限公司的工作中观察到,生产部门有一项重要的工作——质检,在质检过程中会发现一些不合格产品。同时,仓库里的电池也有可能因为回潮等原因而无法销售,这些电池企业都会集中做无害化处理。任逍遥有点困惑,这些产品都是花了真金白银造出来的,现在产品不能销售了,那它们原来发生的支出怎么办？

思考：(1)企业生产的产品在不同阶段损毁,处理方式一样吗？

(2)哪些损失属于废品损失？

(3)废品损失应当如何处理？

一、废品损失的确认

1. 废品的含义

废品是指企业生产的质量不符合规定的技术标准,不能按原定用途使用,或者需要加工修理后才能正常使用的产品。废品包括在生产过程中发现的不合格在产品,以及在入库时发现的不合格半成品或产成品。不包括质量不符合规定但无须返修可以直接降价出售的次品；入库时合格,但由于保管不善等原因产生毁损、变质的半成品或产成品；已经销售,但因三包条款(包修、包换、包退)而产生的需售后处理的产品。

存货状态简易图如图3-14所示。

2. 废品的分类

废品按照修复技术上是否可行以及经济上是否合理,分为可修复废品和不可修复废品。如果一个废品在技术上不能被修复,或者虽然技术上可以修复,但是修复它需要支付较多费

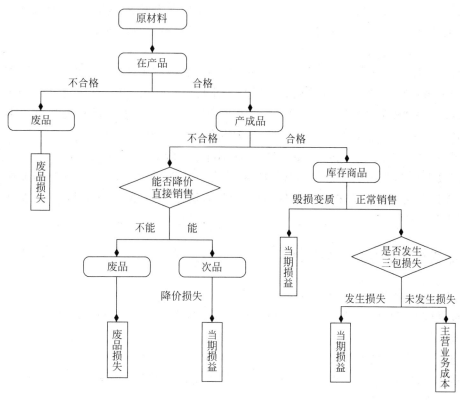

图 3-14 存货状态简易图

用,得不偿失,都属于不可修复的废品。

废品按照产生的原因分为料废品和工废品。料废品是指由于生产时投入的原材料或半成品不合格而引发的废品。工废品是指由于生产过程中工人违规操作等原因而引发的废品。按照产生原因对废品进行分类,有利于划分废品损失责任。

3. 废品损失的含义

废品损失是指企业因生产或修理废品而带来的损失。废品损失分为可修复废品损失和不可修复废品损失。可修复废品损失是指废品返修过程中发生的料、工、费投入,减去收回材料价值及责任人赔款后的净损失。不可修复废品损失是指废品对应的成本,减去收回材料价值及责任人赔款后的净损失。这些净损失最终会汇入产品成本。

二、废品损失核算的账户设置

1. 不单独核算废品损失

如果企业生产过程中不易产生废品,或产生的废品损失较少,为简化处理工作,可以不单独设置废品损失有关账户,直接通过"生产成本——基本生产成本"账户进行账务处理。

对于可修复废品,由于产品修复后会变为合格品,因此不修改产品数量;发生修复费用借记"生产成本——基本生产成本",贷记"原材料"等科目;收回的材料价值和赔款冲减"生产成本——基本生产成本"账户中的直接材料、直接人工等成本项目,借记"原材料""其他应收款"等,贷记"生产成本——基本生产成本"。

对于不可修复废品,由于产品不可修复,因此应当扣除相应产品数量,但不结转成本;收回的材料价值和赔款冲减"生产成本——基本生产成本"账户中的直接材料、直接人工等成本项目,借记"原材料""其他应收款"等,贷记"生产成本——基本生产成本"。

2. 单独核算废品损失

如果废品损失经常发生,金额较大,一般需要单独核算。企业可以开设"废品损失"账户。

对于可修复废品,发生修复费用时,借记"废品损失",贷记"原材料"等科目;收回的材料价值和赔款冲减"废品损失",借记"原材料""其他应收款"等,贷记"废品损失";最终将废品损失净额转入产品成本,借记"生产成本——基本生产成本",贷记"废品损失"。

对于不可修复废品,应当先将废品对应的成本转出,借记"废品损失",贷记"生产成本——基本生产成本";收回的材料价值和赔款冲减"废品损失",借记"原材料""其他应收款"等,贷记"废品损失";最终将废品损失净额转回产品成本,借记"生产成本——基本生产成本",贷记"废品损失"。

三、废品损失的计算与账务处理

1. 可修复废品损失的核算

可修复废品损失的核算,主要关注修复费用的发生金额,以及残料收回金额及相关责任人的赔偿收入。

可修复废品损失的计算公式如下:

可修复废品损失＝修复废品材料费用＋修复废品人工费用＋修复废品制造费用－收回的残料价值－责任人赔款

【课证融通3-1】 湖南启航电池有限公司2×23年12月,生产二部生产的62.8kWh磷酸铁锂电池组在验收入库时,发现有5件废品。5件废品均可以进行修复,修复共耗费材料105元,人工工时0.5小时,应负担人工费用20元,设备折旧等制造费用15元。进一步调查发现,5件废品是由于工人邓治国操作失误造成的,由邓治国赔偿100元。

要求:编制相关会计分录,并填写废品损失明细账。

解析:根据上述资料,62.8kWh磷酸铁锂电池组废品为可修复废品,因此根据可修复废品的账务处理原则,编制以下会计分录。

(1) 发生修复费用。

借:废品损失——62.8kWh磷酸铁锂电池组　　　　　　　　　140
　　贷:原材料　　　　　　　　　　　　　　　　　　　　　105
　　　　应付职工薪酬　　　　　　　　　　　　　　　　　　20
　　　　制造费用　　　　　　　　　　　　　　　　　　　　15

(2) 责任人赔款。

借:其他应收款——邓治国　　　　　　　　　　　　　　　100
　　贷:废品损失——62.8kWh磷酸铁锂电池组　　　　　　　100

(3) 结转废品净损失。

借:生产成本——基本生产成本——62.8kWh磷酸铁锂电池组　40
　　贷:废品损失——62.8kWh磷酸铁锂电池组　　　　　　　40

填写"废品损失"明细账,见表3-23。

表 3-23 废品损失明细账

部门：基本生产车间　　　　产品：62.8kWh 磷酸铁锂电池组　　　　　　　　　　　单位：元

2×23年		凭证号数	摘　要	直接材料	直接人工	制造费用	金额合计
月	日						
12	31	×	修复可修复废品	105	20	15	140
	31	×	责任人赔款		100		100
	31	×	废品损失合计	105	80	15	40
	31	×	结转废品损失	105	80	15	40

微课：可修复废品损失核算

2. 不可修复废品损失的核算

不可修复废品损失的计算公式如下：

　　不可修复废品损失＝不可修复废品负担的成本－收回的残料价值－责任人赔款

不可修复废品损失的核算，难点在于如何计算不可修复废品负担的成本。计算不可修复废品负担的成本有两种方法。

（1）按实际成本计算。使用这种方法计算时，实际上是将当期发生的全部生产费用在合格品（包括在产品和产成品）与废品之间进行分配。分配时，需要用全部生产费用除以合格品数量与废品数量之和确定分配率。因此，难点在于如何确定废品的约当产量。计算公式如下：

$$废品负担的材料费用＝\frac{某产品的全部材料费用}{合格品产量＋废品约当产量}×废品约当产量$$

$$废品负担的人工费用（制造费用）＝\frac{某产品的全部人工费用（制造费用）}{合格品产量（或工时）＋废品约当产量（或工时）}×废品约当产量（或工时）$$

（2）按定额成本计算。使用这种方法计算时，是通过废品约当产量乘以事先确定好的单位产品定额费用来计算废品应负担的成本。因此，难点同样在于如何确定废品的约当产量。计算公式如下：

$$废品负担的材料费用＝单位产品定额材料费用标准×废品约当产量$$

$$废品负担的人工费用（制造费用）＝单位产品定额人工费用（制造费用）标准×废品约当产量（或工时）$$

如果废品是不合格的产成品，一般废品的约当产量就等于其数量。如果废品是不合格的在产品，则一般通过约当产量法计算废品的约当产量。约当产量法在本项目任务四产品费用的核算中具体学习。

【课赛融通 3-7】 湖南启航电池有限公司 2×23 年 12 月，生产二部生产 78.54kWh 磷酸铁锂电池组过程中,产生10件废品。质检人员发现,10件废品无法进行修复。废品电池组的产品报废单、残料收料单见表3-24和表3-25。

表 3-24 产品报废单

产品报废单

生产部门：生产二部　　　　　2×23年12月31日

序号	产品名称	规格	单位	责任部门	报废数量	报废原因	备注
1	电池组	78.54kWh	件	生产二部	10	工艺更新,产生废品	

表 3-25 残料收料单

材料入库单

发票号码：
供应单位：生产二部　　　　　　　　　　　　　　　　　收料单编号：
收发类别：材料入库　　　　　2×23年12月31日　　　　收料仓库：原材料库

编号	名称	规格	单位	数量		实际成本				计划成本	
				应收	实收	实价		运杂费	其他	合计	单价	金额
						单价	金额					
1	钢壳		PCS	10 000	10 000							
2	负极盖板		PCS	10 000	10 000							
3	正极盖板		PCS	10 000	10 000							
	合计			30 000	30 000							
	备注											

采购员：　　　　　检验员：杜雷彬　　　　　记账员：杨新之　　　　　保管员：云果

收回材料的残值计算表见表3-26。

表 3-26 不可修复废品残值计算表

产品名称	材料名称	入库数量	计划单价	金额
78.54kWh 磷酸铁锂电池	钢壳	10 000	0.33	3 300
	负极盖板	10 000	1.78	17 800
	正极盖板	10 000	1.78	17 800
	合计			38 900

本月生产 78.54kWh 磷酸铁锂电池累计发生直接材料 351 867 800 元、直接人工 4 101 800 元、制造费用 18 684 600 元,本月生产的合格产成品和合格在产品共 4 380 组,废品在生产过程中,原材料在生产开始时一次性投入,工序已完成 50%。

要求:计算不可修复废品损失(分配率保留 4 位小数,分配金额保留整数精确到元),并编制相关会计分录。

解析:根据不可修复废品的计算公式,依次计算填入表 3-27。

表 3-27　不可修复废品损失计算表

2×23 年 12 月

项　　目	产量/组	直接材料	约当产量/组	直接人工	制造费用	成本合计
费用总额	4 390	351 867 800	4 385	4 101 800	18 684 600	374 654 200
费用分配率	—	80 152.118 5	—	935.416 2	4 261.026 2	
废品成本	10	801 521	5	4 677	21 305	827 503
减:废品残料交库	—	38 900	—	—	—	38 900
废品损失	—	762 621	—	4 677	21 305	788 603

根据表 3-26、表 3-27,编制以下会计分录。

(1) 转出不可修复废品成本。

借:废品损失——78.54kWh 磷酸铁锂电池组　　　　　　　　　　827 503
　　贷:生产成本——基本生产成本——78.54kWh 磷酸铁锂电池组　　827 503

(2) 残料入库。

借:原材料——钢壳　　　　　　　　　　　　　　　　　　　　3 300
　　　　　——负极盖板　　　　　　　　　　　　　　　　　　17 800
　　　　　——正极盖板　　　　　　　　　　　　　　　　　　17 800
　　贷:废品损失——78.54kWh 磷酸铁锂电池组　　　　　　　　38 900

(3) 结转废品净损失。

借:生产成本——基本生产成本——78.54kWh 磷酸铁锂电池组　　788 603
　　贷:废品损失——78.54kWh 磷酸铁锂电池组　　　　　　　　　788 603

高手过招

微课:不可修复废品损失核算

实务训练

湖南启航电池有限公司 2×24 年 1 月,生产一部生产磷酸铁锂过程中,产生 6t 废品。质检人员发现,6t 废品无法进行修复,且所有投入材料均不可收回。产品报废单见表 3-28。

表 3-28　磷酸铁锂报废单

产品报废单

生产部门：生产一部　　　　　2×24 年 01 月 31 日

序号	产品名称	规格	单位	责任部门	报废数量	报废原因	备注
1	磷酸铁锂		t	生产一部	6	违规操作	

本月生产磷酸铁锂累计发生直接材料 171 615 600 元、直接人工 5 657 000 元、制造费用 10 066 060 元，本月生产的合格产成品和合格在产品共 2 260t，产品生产过程中，原材料在生产开始时一次性投入，工序已完成 50%。

经查发现，造成企业重大损失的原因如下：工人孔安尔玩手机引起违规操作造成，责成其赔偿 2 000 元，其主管领导刘子权赔偿 1 000 元，并在公司通报批评。

要求：计算不可修复废品损失(分配率保留 4 位小数，分配金额保留整数精确到元)，并编制相关会计分录。

成本管理理念

用砸冰箱讲故事，砸出一个世界 500 强品牌

　　海尔集团创立于 1984 年，"砸冰箱"的故事一"锤"定音，砸掉了原先亏空 147 万元的集体小厂，砸出了一个世界 500 强品牌。

　　故事发生在 1985 年，刚来到海尔不久的张瑞敏接到一名用户反馈，工厂生产的冰箱有质量问题。张瑞敏带队检查仓库，发现仓库 400 多台冰箱中就有 76 台不合格。很多职工提议，这些不合格冰箱还可以使用，不如便宜卖给职工。但张瑞敏不同意，他说："我要是允许 76 台有质量问题的冰箱出厂，就等于允许工厂明天再生产 760 台同样的冰箱。"于是带领员工当场砸掉了不合格冰箱。砸完冰箱，张瑞敏对大家说："过去大家没有质量意识，所以出了这起质量事故，这是我的责任。这次我的工资全部扣掉，一分不拿，今后再出现质量问题就是你们的责任，谁出质量问题就扣谁的工资。"

　　砸冰箱砸醒了海尔人的质量意识，砸出了海尔"要么不干，要干就要争第一"的精神。在海尔的发展中，质量始终是海尔品牌的根本。如今，海尔冰箱已经成为世界冰箱行业中销量排名前几的品牌，海尔集团已经成长为世界第四大白色家电制造商。当年张瑞敏带头砸毁 76 台不合格冰箱用的大锤虽然不会说话，但是它鲜活地反映出在那个时代里中国企业、中国企业家抓质量的决心，为后来的企业、行业都树立了典范，是一个划时代的文物。现在这个大锤被中国国家博物馆收藏为国家文物,文物收藏编号为"国博收藏 092 号"。

资料来源:https://mp.weixin.qq.com/s?__biz=MzAxMDMxODE3MQ==&mid=2650977984&idx=4&sn=fbe1cde929916d64b17f02bec11fb02c&chksm=80a42ef4b7d3a7e2b3cdd00477ac4e17da609179741a065cb4eb1e50019255968a609a599035&scene=27.

思考:党的二十大报告提出坚持把发展经济的着力点放在实体经济上,推进新型工业化,加快建设质量强国。产品质量是企业的生命线,人们该如何守住这一条生命线?

项目活动二 停工损失的核算

湖南启航电池有限公司受某公共卫生事件影响,大部分员工居家隔离,因此企业决定停工一周,停工期间仍然照常支付职工基本工资。

思考:(1)停工期间发生的费用应当由谁来承担?

(2)停工损失应当如何处理?

一、停工损失的确认

1. 停工的含义

停工是指企业因某些原因造成的生产停滞。可能造成停工的原因有公共卫生事件影响、停电、待料、机器故障、自然灾害、季节性停工、修理期停工等。

2. 停工损失的确认方法

停工损失是指企业因停工造成的损失,包括停工期间的料、工、费等损失。需要注意的是,季节性停工和修理期停工是企业生产经营过程中的正常现象,在季节性停工和修理期停工期内发生的费用支出应当计入制造费用,不作为停工损失进行核算。不满一个工作日的停工,一般不计算停工损失。

二、停工损失核算的账户设置

1. 不单独核算停工损失

不单独核算停工损失的企业,在发生停工损失时,根据损失原因分别记入对应账户。应由责任人赔偿的部分记入"其他应收款";属于自然灾害造成的部分记入"营业外支出";应由产品成本负担的部分,可记入"制造费用"或直接记入"生产成本——基本生产成本"。

辅助生产车间一般不单独核算停工损失。

2. 单独核算停工损失

单独核算停工损失的企业,可开设"停工损失"账户。停工期内发生费用支出时,借记"停工损失",贷记"原材料""应付职工薪酬"等账户;查明停工原因后,应当由责任人赔偿或者保险赔偿的,冲减停工损失,借记"其他应收款",贷记"停工损失"。期末,将停工净损失根据停工原因转入"营业外支出""制造费用"等账户。

"停工损失"账户为零余额账户。

三、停工损失的计算与账务处理

停工损失的计算公式为

停工损失＝停工期间的材料费用＋停工期间的人工费用＋停工期间的制造费用－责任人赔款

【课证融通 3-2】 湖南启航电池有限公司 2×23 年 12 月,受特大暴雪影响,停工 2 天。停工期间应支付工人工资 129 600 元,应负担制造费用 80 340 元。

要求：根据上述资料,编制相应的会计分录。

解析：根据分析,编制以下会计分录。

(1) 发生停工损失。

借：停工损失　　　　　　　　　　　　　　　　　　　　　　　209 940
　　贷：应付职工薪酬　　　　　　　　　　　　　　　　　　　　129 600
　　　　制造费用　　　　　　　　　　　　　　　　　　　　　　 80 340

(2) 结转停工损失。

借：营业外支出　　　　　　　　　　　　　　　　　　　　　　 209 940
　　贷：停工损失　　　　　　　　　　　　　　　　　　　　　　209 940

微课：停工损失核算

湖南启航电池有限公司 2×24 年 1 月,生产一部因供电线路问题造成停电,停工 2 天。停工期间应支付工人工资 29 500 元,应负担制造费用 28 110 元。由于供电线路被破坏,湖南启航电池有限公司向保险公司理赔,收到赔款 38 000 元。

要求：根据上述资料,编制相应的会计分录。

成本管理理念

"利剑"出鞘,全力以赴打赢蓝天保卫战

2022 年 11 月 8 日,贵港市大气污染防治攻坚行动指挥部印发了《关于实行大气污染防治Ⅰ级～Ⅱ级应急响应联动管理的通知》(贵环委〔2022〕29 号)文件,因近期贵港市污染天气频频发生,主要污染物为臭氧和 $PM_{2.5}$,为确保贵港市空气环境质量优良,确保完成自治区下达的约束性指标任务,经指挥部研究,决定从即日起至 12 月 31 日实行大气污染防治Ⅰ级～Ⅱ级应急响应联动管理。

文件中要求：在没有污染天气预警期间,列入 B 级管控工地在落实以下扬尘管控措施和减少施工过程挥发性有机物排放的前提下可以正常施工：一是施工工地落实"九个 100%"措

施;二是土石方开挖湿法作业;三是拆迁爆破作业落实喷雾抑尘措施;四是喷涂作业使用水性漆;五是电焊或切割作业配备烟气收集装置;六是使用尾气达标排放的非道路移动机械等。对中心城区施工工地限期升级改造,达到 A 级标准,实行Ⅱ级应急响应。在污染天气预警期间,所有工地停止施工,实行Ⅰ级应急响应。从 11 月 8 日起至 12 月 31 日,C 级工地一律停止施工,限期完成升级改造,实行Ⅰ级应急响应。

政策性停工,也称政策性关停,是指行政机关通过发布行政命令或任务的形式,要求特定区域内的特定企业关闭并停止经营活动。这种关停行为具有明确的政策导向性和指向性,通常是在环境整治运动等综合性措施下实施的。我们既要金山银山,又要绿水青山,绿水青山就是金山银山,短暂的停工是为了未来更好的发展!

资料来源:http://www.gxgg.gov.cn/xxgk/zdlyxxgk/shgysy/hjbh/zccshgh/t13315199.shtml.

思考:党的二十大报告指出,要推进美丽中国建设,统筹产业结构调整、污染治理、生态保护、应对气候变化,协同推进降碳、减污、扩绿、增长,推进生态优先、节约集约、绿色低碳发展。为保护环境而进行的政策性停工造成的损失是否应计入产品成本?

任务四　产品费用的核算

任务描述

期末企业存在未生产完成的在产品时,本期全部生产费用需要在完工产品和在产品之间进行分配,正确分配产品费用对产品成本核算和管控有重要意义。本任务的技能点是初级会计职称《初级会计实务》考试中的技能考核点——产品成本的归集和分配中的完工产品和在产品的成本分配,也是业财税融合成本管控1+X证书的技能考核点——在产品和产成品核算。

项目活动一　在产品与完工产品的确认

工作情境

任逍遥在工作中发现,月末湖南启航电池有限公司生产的电池并不是全部都生产完成放在仓库里。有些产品还处在刚投料的状态,有些产品正在组装,有些产品已经在包装过程中。

思考:(1) 如何区分企业处在不同状态的产品?
(2) 如何确定不同状态产品的数量?

一、在产品与完工产品的含义与关系

1. 在产品与完工产品的含义

完工产品是指已经完成生产加工验收合格入库的产品。狭义的完工产品是指完成全部工艺流程,最终可以销售的产品。广义的完工产品也包含完成某个生产步骤,可以交给下一个生产步骤,验收合格入库的半成品。

在产品是指仍然处于加工过程中的产品。广义的在产品是指没有完成全部工艺流程,不能对外销售的产品。狭义的在产品仅指仍处在某个生产步骤加工过程中的产品,不包含已经完工的半成品。

本项目的在产品仅指狭义的在产品,完工产品仅指广义的完工产品。

2. 期末在产品与完工产品的关系

工业制造企业产品的生产一般都要经过多个生产步骤,一个产品从开始生产到完工入库往往不是在一天内完成的。因此,一般企业到月末最后一天,生产线上都会有仍未完成生产的产品,这些就是在产品。在产品在下一月又会继续生产,通常会在下月的某一天生产完成,下一月又会产生下一个月的在产品,并在下下月继续生产,如此循环。月末在产品滞留的同时,也会连带滞留它们消耗的成本费用。通常根据会计基本钩稽关系:

$$期初+本期增加=期末+本期减少$$

可知在产品与产成品之间存在以下关系:

$$期初在产品成本+本月投入生产费用=本月完工产品成本+月末在产品成本$$

在不考虑废品、生产程度等情况下,在产品与完工产品在数量上的关系可简化为

$$期初在产品数量+本月投产数量=本月完工产品数量+月末在产品数量$$

产品流转简易图如图 3-15 所示。

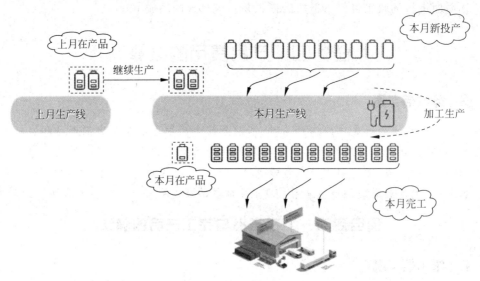

图 3-15 产品流转简易图

从上述公式中可以看出,期初在产品的成本可以从前期账页中过渡得出,本期投入的成本可以根据本月归集、分配的直接材料、直接人工和制造费用汇总得出。因此,要正确分配在产品与完工产品的成本,关键是计算期末在产品的成本。由于成本受到数量与分配率的影响,分配率可以根据总额除以数量计算得出。因此,分配在产品与完工产品成本的核心是确定期末在产品的数量。

二、在产品数量的确认

1. 在产品数量的核算

由于企业一般生产的产品种类、规格较多,同时产品状态在不断变动中,因此企业为加强实物管理,通常会专门开设"在产品台账"或"在产品收、发、存台账"来专门登记产品的收、发、结存状况。该账簿只登记数量,不登记金额,属于辅助账簿。企业可以自行设计格式,一般格式见表 3-29。

表 3-29　在产品台账

部门：　　　　工序：　　　　在产品名称：　　　　单位：

2×23年		凭证号数	摘要	收入数量	转出数量				备注
月	日				合格品	废品	已完工	未完工	废品	

仓库管理人员应当根据与在产品有关的领料单、在产品内部转移单、产品入库单、产品报废单等单据逐笔记录。

2. 在产品数量的盘点

企业除登记"在产品台账"外，还应当定期或不定期对在产品进行盘点，以便掌握在产品的有关情况，确保在产品数量记录的准确性。

如果盘点发现在产品数量账实不符，则应当制作在产品盘点溢缺报告单，根据报告单信息，将差异先记入"待处理财产损益"账户。待查明短缺、溢余原因后，再将"待处理财产损益"账户金额转入"生产成本——基本生产成本""其他应收款""管理费用""营业外支出"等账户，同时应当注意是否需要对已经抵扣的增值税进项税额进行转出。

项目活动二　产品费用的分配

工　作　情　境

通过学习，任逍遥了解了在产品与完工产品的关系及企业生产的流转过程。任逍遥发现，在产品台账只登记在产品的数量，没有登记金额，在产品成本的计量成了任逍遥的一大困惑。

思考：(1) 在产品的成本应当如何核算？

(2) 生产费用如何在产成品与在产品之间进行分配？

一、产品费用的分配程序

企业月末如果存在在产品，则需要将产品费用在产成品与在产品之间正确分配，分配程序一般分为三步。

(1) 确定月末在产品成本。通常根据月末在产品数量、完工产品数量等信息，运用一定的计算方法，确定月末在产品应负担的成本费用。

(2) 确定本月完工产品总成本。完工产品总成本的计算公式如下：

本月完工产品总成本＝月初在产品成本＋本月生产费用－月末在产品成本

(3) 计算完工产品单位成本。完工产品单位成本的计算公式如下：

$$某完工产品的单位成本 = \frac{该完工产品总成本}{该完工产品数量}$$

二、产品费用的分配方法

常见的产品费用分配方法有不计算在产品成本法、在产品按固定成本计价法、在产品按所耗原材料费用计价法、约当产量比例法、在产品按完工产品成本计算法、在产品按定额成本计价法、定额比例法等。企业在选择产品费用分配法时，应当根据企业的生产规模、工艺流程、成本构成、核算要求等因素综合分析，进行选择，方法一经选定，不得随意变更。

1. 不计算在产品成本法

不计算在产品成本法是指认为月末在产品的成本费用为 0，公式"期初在产品成本＋本月投入生产费用＝本月完工产品成本＋月末在产品成本"简化为"本月投入生产费用＝本月完工产品成本"，全部的成本费用均由完工产品承担。这种方法计算简单，但计算结果不精确，通常适用于月末在产品数量较少、价值较低，且各月在产品变动不大的企业。不计算在产品成本法的计算公式为

$$月末在产品成本 = 0$$

$$本月完工产品成本 = 本月发生的生产费用$$

【例 3-4】 假设湖南启航电池有限公司生产一部月末在产品很少，采用不计算在产品成本法分配在产品与完工产品成本。2×23 年 12 月，生产磷酸铁锂消耗直接材料 171 615 600 元，直接人工 5 657 000 元，制造费用 10 066 000 元，本月完工入库磷酸铁锂共 2 000t。

要求：填制产品成本计算表(金额保留整数精确到元，单位产品成本保留 2 位小数)，并编制相关会计分录。

解析：根据不计算在产品成本法的原理，填写产品成本计算表，见表 3-30。

表 3-30　产品成本计算表

产品：磷酸铁锂	产量：2 000t	2×23 年 12 月		单位：元
摘　　要	直接材料	直接人工	制造费用	成本合计
本月生产费用	17 1615 600	5 657 000	10 066 000	187 338 600
本月完工产品总成本	171 615 600	5 657 000	10 066 000	187 338 600
本月完工产品单位成本	85 807.80	2 828.50	5 033.00	93 669.30

根据表 3-20，编制以下会计分录。

借：库存商品——磷酸铁锂　　　　　　　　　　　　　　　187 338 600
　　贷：生产成本——基本生产成本——磷酸铁锂　　　　　187 338 600

2. 在产品按固定成本计价法

在产品按固定成本计价法是指 1—11 各月月末在产品成本费用固定，均按照年初确定的成本费用进行记录。年末，按实际盘点数量确认年末在产品，并于 12 月按实际在产品与成品分配成本费用。这种方法 1—11 在产品成本一样，适用于各月在产品变动不大的企业。在产品按固定成本计价法的计算公式为

(1) 1—11 月

$$月末在产品成本 = 月初在产品成本 = 年初确定的在产品固定成本$$

$$本月完工产品成本 = 本月发生的生产费用$$

(2) 12 月

按一定方法确定月末在产品成本。

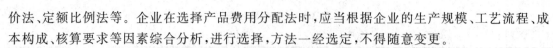

【例 3-5】 假设湖南启航电池有限公司生产一部全年各月在产品变动不大，采用在产品

按固定成本计价法分配在产品与完工产品成本。年初确定的月末在产品固定成本为直接材料429 039元,直接人工14 143元,制造费用25 165元。2×23年11月,生产磷酸铁锂消耗直接材料188 777 160元,直接人工6 222 700元,制造费用11 072 600元,本月完工入库磷酸铁锂共2 200t。

要求:填制产品成本计算表(金额保留整数精确到元,单位产品成本保留2位小数),并编制相关会计分录。

解析:根据在产品按固定成本计价法的原理,填写产品成本计算表,见表3-31。

表3-31 产品成本计算表

产品:磷酸铁锂　　产量:2 200t　　2×23年11月　　单位:元

摘　要	直接材料	直接人工	制造费用	成本合计
月初在产品成本	429 039	14 143	25 165	468 347
本月生产费用	188 777 160	6 222 700	11 072 600	206 072 460
生产费用合计	189 206 199	6 236 843	11 097 765	206 540 807
本月完工产品总成本	188 777 160	6 222 700	11 072 600	206 072 460
本月完工产品单位成本	85 807.80	2 828.50	5 033.00	93 669.30
月末在产品成本	429 039	14 143	25 165	468 347

根据表3-31,编制以下会计分录。

借:库存商品——磷酸铁锂　　　　　　　　　　　　　　　　206 072 460
　　贷:生产成本——基本生产成本——磷酸铁锂　　　　　　　206 072 460

微课:在产品按固定成本计价法

3. 在产品按所耗原材料费用计价法

在产品按所耗原材料费用计价法也称原材料成本扣除法,是指月末在产品成本仅按其所耗用的原材料成本计算,其他成本(如直接人工、制造费用等)忽略不计的成本费用分配方法。这种方法适用于月末在产品数量较多,且各月在产品变动较大,同时直接材料在产品总成本中的占比较高(通常在70%以上),且原材料在生产开始时一次全部投入的情形。在产品按所耗原材料费用计价法的计算公式为

$$单位产品直接材料分配率 = \frac{直接材料费用总额}{完工产品数量 + 月末在产品数量}$$

月末在产品成本 = 月末在产品数量 × 单位产品直接材料分配率

本月完工产品成本 = 完工产品数量 × 单位产品直接材料分配率 + 其他各项加工成本

【例3-6】 假设湖南启航电池有限公司生产一部月末在产品数量较多且各月变化较大,公司采用在产品按所耗原材料费用计价法分配在产品与完工产品成本。2×23年12月,生产磷酸铁锂消耗直接材料171 615 600元,直接人工5 657 000元,制造费用10 066 000元,本月完

工入库磷酸铁锂共 2 000 t,月末在产品共 15 t。期初在产品 10 t,成本 855 000 元。

要求:填制产品成本计算单(金额保留整数精确到元,尾差计入月末在产品成本,单位产品成本保留 2 位小数,直接材料分配率保留 4 位小数),并编制相关会计分录。

解析:根据在产品按所耗原材料费用计价法的原理,填写产品成本计算表,见表 3-32。

表 3-32　产品成本计算表

产品：磷酸铁锂　　　　　　　　　　2×23 年 12 月

摘　要	产量/t	直接材料/元	直接人工/元	制造费用/元	成本合计/元
月初在产品成本	10	855 000	—	—	855 000
本月生产费用	—	171 615 600	5 657 000	10 066 000	187 338 600
生产费用合计	—	172 470 600	5 657 000	10 066 000	188 193 600
本月投产量	2 005				
直接材料分配率	—	85 593.349 9			
本月完工产品总成本	2 000	171 186 700	5 657 000	10 066 000	186 909 700
本月完工产品单位成本	—	85 593.35	2 828.50	5 033.00	93 454.85
月末在产品成本	15	1 283 900			1 283 900

根据表 3-32,编制以下会计分录。

借:库存商品——磷酸铁锂　　　　　　　　　　　　　　　186 909 700
　　贷:生产成本——基本生产成本——磷酸铁锂　　　　　　186 909 700

微课:在产品按所耗原材料费用计价法

4. 约当产量比例法

约当产量比例法是指将成本费用按完工产品数量与在产品约当产量比例进行分配的一种产品费用分配方法。由于在产品并未完工,因此不能作为一个完整的产品计量,但是可以根据产品的完工程度折算为对应的完工产品。例如,如果有两个在产品,每个都生产了一半,将两个在产品整合,就可以当作(约当)一个完整的产品,这样就将 2 个在产品转换成了 1 个产成品。这种方法适用于月末在产品数量较多,各月在产品数量变动较大,且产品成本中原材料、人工、制造费用占比较均衡的情况。

1) 约当产量比例法的计算步骤及公式

(1) 计算在产品的约当产量:

月末在产品约当产量=月末在产品数量×月末在产品完工程度(或投料比例)

(2) 计算产品总量:

产品总量=本月完工产品数量+月末在产品约当产量

（3）计算费用分配率：

$$单位产品某项费用分配率 = \frac{该项费用总额}{完工产品数量 + 月末在产品约当产量}$$

（4）计算月末在产品应负担的成本费用：

月末在产品应负担的某项费用 = 月末在产品约当产量 × 单位产品某项费用分配率

（5）计算完工产品应负担的成本费用：

本月完工产品应负担的某项费用 = 完工产品数量 × 单位产品某项费用分配率

由于使用约当产量比例法时，通常直接材料、直接人工、制造费用的占比都比较高，因此，企业在划分完工产品与在产品两种产品费用时，可以对直接材料、直接人工、制造费用进行分别分配，之后再汇总为在产品和完工产品的成本总额。

从上述公式可以看出，使用约当产量比例法进行产品费用的分配，第一步也是关键的一步，就是确定在产品的约当产量。针对不同的情形，确定在产品约当产量的方法不尽相同。

在产品约当产量确定情形如图 3-16 所示。

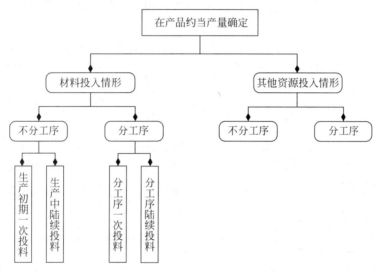

图 3-16　在产品约当产量确定情形

2）不同情形下在产品约当产量的计算方法

（1）在产品材料约当产量的计算。在产品材料约当产量与材料的投料方式有关，企业生产投料的方式主要有四种：在生产开始时一次投料、在生产过程中陆续投料、分工序一次投料和分工序陆续投料。

① 在生产开始时一次投料。这种方式下，原材料在开始时一次全部投入，生产过程中不再投料，在产品与产成品消耗的材料相同，因此在产品材料的消耗程度为 100%。1 个在产品的约当产量也为 1，也就是在产品的约当产量就是在产品的数量。

② 在生产过程中陆续投料。这种方式下，原材料是在生产过程中陆续投入的，因此，在产品消耗的材料与完工进度成正比。1 个在产品完工 30%，约当产量也就是 30%；1 个在产品完工 80%，约当产量也就是 80%。因此，在产品的约当产量需根据完工进度进行折算。

③ 分工序一次投料。这种方式下，原材料在工序开始时一次性投入，因此，在产品的完工进度与生产进行到哪一工序有关。其计算公式为

$$\text{在产品的完工程度} = \frac{\text{前面各工序原材料消耗定额之和} + \text{本工序原材料消耗定额}}{\text{完工产品原材料消耗定额}}$$

在产品约当产量＝在产品的数量×在产品的完工程度

④ 分工序陆续投料。这种方式下，原材料在各工序中都是陆续均匀投入。由于工序已经对生产过程划分较细，因此不详细考虑目前进行到了本工序的何种程度，均认为在产品未完成本工序，其本工序的投料进度为50%。其计算公式为

$$\text{在产品的完工程度} = \frac{\text{前面各工序原材料消耗定额之和} + \text{本工序原材料消耗定额} \times 50\%}{\text{完工产品原材料消耗定额}}$$

在产品约当产量＝在产品的数量×在产品的完工程度

(2) 在产品其他资源约当产量的计算。在产品其他资源(如直接人工、制造费用)的投入，往往是随着生产的进行逐步均匀投入的，因此在产品其他资源约当产量的计算与在产品的完工进度密切相关，完工程度越高，约当产量越大；完工程度越低，约当产量越小。

① 不分工序确定在产品完工程度。如果产品均匀地分布在生产过程中，则所有产品的完工进度呈现均匀递增状态，前后产品的完工进度可以相互弥补。这时，确定全部产品的平均完工进度为50%。其计算公式为

在产品约当产量＝在产品的数量×50%

② 分工序确定在产品完工程度。如果产品不是均匀地分布在生产过程中，而是集中在某个工序，这时需要分工序确定在产品完工程度。其计算公式为

$$\text{在产品的完工程度} = \frac{\text{前面各工序累计工时定额之和} + \text{本工序工时定额} \times 50\%}{\text{完工产品工时定额}}$$

在产品约当产量＝在产品的数量×在产品的完工程度

【课赛融通3-8】 假设湖南启航电池有限公司确定直接人工、制造费用期末在产品数量时，分工序确定在产品完工程度。2×23年12月，生产二部生产62.8kWh磷酸铁锂电池组的生产线上仍有在产品，各工序的定额工时和工序中在产品的数量见表3-33。

表3-33 期末在产品分工序统计表

产品：62.8kWh磷酸铁锂电池组　　　　2×23年12月

工序	工序名称	定额工时/小时	期末在产品数量/组
1	正极材料制备	5	300
2	负极材料制备	5	200
3	电解液配制	3	200
4	电池组装	4	55
5	气密性检测	2	30
6	电池封装	4	100
7	测试、打包	1	
	合计	24	885

要求：计算期末在产品约当产量(完工进度百分号前保留两位小数，约当产量保留整数)。

解析：根据计算原理，填写期末在产品约当产量计算表，见表3-34。

表 3-34　期末在产品约当产量计算表

产品：62.8kWh 磷酸铁锂电池组　　　　2×23 年 12 月

工序	工序名称	定额工时/小时	完工程度/%	期末在产品数量/组	在产品约当产量/组
1	正极材料制备	5	10.42	300	31
2	负极材料制备	5	31.25	200	63
3	电解液配制	3	47.92	200	96
4	电池组装	4	62.50	55	34
5	气密性检测	2	75.00	30	23
6	电池封装	4	87.50	100	88
7	测试、打包	1	97.92		
	合　计	24	100.00	885	335

高手过招

微课：约当产量的计算

通过计算,确定期末在产品的约当产量之后,根据计算原理,将产品费用按约当产量比例在完工产品和在产品之间进行分配,从而分别计算在产品和完工产品应当负担的成本费用。

【课赛融通 3-9】　假设湖南启航电池有限公司按照约当产量比例法分配产品费用。2×23 年 12 月,生产二部生产 62.8kWh 磷酸铁锂电池组的产量信息见表 3-35,期初在产品与本期投产数据信息见表 3-36。

表 3-35　产量信息表

产品：62.8kWh 磷酸铁锂电池组　　　　2×23 年 12 月

产　　品	单位	期初在产品约当产量	本月投产数量	完工产品产量	期末在产品约当产量
62.8kWh 电池	组	300	7 960	7 925	335

表 3-36　期初在产品与本期投产数据表

产品：62.8kWh 磷酸铁锂电池组　　　　2×23 年 12 月

成本项目		单位	期初在产品		本期投产	
			数　量	金额/元	数　量	金额/元
直接材料	磷酸铁锂	kg	44 250	3 674 520	1 177 918	98 947 181
	石墨	kg	24 918	1 543 670	663 308	40 828 682
	隔膜	m²	450 300	927 618	11 986 815	24 692 839
	电解液	kg	41 400	3 622 500	1 102 052	96 429 574
	NMP 清洗剂	kg	58 482	652 074	1 556 769	17 357 970

续表

成本项目		单位	期初在产品		本期投产	
			数　量	金额/元	数　量	金额/元
直接材料	铝箔	kg	7 884	141 912	209 869	3 777 643
	铜箔	kg	19 743	1 834 520	525 551	48 834 214
	铝带	pcs	30 000	398 100	798 589	10 687 724
	镍带	pcs	30 000	4 778 700	798 589	127 207 178
	胶纸	卷	3	16	80	424
	隔膜纸	卷	3	2 230	80	59 365
	正极盖板	pcs	30 000	53 400	798 589	1 421 488
	负极盖板	pcs	30 000	53 400	798 589	1 421 488
	钢壳	pcs	30 000	9 900	798 589	263 534
	正极焊接过渡片	片	120 000	60 000	3 194 354	1 597 177
	负极焊接过渡片	片	120 000	60 000	3 194 354	1 597 177
	侧板	pcs	60 000	1 140 000	1 597 177	30 346 367
	隔圈	pcs	60 000	318 600	1 597 177	8 481 011
	负极粘结剂	kg	1 521	188 437	40 488	5 016 113
	正极粘结剂	kg	1 575	390 269	41 926	10 388 819
	热缩管	pcs	30 000	31 800	798 589	846 504
	注液孔密封盖	个	30 000	5 400	798 589	143 746
	胶带	m	221 100	685 410	5 885 598	18 245 354
	条码纸	卷	15	131	399	3 498
	小　计		1 441 194	20 572 607	38 364 038	548 595 070
燃料及动力	气	m³	0	0	0	0
	电	度	175 120	171 618	1 751 640	1 717 228
	水	m³	0	0	0	0
	小　计		175 120	171 618	1 751 640	1 717 228
直接人工	工资	元	—	223 426	—	4 469 642
	社会保险费	元	—	45 218	—	904 578
	住房公积金	元	—	16 304	—	326 160
	工会经费	元	—	4 469	—	89 393
	职工教育经费	元	—	17 874	—	357 571
	职工福利费	元	—	0	—	0
	小　计		—	307 291	—	6 147 344
制造费用		元	—	1 692 976	—	33 868 018
制造成本		元	—	22 744 492	—	590 327 660

要求：填制产品成本计算表（金额保留整数精确到元，尾差计入月末在产品成本，分配率保留4位小数），并编制相关会计分录。

解析：根据上述资料，通过计算填写产品成本计算表，见表3-37。

产品：62.8kWh 磷酸铁锂电池组

表 3-37 产品成本计算表

2×23 年 12 月

	成本项目	单位	期初在产品 数量	期初在产品 金额/元	本期投产 数量	本期投产 金额/元	生产成本累计 数量	生产成本累计 金额/元	分配率 数量	分配率 金额/元	完工产品 数量	完工产品 金额/元	月末在产品 数量	月末在产品 金额/元
直接材料	磷酸铁锂	kg	44 250	3 674 520	1 177 918	98 947 181	1 222 168	102 621 701	147.962 2	12 423.934 7	1 172 600	98 459 682	49 568	4 162 019
	石墨	kg	24 918	1 543 670	663 308	40 828 682	688 226	42 372 352	83.320 3	5 129.824 7	660 313	40 653 861	27 913	1 718 491
	隔膜	m²	450 300	927 618	11 986 815	24 692 839	12 437 115	25 620 457	1 505.704 0	3 101.750 2	11 932 704	24 581 370	504 411	1 039 087
	电解液	kg	41 400	3 622 500	1 102 052	96 429 574	1 143 452	100 052 074	138.432 4	12 112.841 9	1 097 077	95 994 272	46 375	4 057 802
	NMP清洗剂	kg	58 482	652 074	1 556 769	17 357 970	1 615 251	18 010 044	195.551 0	2 180.392 7	1 549 742	17 279 612	65 509	730 432
	铝箔	kg	7 884	141 912	209 869	3 777 643	217 753	3 919 555	26.362 3	474.522 4	208 921	3 760 590	8 832	158 965
	铜箔	kg	19 743	1 834 520	525 551	48 834 214	545 294	50 668 734	66.016 2	6 134.229 3	523 178	48 613 767	22 116	2 054 967
	铝带	pcs	30 000	398 100	798 589	10 687 724	828 589	11 085 824	100.313 4	1 342.109 4	794 984	10 636 217	33 605	449 607
	镍带	pcs	30 000	4 778 700	798 589	127 207 178	828 589	131 985 878	100.313 4	15 978.919 9	794 984	126 632 940	33 605	5 352 938
	胶纸	卷	3	16	80	424	83	440	0.010 0	0.053 3	79	422	4	18
	隔膜纸	卷	3	2 230	80	59 365	83	61 595	0.010 0	7.457 0	79	59 097	4	2 498
	正极盖板	pcs	30 000	53 400	798 589	1 421 488	828 589	1 474 888	100.313 4	178.557 9	794 984	1 415 071	33 605	59 817
	负极盖板	pcs	30 000	53 400	798 589	1 421 488	828 589	1 474 888	100.313 4	178.557 9	794 984	1 415 071	33 605	59 817
	钢壳	pcs	30 000	9 900	798 589	263 534	828 589	273 434	100.313 4	33.103 4	794 984	262 344	33 605	11 090
	正极焊接过渡片	片	120 000	60 000	3 194 354	1 597 177	3 314 354	1 657 177	401.253 5	200.626 8	3 179 934	1 589 967	134 420	67 210
	负极焊接过渡片	片	120 000	60 000	3 194 354	1 597 177	3 314 354	1 657 177	401.253 5	200.626 8	3 179 934	1 589 967	134 420	67 210
	侧板	pcs	60 000	1 140 000	1 597 177	30 346 367	1 657 177	31 486 367	200.626 8	3 811.908 8	1 589 967	30 209 377	67 210	1 276 990
	隔圈	pcs	60 000	318 600	1 597 177	8 481 011	1 657 177	8 799 611	200.626 8	1 065.328 2	1 589 967	8 442 726	67 210	356 885
	负极粘结剂	kg	1 521	188 437	40 488	5 016 113	42 009	5 204 550	5.085 8	630.090 8	40 305	4 993 470	1 704	211 080

续表

成本项目		单位	期初在产品		本期投产		生产成本累计		分配率		完工产品		月末在产品	
			数量	金额/元	数量	金额/元	数量	金额/元	数量	金额/元	数量	金额/元	数量	金额/元
直接材料	正极粘结剂	kg	1 575	390 269	41 926	10 388 819	43 501	10 779 088	5.266 5	1 304.974 3	41 737	10 341 921	1 764	437 167
	热缩管	pcs	30 000	31 800	798 589	846 504	828 589	878 304	100.313 4	106.332 2	794 984	842 683	33 605	35 621
	注液孔密封盖	个	30 000	5 400	798 589	143 746	828 589	149 146	100.313 4	18.056 4	794 984	143 097	33 605	6 049
	胶带	m	221 100	685 410	5 885 598	18 245 354	6 106 698	18 930 764	739.309 7	2 291.860 0	5 859 029	18 162 991	247 669	767 773
	条码纸	卷	15	131	399	3 498	414	3 629	0.050 1	0.439 3	397	3 481	17	148
	小 计		1 441 194	20 572 607	38 364 038	548 595 070	39 805 232	569 167 677	—	—	38 190 851	546 083 996	1 614 381	23 083 681
燃料及动力	气	m³	0	0	0	0	0	0	0.000 0	0.000 0	0	0	0	0
	电	度	175 120	171 618	1 751 640	1 717 228	1 926 760	1 888 846	233.263 9	228.673 8	1 848 616	1 812 240	78 144	76 606
	水	m³	0	0	0	0	0	0	0.000 0	0.000 0	0	0	0	0
	小 计		175 120	171 618	1 751 640	1 717 228	1 926 760	1 888 846	—	—	1 848 616	1 812 240	78 144	76 606
直接人工	工资	元	—	223 426	—	4 469 642	—	4 693 068	—	568.168 0	—	4 502 731	—	190 337
	社会保险费	元	—	45 218	—	904 578	—	949 796	—	114.987 4	—	911 275	—	38 521
	住房公积金	元	—	16 304	—	326 160	—	342 464	—	41.460 5	—	328 574	—	13 890
	工会经费	元	—	4 469	—	89 393	—	93 862	—	11.363 4	—	90 055	—	3 807
	职工教育经费	元	—	17 874	—	357 571	—	375 445	—	45.453 4	—	360 218	—	15 227
	职工福利费	元	—	0	—	0	—	0	—	0.000 0	—	0	—	0
	小 计	元	—	307 291	—	6 147 344	—	6 454 635	—	—	—	6 192 853	—	261 782
制造费用		元	—	1 692 976	—	33 868 018	—	35 560 994	—	4 305.205 1	—	34 118 750	—	1 442 244
制造成本		元	—	22 744 492	—	590 327 660	—	613 072 152	—	—	—	588 207 839	—	24 864 313

根据表 3-37，编制以下会计分录。

借：库存商品——62.8kWh 磷酸铁锂电池组　　　　　　　　588 207 839
　　贷：生产成本——基本生产成本——62.8kWh 磷酸铁锂电池组　　588 207 839

微课：约当产量比例法

5. 在产品按完工产品成本计算法

在产品按完工产品成本计算法是指将月末在产品看作已经完工的产品，将产品费用直接按照月末在产品数量与完工产品数量的比例进行分配的方法。这种方法适用于月末在产品基本完工、接近完工或已经完工仅剩包装、验收的产品。在产品按完工产品成本计算法的计算公式为

$$单位产品费用分配率 = \frac{产品费用总额}{完工产品数量 + 月末在产品数量}$$

月末在产品成本 = 月末在产品数量 × 单位产品费用分配率

本月完工产品成本 = 完工产品数量 × 单位产品费用分配率

【例 3-7】 假设湖南启航电池有限公司生产一部月末在产品基本完工，公司采用在产品按完工产品成本计算法分配在产品与完工产品成本。2×23 年 12 月，生产磷酸铁锂消耗直接材料 171 615 600 元，直接人工 5 657 000 元，制造费用 10 066 000 元，本月完工入库磷酸铁锂共 2 000t，月末在产品共 15t。月初在产品 10t，月初在产品耗用直接材料 855 000 元，直接人工 28 000 元，制造费用 50 000 元。

要求：填制产品成本计算单（金额保留整数精确到元，尾差计入月末在产品成本，费用分配率保留 4 位小数），并编制相关会计分录。

解析：根据在产品按完工产品成本计算法的计算原理，填写产品成本计算表，见表 3-38。

表 3-38　产品成本计算表

产品：磷酸铁锂　　　　　　　　2×23 年 12 月

摘　要	产量/t	直接材料/元	直接人工/元	制造费用/元	成本合计/元
月初在产品成本	10	855 000	28 000	50 000	933 000
本月生产费用	—	171 615 600	5 657 000	10 066 000	187 338 600
生产费用合计	—	172 470 600	5 685 000	10 116 000	188 271 600
完工产品数量	2 000	—	—	—	—
月末在产品数量	15	—	—	—	—
生产量合计	2 015	—	—	—	—
费用分配率	—	85 593.349 9	2 821.340 0	5 020.347 4	—
本月完工产品总成本	2 000	171 186 700	5 642 680	10 040 695	186 870 075
月末在产品成本	—	1 283 900	42 320	75 305	1 401 525

根据表 3-38，编制以下会计分录。

借：库存商品——磷酸铁锂　　　　　　　　　　　　　　　　　186 870 075
　　贷：生产成本——基本生产成本——磷酸铁锂　　　　　　　　186 870 075

6. 在产品按定额成本计算法

在产品按定额成本计算法是指将各月在产品看作完工程度相同的产品，月末用在产品数量乘以在产品单位成本定额来确定月末在产品成本的一种分配方法。这种方法适用于定额管理基础较高，产品的各项成本费用消耗定额比较准确、稳定，各月在产品数量变化不大的产品。在产品按定额成本计算法的计算公式为

月末在产品直接材料（直接人工、制造费用）成本＝月末在产品数量×在产品直接材料（直接人工、制造费用）定额成本

本月完工产品成本＝本月产品费用－月末在产品成本

【例 3-8】 假设湖南启航电池有限公司生产一部各月在产品数量变化不大，公司采用在产品按定额成本计算法分配在产品与完工产品成本。2×23 年 12 月，生产磷酸铁锂消耗直接材料 171 615 600 元，直接人工 5 657 000 元，制造费用 10 066 000 元，本月完工入库磷酸铁锂共 2 000t，月末在产品共 15t。月初在产品 10t。在产品直接材料单位定额成本为 85 500 元/t，定额工时 8 小时/t，人工费用单位工时定额 175 元/小时，制造费用单位工时定额为 314 元/小时。

要求：填制产品成本计算单（金额保留整数精确到元，尾差计入完工产品成本，费用分配率保留 4 位小数），并编制相关会计分录。

解析：根据在产品按定额成本计算法的计算原理，填写产品成本计算表，见表 3-39。

表 3-39　产品成本计算表

产品：磷酸铁锂　　　　　　　　2×23 年 12 月　　　　　　　　　　　　　　　单位：元

摘　要	直接材料	直接人工	制造费用	成本合计
月初在产品成本	855 000	14 000	25 120	894 120
本月生产费用	171 615 600	5 657 000	10 066 000	187 338 600
生产费用合计	172 470 600	5 671 000	10 091 120	188 232 720
完工产品数量/t	2 000	2 000	2 000	—
月末在产品数量/t	15	15	15	
直接材料单位定额成本	85 500	—	—	
月末在产品定额工时/小时	—	120	120	
单位工时定额成本	—	175	314	
完工产品总成本	171 188 100	5 650 000	10 053 440	186 891 540
月末在产品成本	1 282 500	21 000	37 680	1 341 180

根据表 3-39，编制以下会计分录。

借：库存商品——磷酸铁锂　　　　　　　　　　　　　　　　　186 891 540
　　贷：生产成本——基本生产成本——磷酸铁锂　　　　　　　　186 891 540

7. 定额比例法

定额比例法是指按完工产品和月末在产品的定额消耗量或定额费用的比例来分配产品费用的一种分配方法。这种方法适用于定额管理基础较高，产品的各项成本费用消耗定额比较准确、稳定，各月在产品数量变化较大的产品。在产品按定额比例法的计算公式为

$$\text{单位产品费用分配率} = \frac{\text{月初在产品原材料费用（其他费用）}+\text{本月发生的原材料费用（其他费用）}}{\text{完工产品原材料消耗定额（定额工时）}+\text{月末在产品原材料消耗定额（定额工时）}}$$

月末在产品直接材料(其他费用)成本＝月末在产品数量×单位产品费用分配率
本月完工产品成本＝完工产品数量×单位产品费用分配率

【例 3-9】 假设湖南启航电池有限公司生产一部各月在产品数量变化较大,公司采用定额比例法分配在产品与完工产品成本。2×23 年 12 月,生产磷酸铁锂消耗直接材料 171 615 600 元,直接人工 5 657 000 元,制造费用 10 066 000 元,本月完工入库磷酸铁锂共 2 000t,月末在产品共 15t。月初在产品 10t,月初在产品耗用直接材料 855 000 元,直接人工 28 000 元,制造费用 50 000 元。单位产品直接材料消耗定额为 85 500 元/t,原材料在生产开始时一次投入;单位产品定额工时 16 小时/t,人工费用单位工时定额 175 元/小时,制造费用单位工时定额 314 元/小时。直接材料按消耗定额分配,直接人工和制造费用按定额工时分配。

要求:填制产品成本计算表,并编制相关会计分录(金额保留整数精确到元,尾差计入月末在产品成本,费用分配率保留 4 位小数)。

解析:根据定额比例法的计算原理,填写产品成本计算表,见表 3-40。

表 3-40 产品成本计算表

产品:磷酸铁锂　　　　　　　　　2×23 年 12 月　　　　　　　　　　　单位:元

摘　　要	直接材料	直接人工	制造费用	成本合计
月初在产品成本	855 000	28 000	50 000	933 000
本月生产费用	171 615 600	5 657 000	10 066 000	187 338 600
生产费用合计	172 470 600	5 685 000	10 116 000	188 271 600
本月完工产品总定额	171 000 000	32 000	32 000	
月末在产品总定额	1 282 500	120	120	—
定额合计	172 282 500	32 120	32 120	
费用分配率	1.001 1	176.992 5	314.944 0	
完工产品总成本	171 188 100	5 663 760	10 078 208	186 930 068
月末在产品成本	1 282 500	21 240	37 792	1 341 532

根据表 3-40,编制以下会计分录。

借:库存商品——磷酸铁锂　　　　　　　　　　　　　　　　186 930 068
　　贷:生产成本——基本生产成本——磷酸铁锂　　　　　　　　186 930 068

七种产品费用分配方法各有其适用条件,各种方法的适用范围如图 3-17 所示。

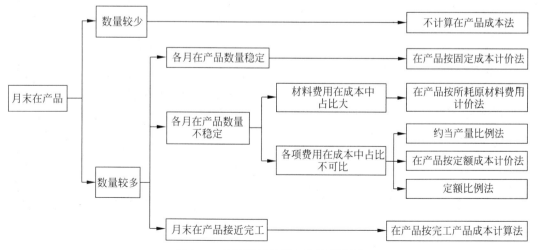

图 3-17 产品费用分配方法适用范围

实务训练

假设湖南启航电池有限公司按约当产量比例法分配产品费用。2×24年1月,生产二部生产78.54kWh磷酸铁锂电池组的产量信息见表3-41,期初在产品与本期投产数据信息见表3-42所示。

表3-41 产量信息表

产品:78.54kWh磷酸铁锂电池组　　　　2×24年1月

产品	单位	期初在产品约当产量	本月投产数量	完工产品产量	期末在产品约当产量
78.54kWh 电池	组	398	3 981	3 942	437

表3-42 期初在产品与本期投产数据表

产品:78.54kWh磷酸铁锂电池组　　　　2×24年1月

成本项目		单位	期初在产品		本期投产	
			数量	金额/元	数量	金额/元
直接材料	磷酸铁锂	kg	20	175	200	1 749
	石墨	kg	293 326	909 311	2 942 799	9 122 677
	隔膜	m²	39 800	7 164	399 294	71 873
	电解液	kg	39 800	42 188	399 294	423 252
	NMP 清洗剂	kg	2 090	517 881	20 963	5 194 409
	铝箔	kg	2 018	250 010	20 244	2 508 056
	铜箔	kg	79 600	422 676	798 589	4 240 505
	铝带	pcs	79 600	1 512 400	798 589	15 173 183
	镍带	pcs	159 200	79 600	1 597 177	798 589
	胶纸	卷	159 200	79 600	1 597 177	798 589
	隔膜纸	卷	39 800	13 134	399 294	131 767
	正极盖板	pcs	39 800	70 844	399 294	710 744
	负极盖板	pcs	39 800	70 844	399 294	710 744
	钢壳	pcs	4	2 973	40	29 682
	正极焊接过渡片	片	4	21	40	212
	负极焊接过渡片	片	39 800	6 339 742	399 294	63 603 589
	侧板	pcs	39 800	528 146	399 294	5 343 862
	隔圈	pcs	20 943	1 946 024	210 109	19 523 297
	负极粘结剂	kg	13 325	239 850	133 684	2 406 307
	正极粘结剂	kg	98 835	1 102 010	991 568	11 055 978
	热缩管	pcs	72 786	6 368 775	730 229	63 895 074
	注液孔密封盖	个	597 398	1 230 640	5 993 407	12 346 419
	胶带	m	45 324	2 807 822	454 716	27 989 227
	条码纸	卷	87 759	7 287 507	880 444	73 958 825
	小计		1 990 032	31 829 337	19 965 033	320 038 609
燃料及动力	气	m³	0	0	0	0
	电	度	87 560	85 809	995 250	975 698
	水	m³	0	0	0	0
	小计		87 560	85 809	995 250	975 698

续表

成本项目		单位	期初在产品		本期投产	
			数量	金额/元	数量	金额/元
直接人工	工资	元		142 589		2 852 487
	社会保险费	元		28 248		565 111
	住房公积金	元		10 185		203 760
	工会经费	元		2 852		57 050
	职工教育经费	元		11 407		228 199
	职工福利费	元		0		0
	小　计			195 281		3 906 607
制造费用		元		889 533		17 795 131
制造成本		元		32 999 960		342 716 045

要求：填制产品成本计算表（金额保留整数精确到元，尾差计入月末在产品成本，分配率保留 4 位小数），并编制相关会计分录。

智能化成本核算

"大智移云"技术方兴未艾，传统的企业成本核算模式遭遇重大挑战。为了适应新形势下成本增加的巨大挑战，企业成本核算管理方式必须由粗放式向精益化、共享化、数字化等方面转型。而围绕着这些目标，企业将充分运用大数据和物联网等相关信息技术，形成一种包含成本费用规划和核算、成本分析和考核、成本费用决策等功能的一体化成本核算管理系统。该体系的形成原理应当体现在价值链系统分析的基本思路上，即利用"大智移云"等信息技术手段，对产品供给、产品设计、制作加工、商品销售、物流运输装卸、售后服务等整个产业链各个环节分别展开资源动因与作业动因剖析，以辨明作业的基本功能与增值属性，从而确定进一步整合产业链的机会与方向。

制造业企业通过"大智移云"技术，能够大幅提高在整个产业链各个环节中收集成本信息的效能，进而打破与采购者、经营者和顾客之间的藩篱。唯有实现与产业链下游企业内部成本信息的即时共享，制造业企业才有机会基于整体价值链的视角，以过程和作业为基准，对成本与价格实施集成管控，从而真正获得竞争优势。供应链成本管理需要企业从全局层面着手，注意协调供应商、分销商、运输商、消费者等多个活动主体之间的相互关系，并对物流运营以无缝式管理方式进行操作，这不但有利于充分激发供应链的竞争优势，也能充分提升供应链整体的物流管理水平。

由此可见，在"大智移云"的时代背景下，集团成本管理工作必须注意立足于整个供应链，以各业务流程为中心，以企业总体价值的创造为经营目标。只有建立和完善多功能目标和多维技术应用相统一的综合性成本管理体系，才能强化集团管控，并推动企业在财务、经营和战略三个方面的有效整合。制造业企业充分发挥"大智移云"等信息技术的资源优势，在"大智移云"信息技术推动下进行财务管理与运营管控之间的高效集成，能够有效减少投资经营风险，在一定程度上达到企业价值最大化，进一步增强综合实力。

资料来源：https://kns.cnki.net/kcms2/article/abstract?v=7P8mTOHD94E6EHp_iMxeGcVECHOQXkA9frA0KJnhpcfptbUn9yUArpU83_0qsZlHGoAk_BDM500qbeyEO98yllQ_Rdhk4VmXom2nS0u_kU2-vUHd-gsdIl4Sp6akLt3j3Y9TT1Q1sxarZcrjkz65Jg==&uniplatform=NZKPT&language=CHS.

思考：在"大智移云"的时代背景下，很多企业都实现了智能化成本核算和管控，这是否意味着以后就不需要成本会计人员了？

课后训练

一、单项选择题

1. 某新能源有限公司有供水、供电两个辅助生产车间，采用交互分配法分配辅助生产费用。20×4年1月，供水车间通过"生产成本——辅助生产成本——供水车间"账户归集辅助生产费用30万元；当月交互分配时，供电车间向供水车间分配辅助生产费用5万元，供水车间向供电车间分配辅助生产费用2万元。不考虑其他因素，则供水车间向其他部门对外分配的辅助生产费用为（　　）万元。
   A. 35　　　　　　B. 32　　　　　　C. 33　　　　　　D. 27

2. 假设某新能源有限公司采用计划成本分配法分配辅助生产费用，该公司财务人员决定将各辅助生产车间实际成本与按照计划成本对外分配金额之间的差异进行简单处理，则两者之间的差额应当记入（　　）账户。
   A. 生产成本　　　B. 制造费用　　　C. 管理费用　　　D. 销售费用

3. 某新能源有限公司有供水、供电两个辅助生产车间，假设该公司采用交互分配法分配辅助生产费用。则供电车间对外分配的费用总额等于（　　）。
   A. 交互分配前的费用
   B. 交互分配前的费用加上交互分配转入的费用
   C. 交互分配前的费用减去交互分配转出的费用
   D. 交互分配前的费用再加上交互分配转入的费用，减去交互分配转出的费用

4. 某新能源有限公司生产62.8kWh磷酸铁锂电池组和78.54kWh磷酸铁锂电池组两种产品，20×4年1月公司生产车间发生以下费用：产品直接耗用原材料1 500万元，车间管理人员薪酬400万元，车间生产设备折旧费550万元，假设该公司按生产工人工时比例在62.8kWh磷酸铁锂电池组和78.54kWh磷酸铁锂电池组两种产品之间分配制造费用，本月62.8kWh磷酸铁锂电池组和78.54kWh磷酸铁锂电池组耗用的工人工时分别为3 000小时、4 500小时。不考虑其他因素，62.8kWh磷酸铁锂电池组应该分配的制造费用为（　　）万元。
   A. 980　　　　　　B. 1 633　　　　　C. 1 880　　　　　D. 950

5. 某新能源有限公司发生的（　　），属于在"废品损失"账户核算的内容。
   A. 因产品不合格品降价出售而产生的损失
   B. 验收入库时检测出的可修复废品修复损失
   C. 三包产品发生的售后三包损失
   D. 因管理不善导致库存商品变质而发生的损失

6. 某新能源有限公司（　　）期间发生的损失不属于停工损失。
   A. 季节性停工　　　　　　　　　　B. 设备大修停工
   C. 计划减产停工　　　　　　　　　D. 公共卫生灾害停工

7. 某新能源有限公司生产磷酸铁锂半成品需要经过三道工序加工，假设该公司采用约当产量比例法分配完工产品和在产品的成本。磷酸铁锂半成品各加工工序的单位工时定额分别

为 20 小时、30 小时和 40 小时,各工序内在产品完工程度平均为 50%。那么处于第三道工序的磷酸铁锂,完工程度为( )。

    A. 55.56%   B. 66.67%   C. 77.78%   D. 83.33%

8. 假设某新能源有限公司生产 62.8kWh 磷酸铁锂电池组时,原材料随生产过程陆续投入,公司采用约当产量比例法分配完工产品和在产品的成本。20×4 年 1 月,生产完工的 62.8kWh 磷酸铁锂电池组数量为 2 000 组,月末在产品数量为 25 组,平均完工程度 40%,本月发生生产费用共计 3 015 万元。不考虑其他因素,1 月末,62.8kWh 磷酸铁锂电池组完工产品的成本为( )万元。

    A. 2 977.78   B. 2 996.27   C. 3 000   D. 3 015

9. 假设某新能源有限公司生产 62.8kWh 磷酸铁锂电池组,原材料在开始生产时一次投入,采用约当产量比例法将生产费用在完工产品与在产品之间进行分配。20×4 年 1 月初 62.8kWh 磷酸铁锂电池组在产品数量为 0。该企业本月投产 62.8kWh 磷酸铁锂电池组 2 000 组,月末完工产品为 1 950 组,在产品约当产量为 30 组。1 月企业生产 62.8kWh 磷酸铁锂电池组共发生原材料实际成本 980 万元。不考虑其他因素,本月 62.8kWh 磷酸铁锂电池组完工产品应分配的直接材料成本为( )万元。

    A. 950   B. 955.5   C. 965.15   D. 980

10. 某新能源有限公司如果( ),则比较适合使用不计算在产品成本法进行完工产品和在产品的生产费用分配。

    A. 月末在产品数量很少   B. 月末在产品数量较多
    C. 月末在产品数量均衡   D. 月末在产品数量变化较大

11. 某新能源有限公司 20×4 年 1 月,生产 62.8kWh 磷酸铁锂电池组 2 000 组,月末在产品数量通常在 25 组左右,且各月在产品数量和成本构成比较稳定,该公司适合使用( )在完工产品和在产品之间分配生产费用。

    A. 不计算在产品成本法   B. 在产品按固定成本计价法
    C. 约当产量比例法   D. 定额比例法

12. 下列产品中,( )属于狭义的在产品。

    A. 入库半成品   B. 正在修复中的废品
    C. 准备修复的废品   D. 加工中的产品

二、多项选择题

1. 某新能源有限公司生产 62.8kWh 磷酸铁锂电池组和 78.54kWh 磷酸铁锂电池组发生的( ),可以直接借记"生产成本——基本生产成本——62.8kWh 磷酸铁锂电池组"账户。

    A. 生产 62.8kWh 磷酸铁锂电池组领用的原材料成本
    B. 生产 62.8kWh 磷酸铁锂电池组的生产工人的工资
    C. 车间管理人员工资
    D. 车间的照明费用

2. 为了进行产品成本核算,某新能源有限公司需要设置( )账户。

    A. 生产成本   B. 制造费用   C. 销售费用   D. 废品损失

3. 某新能源有限公司可能会选择的辅助生产费用分配方法有( )。

    A. 直接分配法   B. 交互分配法
    C. 顺序分配法   D. 代数分配法

4. 某新能源有限公司如果采用顺序分配法分配辅助生产费用,则(　　)。
   A. 必须参照上年或以前的历史资料
   B. 分配结果不太准确
   C. 需要企业具备较准确的计划成本资料
   D. 不便于调动排列在先的辅助生产车间降低耗用
5. 某新能源有限公司如果采用代数分配法分配辅助生产费用,则(　　)。
   A. 能够提供正确的分配计算结果　　B. 能够简化费用的分配计算工作
   C. 该公司辅助生产车间只有一个　　D. 该公司已经实现了电算化
6. 如果某新能源有限公司的辅助生产车间不设置"生产成本——辅助生产成本——制造费用"账户,可能的原因有(　　)。
   A. 辅助生产车间规模很小　　　　　B. 辅助生产车间制造费用很少
   C. 辅助生产车间的数量很少　　　　D. 公司人员认为账户太多
7. 某新能源有限公司发生(　　)支出,通过制造费用科目核算。
   A. 车间管理人员差旅费　　　　　　B. 厂房折旧费
   C. 季节性停工损失　　　　　　　　D. 生产工人福利费
8. 某新能源有限公司可以选用的制造费用分配方法有(　　)。
   A. 生产工人工时比例法　　　　　　B. 生产工人工资比例法
   C. 生产工人五险一金比例法　　　　D. 机器工时比例法
9. 某新能源有限公司可以选用的将生产成本在完工产品和在产品之间进行分配的方法有(　　)。
   A. 约当产量比例法　　　　　　　　B. 在产品按定额成本计价法
   C. 定额比例法　　　　　　　　　　D. 不计算在产品成本法
10. 假设某新能源有限公司采用约当产量比例法在完工产品和在产品之间分配生产费用,则公司在计算在产品约当产量时,要考虑的因素有(　　)。
    A. 原材料的投料方式　　　　　　　B. 月末各工序在产品数量
    C. 在产品的完工程度　　　　　　　D. 完工产品数量

三、判断题
1. 直接分配法不考虑各辅助生产车间之间相互提供劳务或产品的情况,将各种辅助生产费用直接分配给辅助生产车间以外的各受益单位。(　　)
2. 企业采用交互分配法分配辅助生产费用,工作量比采用直接分配法大。(　　)
3. 无论使用什么方法分配制造费用,"制造费用"账户每月余额均为零。(　　)
4. 采用按年度计划分配率分配法分配制造费用时,1—11月月末不调整实际制造费用与按计划分配率计算的制造费用的差额,等到年终时再一并调整。(　　)
5. 废品都是不能修复的。(　　)
6. 由于自然灾害造成的停工损失,应当结转至"管理费用"账户。(　　)
7. 不满三个工作日的停工,一般不计算停工损失。(　　)
8. 只要存在期末在产品,就应当计算期末在产品成本,以便正确确定完工产品成本。(　　)
9. 采用在产品按定额成本计价法的企业,每月生产成本脱离定额的差异应当计入月末在产品成本。(　　)

10. 企业采用约当产量比例法时,"期初在产品约当产量＋本期投产量＝本期完工产品数量＋期末在产品约当产量"一定成立。　　　　　　　　　　　　　　　　　　　(　　)

四、课证融通题

假设某新能源有限公司生产20×4年1月仅生产了62.8kWh磷酸铁锂电池组,成本费用相关资料如下。

① 月初在产品20组,本月投入生产1 990组。本月完工2 000组,月末在产品10组。

② 该公司采用在产品按定额成本计价法将生产费用在完工产品与在产品之间进行分配。单位在产品定额成本为直接材料4 900元/组,直接人工900元/组,制造费用为1 250元/组。

③ 本月生产车间实际发生费用如下:生产62.8kWh磷酸铁锂电池组耗用主要材料及辅助材料1 000万元,生产工人薪酬180万元,车间管理人员薪酬5万元,车间已发生未支付的水电费20万元。车间计提折旧费170万元,生产车间用无形资产摊销费65万元。

要求:根据上述资料,不考虑其他因素,分析回答下列问题。

(1) 根据资料①和②,下列各项中,62.8kWh磷酸铁锂电池组月初在产品的成本计算结果表述正确的是(　　)。

　　A. 直接材料为98 000元　　　　　　　B. 在产品成本总额为119 500元
　　C. 直接人工为18 000元　　　　　　　D. 制造费用为12 500元

(2) 根据资料③,下列各项中,62.8kWh磷酸铁锂电池组1月发生生产费用的会计处理正确的是(　　)。

　　A. 车间管理人员薪酬
　　　　借:管理费用　　　　　　　　　　　　50 000
　　　　　　贷:应付职工薪酬　　　　　　　　　　　　50 000
　　B. 耗用原材料及辅助材料
　　　　借:生产成本　　　　　　　　　　　　10 000 000
　　　　　　贷:原材料　　　　　　　　　　　　　　10 000 000
　　C. 生产工人薪酬
　　　　借:生产成本　　　　　　　　　　　　1 800 000
　　　　　　贷:应付职工薪酬　　　　　　　　　　　1 800 000
　　D. 车间发生的水电费
　　　　借:管理费用　　　　　　　　　　　　200 000
　　　　　　贷:应付账款　　　　　　　　　　　　200 000

(3) 根据资料③,62.8kWh磷酸铁锂电池组1月发生的制造费用总额是(　　)万元。

　　A. 1 435　　　　B. 1 260　　　　C. 240　　　　D. 260

(4) 根据资料①至③,下列各项中,按定额成本计价法计算在产品成本的表述正确的是(　　)。

　　A. 需要计算月末在产品的完工程度
　　B. 适用于各月在产品数量变化较大的产品
　　C. 需要事先为各个加工阶段上的在产品确定单位定额成本
　　D. 每月生产成本脱离定额的差异应全部计入当月完工产品成本

(5) 根据资料①至③,62.8kWh磷酸铁锂电池组月末完工产品成本是(　　)元。

　　A. 14 470 500　　　B. 14 329 500　　　C. 14 400 000　　　D. 14 188 500

五、岗课赛证融通题

沿用项目一、项目二岗课赛证融通题目中任务一至任务七的相关资料。

任务八：固定资产折旧

根据固定资产的折旧数据（表3-43），填写固定资产折旧计算表（表3-44）。

表3-43　固定资产折旧数据

固定资产类别	折旧年限	残值率/%
房屋及建筑物	30	5
机器设备	8	5
电子及办公设备	6	5
运输工具	5	5

表3-44　固定资产折旧计算表

固定资产类别	部门	使用日期	折旧年限	原值/元	残值率	年折旧额	月折旧额
房屋及建筑物	磷酸铁生产部	2×11/12/1		97 243 334.25			
房屋及建筑物	磷酸铁锂生产部	2×11/12/1		42 550 671.74			
房屋及建筑物	管理部	2×15/12/1		50 121 322.12			
机器设备	磷酸铁生产部	2×16/12/1		69 819 980.57			
机器设备	磷酸铁锂生产部	2×16/12/1		76 906 595.87			
电子及办公设备	管理部	2×18/12/1		50 990 749.82			
运输工具	销售部	2×20/12/1		21 678 288.38			
合计			—	409 310 942.75	—		

任务九：辅助生产费用分配

根据本月辅助车间发生的劳务量等资料（表3-45），填写辅助生产费用分配表（表3-46）。

表3-45　劳务量情况统计

辅助车间	供电车间/万度	供水车间/万吨	维修车间/小时	供气车间/万立方米
供电车间	0	3.311 5	407.312 4	0
供水车间	0	0	0	25.416 3
维修车间	60.803 7	0	0	0
供气车间	0	2.483 6	271.541 7	0
磷酸铁生产部生产耗用	486.429 8	16.557 4	977.550 4	121.998 3
磷酸铁锂生产部生产耗用	263.482 8	56.295 2	868.933 6	86.415 4
磷酸铁生产部一般耗用	10.134	4.139 4	203.656 2	2.541 6
磷酸铁锂生产部一般耗用	10.134	4.139 4	203.656 2	2.541 6
管理费用	162.143 3	4.967 2	54.308 4	2.541 6
销售费用	20.267 9	7.450 8	271.541 7	12.708 2
合计	1 013.395 5	99.344 5	3 258.500 6	254.163

表 3-46　辅助生产费用分配表

项目	供电车间			供水车间			维修车间			供气车间		
	数量/万度	分配率	金额	数量/万吨	分配率	金额	数量/小时	分配率	金额	数量/万立方米	分配率	金额
对外分配			4 697 823.58			3 035 235.13			113 213.14			5 231 582.74
磷酸铁生产部生产耗用		—			—			—			—	
磷酸铁锂生产部生产耗用		—			—			—			—	
磷酸铁生产部一般耗用		—			—			—			—	
磷酸铁锂生产部一般耗用		—			—			—			—	
管理费用		—			—			—			—	
销售费用		—			—			—			—	
合计		—			—			—			—	

说明：分配率及数量保留 4 位小数，金额保留 2 位小数，分配金额差异计入销售费用中。

任务十：机器工时计算

根据已经完成的任务中的完工产量，计算磷酸铁生产部与磷酸铁锂生产部消耗的机器工时数据，填入表 3-47。

表 3-47　机器工时统计表

分配对象	机械工时单耗	完工产量	小时
磷酸铁生产部	0.169 5		
磷酸铁锂生产部	0.174 6		

任务十一：制造费用分配

根据本月发生的制造费用，结合已经完成的任务，完成制造费用分配表，见表 3-48。

表 3-48　制造费用分配表

分配对象	分配标准	分配率	分配金额
磷酸铁生产部			
磷酸铁锂生产部			
合计		—	52 990 954.72

说明：分配率保留 2 位小数，分配差额计入磷酸铁锂生产部。

项目四

成本计算的基本方法

素养目标

具有认真细致、爱岗敬业、严格遵守会计准则、会计制度的职业道德和素养。

知识目标

理解各种成本核算方法的定义、特点和适用范围，熟练掌握各种成本核算方法的基本程序和基本计算方法。

能力目标

能根据公司的生产特点和管理要求，选择合适的产品成本计算方法；能根据公司有关成本核算资料，熟练采用品种法、分批法、分步法，对不同产品的成本进行核算。

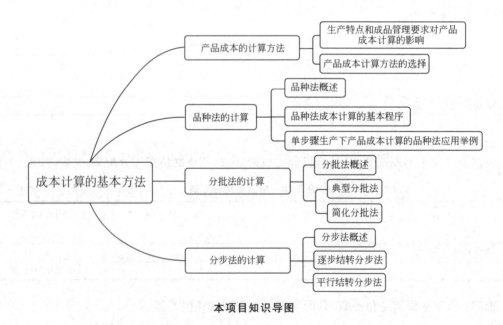

本项目知识导图

任务一　产品成本的计算方法

任务描述

产品成本计算方法的选择对产品的成本计算特别重要,选择正确的产品成本计算方法是保证成本计算合理、精确的前提,应当给予高度重视。本任务中的技能点是初级会计职称《初级会计实务》科目考试中的技能考核点——产品成本计算方法的选择,也是业财税融合成本管控 1+X 证书的技能考核点——成本计算基本方法应用。

工作情境

湖南启航电池有限公司生产 62.8kWh 磷酸铁锂电池组和 78.54kWh 磷酸铁锂电池组两种产品,生产过程需要经过三道工序完成。公司管理上不要求按生产步骤计算产品成本。电池生产的工艺流程如图 4-1 所示。

思考: 湖南启航电池有限公司进行成本核算可采用什么方法?

产品成本计算方法是指将一定会计期间发生的生产费用归集到产品成本计算对象上,据以确定各个产品总成本与单位成本的方法。公司的生产类型是产品成本计算方法选择和应用的重要影响因素。

一、生产特点和成本管理要求对产品成本计算的影响

1. 对成本计算对象的影响

成本计算对象是指为计算产品成本而确定的归集生产费用的各个对象,也就是成本的承担者。其影响从以下两方面进行分析。

(1) 从生产工艺过程特点看。对于单步骤生产,生产工艺不可间断,只能以产品品种为成本计算对象。对于多步骤生产,管理上要求计算产品生产各步骤成本的,应以生产步骤为成本计算对象,按步骤又按品种计算各步骤半成品和产成品成本。管理上不要求计算生产步骤成本的,也可以不按照生产步骤计算成本,而只按照产品品种或批别计算成本。

(2) 从产品生产组织特点看。对于大量生产,连续不断地生产相同产品,只能以产品品种为成本计算对象。对于大批生产,可视具体情况,按产品品种或产品批别计算产品成本。对于单件、小批生产,一批产品一般可同时完工,可按产品批别计算产品成本。

2. 对成本计算期的影响

成本计算期是指生产费用计入产品成本所规定的起止时期。

对于大量、大批生产,成本计算定期于月末进行,与会计报告期一致,与生产周期不一致。

对于单件、小批生产,产品成本只能在某批、某件产品完工后计算,故成本计算不定期,与生产周期一致,与会计报告期不同。

3. 对完工产品与在产品之间费用分配的影响

对于单步骤大量、大批生产,生产过程不能间断,生产周期短,在产品很少或没有,故不必计算月末在产品成本。

对于多步骤大量、大批生产,经常有在产品,需要将生产费用在完工产品与在产品之间进行分配。

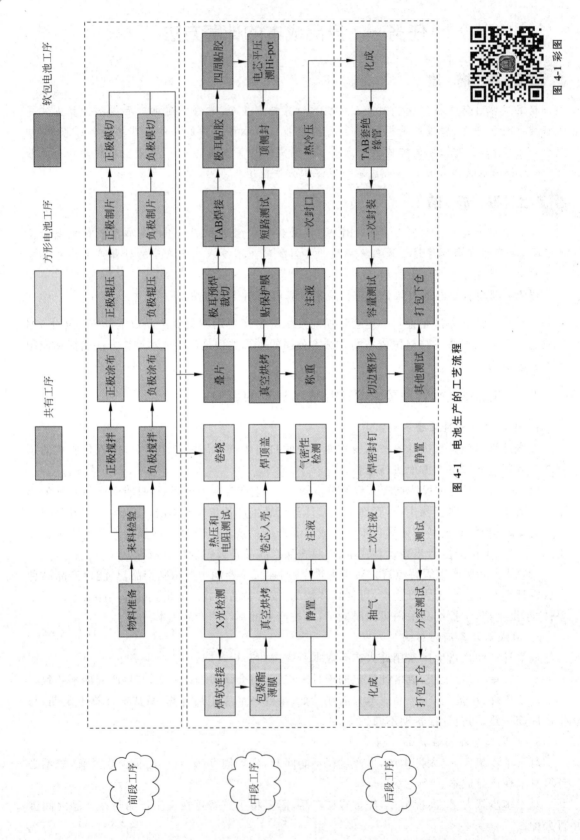

图 4-1 电池生产的工艺流程

对于多步骤单件、小批生产,成本计算期通常与生产周期一致,一般不需要将生产费用在完工产品与在产品之间进行分配。

二、产品成本计算方法的选择

生产类型特点和成本管理要求对产品成本计算的影响主要表现在成本计算对象的确定上。产品成本计算,就是按照成本计算对象分配和归集生产费用,计算产品成本的过程。这就进一步说明了成本计算对象是产品成本计算的核心,因而也是构成产品成本计算方法的主要标志。产品成本计算方法一般有基本方法和辅助方法两类。

1. 产品成本计算的基本方法与选择

与不同类型生产特点和成本管理要求相适应,产品成本计算中有三种不同的成本计算对象:产品品种、产品批别和产品的生产步骤。因而以成本计算对象为主要标志的产品成本计算基本方法有三种。

(1) 品种法。以产品品种为成本计算对象,一般适用于单步骤的大量生产,如发电、采掘等;也可以用于不需要分步骤计算成本的多步骤大量、大批生产,如小型造纸厂、水泥厂等。

(2) 分批法。以产品批别为成本计算对象,适用于单件、小批的单步骤生产或管理上不要求分步骤计算成本的多步骤生产,如修理作业、专用工具模具制造、重型机器制造、船舶制造等。

(3) 分步法。以产品生产步骤为成本计算对象,适用于大量、大批的多步骤生产,如纺织、冶金、机械制造等。

产品成本计算方法的选择如图 4-2 所示。

图 4-2　产品成本计算方法的选择

2. 产品成本计算的辅助方法与选择

产品成本计算的辅助方法有分类法、定额法。前面的品种法、分批法、分步法是成本计算的基本方法,它们与公司生产类型的特点有直接联系。与此相反,分类法、定额法是成本计算的辅助方法,它们与公司生产类型没有直接联系,在各种类型的生产中都可以应用。分类法和定额法在项目五中再进行详细阐述。

需要注意的是,这些辅助方法一般不能单独使用,而应与各种基本方法结合使用。

成本管理理念

"扇贝跑了"迎大结局

扫描右侧二维码观看视频。

思考：(1) 财务人员应该具备什么样的职业道德？

(2) 在上述案例中，獐子岛公司舞弊的手段有哪些？

(3) 在本案例中，选择不同的产品成本计算方法对企业的利润会产生什么样的影响？

链接："扇贝跑了"
迎大结局

任务二　品种法的计算

任务描述

品种法是最基本的产品成本计算方法，因而品种法的计算程序，体现着产品成本计算的一般程序。采用这种方法，既不要求按照产品批别计算成本，也不要求按照产品生产步骤计算成本，而只要求按照产品的品种计算产品成本。本任务中的技能点是初级会计职称《初级会计实务》科目考试中的技能考核点——产品成本计算的主要方法，也是业财税融合成本管控1+X证书的技能考核点——生产业务核算中产品成本计算方法应用。

工作情境

湖南启航电池有限公司财务部门根据公司62.8kWh磷酸铁锂电池组和78.54kWh磷酸铁锂电池组两种产品的生产情况，决定采用品种法进行成本核算。

思考：(1) 品种法核算的适用范围是什么？

(2) 品种法可分为几个步骤进行成本计算？

(3) 品种法核算的具体流程是什么？

一、品种法概述

1. 品种法的概念

品种法又称简单法，是指以产品品种作为成本核算对象，归集和分配生产费用，计算产品成本的一种方法。在这种方法下，既不要求按照产品批别计算成本，也不要求按照产品生产步骤计算成本。不论什么工业公司，不论什么生产类型的产品，也不论管理要求如何，最终都必须按照产品品种算出产品成本，这是产品成本计算中最一般、最起码的要求，品种法是最基本的成本计算方法。

2. 品种法的特点

(1) 品种法的成本计算对象是产品品种。直接以产品品种开设产品"基本生产成本明细账"，登记该品种生产过程中发生的全部生产费用。此情况下，生产费用全部直接计入该种产品成本明细账中，不存在横向分配的问题，但有可能要进行纵向分配。

(2) 按月定期计算产品成本。成本计算期与会计报告期一致，而与生产周期不一致。

(3) 月末一般需要将生产费用在完工产品和在产品之间进行分配。如果生产的产品不止一种，就必须按产品的品种分别开设成本明细账，发生的直接费用直接计入相应品种明细账中,发生的间接费用则需进行横向分配(采用适当的方法),然后计入各产品成本明细账中。如果存在完工品和月末在产品的情况,则还需进行纵向分配。

3. 品种法的适用范围

品种法主要适用于以下公司或部门。

(1) 大量大批生产,而且产品品种较少的单步骤生产公司,如发电、化工、采掘等。

(2) 管理上不要求分步骤计算半成品成本的多步骤生产公司,如小型水泥厂等。

(3) 公司内部的供水、供电、供气等辅助生产部门。

二、品种法成本计算的基本程序

1. 开设成本明细账

按照产品品种开设"基本生产成本"明细账按成本项目设置专栏。如有月末在产品成本,还应在成本明细账中登记月初在产品成本,并开设其他与成本计算相关的账簿。

2. 归集和分配各种要素费用

根据各项生产费用发生的原始凭证编制要素费用分配表,分配各项要素费用,并登记"基本生产成本""辅助生产成本""制造费用"等有关成本费用明细账。

3. 归集和分配辅助生产费用

根据"辅助生产成本"明细账记录和辅助生产车间提供的劳务量,采用适当的方法,在受益部门之间分配辅助生产费用,并登记有关成本费用明细账。

4. 归集和分配制造生产费用

根据基本生产车间"制造费用"明细账记录,采用适当的方法,将制造费用在本车间生产的各种产品之间进行分配,并登记各产品的生产成本明细账。

5. 计算各种完工产品和在产品成本

根据"基本生产成本"明细账所归集的全部生产费用,采用一定的方法,将生产费用在完工产品与在产品之间进行分配,计算各种完工产品的总成本和单位成本。

品种法成本计算的基本程序如图 4-3 所示。

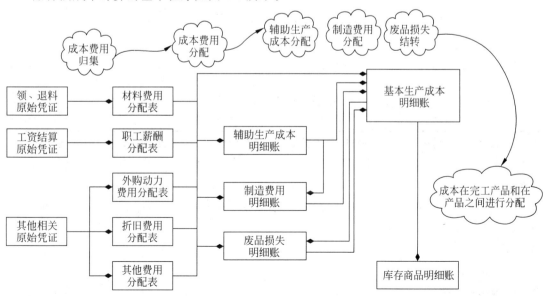

图 4-3 品种法成本计算的基本程序

(1) 根据发生的各项生产费用,编制各种要素费用分配表。
(2) 根据各种要素费用分配表及相关凭证,登记有关成本、费用明细账。
(3) 分配辅助生产成本。
(4) 分配制造费用。
(5) 在完工产品与月末在产品之间分配生产费用。
(6) 编制完工产品成本汇总表,计算各种完工产品的总成本和单位成本。
(7) 登记库存商品明细账。

三、单步骤生产下产品成本计算的品种法应用举例

【课赛融通 4-1】 假设湖南启航电池有限公司为单步骤简单生产公司,设有生产一部和生产二部,生产二部生产 62.8kWh 磷酸铁锂电池组和 78.54kWh 磷酸铁锂电池组两种产品;另设有供电车间、供水车间和供气车间三个辅助生产车间,为全公司提供服务。根据公司的生产特点和管理要求,采用品种法计算产品成本。

假设该公司"生产成本"设置"基本生产成本"和"辅助生产成本"两个二级账,"基本生产成本"二级账分 62.8kWh 电池、78.54kWh 电池两种产品设置"基本生产成本明细账","辅助生产成本"二级账分设供电车间、供水车间和供气车间明细账。辅助生产车间不单独设置"制造费用"明细账,发生的间接费用直接记入"辅助生产成本"所属的明细账。"基本生产成本明细账"开设"直接材料""直接人工"和"制造费用"三个成本项目。

湖南启航电池有限公司 12 月有关成本计算资料如下。

1. 月初在产品成本

月初在产品成本见表 4-1。

表 4-1 月初在产品成本　　　　　　　　　　　单位:元

产品名称	直接材料	直接人工	制造费用	合计
62.8kWh 电池	28 000	4 960	4 880	37 840
78.54kWh 电池	24 000	4 640	5 560	34 200

2. 本月发出材料汇总

发出材料汇总表见表 4-2。

表 4-2 发出材料汇总表
2×23 年 12 月 31 日　　　　　　　　　　单位:元

领料部门和用途	原料及主要材料	辅助材料	其他材料	合　计
生产二部				
62.8kWh 电池耗用	100 000	10 000		110 000
78.54kWh 电池耗用	50 000	10 000		60 000
62.8kWh 电池 78.54kWh 电池共同耗用		18 000		18 000
生产一部(磷酸铁锂)	1 000			1 000
生产部(车间管理部门)	3 000		2 000	5 000

续表

领料部门和用途	原料及主要材料	辅助材料	其他材料	合　计
供电车间耗用	2 000			2 000
供水车间耗用	1 000			1 000
供气车间耗用	1 000			1 000
研发部	500			500
公司管理部门耗用	1 000			1 000
营销部	500			500
合　　　计	160 000	38 000	2 000	200 000

3. 本月生产资料

62.8kWh 电池本月完工 600 件，月末在产品 400 件；78.54kWh 电池本月完工 400 件，月末在产品 200 件。62.8kWh 电池、78.54kWh 电池两种产品的原材料都在生产开始时一次投入，加工费用发生比较均衡，月末在产品完工程度均为 50%。

4. 其他资料及规定

（1）62.8kWh 电池实际耗用工时 12 000 小时，78.54kWh 电池实际耗用工时 8 000 小时。

（2）62.8kWh 电池、78.54kWh 电池两产品共同消耗的辅助材料，按两产品直接耗用的原料及主要材料的比例分配。

（3）生产工人工资按 62.8kWh 电池、78.54kWh 电池的生产工时比例分配。

（4）辅助生产费用采用直接分配法分配费用。

（5）制造费用按 62.8kWh 电池、78.54kWh 电池的生产工时比例分配。

（6）62.8kWh 电池、78.54kWh 电池按约当产品比例法计算完工产品和在产品的成本。

（7）本月以银行存款支付的其他费用如下。

① 生产部办公费 670 元，劳动保护费 800 元，修理费 200 元，水电费 300 元。

② 生产一部办公费 250 元，劳动保护费 800 元，修理费 500 元，水电费 600 元。

③ 生产二部办公费 750 元，劳动保护费 800 元，修理费 2 000 元，水电费 1 600 元。

④ 供电车间办公费 920 元，劳动保护费 200 元，修理费 200 元，水电费 250 元。

⑤ 供水车间办公费 80 元，劳动保护费 100 元，修理费 100 元，水电费 300 元。

⑥ 供气车间办公费 200 元，劳动保护费 100 元，修理费 100 元，水电费 100 元。

⑦ 研发部办公费 1 150 元，修理费 100 元，水电费 2 100 元。

⑧ 公司管理部门办公费 400 元，差旅费 2 000 元，修理费 200 元，水电费 1 000 元。

⑨ 营销部办公费 810 元，修理费 300 元，水电费 1 800 元。

要求：根据上述资料，编制相关会计分录，并使用品种法计算 62.8kWh 电池、78.54kWh 电池的成本。

解析：第一步，根据各项生产费用发生的原始凭证和有关资料，编制各项要素费用分配表，分配各项要素费用，即分配材料费用、职工薪酬费用、折旧费用和其他费用。

（1）分配材料费用。根据发出材料汇总表（表 4-2）编制材料费用分配表（表 4-3），其中 62.8kWh 电池、78.54kWh 电池两种产品共同耗用的辅助材料 18 000 元，按 62.8kWh 电池、78.54kWh 电池直接耗用的原料及主要材料比例分配，见表 4-3。

表 4-3 材料费用分配表

2×23 年 12 月 31 日　　　　　　　　　　　　　　　　　　　　　　　　单位：元

会计科目	明细科目	应借科目 成本项目 (或费用项目)	原料及主要材料	辅助材料	其他材料	合　计
基本生产成本	62.8kWh 电池	直接材料	100 000	22 000		122 000
	78.54kWh 电池	直接材料	50 000	16 000		66 000
	磷酸铁锂	直接材料	1 000			1 000
	小　计		151 000	38 000		188 000
辅助生产成本	供电车间	直接材料	2 000			2 000
	供水车间	直接材料	1 000			1 000
	供气车间	直接材料	1 000			1 000
	小　计		4 000			4 000
制造费用	生产部（车间管理部门）		3 000		2 000	5 000
研发支出	研发部		500			500
管理费用	公司管理部门		1 000			1 000
销售费用	营销部		500			500
合　计			160 000	38 000	2 000	200 000

其中，62.8kWh 电池、78.54kWh 电池共同耗用辅助材料分配计算，见表 4-4。

表 4-4 共同耗用辅助材料分配表

2×23 年 12 月 31 日　　　　　　　　　　　　　　　　　　　　　　　　单位：元

产　品	直接耗用原材料	分配率	金额
62.8kWh 电池	100 000		12 000
78.54kWh 电池	50 000		6 000
合　计	150 000	0.12	18 000

根据表 4-3、表 4-4，编制以下会计分录如下。

借：生产成本——基本生产成本——磷酸铁锂　　　　　　　1 000
　　　　　　　　　　　　　　——62.8kWh 电池　　　　　122 000
　　　　　　　　　　　　　　——78.54kWh 电池　　　　　66 000
　　　　——辅助生产成本——供电车间　　　　　　　　　2 000
　　　　　　　　　　　　——供水车间　　　　　　　　　1 000
　　　　　　　　　　　　——供气车间　　　　　　　　　1 000
　　制造费用　　　　　　　　　　　　　　　　　　　　　5 000
　　研发支出——费用化支出　　　　　　　　　　　　　　500
　　管理费用　　　　　　　　　　　　　　　　　　　　　1 000
　　销售费用　　　　　　　　　　　　　　　　　　　　　500
　贷：原材料——原料及主要材料　　　　　　　　　　　　160 000
　　　　　　——辅助主要材料　　　　　　　　　　　　　38 000
　　　　　　——其他材料　　　　　　　　　　　　　　　2 000

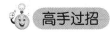

微课：分配材料费用

（2）分配职工薪酬费用。根据工资结算汇总表及职工福利费计提资料（表 4-5）编制职工薪酬费用分配表（表 4-6），其中生产工人工资按 62.8kWh 电池、78.54kWh 电池的实际生产工时比例分配。

表 4-5　职工薪酬费用汇总表

2×23 年 12 月 31 日　　　　　　　　　　　　　　　单位：元

部　　门	工资总额	计提福利费	合　计
生产二部生产工人	60 000	8 400	68 400
生产一部生产工人	30 000	4 200	34 200
生产部管理人员	10 000	1 400	11 400
供电车间人员	7 000	980	7 980
供水车间人员	3 000	420	3 420
供气车间人员	500	70	570
研发部人员	10 000	1 400	11 400
公司管理人员	20 000	2 800	22 800
营销部人员	10 000	1 400	11 400
合　　计	150 500	21 070	171 570

表 4-6　职工薪酬费用分配表

2×23 年 12 月 31 日

| 会计科目 | | 应借科目 | | 工　资 | | | 福　利　费 | | 合计/元 |
	明细科目	成本项目（或费用项目）	分配标准	分配率/（元/时）	分配额/元	分配率/%	分配额/元	
生产成本	基本生产成本	磷酸铁锂	直接人工			30 000	14	4 200	34 200
		62.8kWh 电池	直接人工	12 000	3	36 000	14	5 040	41 040
		78.54kWh 电池	直接人工	8 000	3	24 000	14	3 360	27 360
		小　计		20 000	3	90 000	14	12 600	102 600
生产成本	辅助生产成本	供电车间	直接人工			7 000	14	980	7 980
		供水车间	直接人工			3 000	14	420	3 420
		供气车间	直接人工			500	14	70	570
		小　计				15 000	14	2 100	17 100

续表

会计科目	应借科目		分配标准	工资		福利费		合计/元
	明细科目	成本项目(或费用项目)		分配率/(元/时)	分配额/元	分配率/%	分配额/元	
制造费用	生产部(车间管理部门)	职工薪酬			10 000	14	1 400	11 400
研发支出	研发部	职工薪酬			10 000	14	1 400	11 400
管理费用	公司管理部门	职工薪酬			20 000	14	2 800	22 800
销售费用	营销部	职工薪酬			10 000	14	1 400	11 400
合　计					150 500		21 070	171 570

根据表4-5、表4-6，编制以下会计分录。

借：生产成本——基本生产成本——磷酸铁锂　　　　　　34 200
　　　　　　　　　　　　　　——62.8kWh电池　　　　41 040
　　　　　　　　　　　　　　——78.54kWh电池　　　 27 360
　　　　——辅助生产成本——供电车间　　　　　　　　7 980
　　　　　　　　　　　　——供水车间　　　　　　　　3 420
　　　　　　　　　　　　——供气车间　　　　　　　　 570
　　制造费用　　　　　　　　　　　　　　　　　　　11 400
　　研发支出——费用化支出　　　　　　　　　　　　 11 400
　　管理费用——职工薪酬　　　　　　　　　　　　　 22 800
　　销售费用　　　　　　　　　　　　　　　　　　　11 400
　贷：应付职工薪酬——工资　　　　　　　　　　　　150 500
　　　　　　　　　——福利费　　　　　　　　　　　 21 070

 高手过招

微课：分配职工薪酬费用

（3）分配折旧费用。本月应计提折旧费用76 330元。其中：生产部5 000元，生产一部10 000元，生产二部30 000元，供电车间6 000元，供水车间4 000元，供气车间1 330元，研发部5 000元，公司管理部门10 000元，营销部5 000元。编制折旧费用分配表见表4-7。

表 4-7　折旧费用分配表

2×23 年 12 月 31 日　　　　　　　　　　　　　　　　　　　　　单位：元

会计科目	应借科目		合　计
	明细科目	成本项目（或费用项目）	
生产成本	辅助生产成本	供电车间　　折旧费	6 000
		供水车间　　折旧费	4 000
		供气车间　　折旧费	1 330
		小　　　计	13 300
制造费用		折旧费	45 000
研发支出		折旧费	5 000
管理费用		折旧费	10 000
销售费用		折旧费	5 000
合　计			76 330

根据表 4-7，编制以下会计分录。

借：生产成本——辅助生产成本——供电车间　　　　　　　6 000
　　　　　　　　　　　　　　——供水车间　　　　　　　4 000
　　　　　　　　　　　　　　——供气车间　　　　　　　1 330
　　制造费用　　　　　　　　　　　　　　　　　　　　45 000
　　研发支出——费用化支出　　　　　　　　　　　　　　5 000
　　管理费用——折旧费　　　　　　　　　　　　　　　10 000
　　销售费用——折旧费　　　　　　　　　　　　　　　　5 000
　　贷：累计折旧　　　　　　　　　　　　　　　　　　76 330

（4）分配其他费用。根据本月以银行存款支付的其他费用，编制其他费用分配表，见表 4-8。

表 4-8　其他费用分配表

2×23 年 12 月 31 日　　　　　　　　　　　　　　　　　　　　　单位：元

会计科目	应借科目		合　计
	明细科目	成本项目（或费用项目）	
生产成本	辅助生产成本	供电车间　制造费用	1 570
		供水车间　制造费用	580
		供气车间　制造费用	500
		小　　　计	2 650
制造费用	生产部	办公费	670
		劳动保护费	800
		修理费	200
		水电费	300
	生产一部	办公费	250
		劳动保护费	800
		修理费	500
		水电费	600
	生产二部	办公费	750
		劳动保护费	800
		修理费	2 000
		水电费	1 600
		小　　　计	9 270

续表

应借科目			合 计
会计科目	明细科目	成本项目(或费用项目)	
研发支出		办公费	1 150
		修理费	100
		水电费	2 100
		小 计	3 350
管理费用		办公费	400
		差旅费	2 000
		修理费	200
		水电费	1 000
		小 计	3 600
销售费用		办公费	810
		修理费	300
		水电费	1 800
		小 计	2 910
合 计			21 780

根据表 4-8,编制以下会计分录。

借:生产成本——辅助生产成本——供电车间　　　　　　1 570
　　　　　　　　　　　　　　——供水车间　　　　　　　 580
　　　　　　　　　　　　　　——供气车间　　　　　　　 500
　　制造费用　　　　　　　　　　　　　　　　　　　　　9 270
　　研发支出　　　　　　　　　　　　　　　　　　　　　3 350
　　管理费用　　　　　　　　　　　　　　　　　　　　　3 600
　　销售费用　　　　　　　　　　　　　　　　　　　　　2 910
　贷:银行存款　　　　　　　　　　　　　　　　　　　　21 780

第二步,根据各项要素费用分配表,登记有关明细账户。

(1) 登记"生产成本——辅助生产成本"明细账,见表 4-9~表 4-11。

表 4-9　辅助生产成本明细账

车间名称:供电车间　　　　　　　　　　　　　　　　　　　　　　　　单位:元

2×23年		凭证号数	摘　要	直接材料	直接人工	制造费用	合 计
月	日						
12	31	略	根据材料费用分配表	2 000			2 000
12	31	略	根据职工薪酬费用分配表		7 980		7 980
12	31	略	根据折旧费用分配表			6 000	6 000
12	31	略	根据其他费用分配表			1 570	1 570
12	31	略	本月发生额合计	2 000	7 980	7 570	17 550
12	31	略	分配给各受益部门	−3 000	−7 980	−7 570	−17 550

表 4-10 辅助生产成本明细账

车间名称：供水车间　　　　　　　　　　　　　　　　　　　　　　　　　单位：元

2×23年		凭证号数	摘　要	直接材料	直接人工	制造费用	合　计
月	日						
12	31	略	根据材料费用分配表	1 000			1 000
12	31	略	根据职工薪酬费用分配表		3 420		3 420
12	31	略	根据折旧费用分配表			4 000	4 000
12	31	略	根据其他费用分配表			580	580
12	31	略	本月发生额合计	1 000	3 420	4 580	9 000
12	31	略	分配给各受益部门	−1 000	−3 420	−4 580	−9 000

表 4-11 辅助生产成本明细账

车间名称：供气车间　　　　　　　　　　　　　　　　　　　　　　　　　单位：元

2×23年		凭证号数	摘　要	直接材料	直接人工	制造费用	合　计
月	日						
12	31	略	根据材料费用分配表	1 000			1 000
12	31	略	根据职工薪酬费用分配表		570		5 700
12	31	略	根据折旧费用分配表			1 330	1 330
12	31	略	根据其他费用分配表			500	500
12	31	略	本月发生额合计	1 000	570	1 830	3 400
12	31	略	分配给各受益部门	−1 000	−570	−1 830	−3 400

（2）登记"制造费用"明细账和"生产成本——基本生产成本"明细账，见表4-12~表4-14。

表 4-12 制造费用明细账　　　　　　　　　　　　　　　　　　　　　　　单位：元

2×23年		凭证号数	摘　要	材料费用	职工薪酬费	折旧费	修理费	水电费	劳动保护费	办公费	合计
月	日										
12	31	略	根据材料费用分配表	5 000							5 000
12	31	略	根据职工薪酬费用分配表		11 400						11 400
12	31	略	根据折旧费用分配表			45 000					45 000
12	31	略	根据其他费用分配表				2 700	2 500	2 400	1 670	9 270
12	31	略	根据辅助生产费用分配表				3 850				3 850
12	31	略	本月发生额合计	5 000	11 400	45 000	6 550	2 500	2 400	1 670	74 520
12	31	略	分配本月制造费用	−5 000	−11 400	−45 000	−6 550	−2 500	−2 400	−1 670	−74 520

表4-13 基本生产成本明细账

产品名称：62.8kWh 电池　　产成品：500 件　　在产品：100 件　　单位：元

2×23年		凭证号数	摘　要	直接材料	直接人工	制造费用	合　计
12	1	略	月初在产品成本	28 000	4 960	4 880	37 840
12	31	略	根据材料费用分配表	122 000			122 000
12	31	略	根据职工薪酬费用分配表		41 040		41 040
12	31	略	根据辅助生产费用分配表			7 620	7 620
12	31	略	根据制造费用分配表			44 712	44 712
12	31	略	生产费用合计	150 000	46 000	57 212	253 212
12	31	略	结转完工产品总成本	90 000	34 500	42 909	167 409
12	31	略	月末在产品成本	28 000	4 960	4 880	37 840

表4-14 基本生产成本明细账

产品名称：78.54kWh 电池　　产成品：200 件　　　　　　单位：元

2×23年		凭证号数	摘　要	直接材料	直接人工	制造费用	合　计
月	日						
12	1	略	月初在产品成本	24 000	4 640	5 560	34 200
12	31	略	根据材料费用分配表	66 000			66 000
12	31	略	根据职工薪酬费用分配表		27 360		27 360
12	31	略	辅助生产费用分配表转入			5 080	5 080
12	31	略	制造费用分配表转入			29 808	29 808
12	31	略	生产费用合计	90 000	32 000	40 448	162 448
12	31	略	结转完工产品总成本	60 000	25 600	32 358.4	117 958.4
12	31	略	月末在产品成本	30 000	6 400	8 089.6	44 489.6

(3) 登记"研发支出"明细账，见表4-15。

表4-15 研发支出明细账　　　　　　　　　　　　　　　　　单位：元

2×23年		凭证号数	摘　要	材料费	职工薪酬费	折旧费	办公费	修理费	水电费	合计
月	日									
12	31	略	根据材料费用分配表	500						500
12	31	略	根据工资费用分配表		11 400					11 400
12	31	略	根据折旧费用分配表			5 000				5 000
12	31	略	根据其他费用分配表				1 150	100	2 100	3 350
12	31	略	辅助生产费用分配表						2 350	2 350
12	31	略	本月发生额合计	500	11 400	5 000	1 150	100	4 450	22 600
12	31	略	结转研发支出	−500	−11 400	−5 000	−1 150	−100	−4 450	−22 600

(4) 登记"管理费用"明细账，见表4-16。

(5) 登记"销售费用"明细账，见表4-17。

表 4-16 管理费用明细账　　　　　　　　　　　　　　　　　　　　　　　单位：元

2×23年		凭证号数	摘　要	材料费	职工薪酬费	折旧费	办公费	差旅费	修理费	水电费	合计
月	日										
12	31	略	根据材料费用分配表	1 000							1 000
12	31	略	根据工资费用分配表		22 800						22 800
12	31	略	根据折旧费用分配表			10 000					10 000
12	31	略	根据其他费用分配表				400	2 000	200	1 000	3 600
12	31	略	辅助生产费用分配表							1 850	1 850
12	31	略	本月发生额合计	1 000	22 800	10 000	400	2 000	200	2 850	39 250
12	31	略	结转管理费用	−1 000	−22 800	−10 000	−400	−2 000	−200	−2 850	−39 250

表 4-17 销售费用明细账　　　　　　　　　　　　　　　　　　　　　　　单位：元

2×23年		凭证号数	摘　要	材料费	职工薪酬费	折旧费	办公费	修理费	水电费	合计
月	日									
12	31	略	根据材料费用分配表	500						500
12	31	略	根据工资费用分配表		11 400					11 400
12	31	略	根据折旧费用分配表			5 000				5 000
12	31	略	根据其他费用分配表				810	300	1 800	2 910
12	31	略	辅助生产费用分配表						2 550	2 550
12	31	略	本月发生额合计	500	11 400	5 000	810	300	4 350	22 360
12	31	略	结转销售费用	−500	−11 400	−5 000	−810	−300	−4 350	−22 360

第三步，分配辅助生产费用。

辅助生产车间本月劳务供应量见表 4-18，采用直接分配法分配辅助生产费用。

表 4-18 辅助生产车间劳务供应量汇总表

2×23 年 12 月

受益部门	供电数量/度	供水数量/m³	供气数量/m³
供电车间		300	100
供水车间	1 000		200
供气车间	1 000	200	
生产部用	1 000	800	500
生产一部用	11 000	500	100
生产二部用	24 000	500	200
研发部	1 000	300	500
公司管理部门	1 000	400	100
营销部	1 000	500	300
合　计	41 000	3 500	2 000

(1) 本月供电车间费用总额 17 550 元,供水车间费用总额 9 000 元,供气车间费用总额 3 400 元,编制辅助生产费用分配表,见表 4-19。

表 4-19 辅助生产费用分配表(直接分配法)

2×23 年 12 月 31 日

项目	分配电费		分配水费		分配气费		合计
	数量/度	金额	数量/m³	金额	数量/m³	金额	
待分配费用		17 550		9 000		3 400	29 950
劳务供应总量	41 000		3 500		2 000		0
其中辅助生产以外单位	39 000		3 000		1 700		0
费用分配率(单位成本)		0.45		3		2	5.45
受益对象							
供电车间			300		200		0
供水车间	1 000				100		0
供气车间	1 000		200				0
生产部	1 000	450	800	2 400	500	1 000	3 850
生产一部	11 000	4 950	500	1 500	100	200	6 650
生产二部	24 000	10 800	500	1 500	200	400	12 700
研发部	1 000	450	300	900	500	1 000	2 350
公司管理部门	1 000	450	400	1 200	100	200	1 850
营销部	1 000	450	500	1 500	300	600	2 550
合计	41 000	17 550	3 500	9 000	2 000	3 400	29 950

(2) 生产二部生产 62.8kWh 电池、78.54kWh 电池两种产品,因此,生产二部用电总额 12 700 元,还需要在 62.8kWh 电池、78.54kWh 电池两种产品之间按生产工时比例分配,并记入产品成本明细账"直接材料"项目。62.8kWh 电池实际耗用工时 12 000 小时,78.54kWh 电池实际耗用工时 8 000 小时,分配结果见表 4-20。

表 4-20 辅助生产费用分配表

2×23 年 12 月 31 日

产品	生产工时/小时	分配率	分配金额
62.8kWh 电池	12 000		7 620
78.54kWh 电池	8 000		5 080
合计	20 000	0.635	12 700

根据表 4-19、表 4-20,编制以下会计分录。

借:生产成本——基本生产成本——磷酸铁锂　　　　　　6 650
　　　　　　　　　　　　　　——62.8kWh 电池　　　　7 620
　　　　　　　　　　　　　　——78.54kWh 电池　　　 5 080
　　制造费用　　　　　　　　　　　　　　　　　　　 3 850
　　研发支出——费用化支出　　　　　　　　　　　　　2 350
　　管理费用　　　　　　　　　　　　　　　　　　　 1 850
　　销售费用　　　　　　　　　　　　　　　　　　　 2 550

贷：生产成本——辅助生产成本——供水车间　　　　　　17 750
　　　　　　　　　　　　　　——供电车间　　　　　　　9 000
　　　　　　　　　　　　　　——供气车间　　　　　　　3 400

 高手过招

微课：分配辅助生产费用

第四步，分配制造费用。

本月"制造费用"明细账中归集的本月制造费用总额 74 520 元，按 62.8kWh 电池、78.54kWh 电池两种产品的生产工时比例分配。62.8kWh 电池实际耗用工时 12 000 小时，78.54kWh 电池实际耗用工时 8 000 小时，编制制造费用分配表，见表 4-21。

表 4-21　制造费用分配表
2×23 年 12 月 31 日

产　品	生产工时/小时	分配率	分配金额
62.8kWh 电池	12 000		44 712
78.54kWh 电池	8 000		29 808
合　计	20 000	3.726	74 520

根据表 4-21，编制以下会计分录。
　　借：生产成本——基本生产成本——62.8kWh 电池　　　　44 712
　　　　　　　　　　　　　　　　——78.54kWh 电池　　　29 808
　　　贷：制造费用　　　　　　　　　　　　　　　　　　　74 520

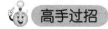 高手过招

微课：分配制造费用

第五步，生产费用在完工产品和月末在产品之间分配。

（1）本月 62.8kWh 电池的"基本生产成本"明细账中生产费用合计数 246 000 元，本月完工 62.8kWh 电池 600 件，月末在产品 400 件。按约当产量法计算 62.8kWh 电池的完工产品成本和月末在产品成本。

① 月末 62.8kWh 电池约当产量计算，见表 4-22。
② 编制 62.8kWh 电池成本计算表，见表 4-23。

表 4-22　约当产量计算表

产品名称：62.8kWh 电池　　　2×23 年 12 月 31 日　　　单位：件

成本项目	完工产品数量	在产品约当量			约当产量合计
		在产品数量	投料程度（加工程度）/%	约当产品	
直接材料	600	400	100	400	1 000
直接人工	600	400	50	200	800
制造费用	600	400	50	200	800

表 4-23　产品成本计算表

产品名称：62.8kWh 电池　2×23 年 12 月 31 日　产成品：600 件　在产品：400 件　单位：元

2×23 年		凭证号数	摘要	直接材料	直接人工	制造费用	合计
月	日						
12	1	略	月初在产品成本	28 000	4 960	4 880	37 840
12	31	略	本月发生费用	122 000	41 040	52 332	215 372
12	31	略	生产费用合计	150 000	46 000	57 212	253 212
12	31	略	约当产量合计	1 000	800	800	
12	31	略	单位产品成本	150	57.5	71.515	279.015
12	31	略	完工产品总成本	90 000	34 500	42 909	167 409
12	31	略	月末在产品成本	60 000	11 500	14 303	85 803

（2）本月 78.54kWh 电池的"基本生产成本"明细账中生产费用合计数 148 000 元，本月完工 78.54kWh 电池 400 件，月末在产品 200 件。按约当产量法计算 62.8kWh 电池的完工产品成本和月末在产品成本。

① 月末 78.54kWh 电池约当产量计算表，见表 4-24。

② 编制 78.54kWh 电池成本计算表，见表 4-25。

表 4-24　约当产量计算表

产品名称：78.54kWh 电池　　　2×23 年 12 月 31 日　　　单位：件

成本项目	完工产品数量	在产品约当量			约当产量合计
		在产品数量	投料程度（加工程度）/%	约当产品	
直接材料	400	200	100	200	600
直接人工	400	200	50	100	500
制造费用	400	200	50	100	500

表 4-25　产品成本计算表

产品名称：78.54kWh 电池　2×23 年 12 月 31 日　产成品：400 件　在产品：200 件　单位：元

2×23 年		凭证号数	摘要	直接材料	直接人工	制造费用	合计
月	日						
12	1	略	月初在产品成本	24 000	4 640	5 560	34 200
12	31	略	本月发生费用	66 000	27 360	34 888	128 248

续表

2×23年		凭证号数	摘　　要	直接材料	直接人工	制造费用	合　　计
月	日						
12	31	略	生产费用合计	90 000	32 000	40 448	162 448
12	31	略	约当产量合计	600	500	500	
12	31	略	单位产品成本	150	64	80.896	294.896
12	31	略	完工产品总成本	60 000	25 600	32 358.4	117 958.4
12	31	略	月末在产品成本	30 000	6 400	8 089.6	44 489.6

 高手过招

微课：生产费用在完工产品和月末在产品之间分配

第六步，编制完工产品成本汇总表。

根据62.8kWh电池、78.54kWh电池成本计算表，编制完工产品成本汇总表，见表4-26。

表4-26　完工产品成本汇总表

2×23年12月31日　　　　　　　　　　　　　　　　　单位：元

成本项目	62.8kWh电池（产量600件）		78.54kWh电池（产量400件）	
	总成本	单位成本	总成本	单位成本
直接材料	90 000	150	60 000	150
直接人工	34 500	57.5	25 600	64
制造费用	42 909	71.515	32 358.4	72
合　计	167 409	279.015	117 958.4	286

根据表4-26，编制以下会计分录。

借：库存商品——62.8kWh电池　　　　　　　　　　　　　　167 409
　　　　　　　——78.54kWh电池　　　　　　　　　　　　　117 958.4
　　贷：生产成本——基本生产成本——62.8kWh电池　　　　167 409
　　　　　　　　　　　　　　　　　——78.54kWh电池　　　117 958.4

 思维培养

如果上述课赛融通4-1案例中的产品已经完工但尚未验收入库，其账务处理会有什么不同吗？

 实务训练

湖南启航电池有限公司基本生产车间生产62.8kWh电池、78.54kWh电池两种产品，采用品种法核算成本。原材料日常收发按计划成本核算，月末按材料成本差异率对发出材料计

划成本进行调整。62.8kWh 电池、78.54kWh 电池分别领用直接材料并于开工时一次性投入。其他加工费用随加工进度陆续发生，按实际工时比例在 62.8kWh 电池、78.54kWh 电池之间分配。月末分配本月完工产品与月末在产品成本时，直接材料按照定额成本比例分配，直接人工和制造费用按定额工时比例分配。

62.8kWh 电池、78.54kWh 电池单位完工产品定额资料，见表 4-27。

表 4-27 单位完工产品定额

产品	材料单耗定额/元	工时单耗定额/小时
62.8kWh 电池	60	6
78.54kWh 电池	40	4

2×24 年 1 月，产品成本相关资料如下。

资料一：月初在产品成本，见表 4-28。

表 4-28 月初在产品成本　　　　　　　　　　　　　单位：元

产品	直接材料	直接人工	制造费用	合　计
62.8kWh 电池	25 900	2 850	5 040	33 790
78.54kW 电池	45 000	5 600	7 000	57 600

资料二：本月产量，见表 4-29。

表 4-29 本月产量　　　　　　　　　　　　　　　单位：件

产品	月初在产品	本月投入	本月完工	月末在产品
62.8kWh 电池	1 800	4 200	5 000	1 000
78.54kWh 电池	100	900	1 000	0

资料三：本月生产与管理费用。

(1) 耗用材料的计划成本及材料成本差异率，见表 4-30。

表 4-30 耗用材料的计划成本及材料成本差异率　　　　单位：元

耗用材料计划成本	62.8kWh 电池	78.54kWh 电池	基本车间一般耗用	行政管理部门
	340 000	400 000	40 000	8 000
本月材料计划价格差异率为 +2.5%				

(2) 实际工时和工资，见表 4-31。

表 4-31 实时工时和工资

实际工时	62.8kWh 电池	30 000 小时
	78.54kWh 电池	45 000 小时
基本生产车间	生产工人工资	30 000 元
	管理人员工资	5 000 元

(3) 本月基本车间折旧费用 10 000 元，其他生产费用 4 000 元。

资料四:月末在产品定额成本,见表4-32。

表4-32 月末在产品定额成本

产品名称	产量	材料定额/元		工时定额/小时		
		材料单耗定额	材料定额成本	工时单耗定额	平均完工程度/%	工时定额总数
62.8kWh 电池	1 000	60	60 000	6	50	3 000
78.54kWh 电池	0	40	0	4	0	0

要求:(1)按照62.8kWh电池、78.54kWh电池产品当月实际工时比例分配基本生产车间本月生产工人工资。

(2)计算本月基本生产车间的制造费用,按照62.8kWh、78.54kWh产品当月实际工时比例分配。

(3)编制62.8kWh电池的产品成本计算表(表4-33),不用列出计算过程。

表4-33 产品成本计算表

产品:62.8kWh电池　　　　　　2×23年12月　　　　　　　　　单位:元

项　目	直接材料	直接人工	制造费用	合　计
月初在产品成本				
本月生产费用				
合计				
分配率				
完工产品总成本				
完工产品单位成本				
月末在产品成本				

成本管理理念

我国制造业总体规模连续14年位居全球首位

扫描右侧二维码阅读文章。

思考:党的二十大报告提出推动战略性新兴产业融合集群发展,构建新一代信息技术、人工智能、生物技术、新能源、新材料、高端装备、绿色环保等一批新的增长引擎。促使中国制造业多年来稳居世界第一的原因是什么?

链接:我国制造业总体规模连续14年位居全球首位

任务三　分批法的计算

任务描述

分批法是指以产品的批别作为产品成本核算对象,归集和分配生产成本,计算产品成本的一种方法。本任务中的技能点是初级会计职称《初级会计实务》科目考试中的技能考核点——产品成本计算的主要方法,也是业财税融合成本管控1+X证书的技能考核点——生产业务核算中产品成本计算方法应用。

工作情境

湖南启航电池有限公司为拓展业务类型,在安徽合肥开设了一家生产电动自行车的子公司,该子公司根据客户需求,为其生产定制的电动自行车。子公司根据客户定制需求采用分批法进行成本核算。

思考:(1) 分批法核算的适用范围是什么?
(2) 分批法计算成本和品种法有什么区别?
(3) 分批法有哪些分类?
(4) 分批法具体的核算流程是什么?

一、分批法概述

1. 分批法的概念

产品成本计算分批法是以产品的批别(单件生产的为件别)作为成本计算对象,开设产品生产成本明细账,归集费用,计算产品成本的一种方法。

2. 分批法的特点

(1) 以产品批次为计算对象。以产品的批次(订单或生产通知单等)为成本计算对象,开设产品成本计算单或设置基本生产成本明细账。

在一张订单上,如规定的产品不止一种,那么,为了分别计算不同产品的生产成本和便于生产管理,可以按照产品的品种划分批别组织生产并计算成本。如果订单中只规定一种产品,但其数量较大,不便于集中一次投产,或者客户要求分批交货,也可以分几批组织生产并计算成本。如果订单中规定一种产品,但其生产周期很长且是由许多零部件装配而成的,则可按生产进度或构成成品部件分别开设生产通知单组织生产,计算成本,如大型船舶的生产等。

(2) 产品成本计算期不固定,与产品生产周期同步。分批法下,由于是以产品的批别或件别作为成本计算对象,因而一批产品只有全部完工后才能通过成本计算单将生产费用归集完整,也就决定成本计算期与产品生产周期同步,而与会计报告期不一致。

(3) 一般不需要计算期末在产品成本。分批法主要适用于单件、小批生产的公司,采用分批法计算产品成本,一般不存在生产费用在完工产品和月末在产品之间的分配问题。

3. 分批法的适用范围

一般来说,产品成本计算的分批法主要适用于单件、小批生产的公司,以及管理上不要求分步骤计算成本的多步骤生产,具体来说,主要适用于四种情况的公司:根据购买者的订单生产的公司;产品种类经常变动的小型公司;专门承揽修理业务的公司;从事新产品试制的生产单位。

4. 分批法的分类

由于产品生产周期长短不同,其间接费用的分配又有"当月分配法"和"累计分配法"两种选择,由此产生了典型分批法和简化分批法两种不同的分批法。

二、典型分批法

（一）计算程序

1. 按产品批别开设基本生产成本明细账

首先要根据生产计划部门签发的生产任务通知单中所规定的产品批号，为每批产品开设基本生产成本明细账，在明细账页上既要注明批号也要列明产品名称。

2. 各要素费用分配表（或汇总表）

分配和归集各批次产品的生产费用，在月份内，须将各批产品的直接费用，按批号直接汇总记入各批产品成本明细账内，而将发生的间接费用按照一定的标准在各批次产品之间进行分配，分别记入有关批次的产品成本明细账。

3. 计算结转完工产品成本

月末汇总完工批别成本明细账中所归集的生产费用，计算完工产品的实际总成本和单位成本。月末各批未完工产品成本明细账内归集的生产费用即为月末在产品成本。如月末有部分产品完工，部分未完工的，要采用适当方法在完工产品与在产品之间分配费用。由于分批法下，批内产品跨月陆续完工的情况下不多，因而，在陆续跨月完工情况下，月末计算完工产品成本时，可采用计划成本。定额成本或最近时期相同产品的实际成本对完工产品进行简易计价，然后将其从基本生产成本明细账中转出，余下的即为在产品成本。等到全部产品完工时，再计算该批全部产品实际的总成本和单位成本。

（二）典型分批法计算应用举例

【课赛融通 4-2】 湖南启航电池有限公司因业务快速发展，2×23 年 12 月在合肥开设了一家分公司，为客户提供定制生产的服务。2×24 年 1 月接到客户订单，需要根据客户需求生产定制款的 62.8kWh 电池和 78.54kWh 电池，采用分批法进行成本核算，产品生产成本账户设置有直接材料、直接人工和制造费用三个成本项目。该公司 2×24 年 1 月各批产品资料如下。

1. 本月各批产品投产完工情况

＃111 批次 62.8kWh 电池 10 件，1 月投产，本月全部完工。

＃112 批次 78.54kWh 电池 15 件，1 月投产，本月全部未完工。

＃113 批次 62.8kWh 电池 40 件，1 月投产，本月 4 件完工并已销售。

2. 汇总各批产品本月发生的生产费用

根据各种费用分配表，汇总各批产品本月发生的生产费用，本月生产费用支出情况见表 4-34～表 4-36。

表 4-34 产品生产成本明细账

产品批次：＃111　　　产品名称：62.8kWh 电池　　　投产日期：2×24 年 1 月
批量：10 件　　　　　　　　　　　　　　　　　　完工日期：2×24 年 1 月

2×24 年		摘　要	直接材料	直接人工	制造费用	合　计
月	日					
1	31	材料分配计算表	60 600			60 600
1	31	职工薪酬费用分配表		34 000		34 000
1	31	制造费用分配表			5 200	5 200
1	31	本月生产费用合计	60 600	34 000	5 200	99 800

表 4-35　产品生产成本明细账

产品批次：#112　　　产品名称：78.54kWh 电池　　　投产日期：2×24 年 1 月
批量：15 件　　　　　　　　　　　　　　　　　　　完工日期：2×24 年 2 月

2×24 年		摘　要	直接材料	直接人工	制造费用	合　计
月	日					
1	31	材料分配计算表	50 000			50 000
1	31	职工薪酬费用分配表		44 000		44 000
1	31	制造费用分配表			3 800	3 800
1	31	本月生产费用合计	50 000	44 000	3 800	97 800

表 4-36　产品生产成本明细账

产品批次：#113　　　产品名称：62.8kWh 电池　　　投产日期：2×24 年 1 月
批量：40 件　　　　　　　　　　　　　　　　　　　完工日期：2×24 年 2 月（1 月完工：4 件）

2×24 年		摘　要	直接材料	直接人工	制造费用	合　计
月	日					
1	31	材料分配计算表	36 000			36 000
1	31	职工薪酬费用分配表		19 500		19 500
1	31	制造费用分配表			1 700	1 700
1	31	本月生产费用合计	36 000	19 500	1 700	57 200
1	31	生产费用合计	36 000	19 500	1 700	57 200

3. 本月完工产品与在产品的情况

#113 批次 62.8kWh 电池，本月完工 4 件。为了简化核算可采用定额成本结转，假定 62.8kWh 电池单位定额成本为 1 600 元，其中直接材料定额成本 880 元，直接人工定额 500 元，制造费用定额 220 元。

要求：根据上述资料，使用典型分批法计算产品成本，并编制相关会计分录。

解析：第一步，按照产品批次设置生产成本明细账。

本题中，产品是按照批次来进行生产的，因此采用分批法对产品成本进行计算，故按照产品的批次来设置生产成本明细账，见表 4-34～表 4-36。

第二步，编制各要素费用分配表（或汇总表）。

按计算流程，需要编制各种要素费用分配表，但本题不需要编制各种要素费用分配表，原因主要有以下几个方面。

（1）分配生产费用。生产费用（包括直接计入费用和间接计入费用）在各批产品成本核算对象之间按月进行分配。该公司本月发生的直接材料费用、直接人工费用都是各批次产品的直接费用，可以直接计入各批产品成本计算单，不需要在各批产品之间进行分配。

（2）分配辅助生产费用。该公司不设辅助生产车间，月末不存在辅助生产费用的分配。

（3）分配基本生产车间制造费用。本月发生的制造费用已归集在制造费用明细账中，并按照各批产品本月实际工时进行分配，已登记在有关产品生产成本明细账上。

第三步，计算并结转完工产品成本。

（1）#111 批次（62.8kWh 电池）产品成本的计算。#111 批次（62.8kWh 电池）由于在

1月全部完工,所以产品生产成本明细账上归集的所有生产费用全部为完工产品成本,月末无在产品成本。#111批次(62.8kWh电池)产品生产成本明细账见表4-37。

表4-37 产品生产成本明细账

产品批次:#111　　　　　产品名称:62.8kWh电池　　　　　投产日期:2×24年1月
批量:10件　　　　　　　完工日期:2×24年1月　　　　　　单位:元

2×24年		摘　要	直接材料	直接人工	制造费用	合　计
月	日					
1	31	材料分配计算表	60 600			60 600
1	31	职工薪酬费用分配表		34 000		34 000
1	31	制造费用分配表			5 200	5 200
1	31	本月生产费用合计	60 600	34 000	5 200	99 800
1	31	生产费用累计	60 600	34 000	5 200	99 800
1	31	完工转出成品成本	−60 600	−34 000	−5 200	−99 800
1	31	完工产品单位成本	6 060	3 400	520	9 980
1	31	月末在产品成本	0	0	0	0

(2) #112批次(78.54kWh电池)产品成本的计算。#112批次(78.54kWh电池)由于在1月全部没有完工,所以该产品生产成本明细账上归集的所有生产费用全部是月末在产品成本,不需要计算结转完工产品成本。#112批次(78.54kWh电池)产品生产成本明细账见表4-38。

表4-38 产品生产成本明细账

产品批次:#112　　　　　产品名称:78.54kWh电池　　　　　投产日期:2×24年1月
批量:15件　　　　　　　完工日期:　　　　　　　　　　　单位:元

2×24年		摘　要	直接材料	直接人工	制造费用	合　计
月	日					
1	31	材料分配计算表	50 000			50 000
1	31	职工薪酬费用分配表		44 000		44 000
1	31	制造费用分配表			3 800	3 800
1	31	本月生产费用合计	50 000	44 000	3 800	97 800
1	31	生产费用累计	50 000	44 000	3 800	97 800

(3) #113批次(62.8kWh电池)产品成本的计算。#113批次(62.8kWh电池)在1月完工了4件并已销售,需要按一定的方法计算完工产品的成本,以保证会计资料的准确性。由于完工量比较小,可以采用定额成本结转,待该批次产品全部完工后再计算该批次产品的实际总成本和单位成本。#113批次(62.8kWh电池)产品生产成本明细账见表4-39。

(4) 本月完工产品成本的结转。根据#111批次(62.8kWh电池)、#113批次(62.8kWh电池)产品生产成本明细账(表4-37和表4-39)编制完工产品成本汇总表,见表4-40。

表 4-39　产品生产成本明细账

产品批次：#113　　　　　产品名称：62.8kWh 电池　　　　　投产日期：2×24 年 1 月
批量：40 件　　　　　　　完工日期：2×24 年 1 月完工 4 件　　　单位：元

2×24 年		摘　要	直接材料	直接人工	制造费用	合　计
月	日					
1	31	材料分配计算表	36 000			36 000
1	31	职工薪酬费用分配表		19 500		19 500
1	31	制造费用分配表			1 700	1 700
1	31	本月生产费用合计	36 000	19 500	1 700	57 200
1	31	生产费用累计	36 000	19 500	1 700	57 200
1	31	完工转出(4 件)产成品成本	−3 520	−2 000	−880	−6 400
1	31	完工产品单位成本	880	500	220	1 600
1	31	月末在产品成本	32 480	17 500	820	50 800

表 4-40　完工产品成本汇总表

2×24 年 1 月　　　　　　　　　　　　　　　　　　　　　单位：元

成本项目		直接材料	直接人工	制造费用	合　计
#111(62.8kWh 电池)（产量 10 件）	总成本	60 600	34 000	5 200	99 800
	单位成本	6 060	3 400	520	9 980
#113(62.8kWh 电池)（产量 4 件）	总成本	3 520	2 000	880	6 400
	单位成本	880	500	220	1 600

编制以下会计分录。

借：库存商品——62.8kWh 电池　　　　　　　　　　　　　　99 800
　　　　　　——62.8kWh 电池　　　　　　　　　　　　　　6 400
　贷：生产成本——基本生产成本——111#批次(62.8kWh 电池)　99 800
　　　　　　　　　　　　　——113#批次(62.8kWh 电池)　6 400

需要说明的是，在本例中由于跨月陆续完工的产品较少，因此，月末对完工产品成本可以先采用定额成本、计划成本或最近时期相同产品的实际成本进行简易的计算和转出，待整批产品全部完工后，再重新计算完工产品的实际总成本和单位成本，但对已经转账的完工产品成本，不必再做账面调整；如果批内产品跨月陆续完工情况较多，则可选用约当产量法等适当的方法，将生产费用总额在完工产品和月末在产品之间进行分配，以提高成本计算的正确性，满足产品销售成本计算的需求。

微课：典型分批法计算产品成本

三、简化分批法

(一)简化分批法概述

1. 简化分批法的含义

简化分批法又称累计间接计入费用分批法,是指公司在采用分批法的情况下,对除直接材料费用外的各项间接计入费用,不是按月在各批产品之间进行分配,而是先将这些费用按成本项目分别累计起来,在基本生产成本二级账中反映,等到产品完工时,再将其在各批完工产品之间进行分配的方法。这种方法对于减少工作量,提高工作效率有较大的作用,故称为简化的分批法或不分批计算在产品成本的分批法。

2. 简化分批法的特点

与典型分批法相比,简化分批法有以下三个特点。

(1) 必须设立"基本生产成本二级账"。

(2) 累计间接计入费用不在在产品之间分配。

(3) 简化了完工产品与在产品之间费用的分配。但存在在产品的成本资料不完整,不利于对生产资金的管理和成本计算的准确性欠佳等缺点。

3. 简化分批法的适用条件

在小批、单件生产的公司或车间中,为保证成本计算结果的正确性,必须注意和满足两个条件:①投产批别较多,且月末未完工产品批别数也较多;②各月间接计入费用水平相差不大。

(二)简化分批法的成本计算程序

1. 按照产品批别设置产品生产成本明细账和基本生产成本二级账

按产品批别设置产品生产成本明细账(或称成本计算单),并分别按成本项目设置专栏或专行,平时账内仅登记直接计入费用(原材料费用)和生产工时;另外,还要按全部产品设立一个"基本生产成本二级账",归集反映公司投产的所有批次产品在生产过程中所发生的各项费用和累计生产工时。

2. 归集和分配生产费用及生产工时

(1) 根据某月初在产品成本及生产工时资料记入各批产品生产成本明细账和产品基本生产成本二级账。

(2) 根据本月原材料费用分配表及生产工时记录,将各批产品耗用的直接材料费用和耗用的生产工时分别记入各批产品生产成本明细账和产品"基本生产成本二级账"。

(3) 根据工资及其他费用(即间接计入费用)的分配表或汇总表将本月发生的工资及其他费用,不分批别地记入产品"基本生产成本二级账"。

(4) 根据月初在产品成本、生产工时记录与本月生产费用、生产工时记录确定本月末各项费用与生产工时累计数。

3. 计算产品成本

月末如果各批产品均未完工,则各项费用与生产工时累计数转至下月继续登记。如果本月有完工产品或某批全部完工或部分完工,或有几批完工,对完工产品应负担的直接材料费用,可根据产品生产成本明细账中的累计生产费用,采用适当的分配方法在完工产品和在产品之间进行分配;对完工产品应负担的间接计入费用(除直接材料以外的费用),则需要根据"基本生产成本二级账"的累计间接计入费用数与累计工时,按下述公式计算全部产品各项累计间接计入费用分配率,据以分配费用,计算完工产品成本。

某批完工产品应负担的间接费用＝该批完工产品累计生产工时×累计间接费用分配率

$$全部产品累计间接费用分配率 = \frac{全部产品累计间接费用}{全部产品累计工时数}$$

简化分批法成本核算程序简图如图 4-4 所示。

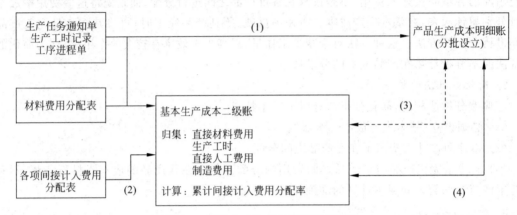

图 4-4　简化分批法成本核算程序简图

对图 4-4 简化分批法成本核算程序简图说明如下。

（1）根据生产任务通知单设立生产成本明细账和基本生产成本二级账；根据材料费用分配表和生产工时记录等将各批别耗用的材料费和耗用工时,直接计入各产品生产成本明细账和基本生产成本二级账。

（2）根据各项间接计入费用分配表,将人工费用和制造费用等计入基本生产成本二级账。

（3）月终,将基本生产成本二级账中的直接材料费用和生产工时与产品生产成本明细账中直接材料费用和生产工时核对。

（4）月终,如有完工产品,运用基本生产成本二级账中资料计算累计间接计入费用分配率,并据此分配间接计入费用并登记产品生产成本明细账。同时将各产品生产成本明细账中登记的间接费用分配额汇总后计入基本生产成本二级账。

（三）简化分批法成本计算应用举例

【课赛融通 4-3】　湖南启航电池有限公司因业务快速发展,2×23 年 12 月在合肥开设了一家分公司,为客户提供定制生产的服务。2×23 年 12 月接到客户大量订单,按订货单位要求小批量组织生产,由于各月投产的产品批别较多,且月末大量存在未完工产品,为了简化成本计算,采用简化分批法计算在产品成本。

（1）该公司 2×24 年 1 月的产品生产资料如下。

♯8801 批次：62.8kWh 电池 10 件,2×23 年 12 月投产,当月完工。

♯8802 批次：78.54kWh 电池 6 件,2×23 年 12 月投产,当月尚未完工。

♯8803 批次：62.8kWh 电池 5 件,2×23 年 12 月投产,当月尚未完工。

♯8804 批次：78.54kWh 电池 8 件,2×23 年 12 月投产,当月完工 5 件。

（2）该公司 2×24 年 1 月的月初在产品成本和本期生产费用以及实耗工时等资料见表 4-41。

表 4-41 月初在产品成本和本期生产费用以及实耗工时

单位：元

批次	产品名称	期初在产品				本月发生生产费用及工时			
		累计工时/小时	累计直接材料	累计直接人工	累计制造费用	工时/小时	直接材料	直接人工	制造费用
#8801	62.8kWh 电池	2 430	6 000			690	390		
#8802	78.54kWh 电池	900	3 600			1 230	525		
#8803	62.8kWh 电池	1 470	3 000			2 280	480		
#8804	78.54kWh 电池	600	7 200			1 080			
合计		5 400	19 800	9 750	7 260	5 280	1 395	3 066	4 488

各批原材料在投产时一次投入；月末在产品工时，按工时定额计算，其中#8804批次78.54kWh电池的月末在产品定额工时共计585小时。

要求：根据上述资料，使用简化分批法计算产品成本，并编制相关会计分录。

解析：第一步，设立基本生产成本二级账见表4-42。

表 4-42 基本生产成本二级账
（间接记入费用明细账）

单位：元

2×24年		摘 要	直接材料	工时/小时	直接人工	制造费用	合 计
月	日						
1	1	累计发生	19 800	5 400	9 750	7 260	36 810
1	31	本月发生	1 395	5 280	3 066	4 488	8 949
1	31	累计发生额	21 195	10 680	12 816	11 748	45 759
1	31	累计间接计入费用分配率			1.2	1.1	
1	31	本月完工产品成本转出	10 890	4 215	5 058	4 636.5	20 584.5
1	31	期末在产品成本	10 305	6 465	7 758	7 111.5	25 174.5

第二步，设立产品生产成本明细账，归集和分配生产费用及生产工时，见表4-43～表4-46。

表 4-43 产品生产成本明细账

产品名称：62.8kWh 电池　　订货单位：HL 单车有限公司　　批次：#8801
投产日期：2×23年12月　　批量：10 件　　完工日期：2×24年1月　　单位：元

2×24年		摘 要	直接材料	工时/小时	直接人工	制造费用	合 计
月	日						
1	1	累计发生额	6 000	2 430			
1	31	本月发生	390	690			
1	31	累计数及累计间接计入费用分配率	6 390	3 120	1.2	1.1	
1	31	本月完工产品转出	6 390	3 120	3 744	3 432	13 566
1	31	本批产品总成本	6 390		3 744	3 432	13 566
1	31	本批产品单位成本	639		374.4	343.2	1 356.6

表 4-44　产品生产成本明细账

产品名称：78.54kWh 电池　　　订货单位：QJ 单车有限公司　　　批次：#8802
投产日期：2×23 年 12 月　　　批量：6 件　　　完工日期：2×24 年 2 月　　　单位：元

2×24 年		摘　要	直接材料	工时/小时	直接人工	制造费用	合　计
月	日						
1	1	累计发生额	3 600	900			
1	31	本月发生	525	1 230			
1	31	累计发生数	4 125	2 130			

表 4-45　产品生产成本明细账

产品名称：62.8kWh 电池　　　订货单位：MT 单车有限公司　　　批次：#8803
投产日期：2×23 年 12 月　　　批量：5 件　　　完工日期：2×24 年 2 月　　　单位：元

2×24 年		摘　要	直接材料	工时/小时	直接人工	制造费用	合　计
月	日						
1	1	累计发生额	3 000	1 470			
1	31	本月发生	480	2 280			
1	31	累计发生数	3 480	3 750			

表 4-46　产品生产成本明细账

产品名称：78.54kWh 电池　　　订货单位：MB 单车有限公司　　　批次：#8804
投产日期：2×23 年 12 月　　批量：8 件　　完工日期：2×24 年 2 月(1 月完工：5 件)　　单位：元

2×24 年		摘　要	直接材料	工时/小时	直接人工	制造费用	合　计
月	日						
1	1	累计发生额	7 200	600			
1	31	本月发生		1 080			
1	31	累计数及累计间接计入费用分配率	7 200	1 680	1.2	1.1	
1	31	本月完工（5 台）产品转出	4 500	1 095	1 314	1 204.5	7 018.5
1	31	完工产品单位成本	900		262.8	240.9	1 403.7
1	31	期末在产品成本	2 700	585			

第三步，编制完工产品成本汇总表。

根据 62.8kWh 电池和 78.54kWh 电池成本明细账编制各批完工产品成本汇总表，见表 4-47。

表 4-47　各批完工产品成本汇总表

2×24 年 1 月　　　　　　　　　　　　　　　　　　　　　　　单位：元

成本项目		直接材料	直接人工	制造费用	合　计
#8801 批次 62.8kWh	总成本	6 390	3 744	3 432	13 566
电池（产量 10 件）	单位成本	639	374.4	343.2	1 356.6
#8804 批次 78.54kWh	总成本	4 500	1 314	1 204.5	7 018.5
电池（产量 5 件）	单位成本	900	262.8	240.9	1 403.7

编制以下会计分录如下。

借：库存商品——62.8kWh电池　　　　　　　　　　　　　　　　　　　13 566
　　　　　　——78.54kWh电池　　　　　　　　　　　　　　　　　　　7 018.5
　贷：生产成本——基本生产成本——♯8801批次（62.8kWh电池）　　　13 566
　　　　　　　　　　　　　　　——♯8804批次（78.54kWh电池）　　　7 018.5

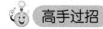

微课：简化分批法计算产品成本

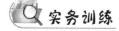

保持全球竞争力，跨国公司选择"在中国"

扫描右侧二维码阅读文章。

思考：党的二十大报告提出推进高水平对外开放，合理缩减外资准入负面清单，依法保护外商投资权益，营造市场化、法治化、国际化一流营商环境。在上述案例中，为什么跨国公司愿意在中国投资？

链接：保持全球竞争力，跨国公司选择"在中国"

实务训练

1. 湖南启航电池有限公司生产62.8kWh电池和78.54kWh电池两种产品，生产组织属于小批生产，采用分批法计算成本。

（1）12月生产的产品批次如下。

♯1001批次：62.8kWh电池10件，本月投产，本月完工6件。

♯1002批次：78.54kWh电池10件，本月投产，本月全部未完工。

♯1003批次：62.8kWh电池20件，上月投产，本月完工5件。

（2）♯1003批次月初在产品成本见表4-48。

表4-48　♯1003批次月初在产品成本　　　　　　　　　　　　　　　单位：元

成本项目	原材料	工资及福利费	制造费用
♯1003批次62.8kWh电池	1 200	1 060	2 040

（3）本月各批次生产费用见表4-49。

表4-49　本月各批次生产费用　　　　　　　　　　　　　　　　　　单位：元

成本项目	原材料	工资及福利费	制造费用
♯1001批次62.8kWh电池	3 360	2 350	2 800
♯1002批次78.54kWh电池	4 600	3 050	1 980
♯1003批次62.8kWh电池	2 680	2 450	3 020

♯1001批次62.8kWh电池完工数量较大,原材料在生产开始时一次投入。完工产品与在产品之间的费用分配采用约当产量比例法,在产品完工程度为50%。

♯1002批次78.54kWh电池由于全部未完工,本月生产费用全部是在产品成本。

♯1003批次62.8kWh电池完工数量少,完工产品按计划成本结转。每台产品计划单位成本:原材料190元,工资及福利费180元,制造费用250元。

要求:根据上述资料,采用典型分批法登记产品成本明细账(表4-50～表4-52),计算各批产品的完工产品成本和月末在产品成本。

表4-50　62.8kWh电池基本生产成本明细账(♯1001批)

产品批次:♯1001　　　　　　　　　　　　　　　　投产日期:12月
产品名称:62.8kWh电池　　　　批量:10台　　　　完工日期:本月完工6台

摘　要	直接材料	直接人工	制造费用	合　计
本月生产费用				
完工产品成本				
完工产品单位成本				
在产品成本				

表4-51　78.54kWh电池基本生产成本明细账(♯1002批)

产品批次:♯1002　　　　　　　　　　　　　　　　投产日期:12月
产品名称:78.54kWh电池　　　批量:10台　　　　完工日期:全部未完工

摘　要	直接材料	直接人工	制造费用	合　计
本月生产费用				
月末在产品成本				

表4-52　62.8kWh电池基本生产成本明细账(♯1003批)

产品批次:♯1003　　　　　　　　　　　　　　　　投产日期:8月
产品名称:62.8kWh电池　　　　批量:20台　　　　完工日期:12月完工5台

摘　要	直接材料	直接人工	制造费用	合　计
月初在产品成本				
本月生产费用				
费用合计				
完工产品成本				
单位成本(计划)				
月末在产品成本				

2. 湖南启航电池有限公司设有两个基本生产车间,第二基本生产车间小批生产62.8kWh电池和78.54kWh电池两种产品,采用简化分批法计算产品成本。

(1) 12月1日在产品2批次:♯311批次62.8kWh电池4件;♯312批次78.54kWh电池6件。月初在产品成本及工时资料见表4-53。

表4-53　月初在产品成品及工时

批号及产品名称	直接材料/元	生产工时/小时	投产日期
♯311批次62.8kWh电池	11 000	1 000	11月投产
♯312批次78.54kWh电池	12 000	3 000	11月投产

基本生产成本二级账月初在产品成本及工时记录为直接材料 23 000 元,直接人工 12 000 元,制造费用 9 000 元,生产工时 4 000 小时。

(2) 12 月发生下列经济业务。

① 材料费用。♯311 批次 62.8kWh 电池 20 000 元;♯312 批次 78.54kWh 电池为生产开始时一次性投料;♯313 批次 62.8kWh 电池(本月投产,批量 10 件)30 000 元;♯314 批次 78.54kWh 电池(本月投产,批量 5 件)1 000 元。基本生产车间一般耗用 8 000 元。

② 分配工资 18 000 元,其中基本生产车间生产工人工资 16 000 元,车间管理人员 2 000 元。

③ 按工资总额的 14% 计提职工福利费。

④ 基本生产车间折旧费用 2 000 元。

⑤ 以银行存款支付基本生产车间其他支出 9 000 元。

⑥ 结转基本生产车间制造费用。

⑦ 本月耗用工时 6 000 小时,其中:♯311 批次 62.8kWh 电池 1 000 小时,♯312 批次 78.54kWh 电池 1 500 小时,♯313 批次 62.8kWh 电池 3 000 小时,♯314 批次 78.54kWh 电池 500 小时。

⑧ 本月 ♯311 批次 62.8kWh 电池全部完工;♯312 批次 78.54kWh 电池完工 2 件,完工产品工时为 1 000 小时;♯313 批次 62.8kWh 电池和 ♯314 批次 78.54kWh 电池本月全部未完工。

要求:(1) 根据资料(1)开设基本生产二级账和各批产品成本明细账。

(2) 根据资料(2)编制记账凭证,并登记基本生产成本二级账和各批产品的基本生产明细账。

(3) 计算本月完工产品生产成本。

任务四 分步法的计算

分步法是一种逐步计算成本的方法,通过将整个生产或提供服务的过程分解为多个步骤,并逐步计算每个步骤的成本,最终得到总成本。这种方法使得成本计算更加系统化、明确化,能够更好地掌握和分析不同环节的成本情况,为决策提供参考依据。本任务中的技能点是初级会计职称《初级会计实务》科目考试中的技能考核点——产品成本计算的主要方法,也是业财税融合成本管控 1+X 证书的技能考核点——生产业务核算中产品成本计算方法应用。

项目活动一 分步法概述

湖南启航电池有限公司生产 62.8kWh 电池和 78.54kWh 电池两种产品。假设公司采用分步法进行成本核算。

思考:(1) 分步法的适用范围是什么?

(2) 分步法的特点有哪些?

(3) 分步法可以分为几类?

一、分步法的概念

产品成本计算分步法是以产品的生产步骤(分产品品种)作为成本计算对象,归集生产费用,计算产品成本的一种方法。根据成本管理对各生产步骤成本资料的不同要求和简化核算的要求,一般采用逐步结转和平行结转两种方法,称为逐步结转分步法和平行结转分步法。

二、分步法的特点

(1)成本计算对象是各个加工步骤的各种或各类产品。按每个加工步骤的各种或各类产品设置产品成本明细账。

需要注意的是,成本计算划分的步骤与实际的生产步骤不完全一致,它根据实际加工步骤结合管理要求加以确定。为简化核算,只对管理上有必要分步计算成本的生产步骤单独开设产品成本明细账,单独计算成本;管理上不要求单独计算成本的生产步骤,则可与其他生产步骤合并设立产品成本明细账,合并计算成本。

(2)成本计算期一般与产品的生产周期不相一致。在大量、大批多步骤生产中,由于生产过程较长,可以间断,而且往往是跨月陆续完工,因此,成本计算一般都是按月、定期地进行,而与产品的生产周期不相一致。

(3)费用在完工产品和在产品之间分配。由于大量、大批多步骤生产的产品往往都是跨月陆续完工,月末一般都存在未完工的在产品。因此,在计算成本时,还需要采用适当的分配方法,将汇集在各种产品、各生产步骤产品成本明细账的生产费用,在完工产品与在产品之间进行分配。计算完工产品成本和在产品成本。

(4)各步骤之间成本结转。由于产品生产是分步进行的,上一步骤生产的半成品是下一步骤的加工对象。因此,为了计算各种产品的产成品成本,还需要按照产品品种,结转各步骤成本。

三、分步法的适用范围

分步法主要适用于大量、大批的多步骤生产,并且管理上要求分步骤计算产品成本的公司。在这些公司中,生产过程由若干个可以间断的生产步骤组成,每个生产步骤除生产出半成品(最后一个步骤是产成品)外,还有一些加工中的在产品。已生产出的这些半成品,可能用于下一步骤继续进行加工或装配,也可能销售给外单位使用。为了适应这一生产特点,不仅要按照产品品种,而且要求按生产步骤计算产品成本,以满足公司计算损益和实行成本分级管理的需要。

四、分步法的分类

按各步骤生产费用结转方式的不同,分步法分为逐步结转分步法和平行结转分步法。采用逐步结转分步法,按结转的半成品在下一步骤产品成本明细账中的反映方法分为综合结转分步法和分项结转分步法。

项目活动二　逐步结转分步法

湖南启航电池有限公司生产 62.8kWh 电池和 78.54kWh 电池两种产品。假设公司采用

逐步结转分步法进行成本核算。

思考：（1）逐步结转分步法的适用范围是什么？

（2）逐步结转分步法的特点有哪些？

（3）逐步结转分步法可以分为几类？

（4）综合结转分步法为什么要进行成本还原？

一、逐步结转分步法的特点和适用范围

1. 逐步结转分步法概述

逐步结转分步法，也称顺序结转分步法，它是按照产品连续加工的先后顺序，根据生产步骤所汇集的成本、费用和产量记录，计量自制半成品成本，自制半成品成本随着半成品在各加工步骤之间移动而顺序结转的一种方法。

2. 逐步结转分步法的特点

（1）成本计算对象是最终完工产品和各步骤的半成品。

（2）成本计算期是每月的会计报告期。

连续式复杂生产下必然进行大批量生产，无法划分生产周期，只能以每月作为成本计算期。

（3）必须分步骤确定在产品成本，计算半成品成本和最终完工产品成本。

（4）是否进行成本还原，要依成本结转时采用的具体方法确定。

3. 逐步结转分步法的适用范围

逐步结转分步法主要适用于半成品可以加工为不同产品或者有半成品对外销售和需要考核半成品成本的公司，特别是大量大批连续式多步骤生产公司。具体来说有下列公司。

（1）半成品可对外销售或半成品虽不对外销售但须进行比较考核的公司。如纺织公司的棉纱、坯布，冶金公司的生铁、钢锭、铝锭，化肥公司的合成氨等半成品都属于这种情况。

（2）一种半成品同时转作几种产成品原料的公司。如生产钢铸件、铜铸件的机械公司，生产纸浆的造纸公司。

（3）实行承包经营责任制的公司。对外承包必然在内部也要承包或逐级考核，需要计算各步骤的半成品成本。

二、逐步结转分步法的计算程序

逐步结转分步法就是为了分步计算半成品成本而采用的一种分步法，又称计算半成品成本的分步法。在这种方法下，各步骤完工转出的半成品成本，应从各该步骤的产品成本明细账中转出；各步骤领用的半成品成本，构成各该步骤的一项费用（即半成品费用），应记入各该步骤的产品成本明细账中。若半成品完工后，不通过半成品库收发，而为下一步骤直接领用，半成品成本就在各步骤的产品成本明细账中间直接结转，不必编制结转半成品成本的分录；若半成品完工后，要通过半成品库收发，则应编制结转半成品成本的会计分录，在验收入库时，借记"自制半成品"科目，贷记"生产成本——基本生产成本"科目，在下一工序领用时，再编制相反的会计分录。

（1）开设生产成本明细账。按产品所经过的生产步骤开设生产成本明细账，归集生产费用。

（2）计算第一步骤半成品成本。采用一定方法在完工产品和期末在产品之间分配生产费用，将本步骤完工半成品转入下一步骤或转入半成品明细账。

（3）计算第二步骤半成品成本。将上一步骤或半成品库转来的半成品成本，加上本步骤生产费用在本步骤完工半成品及在产品之间分配，直至计算出最后完工产品成本。

逐步结转分步法的一般程序如图 4-5 所示。

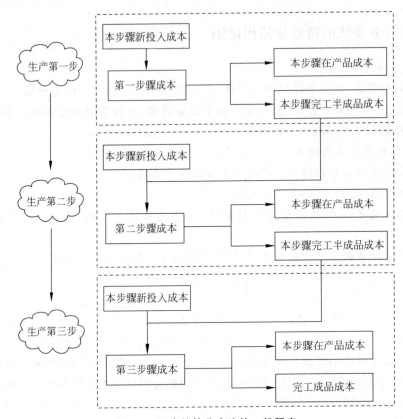

图 4-5　逐步结转分步法的一般程序

可见，逐步结转分步法实际上是品种发动多次连续应用，即在采用品种法计算上一步的半成品成本后，按照下一步的耗用数量转入下一步成本，下一步再采用品种法归集所耗半成品的费用和本步骤其他费用，计算其半成品成本，如此逐步结转，直至最后一个步骤计算出产成品成本。

三、半成品成本结转的方式

采用逐步结转分步法，按照半成品成本在下一步骤成本计算中的反映方法不同可分为综合结转和分项结转两种方法。

（一）综合结转分步法

1. 综合结转分步法概述

综合结转分步法区别于分项结转分步法的不同点在于将各步骤所耗用的半成品成本，综合记入各该步骤产品成本明细账的"原材料""直接材料"或专设的"半成品"成本项目中，它没有反映出各步骤所耗用的半成品成本中的"料、工、费"等具体成本构成。半成品成本的综合结转可以按实际成本结转,也可按计划成本结转(半成品计划成本的结转与原材料计划成本相似)。在这里着重讲解实际成本综合结转分步法。

在实际成本综合结转分步法下,各步骤所耗上一步骤的半成品费用,应以所耗半成品的数量乘以半成品的实际单位成本计算。由于各月所产半成品的单位成本不同,因而对半成品的领用要采用先进先出法或加权平均等方法计算。为了成本计算的及时性,在月初余额较大且本月所耗半成品大部分或全部是以前月份所生产的情况下,本月所耗半成品费用可按上月末的加权平均单位成本计算。

2. 综合结转分步法应用举例

【课赛融通 4-4】 湖南启航电池有限公司 2×23 年 12 月生产 78.54kWh 电池,该产品顺序经过前段工序、中段工序、后段工序加工完成,前段工序投入原材料后生产 A 半成品,交中段工序生产 B 半成品,再交后段工序加工成 78.54kWh 电池,原材料在前段工序开始生产时一次投入,各工序的加工程度逐步发生,各工序月末在产品的完工程度均为 50%,该公司采用综合结转分步法计算产品成本,自制半成品通过半成品库收发,发出自制半成品的计价采用加权平均法。有关产量、成本计算资料如下。

(1) 产量资料见表 4-54。

表 4-54 各工序产量记录　　　　　　　　　　　　　　　单位:件

项　目	月初在产品	本月投入	本月完工	月末在产品
前段工序	50	300	240	110
中段工序	30	250	200	80
后段工序	80	190	250	20

(2) 期初在产品成本见表 4-55。

表 4-55 期初在产品成本　　　　　　　　　　　　　　　单位:元

项　目	直接材料	自制半成品	直接人工	制造费用	合　计
前段工序	3 500		690	1 400	5 590
中段工序		4 190	430	1 380	6 000
后段工序		18 250	7 100	3 950	29 300
合　计	3 500	22 440	8 220	6 730	40 890

(3) 期初库存:A 半成品月初库存 60 件,实际成本 8 700 元,B 半成品月初无库存。

(4) 本月生产费用见表 4-56。

表 4-56 本月生产费用　　　　　　　　　　　　　　　单位:元

项　目	直接材料	直接人工	制造费用	合　计
前段工序	28 000	5 800	9 810	43 610
中段工序		10 850	10 620	21 470
后段工序		21 500	19 450	40 950
合　计	28 000	38 150	39 880	106 030

要求：根据以上资料，采用综合结转分步法计算产品成本。

解析：按产品所经过的生产工序开设生产成本明细账，归集生产费用，并编制产品成本计算单，见表 4-57～表 4-61。

表 4-57　前段工序基本生产成本明细账

车间名称：前段工序　　　　　　　　　　　　　　　　　　　　　　完工产量：240 件
产品名称：A 半成品　　　　　　　2×23 年 12 月　　　　　　　　　单位：元

项目	直接材料	直接人工	制造费用	合计
月初在产品成本	3 500	690	1 400	5 590
本月生产费用	28 000	5 800	9 810	43 610
合计	31 500	6 490	11 210	49 200
单位产品成本	90	22	38	150
完工半成品成本	21 600	5 280	9 120	36 000
月末在产品成本	9 900	1 210	2 090	13 200

编制以下会计分录。

借：自制半成品——A 半成品　　　　　　　　　　　　　　　36 000
　　贷：生产成本——基本生产成本——A 半成品　　　　　　　　36 000

表 4-58　半成品明细分类账

名称：A 半成品

摘要	收入			发出			结存		
	数量/件	单价/元	金额/元	数量/件	单价/元	金额/元	数量/件	单价/元	金额/元
期初余额							60	145	8 700
二车间交库	240	150	36 000						
二车间领用				250	149	37 250	50	149	7 450

表 4-59　中段工序基本生产成本明细账

车间名称：中段工序　　　　　　　　　　　　　　　　　　　　　　完工产量：200 件
产品名称：B 半成品　　　　　　　2×23 年 12 月　　　　　　　　　单位：元

项目	自制半成品	直接人工	制造费用	合计
月初在产品成本	4 190	430	1 380	6 000
本月生产费用	37 250	10 850	10 620	58 720
合计	41 440	11 280	12 000	64 720
单位产品成本	148	47	50	245
完工半成品成本	29 600	9 400	10 000	49 000
月末在产品成本	11 840	1 880	2 000	15 720

编制以下会计分录。

借：自制半成品——B 半成品　　　　　　　　　　　　　　　49 000
　　贷：生产成本——基本生产成本——B 半成品　　　　　　　　49 000

表 4-60 半成品明细分类账

名称：B 半成品

摘 要	收 入			发 出			结 存		
	数量/件	单价/元	金额/元	数量/件	单价/元	金额/元	数量/件	单价/元	金额/元
期初余额									
交库	200	245	49 000						
二车间领用				190	245	46 550	10	245	2 450

表 4-61 后段工序基本生产成本明细账

产品名称：78.54kWh 电池　　　　2×23 年 12 月　　　　　　　　　　单位：元

项 目	自制半成品	直接人工	制造费用	合 计
月初在产品成本	18 250	7 100	3 950	29 300
本月生产费用	46 550	21 500	19 450	87 500
合计	64 800	28 600	23 400	116 800
单位产品成本	240	110	90	440
完工半成品成本	60 000	27 500	22 500	110 000
月末在产品成本	4 800	1 100	900	6 800

编制以下会计分录。

借：库存商品——78.54kWh 电池　　　　　　　　　　　　　　　110 000

　　贷：生产成本——基本生产成本——B 半成品　　　　　　　　　　110 000

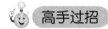

微课：综合结转分步法计算产品成本

实务训练

湖南启航电池有限公司是一家电池制造企业，生产销售 62.8kWh 电池。生产过程分为两个步骤：第一步骤产出的半成品直接转入第二步骤继续加工，每件半成品加工成一件产成品。产品成本计算采用逐步综合结转分步法，月末完工产品和在产品之间采用约当产量法（加权平均法）分配生产成本。

第一步骤耗用的原材料在生产开工时一次投入，其他成本费用陆续发生；第二步骤除耗用第一步骤半成品外，还需要追加其他材料，追加材料及其他成本费用陆续发生；第一步骤和第二步骤月末在产品完工程度均为本步骤的 50%。

2×23 年 12 月的成本核算资料如下。

(1) 月初在产品成本，见表 4-62。

(2) 本月生产量，见表 4-63。

(3) 本月发生的生产费用，见表 4-64。

表 4-62 月初在产品成本   单位：元

项　目	半成品	直接材料	直接人工	制造费用	合　计
第一步骤		3 750	2 800	4 550	11 100
第二步骤	6 000	1 800	780	2 300	10 880

表 4-63 本月生产量   单位：件

项　目	月初在产品数量	本月投产数量	本月完工数量	月末在产品数量
第一步骤	60	270	280	50
第二步骤	20	280	270	30

表 4-64 本月发生的生产费用   单位：元

项　目	直接材料	直接人工	制造费用	合　计
第一步骤	16 050	24 650	41 200	81 900
第二步骤	40 950	20 595	61 825	123 370

要求：编制第一步骤、第二步骤成本计算单，结果填入表 4-65 和表 4-66，不用列出计算过程。

表 4-65 第一步骤成本计算单
2×23 年 12 月   单位：元

项　目	直接材料	直接人工	制造费用	合　计
月初在产品成本				
本月生产费用				
合计				
分配率				
完工半成品转出				
月末在产品				

表 4-66 第二步骤成本计算单
2×23 年 12 月   单位：元

项　目	半成品	直接材料	直接人工	制造费用	合　计
月初在产品成本					
本月生产费用					
合计					
分配率					
完工产成品转出					
月末在产品					

（二）综合结转分步法的成本还原

在综合结转分步法下，各步骤所耗半成品的成本是以"半成品"或"原材料"项目综合反映的，这样计算出来的产成品成本，不能提供按原始成本项目反映的成本资料，而且成本的构成比例不符合真实的成本结构，导致不能从整个公司的角度来考核和分析产品成本的结构和水平。因为下一步骤领用的半成品，在下一步骤是作为"原材料"项目计入成本的，而这一"原材料"(即上步骤生产的半成品)中包括上步骤生产时所耗的加工费用,因而它不是"纯粹"的"原材料",这样就使得产成品中的"原材料"项目偏多,加工费用偏少。

为了解决综合结转分步法中上述的问题,使产成品成本结构符合真实情况,满足成本管理的需要,就需要将产成品成本还原为按原始成本项目所反映的成本。

如果各步骤所耗的半成品费用,恰好是上一步骤生产出的半成品成本,则其还原方法很简单:只要将各步骤所耗的半成品费用略去不计,只将各步骤的原材料费用、人工费和制造费用分别汇总即可。但在实际工作中,这种情况不多。

如果上一步骤所生产的半成品数量与下一步骤所耗半成品的数量不相等时,就需要采用专门的方法进行专门的还原。其具体做法是从最后一个步骤起,把各步骤所耗上一步骤半成品的综合成本,按本月所产各该半成品的成本结构进行逐步分解,还原成原材料、人工费和制造费用等原始成本项目,从而求得按原始成本项目反映的产品成本资料。具体计算公式为

$$成本还原分配率 = \frac{本月产成品所耗上一步骤半成品成本合计}{本月上一步骤所产的半成品成本合计}$$

$$\begin{matrix}应还原为上步骤\\某成本项目金额\end{matrix} = \begin{matrix}上一步骤生产的\\半成品某成本项目的成本\end{matrix} \times 成本还原分配率$$

如果某产品加工经过 N 个生产步骤,成本还原必须向前进行 $(N-1)$ 次,直到最初生产步骤,才能将产品成本中的"自制半成品"成本还原为原始成本项目。

【课赛融通 4-5】 承综合结转分步法课赛融通 4-4 题目的有关资料,对 78.54kWh 电池成本进行还原,还原计算表见表 4-67。

表 4-67 产成品成本还原计算表　　　　　　　　　　　　单位:元

行次	项目	产量/件	还原分配率	半成品	直接材料	直接人工	制造费用	合计
1	还原前产成品成本	250		60 000		27 500	22 500	110 000
2	第二步骤半成品成本			29 600		9 400	10 000	49 000
3	第一次成本还原		1.224 5	36 245.2		11 510.3	12 244.5	60 000
4	第一步骤半成品成本				21 600	5 280	9 120	36 000
5	第二次成本还原		1.006 8		21 746.88	5 315.9	9 182.42	36 245.2
6	还原后产成品总成本				21 746.88	44 326.2	43 926.92	110 000
7	还原后产成品单位成本	250			86.99	177.3	175.71	440

采用综合结转分步法逐步结转半成品成本(最后一步为产成品成本),便于分析和考核各步骤所耗半成品费用水平,以利于加强内部成本控制,努力降低成本。但还原工作量较大。因此,一般适用于管理上既要求单独计算各步骤所耗半成品费用又要求成本还原的情况。

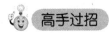

微课:综合结转分步法成本还原

实务训练

沿用综合结转分步法的实务训练的资料。

要求：编制产成品成本还原计算表，见表 4-68。

表 4-68 产成品成本还原计算表

2×23 年 12 月   单元：元

项 目	半成品	直接材料	直接人工	制造费用	合 计
还原前产成品成本					
本月所产半成品成本					
成本还原					
还原后产成品成本					
还原后产成品单位成本					

（三）分项结转分步法

1. 分项结转分步法的概念

分项结转分步法与综合结转分步法相比，不同之处在于：分项结转分步法是将各生产步骤所耗半成品费用，按各成本项目分项转入各该步骤产品成本明细账的对应成本项目中；而综合结转分步法则将各生产步骤所耗用半成品成本，以一个合计数综合（不分料、工、费各项目）记入各该步骤产品成本明细账的"原材料"或"半成品"项目中。在分项结转分步法下，正因为它是分各原始成本项目结转，所以能在成本明细账中分项目反映，故不需进行成本还原，节省了工作量。如果半成品通过半成品库收发，则在自制半成品明细账中也要按成本项目分别登记。

分项结转，可以按照半成品的计划单位成本结转，再按成本项目分项调整成本差异，但这种方法工作量较大；也可按半成品的实际单位成本结转，在实际工作中一般采用它。

2. 分项结转分步法的优缺点

分项结转分步法的优缺点同综合结转分步法刚好相反，采用这种方法，可以直接、正确地反映公司产品成本的各项原始成本项目数额，便于从整个公司考核和分析产品成本，不需要进行成本还原。但是这一方法的成本结转比较复杂，而且在各步骤看不出所耗上一步骤半成品费用的多少，本步骤加工费用是多少，不便于对各步骤的半成品成本进行分析。

3. 分项结转分步法的计算应用举例

【课赛融通 4-6】湖南启航电池有限公司大量生产 78.54kWh 电池，该电池的生产需要经过前段工序、中段工序和后段工序加工完成，其生产过程是原材料在前段工序一次性投入，并将原材料加工成 A 半成品；中段工序将 A 半成品加工成 B 半成品；后段工序将 B 半成品加工成 78.54kWh 电池，假设该公司采用分项结转分步法计算 78.54kWh 电池的成本。

2×23 年 12 月各车间的产量记录和成本资料见表 4-69 和表 4-70。

表 4-69 产量记录

项 目	计量单位	前段工序	中段工序	后段工序
月初在产品	件	60	160	140
本月投产	件	1 040	980	1 020
本月完工	件	980	1 020	1 060

续表

项　　目	计量单位	前段工序	中段工序	后段工序
月末在产品	件	120	120	100
完工程度		60%	50%	40%

表 4-70　成本资料　　　　　　　　　　　　　　　　　单位：元

成本项目		直接材料	直接人工	制造费用	合　计
前段工序	月初在产品成本	11 160	1 440	1 700	14 300
	本月发生费用	148 340	23 808	24 600	196 748
中段工序	月初在产品成本	15 080	7 400	9 760	32 240
	本月发生费用		46 600	85 280	131 880
后段工序	月初在产品成本	12 040	5 600	7 000	24 640
	本月发生费用		24 100	24 900	49 000

湖南启航电池有限公司本月发生的生产费用已经归集在各车间基本生产成本明细账上。

要求：根据上述资料登记相关明细账，计算78.54kWh电池的成本。

解析：第一步，计算前段工序单位产品成本，见表4-71。

表 4-71　前段工序基本生产成本明细账

车间名称：前段工序　　　　　　　　　　　　　　　　　完工产量：980件

产品名称：A半成品　　　　　2×23年12月　　　　　　　单位：元

项　　目	直接材料	直接人工	制造费用	合　计
月初在产品成本	11 160	1 440	1 700	14 300
本月生产费用	148 340	23 808	24 600	196 748
合计	159 500	25 248	26 300	211 048
单位产品成本	145	24	25	194
完工半成品成本	142 100	23 520	24 500	190 120
月末在产品成本	17 400	1 728	1 800	20 928

第二步，计算中段工序单位产品成本，见表4-72。

表 4-72　中段工序基本生产成本明细账

车间名称：中段工序　　　　　　　　　　　　　　　　　完工产量：1 020件

产品名称：B半成品　　　　　2×23年12月　　　　　　　单位：元

项　　目	直接材料	直接人工	制造费用	合　计
月初在产品成本	15 080	7 400	9 760	32 240
上步骤转入费用	142 100	23 520	24 500	190 120
本月生产费用		46 600	85 280	131 880
合计	157 180	77 520	119 540	354 240
单位产品成本	137.88	71.78	110.69	320.34
完工半成品成本	140 634.74	73 213.33	112 898.89	326 746.96
月末在产品成本	16 545.26	4 306.67	6 641.11	27 493.04

第三步，计算后段工序单位产品成本，见表4-73。

表 4-73 后段工序基本生产成本明细账

车间名称：后段工序　　　　　　　　　　　　　　　　　完工产量：1 060 件
产品名称：78.54kWh 电池　　　2×23 年 12 月　　　　单位：元

项 目	直接材料	直接人工	制造费用	合 计
月初在产品成本	12 040	5 600	7 000	24 640
上步骤转入费用	140 637.6	73 215.6	112 903.8	326 757
本月生产费用		24 100	24 900	49 000
合计	152 677.6	102 915.6	144 803.8	400 397
单位产品成本	131.62	93.56	131.64	356.81
完工半成品成本	139 513.12	99 171.03	139 533.47	378 217.63
月末在产品成本	13 161.62	3 742.30	5 265.41	22 169.33

微课：分项结转分步法计算产品成本

项目活动三　平行结转分步法

　　湖南启航电池有限公司生产 62.8kWh 电池和 78.54kWh 电池两种产品。假设公司采用平行结转分步法进行成本核算。
　　思考：(1) 平行结转分步法的适用范围是什么？
　　(2) 平行结转分步法的特点有哪些？
　　(3) 平行结转分步法的计算流程是什么？

一、平行结转分步法概述

　　1. 平行结转分步法的概念
　　平行结转分步法在计算各步骤成本时，不计算各步骤所产半成品成本，也不计算各步骤所耗上一步骤的半成品成本，而只计算本步骤发生的各项其他费用，以及这些费用中应计入产成品成本的份额，将相同产品的各步骤成本明细账中的这些份额平行结转、汇总，即可计算出该种产品的产成品成本。
　　2. 平行结转分步法的特点
　　在一些大量大批多步骤生产的企业中，各步骤生产出来的半成品供本企业下一步骤加工，很少或根本不出售，故可能不需要计算各步骤完工半成品成本，只要求出各步骤生产费用中应计入产成品的份额，再将各步骤中应计入产成品成本的份额平行相加，求得产成品总成本即可。这样便可不需逐步结转半成品成本，加速成本计算，同时还可提供按原始成本项目反映的产品成本资料，不需成本还原。但是它不能提供各步骤的半成品成本资料，而且半成品成本不随半成品实物的转移而结转，而是直到最后加工成产品，才将其成本从各步骤成本明细账中转出来,这就不便于各步骤对生产资金的管理。

二、平行结转分步法的计算程序

(1) 开设生产成本明细账。按产品生产步骤和产品品种开设生产成本明细账,各步骤成本明细账按成本项目归集本步骤发生的生产费用(不包括耗用上一步骤半成品的成本)。

(2) 分配生产费用。月终,将各步骤归集的生产费用在产成品与广义在产品之间进行分配,计算各步骤应计入产成品成本的费用份额。

(3) 计算在产品成本。将各步骤生产费用总额减去本步骤应计入产成品成本的费用份额,即为本步骤期末在产品成本。计算公式为

$$某步骤月末在产品成本 = 该步骤月初在产品费用 + 该步骤本月生产费用 - 该步骤应计入产成品成本的份额$$

(4) 计算完工产品单位成本。将各步骤应计入产成品成本的费用份额平行相加汇总后,就得到产成品总成本,除以已完工产品数量,即为单位成本。

平行结转分步法成本计算流程如图 4-6 所示。

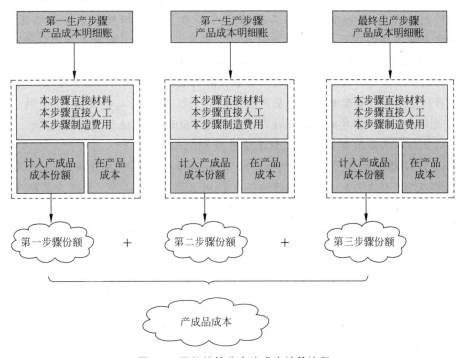

图 4-6　平行结转分步法成本计算流程

三、各步骤应计入产成品成本的"份额"计算

平行结转分步法的关键在于合理计算各步骤应计入产成品成本中的"份额"。各步骤应计入产成品的份额按下列公式计算:

$$某步骤计入产成品成本份额 = 产成品数量 \times \frac{单位产成品耗用}{该步骤半成品数量} \times 该步骤半成品单位成本$$

其中该步骤半成品单位成本,要分成本项目进行确定,计算时可采用约当产量法或定额比例法求得。

约当产量法下的计算公式：

某步骤某项费用应计入产品成本单位费用的分配率 = $\dfrac{\text{该步骤该项费用期初在产品成本}+\text{本步骤该项费用本期发生额}}{\text{产成品数量}+\text{该步骤期末广义在产品约当产量}}$

定额比例法下的计算公式：

某步骤某项费用的分配率 = $\dfrac{\text{该步骤该项费用期初在产品成本}+\text{本步骤该项费用本期发生额}}{\text{产成品定额消耗量（工时）或定额费用}+\text{月末广义在产品定额消耗量（工时）或定额费用}}$

由上可以看出，平行结转分步法的计算关键在于采用一定的纵向分配方法将每一步骤的生产费用中属于产成品成本的"份额"求出来，再将各"份额"平行汇总即得产成品成本。

四、平行结转分步法的计算举例

【课证融通 4-1】 湖南启航电池有限公司大量生产 78.54kWh 电池，采用平行结转分步法核算产品成本。该电池的生产需要经过三道工序加工完成，原材料在前段工序生产开始时一次投入（即中段工序、后段工序不发生原材料费用），月末时前段工序的在产品为 80 件（相对于本步骤的完工程度为 60%）；中段工序的在产品为 50 件（相对于本步骤的完工程度为 40%），每件中段工序的在产品耗用 2 件前段工序的完工半成品；后段工序的在产品为 20 件（相对于本步骤的完工程度为 50%），每件后段工序的在产品耗用 3 件中段工序的完工半成品。本月完工产成品 200 件。完工产成品和在产品的成本费用采用约当产量法进行分配。

本月第一道工序待分配的原材料费用为 150 000 元、直接人工费用为 7 340 元、制造费用为 14 680 元；第二道工序待分配的直接人工费用为 6 800 元、制造费用为 3 400 元；第三道工序待分配的直接人工费用为 1 050 元、制造费用为 840 元。

要求：(1) 计算前段工序月末分配原材料费用、直接人工费用、制造费用时，广义在产品的约当产量，以及 200 件本月完工产成品的约当产量，并且计算前段工序的费用分配转入 200 件本月完工产成品的成本合计数。

(2) 计算中段工序月末分配直接人工费用、制造费用时，广义在产品的约当产量，以及 200 件本月完工产成品的约当产量，并且计算中段工序的费用分配转入 200 件本月完工产成品的成本合计数。

(3) 计算后段工序的费用分配转入 200 件本月完工产成品的成本合计数。

(4) 计算 200 件本月完工产成品的总成本和单位成本。

解析：(1) 200 件本月完工产成品的约当（前段工序）产量 = 200×2×3 = 1 200（件）

分配原材料费用时：

前段工序的广义在产品的约当（前段工序）产量 = 80×100% + 50×2 + 20×2×3
= 300（件）

分配转入 200 件本月完工产成品的原材料费用 = 1 200×150 000÷(300+1 200)
= 120 000（元）

分配直接人工和制造费用时：

前段工序的广义在产品的约当（前段工序）产量 = 80×60% + 50×2 + 20×2×3
= 268（件）

分配转入 200 件本月完工产成品的直接人工费用 = 1 200×7 340÷(268+1 200)
= 6 000（元）

分配转入 200 件本月完工产成品的制造费用＝1 200×14 680÷(268+1 200)
＝12 000(元)
前段工序的费用分配转入 200 件本月完工产成品的成本合计数＝120 000+6 000+12 000
＝138 000(元)

(2) 中段工序的广义在产品的约当(中段工序)产量＝50×40%＋20×3＝80(件)
200 件本月完工产成品的约当(中段工序)产量＝200×3＝600(件)
分配转入 200 件本月完工产成品的直接人工费用＝600×6 800÷(80+600)＝6 000(元)
分配转入 200 件本月完工产成品的制造费用＝600×3 400÷(80+600)＝3 000(元)
中段工序的费用分配转入 200 件本月完工产成品的成本合计数＝6 000+3 000＝9 000(元)

(3) 后段工序的在产品的约当产量＝20×50%＝10(件)
分配转入 200 件本月完工产成品的直接人工费用＝200×1 050÷(10+200)＝1 000(元)
分配转入 200 件本月完工产成品的制造费用＝200×840÷(10+200)＝800(元)
中段工序的费用分配转入 200 件本月完工产成品的成本合计数＝1 000+800＝1 800(元)

(4) 200 件本月完工产成品的总成本＝138 000+9 000+1 800＝148 800(元)
200 件本月完工产成品的单位成本＝148 800÷200＝744(元)

五、平行结转分步法的优缺点

1. 优点

平行结转分步法与逐步结转分步法相比较，具有以下优点。

(1) 采用这一方法，各步骤可以同时计算产品成本，然后将应计入完工产品成本的份额平行结转、汇总计入产成品成本，不必逐步结转半成品成本，从而可以简化和加速成本计算工作。

(2) 采用这一方法，一般是按成本项目平行结转、汇总各步骤成本中应计入产成品成本的份额，因而能够直接提供按原始成本项目反映的产成品成本资料，不必进行成本还原，省去了大量烦琐的计算工作。

2. 缺点

由于采用这一方法各步骤不计算，也不结转半成品成本，因而存在以下缺点。

(1) 不能提供各步骤半成品成本资料及各步骤所耗上一步骤半成品费用资料，因而不能全面地反映各步骤生产耗费的水平，不利于各步骤的成本管理。

(2) 由于各步骤间不结转半成品成本，使半成品实物转移与费用结转脱节，因而，不易分清各步骤的经济责任。

(3) 各步骤的生产成本明细账中所记录的在产品成本为广义在产品的成本，因而不利于在产品的实物和资金管理。

实务训练

湖南启航电池有限公司产销62.8kWh电池，有两个基本生产车间，第一车间半成品直接转入第二车间，第二车间继续加工成产成品，每生产1件产成品耗用2件半成品。第一车间原材料随加工进度陆续投入，投料进度与加工进度一致，加工费用陆续均匀发生。第二车间耗用的半成品与其他材料均在生产开始时一次投入，加工费用陆续均匀发生。第一车间和第二车间留存的月末在产品相对于本车间的完工进度均为50%。公司采用平行结转分步法计算产品成本，采用约当产量法(加权平均法)在产成品与月末在产品之间分配生产费用。

湖南启航电池有限公司设有机修、供电辅助生产车间，分别为第一、第二基本生产车间提供机修和电力服务,辅助生产车间之间也相互提供服务。公司采用交互分配法分配辅助生产费用。

湖南启航电池有限公司 2×23 年 12 月成本资料如下。

(1) 本月产量,见表 4-74。

表 4-74　本月产量　　　　　　　　　　　　　　　　单位:件

生产车间	月初在产品	本月投入	本月完工	月末在产品
第一车间	10	190	180	20
第二车间	25	90	100	15

(2) 月初在产品成本,见表 4-75。

表 4-75　月初在产品成本　　　　　　　　　　　　　单位:元

生产车间	直接材料	加工成本	合计
第一车间	10 000	50 000	60 000
第二车间	27 000	75 000	102 000

(3) 基本生产车间本月生产费用,见表 4-76。

表 4-76　基本生产车间本月生产费用　　　　　　　单位:元

生产车间	直接材料	加工成本	合计
第一车间	350 000	392 425	742 425
第二车间	88 000	335 575	423 575

(4) 机修车间本月生产费用 9 000 元,提供维修服务 100 小时;供电车间本月生产费用 48 000 元,提供电力 80 000 度。各部门耗用辅助生产车间产品或服务的数据见表 4-77。

表 4-77　各部门耗用辅助生产车间产品或服务

耗用部门		机修车间/小时	供电车间/度
辅助生产车间	机修车间	—	5 000
	供电车间	20	—
基本生产车间	第一车间	50	50 000
	第二车间	30	25 000
合计		100	80 000

要求:(1) 编制辅助生产费用分配表,结果填入表 4-78 中,不用列出计算过程(分配率保留 3 位小数)。

表 4-78　辅助生产费用分配表
2×23 年 12 月

项目		机修车间			供电车间		
		耗用量/小时	单位成本/元	分配金额/元	耗用量/小时	单位成本/元	分配金额/元
待分配费用							
交互分配	机修车间	—	—				
	供电车间				—	—	
对外分配费用							

续表

项　目		机修车间			供电车间		
		耗用量/小时	单位成本/元	分配金额/元	耗用量/小时	单位成本/元	分配金额/元
对外分配	第一车间						
	第二车间						
	合计						

（2）编制第一车间产品成本计算单，结果填入表 4-79 中，不用列出计算过程。

表 4-79　第一车间产品成本计算单

2×23 年 12 月　　　　　　　　　　　　　　　　单位：元

项　目	产成品产量/件	直接材料	加工成本	合　计
月初在产品	—			
本月生产费用	—			
合计	—			
产成品中本步骤份额				
月末在产品	—			

（3）编制第二车间产品成本计算单，结果填入表 4-80 中，不用列出计算过程。

表 4-80　第二车间产品成本计算单

2×23 年 12 月　　　　　　　　　　　　　　　　单位：元

项　目	产成品产量/件	直接材料	加工成本	合　计
月初在产品	—			
本月生产费用	—			
合计	—			
产成品中本步骤份额				
月末在产品	—			

（4）编制产品成本汇总表，结果填入表 4-81 中，不用列出计算过程。

表 4-81　产品成本汇总表

2×23 年 12 月　　　　　　　　　　　　　　　　单位：元

生产车间	产成品产量/件	直接材料	加工成本	合　计
第一车间	—			
第二车间	—			
总成本				
单位成本/（元/件）	—			

成本管理理念

从"油改电"看新能源市场"新蓝海"

扫描右侧二维码阅读文章。

思考：党的二十大报告提出要推进美丽中国建设，统筹产业结构调整、污染治理、生态保护、应对气候变化，协同推进降碳、减污、扩绿、

链接：从"油改电"看新能源市场"新蓝海"

增长,推进生态优先、节约集约、绿色低碳发展。上述案例中,分别从环境发展角度和企业生产成本角度,分析"油改电"会产生哪些影响?

戴尔的成本节省之道

扫描右侧二维码阅读文章。

思考:(1)世界最大计算机生产厂商之一戴尔是如何实现低成本的?

(2)企业降低成本的途径有哪些?

文档:戴尔的成本节省之道

◀ 课 后 训 练 ▶

一、单项选择题

1. 品种法是以( )作为成本计算对象。
   A. 产品的生产车间　B. 产品的品种　C. 产品的批别　D. 产品的类型

2. 在品种法下,若只生产一种产品,则发生的费用应( )。
   A. 全部是直接计入费用
   B. 全部是间接计入费用
   C. 部分是直接费用,部分是间接费用
   D. 需要将生产费用在各种产品当中进行分配

3. 品种法适用于( )。
   A. 大量大批单步骤生产　　　　B. 大量大批多步骤生产
   C. 小批单件生产　　　　　　　D. 大量大批复杂生产

4. 采用品种法计算产品成本,成本计算期( )。
   A. 与会计报告期一致　　　　　B. 与会计报告期不一致
   C. 与生产周期一致　　　　　　D. 与营业周期一致

5. 公司辅助生产费用的实际成本与计划成本之间的差异计入( )。
   A. 辅助生产成本　B. 制造费用　C. 成本差异　D. 管理费用

6. 简化分批法与分批法的主要区别是( )。
   A. 不分批计算完工产品成本　　B. 不分批计算在产品成本
   C. 不进行间接费用的分配　　　D. 不分批核算原材料费用

7. 采用简化的分批法,在产品完工之前产品成本明细账上不登记( )。
   A. 原材料费用　B. 制造费用　C. 生产工时　D. 生产产品批次

8. 采用简化的分批法时,累计间接费用分配率( )。
   A. 只是在各批产品之间分配间接费用的依据
   B. 只是在完工批别和在产品批别之间分配费用的依据
   C. 只是在某批产品的完工产品与在产品之间分配费用的依据
   D. 既是在各批完工产品之间,也是在完工批别与月末在产品批别之间以及某批产品的完工产品与在产品之间分配费用的依据

9. 分步法是以(　　)作为成本计算对象。
   A. 产品批别　　　　　　　　　　　　B. 产品品种
   C. 产品类别　　　　　　　　　　　　D. 产品的生产步骤
10. 成本还原的对象是(　　)。
    A. 广义的产品成本　　　　　　　　　B. 各步骤产半成品成本
    C. 产成品所耗上一步骤半成品成本　　D. 各步骤的在产品成本
11. 下列方法中,不计算半成品成本的分步法是(　　)。
    A. 分项结转法　　B. 综合结转法　　C. 逐步结转法　　D. 平行结转法
12. 平行结转分步法只计算(　　)。
    A. 各步骤的半成品成本
    B. 各步骤所耗上一步骤半成品成本
    C. 各步骤的在产品成本
    D. 本步骤所发生的各项生产费用及这些费用中应计入产成品的份额。
13. 甲产品分两个生产步骤连续加工,第一步骤加工完毕转入第二步骤继续加工,制成产成品。第一步骤本月共发生费用50 000元,完工半成品成本30 000元;第二步骤本月完工产品成本48 000元,其中所耗半成品成本36 000元。甲产品的成本还原率为(　　)。
    A. 1.2　　　　　　B. 1.6　　　　　　C. 0.72　　　　　　D. 0.83

二、多项选择题

1. 下列公司中,在计算成本时适宜采用品种法的是(　　)。
   A. 发电厂　　　　　　　　B. 煤矿　　　　　　　　C. 钢铁厂
   D. 机械制造厂　　　　　　E. 造船厂
2. 品种法的计算程序包括(　　)。
   A. 按照产品品种设立产品成本明细账　　B. 将发生的直接费用计入成本明细账
   C. 归集和分配间接费用　　　　　　　　D. 划分完工产品与月末在产品成本界限
   E. 计算完工产品总成本与单位成本
3. 常见的品种法有(　　)。
   A. 简单品种法　　B. 复杂品种法　　C. 典型品种法　　D. 系数法
4. 下列各项中,属于制造业公司产品成本计算方法的有(　　)。
   A. 分步法　　　　B. 先进先出法　　C. 分批法　　　　D. 品种法
5. 下列关于产品成本计算方法的表述中,正确的有(　　)。
   A. 品种法下一般定期计算产品成本
   B. 分批法下成本计算期与产品生产周期基本一致,而与财务报告期不一致
   C. 逐步结转分步法下,在产品的成本在最后完成以前,不随实物转出而转出,不能为各生产步骤在产品的实物管理及资金管理提供资料
   D. 平行结转分步法下,成本结转工作量较大
6. 下列各项中,关于品种法的表述正确的有(　　)。
   A. 成本核算对象是产品品种
   B. 成本计算期与产品生产周期基本一致
   C. 单步骤大量生产的公司适宜采用品种法核算产品成本
   D. 期末在产品数量较多时,要将生产成本在完工产品和在产品之间进行分配

7. 下列各项中,关于产品成本计算方法表述正确的有(　　)。
　　A. 平行结转分步法不计算各步骤所产半成品的成本
　　B. 逐步结转分步法需要计算各步骤完工产品成本和在产品成本
　　C. 品种法下,月末存在在产品的,应将生产成本在完工产品与在产品之间进行分配
　　D. 分批法下,成本计算期与产品生产周期基本一致
8. 下列各项有关平行结转分步法的说法中,正确的有(　　)。
　　A. 能提供各个步骤的半成品成本资料
　　B. 适用于大量大批的多步骤生产
　　C. 在产品的费用在产品最后完成以前,不随实物转出而转出
　　D. 能直接提供按原始成本项目反映的产成品成本资料

三、判断题

1. 品种法适应于大量大批单步骤生产的公司,也适应于大量大批多步骤生产的公司。(　　)

2. 按品种法计算产品成本时,不需要将生产费用于各种产品之间进行分配,全部生产费用由完工产品负担。(　　)

3. 因为品种法适应于大量大批单步骤生产的公司,所以成本计算可以定期进行,也可以不定期进行。(　　)

4. 凡是大量大批多步骤生产的公司,无论管理上是否需要分步骤计算成本,一律采用品种法。(　　)

5. 分批法适应于小批单件多步骤生产,且管理上不要求分步骤计算产品成本的公司。(　　)

6. 如果在同一时期内公司接到不同购货单位要求生产同一产品的几张订单,公司应按订单分批组织生产,计算产品成本。(　　)

7. 采用分批法计算产品成本时,成本计算对象就是产品的批别。(　　)

8. 在分批法下,产品成本计算期与产品生产周期不一致,却与会计报告期一致。(　　)

9. 如果在一张订单内规定一件大型复杂的产品,且价值大,生产周期长,可以按照产品的组成部分分批组织生产,计算成本。(　　)

10. 分步法是按照产品的生产步骤归集费用,计算产品成本的一种方法。(　　)

11. 不论是结合结转还是分项结转,半成品成本都是随着半成品实物的转移而转移。(　　)

12. 在平行结转分步法下,各步骤完工产品与在产品之间的费用分配都是指狭义产成品与广义在产品之间的费用分配。(　　)

四、课证融通题

1. 某公司基本生产车间只生产一种产品,采用品种法计算产品成本。生产产品耗用的原材料在生产开始时一次性投入,其他加工费用随加工程度均衡发生,期末采用约当产量比例法在完工产品与在产品之间分配生产费用。2023年12月初,在产品为100件,生产成本为136万元,其中:直接材料费用80万元,直接人工费用30万元,制造费用26万元。该公司本月生产产品有关资料如下。

① 本月新投产400件。月末完工产品数量450件,月末在产品数量50件,期末在产品的完工程度为60%。

② 本月生产产品耗用直接材料费用 280 万元,车间管理部门耗用材料费用 40 万元。

③ 本月直接归集的产品生产工人薪酬 150 万元,车间管理人员薪酬 20 万元。本月计提车间固定资产折旧费 10 万元。

要求:根据上述资料,不考虑其他因素,分析回答下列问题。(答案中的金额单位用万元表示)

(1) 根据资料①,月末用于分配加工费用的在产品的约当产量是(　　)件。

　　A. 90　　　　　　　B. 50　　　　　　　C. 130　　　　　　　D. 30

(2) 根据期初资料、资料①和②,下列各项中,关于直接材料费用在本月完工产品和月末在产品之间分配结果正确的是(　　)。

　　A. 在产品应负担的直接材料费用为 36 万元

　　B. 完工产品应负担的直接材料费用为 324 万元

　　C. 在产品应负担的直接材料费用为 22.5 万元

　　D. 完工产品应负担的直接材料费用为 337.5 万元

(3) 根据期初资料、资料①和③,下列各项中,关于直接人工费用在本月完工产品和月末在产品之间分配结果正确的是(　　)。

　　A. 在产品应负担的直接人工费用为 11.25 万元

　　B. 完工产品应负担的直接人工费用为 168.75 万元

　　C. 在产品应负担的直接人工费用为 18 万元

　　D. 完工产品应负担的直接人工费用为 162 万元

(4) 根据资料②和③,下列各项中,关于本月制造费用归集与分配的会计处理正确的是(　　)。

　　A. 归集车间管理部门耗用的原材料

　　　　借:制造费用　　　　　　　　　　　　　　40

　　　　　贷:原材料　　　　　　　　　　　　　　　　40

　　B. 归集车间固定资产折旧费

　　　　借:制造费用　　　　　　　　　　　　　　10

　　　　　贷:累计折旧　　　　　　　　　　　　　　　10

　　C. 归集车间管理人员薪酬

　　　　借:制造费用　　　　　　　　　　　　　　20

　　　　　贷:应付职工薪酬　　　　　　　　　　　　　20

　　D. 将本月发生的制造费用分配转入生产成本

　　　　借:生产成本　　　　　　　　　　　　　　70

　　　　　贷:制造费用　　　　　　　　　　　　　　　70

(5) 根据期初资料、资料①至③,本月完工产品的总成本是(　　)万元。

　　A. 596.25　　　　B. 582　　　　C. 576　　　　D. 582.75

2. 某公司设有一个基本生产车间,连续大量生产 A、B 两种产品,采用品种法计算产品成本。材料成本按照定额消耗量比例在 A、B 产品之间进行分配,直接人工成本和制造费用按工时比例在 A、B 产品之间进行分配。A 产品月初无在产品,B 产品月初直接材料成本为 30 000 元,直接人工 20 000 元,制造费用 5 000 元。2×23 年 12 月该公司发生的与产品生产相关的业务如下:

① 生产 A、B 两种产品共同耗用原材料为 5 475kg,单位成本为 80 元/kg,原材料在开始生产时一次投入。已知 A 产品定额消耗量 1 000kg,B 产品定额消耗量 2 000kg。

② 本月共发生职工薪酬 494 500 元,其中车间生产人员薪酬 300 000 元,车间管理人员薪酬 194 500 元。已知生产 A 产品耗用定额工时 4 000 小时,生产 B 产品耗用定额工时 6 000 小时。

③ 本月计提车间固定资产折旧 10 000 元,以银行存款支付车间生产设备日常维修费 5 000 元。

④ B 产品采用在产品按定额成本计价法分配完工产品与月末在产品成本。月末,B 产品完工 220 件,在产品 60 件,在产品单位定额成本为直接材料 900 元,直接人工 600 元,制造费用 500 元。

要求: 根据上述资料,不考虑其他因素,分析回答下列问题。

(1) 根据资料①,下列各项中,关于该公司本月分配直接材料成本的计算结果正确的是(　　)。

　　A. A 产品应分担的材料成本为 80 000 元

　　B. A 产品应分担的材料成本为 146 000 元

　　C. B 产品应分担的材料成本为 160 000 元

　　D. B 产品应分担的材料成本为 292 000 元

(2) 根据资料②,下列各项中,关于该公司本月分配直接人工成本的计算结果正确的是(　　)。

　　A. A 产品应分担的直接人工成本为 197 800 元

　　B. A 产品应分担的直接人工成本为 120 000 元

　　C. B 产品应分担的直接人工成本为 296 700 元

　　D. B 产品应分担的直接人工成本为 180 000 元

(3) 根据资料③,下列各项中,关于该公司固定资产折旧费和维修费相关科目的会计处理表述正确的是(　　)。

　　A. 生产成本增加 15 000 元　　B. 制造费用增加 15 000 元

　　C. 累计折旧增加 10 000 元　　D. 制造费用增加 10 000 元

(4) 根据期初资料、资料②和③,下列各项中,关于该公司分配制造费用的结果正确的是(　　)。

　　A. A 产品分担的制造费用为 77 800 元　　B. A 产品分担的制造费用为 83 800 元

　　C. B 产品分担的制造费用为 125 700 元　　D. B 产品分担的制造费用为 116 700 元

(5) 根据期初资料、资料①至④,下列各项中,关于该公司 B 产品成本计算结果表述正确的是(　　)。

　　A. B 在产品应负担的直接材料成本为 54 000 元

　　B. B 在产品应负担的制造费用为 30 000 元

　　C. B 在产品应负担的直接人工成本为 36 000 元

　　D. B 完工产品成本总额为 532 700 元

3. 某公司属单件小批多步骤生产公司,按购货单位要求小批生产甲、乙、丙三种产品,产品成本计算采用分批法,该公司 12 月的有关成本计算资料如下。

① 901 号甲产品 50 件,10 月投产,本月全部完工并已经入库,10、11 两月累计费用为直接材料 4 000 元,直接人工 1 000 元,制造费用 1 200 元。本月发生费用:直接人工 400 元,制造费用 500 元。902 号乙产品 100 件,11 月投产,本月完工 60 件,未完工 40 件,11 月发生生产费用为直接材料 60 000 元,直接人工 15 000 元,制造费用 13 000 元。本月发生费用为直接人工 7 000 元,制造费用 6 000 元。903 号丙产品 7 件,本月投产,尚未完工,本月发生生产费用为

直接材料 20 000 元,工资福利费 5 600 元,制造费用 4 800 元。

② 三种产品的原材料均在生产开始时一次投入。

③ 902 号乙产品本月完工产品数量在批内所占比重较大(60%),根据生产费用发生情况,其原材料费用按照完工产品和在产品的实际数量比例分配外,其他费用采用约当产量比例法在完工产品和月末在产品之间进行分配,在产品完工程度为 50%。

要求:根据上述资料,不考虑其他因素,分析回答下列问题。

(1) 根据资料①③,902 号乙产品月末用于分配加工费用的在产品的约当产量是( )件。

  A. 32   B. 40   C. 38   D. 28

(2) 按照资料①下列各项中,901 号甲产品成本的结转的会计分录正确的是( )。

  A. 借:库存商品   7 100
     贷:生产成本——基本生产成本——甲产品   7 100

  B. 借:生产成本——基本生产成本——甲产品   7 100
     贷:库存商品   7 100

  C. 借:生产成本——基本生产成本——甲产品   7 100
     贷:产成品   7 100

  D. 借:产成品   7 100
     贷:生产成本——基本生产成本——甲产品   7 100

(3) 根据期初资料、资料①、②和③,下列各项中,关于 902 号乙产品成本的分配结果正确的是( )。

  A. 在产品应负担的直接材料费用为 24 000 元

  B. 完工产品应负担的直接人工费用为 16 500 元

  C. 在产品应负担的直接人工费用为 5 500 元

  D. 完工产品应负担的直接材料费用为 36 000 元

(4) 根据期初资料、资料①、②和③,下列各项中,关于该公司每批次产品分配的制造费用的结果正确的是( )。

  A. 902 号乙产品完工产品分担的制造费用为 14 250 元

  B. 901 号甲产品分担的制造费用为 17 000 元

  C. 903 号丙产品分担的制造费用为 4 800 元

  D. 902 号乙产品在产品分担的制造费用为 4 750 元

(5) 根据期初资料、资料①、②和③,下列各项中,说法正确的是( )。

  A. 903 号丙产品本月未完工,所以本月不需要计算成本

  B. 903 号丙产品本月未完工,所以间接计入费用在发生时应同时计入基本生产成本二级账及所属生产成本明细账

  C. 903 号丙产品计算的成本计算期与会计报告期一致

  D. 903 号丙产品的成本计算程序与品种法基本相同

4. 甲公司是一家机械制造公司,只生产销售甲产品。生产过程分为两个步骤,第一步骤产出的半成品直接转入第二步骤继续加工,每件半成品加工成一件产成品。产品成本计算采用逐步综合结转分步法,月末完工产品和在产品之间采用约当产量法(加权平均法)分配生产成本。

第一步骤耗用的原材料在生产开工时一次投入,其他成本费用陆续发生;第二步骤除耗用第一步骤半成品外,还需要追加其他材料,追加材料及其他成本费用陆续发生;第一步骤和

第二步骤月末在产品完工程度均为本步骤的50%。

2×23年12月的成本核算资料如下。

① 月初在产品成本,见表4-82。

表4-82　月初在产品成本　　　　　　　　　　　　　　　　　单位:元

步　骤	半成品	直接材料	直接人工	制造费用	合　计
第一步骤		3 750	2 800	4 550	11 100
第二步骤	6 000	1 800	780	2 300	10 880

② 本月生产量,见表4-83。

表4-83　本月生产量　　　　　　　　　　　　　　　　　　　单位:件

步　骤	月初在产品数量	本月投产数量	本月完工数量	月末在产品数量
第一步骤	60	270	280	50
第二步骤	20	280	270	30

③ 本月发生的生产费用,见表4-84。

表4-84　本月发生的生产费用　　　　　　　　　　　　　　　单位:元

步　骤	直接材料	直接人工	制造费用	合　计
第一步骤	16 050	24 650	41 200	81 900
第二步骤	40 950	20 595	61 825	123 370

要求:根据上述资料,不考虑其他因素,分析回答下列问题。

(1) 根据期初资料、资料①、②和③,第一步骤成本计算中月末用于分配加工费用的在产品的约当产量是(　　)件。

　　A. 50　　　　　　B. 25　　　　　　C. 30　　　　　　D. 15

(2) 根据期初资料、资料①、②和③,下列各项中,第一步骤成本计算的相关会计处理表述正确的是(　　)。

　　A. 第一步骤在产品应负担的直接材料费用为3 000元
　　B. 第一步骤完工半成品应负担的直接人工费用为25 200元
　　C. 第一步骤在产品应负担的制造费用为3 750元
　　D. 第一步骤完工半成品应负担的直接材料费用为16 000元

(3) 根据期初资料、资料①、②和③,下列各项中,第二步骤成本计算的相关会计处理表述正确的是(　　)。

　　A. 第二步骤在产品应负担的直接材料费用为40 500元
　　B. 第二步骤完工产品应负担的直接人工费用为20 250元
　　C. 第二步骤在产品应负担的制造费用为3 375元
　　D. 第二步骤完工产品应负担的直接材料费用为40 500元

(4) 根据期初资料、资料①、②和③,经过成本还原,还原后产成品成本的相关会计处理表述正确的是(　　)。

　　A. 还原后产成品成本含有的直接材料为56 700元
　　B. 还原后产成品成本含有的直接人工为44 550元

C. 还原后产成品成本含有的直接材料为 24 300 元

D. 还原后产成品成本含有的制造费用为 101 250 元

（5）根据期初资料、资料①、②和③，下列各项中，说法正确的是（　　）。

A. 甲产品的半成品成本结转与半成品实物的移转是一致的

B. 大量大批多步骤生产的企业均应采用分步法计算产品成本

C. 因为甲公司只生产销售甲产品，在只生产一种产品的工业企业或车间中，直接生产费用和间接生产费用都是直接计入费用

D. 计算甲产品的成本一般不存在生产费用在完工产品和在产品之间进行划分的问题

五、岗课赛证融通题

沿用项目一至项目三岗课赛证融通题目中任务一至任务十一的相关资料。

任务十二：生产费用汇总

根据已经完成的任务，汇总出本月磷酸铁生产部与磷酸铁锂生产部的生产费用，见表4-85。

表4-85　本月生产费用资料

产品名称：磷酸铁锂（正极材料）	项　目	直接材料	直接人工	制造费用	完工产量/吨
磷酸铁生产部	本月生产费用				
磷酸铁锂生产部	本月生产费用				

说明：制造费用包括各生产部分摊的制造费用、辅助车间的生产耗用和折旧。

任务十三：产品成本计算

根据已经完成的任务，运用分步法计算磷酸铁生产部生产的半成品成本，填写成本计算单，见表4-86和表4-87。

表4-86　产品成本计算单——半成品

产品名称：磷酸铁锂（正极材料）半成品

项　目	直接材料	直接人工	制造费用	合　计
月初在产品成本	0	0	0	0
本月生产费用				
费用合计				
分配率				—
完工半成品成本				
月末在产品成本	0	0	0	0

表4-87　产品成本计算单——产成品

产品名称：磷酸铁锂（正极材料）产成品

项　目	直接材料	直接人工	制造费用	合　计
月初在产品成本	0	0	0	0
上步骤转入				
本月生产费用				
费用合计				
分配率				—
完工半成品成本				
月末在产品成本	0	0	0	0

项目五 成本计算的辅助方法

素养目标

培养求真务实和团队协作精神；热爱会计职业；培养成本管理整体意识和注重细节的会计职业素养。

知识目标

了解分类法、定额法的含义和适用范围；熟悉定额法的特点；掌握分类法、定额法的成本计算方法；掌握定额变动差异的计算。

能力目标

能熟练运用分类法基本原理计算产品的成本；能熟练运用定额法进行相应的成本核算。

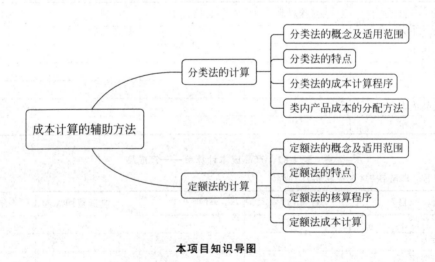

本项目知识导图

任务一　分类法的计算

任务描述

产品成本的计算是一个复杂而又重要的工作,可以借助一些辅助方法来更加准确地计算产品成本,提高企业的经营效益。本任务中的技能点是初级会计职称《初级会计实务》科目考试中的技能考核点——核算产品成本,也是业财税融合成本管控1+X证书的技能考核点——产品成本计算方法。

工作情境

湖南启航电池有限公司生产62.8kWh、78.54kWh两种电池。工作中,任逍遥发现两种产品所用原材料和工艺过程相似。

思考:该公司能否采用分类法进行成本核算?

实际工作中,一些工业企业生产的产品品种、规格繁多,若按照品种法、分批法、分步法计算产品成本,成本计算工作极为繁重。在这种情况下,为了简化成本计算工作,可以将不同品种、规格的产品按照一定的标准进行分类,即可以采用分类法计算产品成本。

一、分类法的概念及适用范围

分类法就是先将企业生产的产品按照一定标准划分为若干类别,按照产品类别设置生产成本明细账,采用成本计算的基本方法,计算出各类产品的总成本,再采用适当的方法,在类内各种产品之间进行分配,从而计算出各种产品成本的一种计算方法。它是在产品成本基本计算方法基础上发展起来的一种方法,目的是简化某些类型企业成本计算工作。

分类法一般适用于使用同样的原材料,经过基本相同的加工工艺过程,所生产产品的品种、规格型号繁多,可以按一定标准予以分类的生产企业或车间,如鞋厂、轧钢厂等。采用分类法可以适当减少成本计算对象,简化计算工作。运用分类法的关键是必须恰当地划分产品类别,在类别内部选择合理的标准分配费用。

二、分类法的特点

产品成本计算分类法的特点主要体现在以下几个方面。

(1) 成本计算对象。分类法按照产品的一定类别作为成本计算对象,这意味着它会为同一类别的所有产品开设一个成本计算单,并在这个计算单中归集类内的所有费用,从而计算出这个类别产品的总成本。

(2) 费用归集与分配。在分类法中,类内不同品种(或规格)产品的成本,会采用适当的分配方法进行分配确定。这确保了即使在同一类别内,不同产品之间的成本也能得到公平和准确地分配。

(3) 结合使用。分类法需要根据类内产品的生产工艺和组织情况,与三种基本的成本计算方法(品种法、分步法、分批法)结合使用。这样可以确保成本计算的准确性和有效性。

(4) 成本计算时间。成本计算的时间会根据生产组织来确定。例如,如果生产是大量大批的,分类法可能会结合品种法或分步法进行成本计算,并在月末定期进行。但如果与分批法结合应用,成本计算期就可能不固定。

(5) 费用分配考虑。在月末,如果在产品数量多且变动大,分类法需要对完工产品和在产品进行费用分配。这是为了确保成本的准确性和公正性。

在使用分类法计算产品成本时,需要注意不能将由于工人操作原因而造成质量不合规格的等级品,用分类法的原理进行成本计算。这是因为这些不合规格的产品可能需要进行额外的处理或修复,这些费用不应简单地分摊到同一类别的其他产品中。

总的来说,产品成本计算分类法的特点主要体现在其按照产品类别进行成本计算,并对类内的不同产品进行合理的成本分配。同时,它也需要结合具体的生产工艺和组织情况,选择合适的成本计算方法和时间,以确保成本计算的准确性和有效性。

三、分类法的成本计算程序

(1) 根据产品所用原材料和工艺技术过程的不同,将产品划分为若干类,按照产品的类别开立产品成本明细账,按类别归集产品的生产费用,计算各类产品成本。

(2) 选择合理的分配标准将每类产品的成本,在类内的各种产品之间进行分配,计算每类产品内部各种产品的成本。

分类法核算程序,如图 5-1 所示。

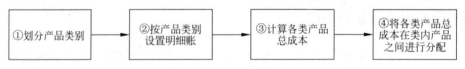

图 5-1 分类法核算程序

例如,某企业产品品种、规格繁多,但可以按一定标准将其分为甲、乙、丙三类产品。其中甲类包括 A、B 两种产品;乙类包括 C、D 两种产品;乙丙类包括 E、F、G 三种产品。那么产品成本明细账的设置,以及分类法成本计算的一般程序,如图 5-2 所示。

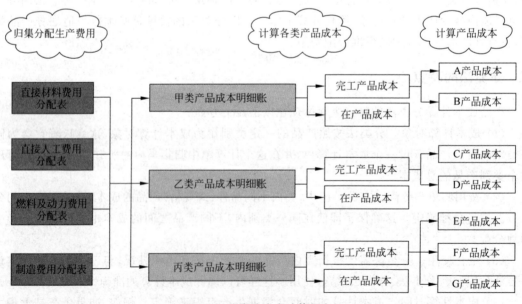

图 5-2 分类法成本计算程序

四、类内产成品成本的分配方法

同类产品内各种产品之间分配生产费用的标准有很多,既有产品的实物量标准,如产品的产量、体积、长度和重量等标准,又有产品的定额消耗量、定额费用、售价等标准。在选择费用的分配标准时,主要应考虑该标准与产品生产实际耗费是否有密切关系。

在类内各种产品之间分配费用时,各成本项目可以按同一个分配标准进行分配,如产品产量。为了使分配结果更为合理,也可以根据各成本项目的性质,分别按照不同的分配标准进行分配。例如,直接材料费用可以按照直接材料定额消耗量或直接材料定额比例进行分配,各种加工费用,如直接人工、直接燃料和动力、制造费用则可以按照各种产品的定额工时比例进行分配。

选择适当的分配标准,分配计算类内各种产品成本是分类法的关键。实务中常用的方法有定额比例法和系数法。

(一) 定额比例法

如果企业的定额基础比较好,各项消耗定额比较齐全、准确和稳定,某类完工产品的总成本就可按照该类内各种产品的定额消耗指标比例进行分配。

$$某类产品某项费用分配率 = \frac{该类完工产品该项费用总额}{该类内各种产品该项费用的定额成本(定额耗用量)之和}$$

$$类内某种产品某项费用的实际成本 = 类内该种产品该项费用的定额成本(或定额耗用量) \times 该类产品该项费用的分配率$$

(二) 系数法

系数法是将分配标准折算成相对固定的系数,按照系数在类别内部各种产品之间分配费用,计算产品成本。确定系数时,在该类产品中选一种产品作为标准产品。系数法的计算步骤如下。

1. 以类内产品综合总系数为基础计算

(1) 选择标准产品。标准产品:产量较大、生产稳定、规格适中。

(2) 确定分配标准。选择与耗用费用关系最密切的因素作为分配标准,如材料定额消耗量、定额费用、定额工时等,标准产品的分配标准系数确定为1。

(3) 计算类内其他产品的综合系数。标准产品单位系数定为"1"。

$$其他产品综合总系数 = \frac{某种产品的定额成本}{类内标准产品的定额成本}$$

(4) 计算类内某种产品的综合总系数。

$$某种产品综合总系数 = 该产品的实际产量 \times 其他产品综合总系数$$

(5) 计算费用分配率。

$$各成本项目分配率 = \frac{各成本项目总额}{类内产品综合总系数之和}$$

(6) 计算类内各种产品的成本。

$$各产品某成本项目费用 = 某种产品综合总系数 \times 该成本项目分配率$$

2. 以类内产品单项总系数为基础计算

(1) 选择标准产品。标准产品:产量较大、生产稳定、规格适中。

(2) 确定分配标准。选择与耗用费用关系最密切的因素作为分配标准,如材料定额消耗量、定额费用、定额工时等,标准产品的成本分项目,确定其分配标准系数为 1。

(3) 计算类内其他产品的综合系数。

$$直接材料成本系数 = \frac{某种产品材料分配标准（如直接材料定额成本）}{类内标准产品材料分配标准（如直接材料定额成本）}$$

$$直接人工（其他）项目成本系数 = \frac{某种产品其他分配标准（如定额成本工时、定额费用）}{类内标准产品其他分配标准（如定额成本工时、定额费用）}$$

(4) 根据单项成本系数,计算类内各种产品单项总系数。

某种产品直接材料总系数 = 该产品的产量 × 该种产品直接材料成本系数

某种产品直接人工项目总系数 = 该产品的产量 × 该种产品直接人工项目成本系数

某种产品其他项目总系数 = 该产品的产量 × 该种产品其他项目成本系数

(5) 根据各单项总系数,分配各项成本费用。

$$直接材料分配率 = \frac{\sum 类内各种产品直接材料费用}{\sum 类内各种产品直接材料总系数}$$

$$直接人工（其他）项目分配率 = \frac{\sum 类内各种产品直接人工（其他）项目费用}{\sum 类内各种产品直接人工（其他）项目总系数}$$

(6) 计算类内各种产品的成本。

某种产品应分配的直接材料费用 = 该种产品直接材料总系数 × 直接材料分配率

某种产品应分配的费用 = 该种产品直接人工（其他）项目总系数 × 直接人工（其他）项目分配率

【课赛融通 5-1】 湖南启航电池有限公司生产的产品品种较多,成本计算时将产品结构、消耗原材料、生产工时和技术相近的 62.8kWh 磷酸铁锂电池组、78.54kWh 磷酸铁锂电池组两种产品作为一类——电池组类产品,采用分类法计算产品成本。原材料在第一道工序开始时一次投入,燃料和动力、直接人工费用和制造费用的完工程度均为本工序的 50%,并将完工入库产品的产品成本结转至库存商品科目。按产品类别设置产品成本明细账,根据该类产品本月生产费用,登记电池组类产品成本明细账。该类产品 2×23 年 12 月的生产成本明细账见表 5-1。

表 5-1 电池组类产品成本计算表

2×23 年 12 月 31 日 单位:元

项　　目	直接材料	直接人工	燃料和动力	制造费用
月初在产品成本定额	36 000	8 000	15 000	12 500
本月生产费用	328 020	105 188	49 817	89 580
生产费用合计	364 020	113 188	64 817	102 080
完工产品成本	340 020	100 188	47 817	91 080
月末在产品定额成本	24 000	13 000	17 000	11 000

电池组类各种产品产量、原材料消耗定额和工时定额资料见表 5-2。

表 5-2 电池组类产品产量、原材料消耗定额和工时定额资料

电池组类产品	原材料消耗定额	工时消耗定额	完工产量	月末在产品
62.8kWh 磷酸铁锂电池组	15	5	1 450	350
78.54kWh 磷酸铁锂电池组	18	8	1 940	300

要求：根据上述资料，假设湖南启航电池有限公司采用系数法进行成本核算，并以 62.8kWh 磷酸铁锂电池组为标准产品，计算电池组类内各种产品成本，并编制相关会计分录。（分配率保留 4 位小数，分配金额保留整数精确到元，如有尾差倒挤至 78.54kWh 磷酸铁锂电池组）

解析：（1）以 62.8kWh 磷酸铁锂电池组为标准产品，计算类内各产品系数，见表 5-3。

以 62.8kWh 磷酸铁锂电池组为标准产品，将其各项消耗作为系数"1"。

表 5-3 系数计算表

产品名称	材料消耗定额	单位产品直接材料系数	工时定额	单位产品工时系数
62.8kWh 磷酸铁锂电池组	15	1	5	1
78.54kWh 磷酸铁锂电池组	18	1.2	8	1.6

（2）在电池类产品内进行各种产品的成本分配计算，见表 5-4～表 5-7。

表 5-4 类内产品成本计算表——直接材料

产品名称	完工产量	单位产品直接材料系数	直接材料总系数	材料分配率	分配金额
62.8kWh 磷酸铁锂电池组	1 450	1	1 450	90	130 500
78.54kWh 磷酸铁锂电池组	1 940	1.2	2 328		209 520
合计	3 390	—	3 778	—	340 020

表 5-5 类内产品成本计算表——直接人工

产品名称	完工产量	单位产品工时系数	产品工时总系数	费用分配率	分配金额
62.8kWh 磷酸铁锂电池组	1 450	1	1 450	22	31 900
78.54kWh 磷酸铁锂电池组	1 940	1.6	3 104		68 288
合计	3 390	—	4 554	—	100 188

表 5-6 类内产品成本计算表——燃料和动力

产品名称	完工产量	单位产品工时系数	产品工时总系数	费用分配率	分配金额
62.8kWh 磷酸铁锂电池组	1 450	1	1 450	10.5	15 225
78.54kWh 磷酸铁锂电池组	1 940	1.6	3 104		32 592
合计	3 390	—	4 554	—	47 817

表 5-7 类内产品成本计算表——制造费用

产品名称	完工产量	单位产品工时系数	产品工时总系数	费用分配率	分配金额
62.8kWh 磷酸铁锂电池组	1 450	1	1 450	20	29 000
78.54kWh 磷酸铁锂电池组	1 940	1.6	3 104		62 080
合计	3 390	—	4 554	—	91 080

(3) 编制类内各产品成本计算单，见表 5-8。

表 5-8　产品成本计算单　　　　　　　　　　　　　　　　　　　　单位：元

产品名称	完工产量/组	直接材料	直接人工	燃料和动力	制造费用	产品成本合计	单位产品成本
62.8kWh 磷酸铁锂电池组	1 450	130 500	31 900	15 225	29 000	206 625	142.5
78.54kWh 磷酸铁锂电池组	1 940	209 520	68 288	32 592	62 080	372 480	192

编制以下会计分录。

借：库存商品——62.8kWh 磷酸铁锂电池组　　　　　206 625
　　　　　　　——78.54kWh 磷酸铁锂电池组　　　　372 480
　　贷：生产成本——基本生产成本——电池组（直接材料）　　340 020
　　　　　　　　　　　　　　　　——电池组（直接人工）　　100 188
　　　　　　　　　　　　　　　　——电池组（燃料及动力）　47 817
　　　　　　　　　　　　　　　　——电池组（制造费用）　　91 080

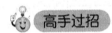

微课：分类法计算产品成本

实务训练

假设湖南启航电池有限公司 2×24 年 1 月增加了几种产品生产，由于生产的 71.3kWh 磷酸铁锂电池组和 62.8kWh 磷酸铁锂电池组、78.54kWh 磷酸铁锂电池组所耗用原材料和生产工艺相近，公司采用分类法计算成本，并将 71.3kWh 磷酸铁锂电池组也划分为电池组类产品。

该类产品 2×24 年 1 月的生产成本明细账，见表 5-9。

表 5-9　电池组类产品成本计算表　　　　　　　　　　　　　　　　单位：元

项目	直接材料	直接人工	制造费用	合计
月初在产品成本定额	36 000	8 000	2 500	46 500
本月生产费用	342 000	44 000	18 500	404 500
生产费用合计	378 000	52 000	21 000	451 000
结转完工产品成本	354 000	48 000	19 200	421 200
月末在产品定额成本	24 000	4 000	1 800	29 800

电池组类各种产品产量、原材料消耗定额和工时定额资料，见表 5-10。

表 5-10　电池组类产品产量、原材料消耗定额和工时定额资料

电池组类产品	原材料消耗定额	工时消耗定额	完工产量	月末在产品
78.54kWh 磷酸铁锂电池组	21	15	400	20
62.8kWh 磷酸铁锂电池组	15	10	1 200	74
71.3kWh 磷酸铁锂电池组	18	12	500	65

要求：根据上述资料，假设湖南启航电池有限公司采用系数法进行成本核算，并以 62.8kWh 磷酸铁锂电池组为标准产品，计算电池组类内各种产品成本并编制相关会计分录。(分配率保留 4 位小数，分配金额保留整数精确到元，如有尾差倒挤至 78.54kWh 磷酸铁锂电池组)

联产品与副产品

企业在正常生产产品的过程中，有时会伴随生产一些联产品和副产品。联产品是指使用相同的原材料，经过相同的加工过程，而同时生产出来两种或两种以上不同性质、不同用途的产品。例如在石油行业，主要提炼原油，但同时还会提炼出汽油、柴油、煤油等，汽油、柴油、煤油就是联产品。

副产品是指使用同种原材料，同一生产过程中，在生产出主要产品的同时，附带生产出来的一些非主要产品，或者利用生产中的废料加工而成的产品。例如，提炼原油时，还产生油渣、石焦油等，油渣、石焦油就是副产品。又如，木材加工产生的木屑可以加工成纤维板，纤维板也属于副产品。

联产品或副产品的成本核算，适用的方法为分类法。一般会将主产品、联产品、副产品作为一类成本核算对象进行成本核算。一般情况下，联产品会按比例去分摊生产成本。副产品如果价值对成本影响较小，就不计成本，相当于额外收入。如果价值比较大，则会冲减一部分生产成本。

资料来源：https://zhuanlan.zhihu.com/p/138674166.

思考：如果湖南启航电池有限公司在生产过程中产生联产品和副产品，那么应该如何进行成本核算？

任务二　定额法的计算

产品成本的计算是一个复杂而又重要的工作，可以借助一些辅助方法来更加准确地计算产品成本，提高企业的经营效益。本任务中的技能点是初级会计职称《初级会计实务》科目考试中的技能考核点——核算产品成本，也是业财税融合成本管控 1＋X 证书的技能考核点——产品成本计算方法。

湖南启航电池有限公司生产 62.8kWh 和 78.54kWh 两种电池产品，两种产品所用原材料

和工艺过程相似。

思考：该公司能否采用定额法进行成本核算？

常见的成本核算都是发生在企业生产过程之后的。虽然其达到了真实核算企业生产费用的目的，但是不能及时反映企业在生产过程中所发生的费用脱离企业所制定定额的差异情况及产生原因。这就必然导致成本核算工作不能达到日常成本控制的目的，无法有效发挥成本核算对节约企业生产费用、降低生产成本的作用，不利于企业充分利用生产资源，提高企业的生产经营效益。

定额法就是为了克服品种法、分批法和分步法等成本核算方法的不足，及时地反映和监督企业生产费用和产品成本脱离定额的差异情况，有机结合产品成本核算和控制的成本计算方法。

一、定额法的概念及适用范围

定额法是指以产品的定额成本为基础，加上（或减去）脱离定额差异、材料成本差异和定额变动差异来计算产品实际成本的一种成本计算辅助方法。

与其他的成本核算方法不同，定额法不是一种单纯的成本核算方法，而是一种将成本核算与成本控制结合起来的成本核算方法。

定额法与生产类型没有直接关系，无论何种生产类型，只要企业需要且具备下列条件，都可采用定额法计算产品成本。

（1）企业的定额管理制度比较健全，定额管理工作基础较好。

（2）产品的生产已经定型，消耗定额比较准确、稳定。

二、定额法的特点

定额法克服了前面述及的品种法、分批法、分步法和分类法在成本管理方面存在的缺陷，能及时揭示生产费用脱离定额的差异，是一种成本计算与成本管理相结合的方法。定额法不仅是一种成本核算方法，还是一种成本控制方法。其克服了其他成本计算方法无法直接反映实际成本与定额成本差异的缺陷，使得企业能够通过产品的成本核算达到对产品成本的全程控制，即事前、事中和事后控制。定额法的特点表现如下。

（1）事先制定产品的各项消耗定额、费用定额和定额成本，作为降低成本的目标。

（2）在发生生产耗费的当时，就将符合定额的费用和发生的差异分别核算，以加强对成本差异的日常核算、分析和控制。

（3）月末在定额成本的基础上，加减各种成本差异，计算产品的实际成本。

（4）定额法既是一种成本核算方法，也是企业的一项成本管理方法。运用此方法，能及时提示差异，提供成本形态的各种信息，从而有助于企业控制和节约生产资源，降低产品成本。

需要指出的是，定额法不是一种独立的成本计算方法，必须与品种法、分步法、分批法等相结合使用。

三、定额法的核算程序

采用定额法进行成本核算，其主要的核算程序如下。

（1）按结合的成本计算基本方法所确定的成本计算对象，如产品品种、批别、生产步骤等设置生产成本明细账(或成本计算单),账内按成本项目分别设置"定额成本""脱离定额差异""材料成本差异""定额变动差异"等专栏。其余明细账按所结合的基本方法的要求设置。

(2)根据产品的实际产量,以现行消耗定额和费用定额为依据,制定产品的定额成本,将其作为降低产品成本、节约费用支出的目标。

(3)如果月初进行生产耗费消耗定额或计划价格的修订,还要计算月初的定额变动差异,并据以调整月初在产品的定额成本。

(4)根据各个成本项目的脱离定额差异凭证,汇总计算产品的脱离定额差异,计入生产成本明细账(或成本计算单)。

(5)在定额法下,材料一般是按计划成本计算的,以便于对其消耗定额进行考核,故月末要根据本月的材料成本差异率,计算材料成本差异。

(6)月末,企业应将月初结转和本月发生的脱离定额差异和定额变动差异分别汇总,其中需要分配的差异,要按成本项目计算差异分配率,按照企业确定的成本计算方法,在完工产品和月末在产品之间进行分配。根据完工产品的入库单,按成本项目计算完工产品成本及应负担的差异,求得完工产品的实际总成本和单位成本。

定额法的核算程序如图 5-3 所示。

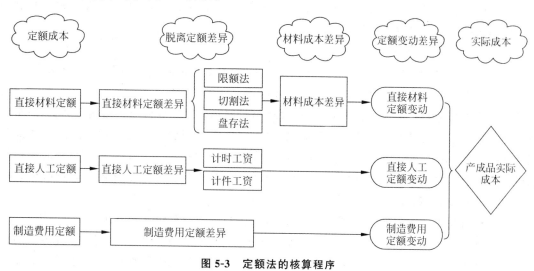

图 5-3 定额法的核算程序

四、定额法成本计算

采用定额法计算产品成本,实际成本的计算公式为

实际成本=定额成本±脱离定额差异±材料成本差异±定额变动差异

(一)计算定额成本

定额成本是指根据企业经营水平所确定的各种产品成本项目的耗费定额,即企业产品生产成本的现行定额,它反映了当期应达到的成本水平。采用定额法计算产品成本,必须先制定产品的原材料、工时等消耗定额,并根据各项消耗定额和原材料的计划单价、计划的工资率、计划的制造费用率等资料,计算产品的各项费用定额和产品的单位定额成本。产品定额成本的制定过程,既是对产品成本事前控制的过程,也是计算产品实际成本的基础,更是企业对生产费用进行事中控制和事后分析的依据。定额成本要按成本项目分别计算,从而与实际的成本

项目保持一致。单位产品定额成本及各成本项目定额成本可用下列公式计算：

单位产品定额成本＝直接材料定额成本＋直接人工定额成本＋制造费用定额成本

其中：

直接材料定额成本＝直接材料消耗定额×材料计算单价

直接人工定额成本＝产品生产工时消耗定额×计划小时工资率

制造费用定额成本＝产品生产工时消耗定额×计划小时费用率

定额成本的计算一般是通过编制定额成本计算表进行的，企业的情况不同，具体编制方法也不同：在产品结构简单、零部件较少的情况下，可以先计算零部件定额成本，然后再汇总计算部件定额成本，最后计算产品定额成本；如果产品的结构复杂、零部件较多，可以以产品为对象，直接计算确定产品定额成本。

（二）计算脱离定额差异

脱离定额差异是指生产过程中各项生产费用的实际支出脱离现行定额的差异。在生产费用发生时，企业应将实际生产费用划分为符合定额的费用和脱离定额的差异，分别编制定额凭证和差异凭证，从而达到控制生产费用支出的目的。脱离定额差异一般是按成本项目进行计算的，包括直接材料脱离定额差异、直接人工脱离定额差异和制造费用脱离定额差异。计算和分析脱离定额成本的差异是定额法的核心内容。

1. 直接材料脱离定额差异

在各成本项目中，材料费用一般占有较大比重，而且属于直接计入费用，因而有必要也有可能在费用发生时按产品品种计算定额费用和脱离定额的差异。

从计算直接材料定额成本的公式来看，直接材料脱离定额差异应当包括两个部分，即由材料消耗差异引起的量差和由单价差异引起的价差。但在实际操作时，为了便于产品成本的分析和考核，一般单独计算产品成本应负担的材料成本差异（即价差）。因此，直接材料脱离定额差异仅体现为材料消耗量差异乘以材料计划单位成本，是产品生产中实际用料数量脱离现行定额而形成的差异（即量差）。

直接材料脱离定额差异的计算一般有限额法、切割法和盘存法三种方法。

（1）限额法。定额法下，材料的领用应该实行限额领料（或定额发料）制度，符合定额的材料应根据限额领料单等定额凭证领发。如果由于增加产量导致需要增加用料，在履行追加限额手续后，可以根据定额凭证领发。但如果由于其他原因发生超额用料，则应填制专设的超额领料单等差异凭证以示区别，并经过一定的审批手续后领发，以控制日常用料。

【课赛融通5-2】 湖南启航电池有限公司车间限额领料单规定的78.54kWh磷酸铁锂电池组产品数量为1 000件，每件产品的电解液材料消耗定额为5kg，即领料限额为5 000kg。本月实际领料4 900kg，领料差异为少领100kg。电解液材料计划单价为10元/kg。

要求：根据假定的情况计算直接材料脱离定额差异。

解析：现假定以下三种情况。

第一种情况，本期投产产品数量符合限额领料单规定的产品数量，也是1 000件，且期初、期末均无余料。

材料定额消耗量＝1 000×5＝5 000(kg)

材料实际消耗量＝4 900(kg)

材料脱离定额差异(数量)＝4 900－5 000＝－100(kg)

材料脱离定额差异(金额)＝10×(－100)＝－1 000(元)

第二种情况，本期投产产品的数量为1 000件，但车间有期初余料100kg，期末余料150kg。

材料定额消耗量＝1 000×5＝5 000(kg)

材料实际消耗量＝4 900＋100－150＝4 850(kg)

材料脱离定额差异(数量)＝4 850－5 000＝－150(kg)

材料脱离定额差异(金额)＝10×(－150)＝－1 500(元)

第三种情况，本期投产产品数量为900件，车间有期初余料100kg，期末有余料材料150kg。

材料定额消耗量＝900×5＝4 500(kg)

材料实际消耗量＝4 900＋100－150＝4 850(kg)

材料脱离定额差异(数量)＝4 850－4 500＝350(kg)

材料脱离定额差异(金额)＝10×350＝3 500(元)

从以上计算可以看出，只有当产品投产数量等于规定的产品数量，且车间期初、期末均无余料或期初、期末余料数量相等时，领料差异才是材料脱离定额的差异。

高手过招

微课：限额法计算直接材料脱离定额的差异

(2) 切割法。对于一些需要进行切割才能使用的材料，如板材、棒材等，为了更好地控制用料差异，可以通过切割法进行核算，即通过专设的材料切割核算凭证"材料切割核算单"来核算材料脱离定额的差异。

"材料切割核算单"应按切割材料的批别开立，在核算单中要填明切割材料的种类、数额、消耗定额和应切割成的毛坯数量。切割完成后，要填写实际切割成的毛坯数量和实际消耗量。根据实际切割成的毛坯数量和消耗定额，计算出材料定额耗用量，再将此与材料实际消耗量相比较，进而确定材料脱离定额的差异。

【例5-1】 湖南启航电池有限公司车间发出钢壳材料1 000kg，切割成零件毛坯300个，每个零件消耗定额为3kg，材料计划单价为5元/kg。

要求：计算本月钢壳材料脱离定额差异。

解析：本月钢壳材料脱离定额差异的计算如下：

材料定额消耗量＝300×3＝900(kg)

材料实际消耗量＝1 000(kg)

材料脱离定额差异(数量)＝1 000－900＝100(kg)

材料脱离定额差异(金额)＝5×100＝500(元)

(3) 盘存法。盘存法下，需要根据完工产品的数量和在产品的数量计算产品投产数量；将产品投产数量乘以材料消耗定额，计算出材料定额消耗量；根据限额领料单、超额领料单、退料单等凭证以及车间余料盘存资料，计算材料实际消耗量；最后将材料的定额消耗量与实际消耗量进行对比，进而确定材料脱离定额的差异。

【例5-2】 湖南启航电池有限公司车间生产78.54kWh磷酸铁锂电池组,采用定额法进行成本核算。本月期初在产品50件,本月完工650件,期末在产品80件。材料在生产开始时一次性投入,石墨材料消耗定额为每件10kg,计划单价为6元/kg。本月石墨材料限额领料凭证登记数量为6 800kg,石墨材料超额领料凭证登记数量为400kg,期末车间盘存余料为200kg。

要求:计算本月石墨材料脱离定额差异。

解析:本月石墨材料脱离定额差异的计算如下:

$$投产数量 = 650 + 80 - 50 = 680(kg)$$
$$材料定额消耗量 = 680 \times 10 = 6\ 800(kg)$$
$$材料实际消耗量 = 6\ 800 + 400 - 200 = 7\ 000(kg)$$
$$材料脱离定额差异(数量) = 7\ 000 - 6\ 800 = 200(kg)$$
$$材料脱离定额差异(金额) = 6 \times 200 = 1\ 200(元)$$

编制以下会计分录。

借:生产成本——基本生产成本——78.54kWh磷酸铁锂电池组(定额成本)
　　　　　　　　　　　　　　　　　　　　　　　　　40 800(6 800×6)
　　——基本生产成本——78.54kWh磷酸铁锂电池组(脱离定额差异)
　　　　　　　　　　　　　　　　　　　　　　　　　1 200
　贷:原材料　　　　　　　　　　　　　　　　　　　42 000

2. 直接人工脱离定额差异

企业工人工资的核算形式一般有两种:计时工资和计件工资。计件工资制度下,在计件工资以外所支付的工资均属于工资的脱离定额差异。对于脱离定额差异,应设置"工资补付单"等差异凭证,并注明产生差异的原因,以便根据工资差异凭证进行分析。计时工资制度下,工人工资脱离定额的差异在平时只以工时进行考核,等月末实际工人工资总额确定后可采用以下公式进行计算:

$$直接人工脱离定额差异 = 实际人工费用 - 定额人工费用$$

其中:

实际人工费用 = 实际产量下的实际工时 × 实际小时工资率
定额人工费用 = 实际产量下的定额工时 × 计划小时工资率
实际小时工资率 = 实际人工费用 ÷ 实际生产工时总数
计划小时工资率 = 计划产量下的定额人工费用 ÷ 计划产量下的定额生产工时总数

【例5-3】 湖南启航电池有限公司车间生产78.54kWh磷酸铁锂电池组,采用定额法进行成本核算。本月计划工资总额45 000元,计划产量600件,单位工时定额20小时;实际工资总额38 850元,实际产量500件,实际生产工时10 500小时。

要求:计算本月直接人工脱离定额差异。

解析:本月直接人工脱离定额差异的计算如下:

$$实际小时工资率 = 38\ 850 \div 10\ 500 = 3.7(元/小时)$$
$$计划小时工资率 = 45\ 000 \div (600 \times 20) = 3.75(元/小时)$$
$$实际人工费用 = 38\ 850(元)$$
$$定额人工费用 = 500 \times 20 \times 3.75 = 37\ 500(元)$$
$$直接人工脱离定额差异 = 38\ 850 - 37\ 500 = 1\ 350(元)$$

编制以下会计分录。

借：生产成本——基本生产成本——78.54kWh磷酸铁锂电池组（定额成本）
　　　　　　　　　　　　　　　　　　　　　　　　　　　　　37 500
　　　——基本生产成本——78.54kWh磷酸铁锂电池组（脱离定额差异）
　　　　　　　　　　　　　　　　　　　　　　　　　　　　　1 350
　贷：应付职工薪酬——工资　　　　　　　　　　　　　　　38 850

3. 制造费用脱离定额差异

制造费用在日常核算中不能按照产品品种直接核算脱离定额差异，而只能按照费用发生的车间、部门和费用的项目计算脱离定额的差异，据以控制和监督费用的发生。月末确定实际制造费用总额后，可以比照计时工资制下直接人工费用的计算公式计算制造费用脱离定额差异。

【例5-4】 湖南启航电池有限公司车间生产78.54kWh磷酸铁锂电池组，采用定额法进行成本核算。本月计划制造费用总额154 000元，计划产量550件，单位工时定额10小时；实际制造费用总额148 770元，实际产量580件，实际生产工时5 510小时。

要求：计算本月制造费用脱离定额差异。

解析：本月制造费用脱离定额差异的计算如下：

　　实际小时制造费用率＝148 770÷5 510＝27（元/小时）
　　计划小时制造费用率＝154 000÷(550×10)＝28（元/小时）
　　实际制造费用＝148 770（元）
　　定额制造费用＝580×10×28＝162 400（元）
　　制造费用脱离定额差异＝148 770－162 400＝－13 630（元）

编制以下会计分录。

借：生产成本——基本生产成本——78.54kWh磷酸铁锂电池组（定额成本）
　　　　　　　　　　　　　　　　　　　　　　　　　　　　　162 400
　贷：制造费用　　　　　　　　　　　　　　　　　　　　　148 770
　　生产成本——基本生产成本——78.54kWh磷酸铁锂电池组（脱离定额差异）
　　　　　　　　　　　　　　　　　　　　　　　　　　　　　13 630

（三）计算材料成本差异

材料成本差异是指材料的实际成本与计划成本间的差额。采用定额法计算产品成本的企业，原材料的日常核算是按照计划成本来组织的。直接材料项目脱离定额差异，是指材料消耗数量的差异（量差），其金额等于原材料消耗数量差异与其计划单位成本的乘积，不包括材料成本差异（价差）。因此，在月末计算产品的实际成本时，还必须将原材料的计划成本调整为实际成本，即计算和分配本月消耗的原材料应负担的材料成本差异。其计算公式如下：

某产品应负担的材料成本差异＝（该产品材料定额成本±材料脱离定额差异）×材料成本差异率

【例5-5】 湖南启航电池有限公司车间生产78.54kWh磷酸铁锂电池组，采用定额法进行成本核算。本月所耗原材料（磷酸铁锂）的定额成本为153 000元，脱离定额差异为超支4 000元。假设材料成本差异率为超支5%。

要求：计算本月原材料费用应负担的材料成本差异额。

解析：应负担的材料成本差异额计算如下：

　　应分配的材料成本差异额＝（153 000＋4 000）×5%＝7 850（元）

编制以下会计分录。

借:生产成本——基本生产成本——78.54kWh 磷酸铁锂电池组(材料成本差异)
                          7 850
 贷:材料成本差异   7 850

(四)计算定额变动差异

定额变动差异是指企业对定额进行修改而产生的新旧定额之间的差异,它是定额本身变动的结果,与生产费用的节约和超支无关。各项消耗定额的修改,一般在年初进行;若年度内需要修改,一般在月初进行。在有定额变动的月份,本月投入产品按新定额计算定额成本和脱离定额差异,但月初在产品定额成本是由上月末结转而来,仍然是按旧定额计算的,因此需要对月初在产品的旧定额成本进行调整,使其能与本月新投产产品的定额成本计算口径一致。

各种消耗定额的变动,一般表现为不断下降的趋势,因而月初在产品定额变动的差异,通常表现为月初在产品定额成本的降低。在这种情况下,一方面应从月初在产品成本中扣除该项差异(定额成本调整数),即将月初在产品调整为按新定额计算的成本;另一方面该项差异是月初在产品生产费用的实际支出,因此还应将该项差异计入本月产品成本(定额变动差异数)。相反,若消耗定额不是下降而是提高,那么在计算出定额变动差异后,应将此差异项加入月初在产品定额成本之中(定额成本调整数),同时从本月产品成本中予以扣除(定额变动差异数),因为实际上其并未发生这部分支出。

定额法的核算思路如图 5-4 所示。

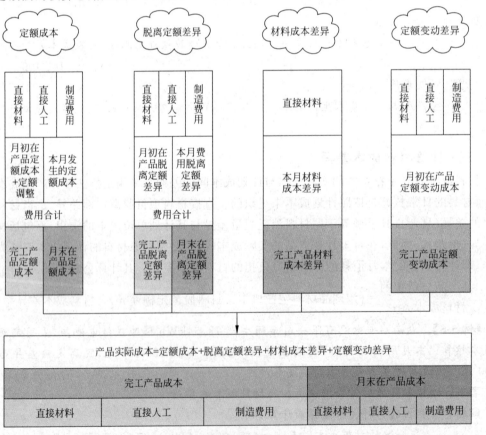

图 5-4 定额法的核算思路

【课赛融通 5-3】 湖南启航电池有限公司车间生产 78.54kWh 磷酸铁锂电池组,采用定额法进行成本核算。本月月初有 78.54kWh 磷酸铁锂电池组在产品 500 件,直接材料定额成本为每件 55 元,直接材料脱离定额差异为超支 1 000 元。从本月起,由于生产技术水平提高,直接材料定额成本降低为每件 50 元,本月投产 1 000 件,实际发生直接材料费用 52 000 元。月末 1 500 件产品全部完工。

要求:计算本月完工产品实际材料成本。

解析:完工产品实际材料成本计算见表 5-11。

表 5-11 78.54kWh 磷酸铁锂电池组成本计算单　　　　　　　　单位:元

项　目		金　额
月初在产品	定额成本	27 500
	脱离定额差异	1 000
月初在产品定额变动	定额成本调整数	−2 500
	定额变动差异数	2 500
本月生产费用	定额成本	50 000
	脱离定额差异	2 000

完工产品实际材料成本 = 定额成本 + 脱离定额差异 + 定额变动差异

= 期初在产品按新定额计算成本 + 本期发生定额成本 +

期初在产品脱离定额差异 + 本期发生脱离定额差异 +

定额变动差异

= [(27 500 − 2 500) + 50 000] + (1 000 + 2 000) + 2 500

= 80 500(元)

微课:计算完工产品实际材料成本

【课赛融通 5-4】 湖南启航电池有限公司采用定额法核算 62.8kWh 磷酸铁锂电池组的产品成本,假设原材料在第一道工序开始时一次性投入,燃料和动力、直接人工和制造费用的完工程度均为本工序的 50%。有关资料如下。

62.8kWh 磷酸铁锂电池组产量记录见表 5-12。

表 5-12 62.8kWh 磷酸铁锂电池组产量记录

2×23 年 12 月　　　　　　　　单位:组

产品名称	月初在产品	本月投产	完工产品	月末在产品
62.8kWh 磷酸铁锂电池组	100	400	450	50

上月 62.8kWh 磷酸铁锂电池组定额成本见表 5-13。

表 5-13　62.8kWh 磷酸铁锂电池组月初在产品定额成本资料

2×23 年 12 月

成本项目	计划单价	单位产品定额消耗	单位产品定额成本/元	单位在产品定额成本/元
直接材料	4	120kg	480	480
直接人工	3	100 小时	300	150
燃料和动力	1	100 小时	100	50
制造费用	2	100 小时	200	100
合　计	10		1 080	780

本月单位产品原材料定额消耗改为 114kg/件；单位产品的直接人工定额成本和制造费用定额成本不变，本月 62.8kWh 磷酸铁锂电池组定额成本资料见表 5-14。

表 5-14　62.8kWh 磷酸铁锂电池组月初在产品定额成本资料

2×23 年 12 月

成本项目	计划单价	单位产品定额消耗	单位产品定额成本/元
直接材料	4	114kg	456
直接人工	3	100 小时	300
燃料和动力	1	100 小时	100
制造费用	2	100 小时	200
合　计	10		1 056

月初在产品成本资料见表 5-15。

表 5-15　62.8kWh 磷酸铁锂电池组月初在产品成本资料

2×23 年 12 月　　　　　　　　　　　　　　　　　　　　单位：元

成本项目		直接材料	直接人工	燃料和动力	制造费用	合计
月初在产品 （100 件）	定额成本	48 000	15 000	5 000	10 000	78 000
	脱离定额差异	4 000	1 000	440	810	6 250

本月投产发生生产费用资料见表 5-16。

表 5-16　62.8kWh 磷酸铁锂电池组本月投产生产费用资料

2×23 年 12 月　　　　　　　　　　　　　　　　　　　　单位：元

成本项目		直接材料	直接人工	燃料和动力	制造费用	合计
本月生产费用	定额成本	182 400	120 000	40 000	80 000	422 400
	脱离定额差异	−5 000	−3 500	−300	−650	−9 450

其他资料如下：

(1) 本月直接材料成本差异率为 −2%。

(2) 脱离定额差异需要在完工产品和在产品之间进行分配，定额变动成本差异和材料成本差异全部由完工产品负担。

要求：采用定额法计算本月甲产品完工产品成本和月末在产品（计算结果保留至小数点后两位）。

解析：定额法下，由于实际成本是根据定额成本、定额变动成本差异，材料成本差异以及脱离定额差异计算的，所以生产成本明细账也需要据此进行成本项目设计，见表5-17。

表5-17　62.8kWh磷酸铁锂电池组生产成本明细表

2×23年12月　　　　　　　　　　　　　　　　　　　　　　　单位：元

成本项目		行次	直接材料	直接人工	燃料和动力	制造费用	合　计
月初在产品	定额成本	1	48 000	15 000	5 000	10 000	78 000
	脱离定额差异	2	4 000	1 000	440	810	6 250
	定额成本调整	3	−2 400	0	0	0	−2 400
	定额变动差异	4	2 400	0	0	0	2 400
本月生产费用	定额成本	5	182 400	120 000	40 000	80 000	422 400
	脱离定额差异	6	−5 000	−3 500	−300	−650	−9 450
	材料成本差异	7	−3 548				−3 548
合计	定额成本	8＝1＋3＋5	228 000	135 000	45 000	90 000	498 000
	脱离定额差异	9＝2＋6	−1 000	−2 500	140	160	−3 200
	材料成本差异	10＝7	−3 548				−3 548
	定额变动差异	11＝4	2 400	0	0	0	2 400
分配率	脱离定额差异率	12＝9/8	−0.44％	−1.85％	0.31％	0.18％	—
完工产品成本	定额成本	13	205 200	127 894.74	42 631.58	85 263.16	460 989.48
	脱离定额差异额	14＝12×13	−902.88	−2 366.05	132.16	153.47	−2 983.30
	材料成本差异	15＝10	−3 548				−3 548
	定额变动差异	16＝11	2 400	0	0	0	2 400
	实际总成本	17＝13＋14＋15＋16	203 149.12	125 528.69	42 763.74	85 416.63	456 858.18
	实际单位成本	18	451.44	278.95	95.03	189.81	1 015.23
月末在产品成本	定额成本	19＝8−13	22 800	7 105.26	2 368.42	4 736.84	37 010.52
	脱离定额差异	20＝9−14	−97.12	−133.95	7.84	6.53	−216.70

采用定额法计算产品成本，其优点是可以在完成成本会计核算职能的基础上，充分发挥成本会计控制和监督的职能。在计算产品实际成本的同时，完成成本计划编制、定额考核、差异分析等工作，有利于加强成本控制和进一步挖掘企业降低成本的潜力。采用定额法计算产品成本的主要缺点是核算工作量大。

高手过招

微课：定额法计算产品成本

实务训练

假设湖南启航电池有限公司生产78.54kWh磷酸铁锂电池组,定额资料齐全,2×24年1月采用定额法计算产品成本,不考虑燃料和动力,有关资料如下。

78.54kWh磷酸铁锂电池组产量记录见表5-18。

表5-18　78.54kWh磷酸铁锂电池组投产资料

2×24年1月　　　　　　　　　　　　　　　　　　单位:组

产品名称	月初在产品	本月投产	本月完工	月末在产品
78.54kWh磷酸铁锂电池组	200	1 000	1 160	40

本月78.54kWh磷酸铁锂电池组实际费用发生情况见表5-19。

表5-19　78.54kWh磷酸铁锂电池组生产费用发生情况

2×24年1月　　　　　　　　　　　　　　　　　　单位:元

成本项目	直接材料	直接人工	制造费用	合计
本月发生	97 260	39 000	31 500	167 760

上月78.54kWh磷酸铁锂电池组定额成本资料见表5-20。

表5-20　78.54kWh磷酸铁锂电池组月初定额成本资料

2×23年12月　　　　　　　　　　　　　　　　　　单位:元

成本项目	直接材料	直接人工	制造费用	合计
单位产品定额成本	100	40	30	170
单位在产品定额成本	100	20	15	135

本月78.54kWh磷酸铁锂电池组定额成本资料见表5-21。

表5-21　78.54kWh磷酸铁锂电池组本月定额成本资料

2×24年1月　　　　　　　　　　　　　　　　　　单位:元

成本项目	直接材料	直接人工	制造费用	合计
单位产品定额成本	95	40	32	167

①原材料在生产开始时一次投入;②月末在产品的完工程度为50%;③该产品的脱离定额差异和定额变动差异均按定额成本比例在完工产品和在产品之间进行分配。

要求:(1)根据上述资料完成78.54kWh磷酸铁锂电池组定额成本及脱离成本差异计算表(表5-22),计算结果保留至小数点后两位。

(2)根据上述资料完成78.54kWh磷酸铁锂电池组月初在产品定额变动差异计算表(表5-23),计算结果保留至小数点后两位。

(3)根据上述资料编制78.54kWh磷酸铁锂电池组成本计算表(表5-24),计算结果保留至小数点后两位。

表 5-22　78.54kWh 磷酸铁锂电池组定额成本及脱离成本差异计算表

2×24 年 1 月　　　　　　　　　　　　　　　　　　　　　　　　　　单位：元

成本项目	月初在产品				本月发生费用		
	数量	单位定额	定额成本	脱离定额差异	定额成本	实际成本	脱离定额差异
直接材料				−1 500			
直接人工				240			
制造费用				180			
合　计				−1 080			

表 5-23　78.54kWh 磷酸铁锂电池组月初在产品定额变动差异计算表

2×24 年 1 月　　　　　　　　　　　　　　　　　　　　　　　　　　单位：元

成 本 项 目	单位在产品定额		定 额 成 本		定额变动差异
	变动前	变动后	变动前	变动后	
直接材料					
直接人工					
制造费用					
合　计					

表 5-24　78.54kWh 磷酸铁锂电池组成本计算表

2×24 年 1 月　　　　　　　　　　　　　　　　　　　　　　　　　　单位：元

成 本 项 目		行次及计算过程	直接材料	直接人工	制造费用	合　计
月初在产品 (200 件)	定额成本					
	脱离定额差异					
月初在产品定 额变动	定额成本调整					
	定额变动差异					
本月发生费用	定额成本					
	脱离定额差异					
费用合计	定额成本					
	脱离定额差异					
	定额变动差异					
分配率/%	脱离定额差异率					
	定额变动差异率					
产成品 (1 160 件)	定额成本					
	脱离定额差异					
	定额变动差异					
	实际总成本					
	实际单位成本					
月末在产品 (40 件)	定额成本					
	脱离定额差异					
	定额变动差异					

成本管理理念

方大九钢全面掀起降成本攻关活动热潮

9月,方大九钢降成本攻关活动开展如火如荼,取得喜人成绩,其中轧材成本较2022年1—7月累计下降528元/t;剔除市场变化原料价格影响,内部工序成本下降91.39元/t;各项指标也均较目标取得进步,燃料比、煤比、钢铁料分别下降了4kg、6kg、0.27kg。

据了解,为应对严峻市场形势,方大九钢迅速吹起降本增效号角,进一步深入推进降成本工作,以2022年1—7月指标为基准,先后下发了《主要指标攻关考核办法》《2022年8月份至2022年12月降本目标分解方案》,制定详细指标及具体措施,强化责任意识,营造主要指标"有人盯、有人管"的良好氛围。方大九钢各单位积极行动起来,围绕降成本目标,层层推进,将降本攻关活动落地落实,超额完成降成本目标任务。炼铁工序密切跟踪石灰粉活性度,确保烧结烟气含氧量低于14.5%;抓好原燃料及炉外基础管理工作,通过上下部合理调剂,提高煤气利用率;优化配煤和制粉,保证喷吹煤粉质量的情况下提高制粉量;建立备件申报和物料消耗的定额管理工作,加大修旧利废力度,降低备件材料费用,超额完成降本目标任务。轧钢工序从提升指标、生产组织、设备管理、小改小革等方面入手,以降低轧废率攻关为目标,以"成本最优化,效益最大化"为原则,提升各线产品成材率、热装热送效率和金属料平衡指标,同时全面推进重点设备承包责任制,加大设备点检和设备隐患整改力度,实现设备故障为零。

方大九钢还通过每日对标管理,在钢铁板块内部及时查找差距与不足,有针对性地制定措施,补齐短板,发扬优势;每周对原料价格与预算比进行跟踪,结合下一周进厂情况,及时分析原料价格动态,并结合市场,对最优配矿进行调整;强化预算管控,对生产过程中产生的各项费用进行分类管控,确保每笔费用都用在刀刃上,切实将降本增效工作落到实处,全公司范围内掀起降本攻关活动热潮,9月降本增效成绩显著。

可见,成本费用管理的基础是科学的定额标准。行业各单位要充分认识定额标准体系建设在提升行业管理水平上的重要意义,扎实推进成本费用定额标准体系建设。要以生产成本、采购成本、销售成本、库存成本、管理成本为重点,将成本管理、精益管理和对标管理等措施紧密地结合起来,形成降本增效的合力,有效提升企业内部管理水平。

资料来源:https://www.new.qq.com/rain/a/20221017A05UMKOO.

思考: 钢铁作为国民经济建设最重要的基础材料之一,被称为"工业的粮食"。党的二十大报告提出,要"加快发展方式绿色转型""实施全面节约战略""发展绿色低碳产业",而钢铁行业能源消耗大,是节能减排的"主战场"。结合上述案例,分析定额标准体系的建设对企业节能减排、降本增效有何作用?

 **职业拓展**

运用大数据对定额成本的基本参数进行修正的方法及设备

大冶特殊钢有限公司的李造宇、伍淑宜等人,2020年申请了一项发明专利,专利名称为"运用大数据对定额成本的基本参数进行修正的方法及设备"。该发明提供一种运用大数据对定额成本的基本参数进行修正的方法及设备,包括以下步骤:①根据收集的初始基础数据计算定额成本测算所需的定额测算数据,根据所述定额测算数据测算并设定初始定额成本;②建立生产过程中的实际数据库;③将所述实际数据库中的实际生产数据依照所述定额测算数据进行标准化处理,形成生产测算数据;④将根据所述生产测算数据测算的实际生产成本与所述初始定额成本进行对比；⑤判定异常数据后用反向推算对所述定额测算数据进行修正；⑥根据修正后的所述定额测算数据设定修正后的定额成本。通过实际生产数据对比修正后的定额成本会更加有效。

可见，大数据技术正在对成本核算等财务领域工作产生深刻影响。大数据技术的应用，使得工作量大、需要大量数据支撑的成本核算方法，缺点逐渐减弱、优势逐渐突显。

资料来源：https://xueshu.baidu.com/usercenter/paper/show?paperid=1d4k0a60yc6e0gk05y7k0mx0v4294337&site=xueshu_se。

思考： 习近平总书记指出："当今时代，数字技术作为世界科技革命和产业变革的先导力量，日益融入经济社会发展各领域全过程，深刻改变着生产方式、生活方式和社会治理方式。"随着互联网、大数据、云计算、人工智能、区块链等技术的不断发展，哪些成本数据是值得财务人员采集、存储、分析和应用的？

课 后 训 练

一、单项选择题

1. 分类法适用于（　　）。
   A. 可以按照一定标准分类的产品
   B. 品种、规格繁多，而且可以按照产品结构、所用原材料和工艺过程不同划分为若干类别的产品
   C. 品种、规格繁多的产品
   D. 大批大量生产的产品

2. 分类法下，对于类内产品发生的各项费用（　　）。
   A. 直接费用直接计入各种产品成本
   B. 无论是直接计入费用还是间接计入费用，都需采用一定的方法分配计入各种产品成本
   C. 只有间接计入的费用才需分配计入各种产品成本
   D. 无论直接生产费用，还是间接生产费用都必须采用相同的标准分配计入各种产品成本

3. 定额法，在适用范围上（　　）。
   A. 与生产类型有直接关系
   B. 只适用于小批单件的制造业
   C. 只适用于大批大量生产的制造业
   D. 与生产类型没有直接关系

4. 定额法下计算产品成本时，生产工资费用定额的计算方法是（　　）。
   A. 产品定额工时×生产工资计划单价
   B. 产品实际工时×生产工资计划单价
   C. 产品定额工时×生产工资实际单价
   D. 产品实际工时×生产工资实际单价

5. 某新能源有限公司生产 62.8kWh 磷酸铁锂电池组和 78.54kWh 磷酸铁锂电池组两种产品的外购动力消耗定额分别为 4 工时和 6.5 工时。6 月生产 62.8kWh 磷酸铁锂电池 500 组，78.54kWh 磷酸铁锂电池 400 组，共支付动力费 11 040 元。该企业按定额消耗量比例

分配动力费,当月 62.8kWh 磷酸铁锂电池组应分配的动力费为( )元。

    A. 3 840   B. 4 800   C. 6 343   D. 6 240

6. 分类法是按照( )归集费用、计算成本的。

    A. 批别   B. 品种   C. 步骤   D. 类别

7. 某新能源有限公司采用分类法计算产品成本,类内两种产品的材料费用定额为 62.8kWh 磷酸铁锂电池组 80 000 元、78.54kWh 磷酸铁锂电池组 100 000 元,其中 78.54kWh 磷酸铁锂电池组为标准产品,则 62.8kWh 磷酸铁锂电池的材料费用系数( )。

    A. 1.20   B. 0.80   C. 1   D. 1.25

8. 新能源有限公司本月生产 62.8kWh 磷酸铁锂电池所耗用直接材料费用定额为 495 000 元,材料脱离定额的差异为节约 9 500,本月材料成本差异率为节约 1.2%,则 62.8kWh 磷酸铁锂电池本月应负担的材料成本差异为( )元。

    A. −5 826   B. 5 826   C. −6 054   D. 6 054

9. 在完工产品成本分析中,如果月初在产品定额变动差异是负数,则说明( )。

    A. 定额提高   B. 定额降低

    C. 本月定额管理不好   D. 本月定额成本管理取得成绩

10. 定额变动差异是指修复定额以后,原定额成本与新定额成本之间的差异,只有( )存在定额成本差异。

    A. 月初在产品   B. 月末在产品   C. 本月投入产品   D. 本月完工产品

二、多项选择题

1. 某新能源有限公司采用定额法分配完工产品和月末在产品费用,应具备的条件有( )。

    A. 各月末在产品数量变化较大   B. 各月末在产品数量变化不大

    C. 消耗定额或成本定额比较稳定   D. 消耗定额或成本定额波动较大

2. 某新能源有限公司在定额法下,计算分配的材料成本差异时,需要的指标有( )。

    A. 原材料的定额变动差异   B. 原材料的计划成本

    C. 原材料脱离定额的差异   D. 原材料的成本差异率

3. 采用定额法计算产品成本,产品的实际成本由( )组成。

    A. 定额成本   B. 脱离定额差异

    C. 材料成本差异   D. 定额变动差异

4. 直接材料脱离定额差异的核算方法有( )。

    A. 切割法   B. 盘存法

    C. 交互分配法   D. 限额法

5. 定额法的主要特点是( )。

    A. 将定额成本作为降低成本的目标

    B. 在定额成本的基础上加减成本差异计算实际成本

    C. 对定额和差异分别核算

    D. 有利于加强成本控制

6. 在计算定额折算系数时,如果系数<1,则说明( )。

    A. 定额降低

    B. 定额增加

    C. 定额变动差异为正数

D. 定额调整在月初成本中减少的费用又加回到本月的费用中

7. 定额成本控制的阶段包括（　　）。
　　A. 事前制定定额成本　　　　　　　　B. 事中制定定额成本
　　C. 事中核算成本费用和脱离定额的差异　D. 事后计算实际成本

8. 分类法的优点有（　　）。
　　A. 便于成本日常控制　　　　　　　　B. 可以简化成本计算工作
　　C. 计算结果非常精确　　　　　　　　D. 可以分类掌握产品成本情况

9. 采用系数法时，被选定作为标准产品的产品，应具备的条件包括（　　）。
　　A. 产量较小　　　　　　　　　　　　B. 生产比较稳定
　　C. 产量较大　　　　　　　　　　　　D. 规格折中

10. 核算脱离定额差异，是为了（　　）。
　　A. 确定和分析价差
　　B. 进行产品成本的事前控制
　　C. 进行产品成本的日常分析和事中控制
　　D. 为月末进行产品实际成本计算提供数据

三、判断题

1. 定额成本调整的正负与定额变动差异的正负一定是一致的。（　　）
2. 原材料项目的脱离定额差异，既包括消耗数量的差异，也包括材料价格的差异。
（　　）
3. 类内产品成本分配时，各成本项目可以选择相同的分配标准，也可以选择不同的分配标准。（　　）
4. 产品定额成本与成本定额之间的关系为产品的定额成本＝该种产品的成本定额×本期产量。（　　）
5. 在计时工资制度下，直接人工费用脱离定额差异的计算与原材料脱离定额差异的计算相似，人工费用脱离差异可以随时按照产品直接计算。（　　）
6. 在计算月初在产品定额变动差异时，若是定额降低的差异，应从月初在产品定额成本中减去，同时计入本月产成品成本中。（　　）
7. 分类法与生产类型有直接关系，因而可以在各种类型的企业中应用。（　　）
8. 定额变动差异，是指企业对定额进行修改而产生的新旧定额之间的差异，它会影响实际成本。（　　）
9. 定额法下，脱离定额差异一般需要在月末完工产品和在产品之间进行分配。（　　）
10. 定额法是一种目标成本，是企业进行成本控制和考核的依据。（　　）

四、课证融通题

假设某新能源有限公司2×24年1月仅生产了62.8kWh磷酸铁锂电池组，某企业甲产品采用定额法计算成本。本月有关甲产品原材料费用的资料如下。

① 月初在产品定额费用1 400元，月初在产品脱离定额的差异为节约20元，月初在产品定额费用调整为降低20元，定额变动差异全部由完工产品负担。

② 本月定额费用为5 600元，本月脱离定额的差异为节约400元。

③ 本月原材料成本差异为节约2%，材料成本差异全部由完工产品负担。

④ 本月完工产品的定额费用为6 000元。

根据上述资料,不考虑其他因素,分析回答下列小题。

(1) 根据资料①,下列各项中,62.8kWh 磷酸铁锂电池组月末在产品原材料定额费用计算结果表述正确的( )。

  A. 980 元   B. 1 120 元   C. 1 780 元   D. 1 820 元

(2) 根据资料①和②,下列各项中,原材料脱离定额差异率( )。

  A. -6.02% B. 6.02% C. -5.44% D. 5.44%

(3) 根据资料②和③,本月 62.8kWh 磷酸铁锂电池组原材料费用应分配的材料成本差异为( )元。

  A. 104   B. -104 C. 120   D. -120

(4) 根据资料①至④,本月完工产品和月末在产品应负担的原材料实际费用是( )元。

  A. 5 762.8   B. $-5\,762.8$ C. 5 554.8   D. $-5\,554.8$

(5) 根据资料①至④,62.8kWh 磷酸铁锂电池组月末完工产品成本实际成本由( )组成。

  A. 定额成本   B. 脱离定额差异   C. 材料成本差异   D. 定额变动差异

五、岗课赛证融通题

沿用项目一至项目四岗课赛证融通题目中任务一至任务十二的相关资料。

任务十四:人工定额费用

根据已经完成的任务,运用定额法计算磷酸铁生产部、磷酸铁锂生产部工人的工资定额费用,填写人工定额费用单,见表 5-25 和表 5-26。

表 5-25 生产工人工资定额费用及脱离定额差异汇总表

部门	磷酸铁生产部									差异性质(超支/节约)	差异原因(价差/量差)
	定额费用			实际费用			脱离定额差异				
定额产量/t	定额单位成本/(元/t)	定额分配金额/元	实际完工产量/t	实际单位成本/(元/t)	实际分配金额/元	完工产量/t	单位成本/(元/t)	分配金额/元		
12 000	880.00	10 560 000.00								

表 5-26 生产工人工资定额费用及脱离定额差异汇总表

部门	磷酸铁锂生产部									差异性质(超支/节约)	差异原因(价差/量差)
	定额费用			实际费用			脱离定额差异				
定额产量/t	定额单位成本/(元/t)	定额分配金额/元	实际完工产量/t	实际单位成本/(元/t)	实际分配金额/元	完工产量/t	单位成本/(元/t)	分配金额/元		
12 500	480.00	6 000 000.00								

项目六

成本报表的编制与分析

素养目标

培养成本管控、降本增效的意识;培养践行社会主义核心价值观,引领道德风尚,履行社会责任的意识。

知识目标

了解成本报表的作用、种类和编制要求;掌握产品生产成本表、主要产品单位成本表、制造费用明细表的结构和内容;理解成本分析的方法;掌握产品生产成本表、主要产品单位成本表分析的内容和方法。

能力目标

能编制产品生产成本表、主要产品单位成本表、制造费用明细表;能对按成本项目反映和按产品种类反映的产品生产成本表进行分析;能对主要产品单位成本表的成本项目进行分析。

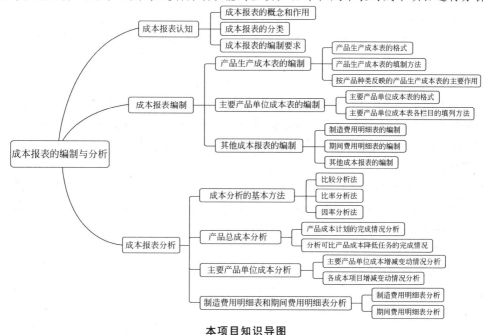

本项目知识导图

任务一　成本报表认知

任务描述

成本报表是企业财务报表的重要组成部分,编制成本报表对企业成本管控具有重要意义。本任务中的知识点是初级会计职称《初级会计实务》科目考试中的知识考核点——财务报告概述,也是业财税融合成本管控1+X证书的技能考核点——成本报表的种类与特点。

近年来,动力电池受到技术进步、生产规模扩大、原材料价格波动以及政策环境等多重因素的影响,市场价格产生剧烈波动。为更好适应市场竞争,湖南启航电池有限公司从多个方面发力进行改革创新,财务部负责为企业降本增效提供数据支撑,组成了以财务主管王驰皓为组长的成本管控小组。

思考:(1)编制成本报表对企业成本管控有什么意义?
(2)编制成本报表应该遵循的编制要求有哪些?

一、成本报表的概念和作用

1. 成本报表的概念

成本报表是指按照成本管理的需要,根据日常成本核算资料及其他有关资料定期或不定期编制的,用以反映企业产品成本水平、构成及升降变动情况,分析一定时期内生产费用预算和产品成本计划执行情况的报告文件。

常见产品成本报表如图6-1所示。

产品成本作为反映企业生产经营活动情况的综合性指标,是衡量企业经营管理水平的重要尺度。成本报表从实质上看,是企业内部成本管理的报表,是为企业内部管理需要而编制,对加强成本管理、提高经济效益有着重要的作用。相对于财务报表来说,成本报表具有以下特点。

(1)成本报表是为企业内部生产经营管理需要编制的,报表采取什么形式,应填列哪些内容以及什么时候编制报表等,完全可以由企业根据自身特点和管理要求决定,因而具有及时、灵活多样和实用性的特点。

(2)成本报表与企业生产特点和管理要求密切联系,不同企业的成本报表存在差异,具有个性化的特点,成本信息资料具有高度的保密性,成本报表只能在企业内部使用。

(3)成本报表是企业会计资料和其他技术经济资料相结合的产物,提供的信息具有综合性和全面性的特点。

在实际运营过程中,企业应将其作为控制成本效益的有效工具,建立和完善管理制度,实现有效的财务决策,同时也可辅助企业进行投资决策,特别是定价决策。企业需要认真地为每一种成本项目建立具体的成本报表,实时地跟踪分析成本运用情况,帮助企业高效管理成本,实现更有效的财务决策。

2. 成本报表的作用

成本报表的作用在于提供了真实可靠的产品成本信息,为企业管理和决策提供依据。具体来说,成本报表的作用主要包括以下几个方面。

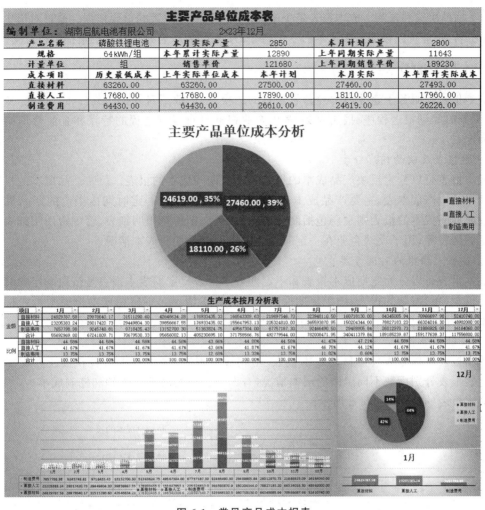

图 6-1 常见产品成本报表

（1）了解企业成本状况。通过成本报表，企业各级管理部门可以了解企业在一定时期内的产品成本水平及费用支出情况，从而全面了解企业的成本状况。这有助于企业及时发现成本管理中存在的问题，并采取相应措施加以改进。

（2）考核成本计划执行情况。成本报表反映了企业执行成本计划的情况，因此可以用来进行考核和分析。通过对比实际成本与计划成本，企业可以评估成本控制的成果，并对未达标的部分进行原因分析和改进。

（3）评价和考核业绩。成本报表提供的信息可以用来定期评价和考核各有关部门和人员执行成本计划或预算的成绩和责任。有助于企业建立激励机制，鼓励员工积极参与成本管理，降低成本费用。

（4）为下期成本计划提供依据。成本报表提供的实际产品成本和费用支出的资料，可以为企业编制下一期成本计划提供参考依据。有助于企业根据实际情况制订更为合理、可行的成本计划，提高成本管理的效果。

（5）加强日常成本管理。成本报表提供的实际产品成本和费用支出的资料，可以满足企业、车间和部门加强日常成本、费用管理的需要。通过对这些资料的分析，企业可以发现生产过程中的成本浪费现象，并采取针对性措施加以改进，从而降低生产成本，提高经济效益。

(6) 辅助决策和预测。成本报表是企业进行成本预测和决策的重要依据。通过对历史成本数据的分析,企业可以预测未来成本的变化趋势,为制定科学、合理的经营决策提供有力支持。

二、成本报表的分类

成本报表是服务于企业内部经营管理目的的报表,一般不对外报送或公布。因此,从报表格式、编制时间到报送程序、报送对象,都由企业根据自身经营过程的特点和企业管理的具体要求而定。

1. 按报表反映的内容分类

成本报表可以分为反映产品成本的报表和反映期间成本的报表。反映产品成本的报表主要包括产品生产成本表、主要产品成本表等,用于反映企业在一定时期内生产的产品成本情况。反映期间成本的报表则主要包括制造费用明细表、销售费用明细表、管理费用明细表和财务费用明细表等,用于反映企业在一定时期内发生的各项期间成本情况。

2. 按报表编报的时间分类

成本报表可以分为定期成本报表和不定期成本报表。定期成本报表是按照固定的时间周期(如月、季、年)编制的报表,用于定期反映企业的成本情况。不定期成本报表则是在特定情况下根据需要随时编制的报表,如为了满足某种临时性需要而编制的成本报表。

3. 按报表编制的范围分类

成本报表可以分为公司整体成本报表、车间成本报表、班组成本报表和责任人成本报表等。这些报表分别反映不同层级的成本情况,有助于企业实现分级管理和控制成本。

成本报表的分类如图6-2所示。

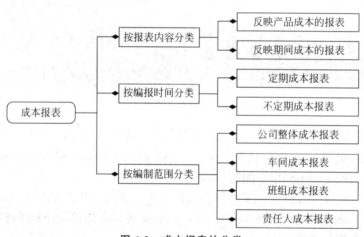

图6-2 成本报表的分类

在实际应用中,企业可以根据自身的需要和管理要求选择合适的成本报表分类方式,以便更好地了解和控制成本情况。同时,随着企业管理水平的不断提高和信息化技术的广泛应用,成本报表的编制和分析也将更加便捷和高效。

三、成本报表的编制要求

为了充分发挥成本报表在经济管理中的积极作用,企业应按照要求正确编报各种成本报表。为了能提供使各方面满意的成本报表,必须达到以下要求。

1. 数字真实

数字真实是指报表中的各项指标数据必须真实可靠,如实反映情况,不能任意估计数字,更不能允许弄虚作假,篡改数字。因此,企业在编制报表前,所有的经济业务都要登记入账,要调整不应当列入成本的费用,做到先结账,后编报;应认真清查财产物资,做到账实相符,要核对各种账簿之间的记录,做到账账相符。报表编制完毕后,还应检查各个报表中相关指标的数字是否一致。

2. 计算准确

在编制成本报表的过程中,表内各项指标数据的计算必须准确无误,不得出现计算、书写错误。这要求编制人员具备专业的会计知识和计算能力,以确保报表的准确性。

3. 内容完整

内容完整是指成本报表中的主要报表种类应齐全,应填列的报表指标和文字说明必须全面,表内项目和表外补充资料,不论根据账簿资料直接填列,还是分析计算填列,都应当完整无缺,不得任意取舍。应注意保持各成本报表计算口径一致。计算方法如有变动,还应具有分析说明生产成本和费用因此引起的升降情况、原因、措施的文字资料。

4. 编报及时

企业内部的各个管理层次应按规定的时间编制并报送各种成本报表,及时进行成本信息资料的传递、反馈。这有助于保证信息的及时性和有效性,使决策者能够及时了解企业的成本状况并作出相应的决策。

职业拓展

日事日毕,日清日高——海尔 OEC 管理模式

扫描右侧二维码阅读文章。

思考:"日事日毕"的工作节奏下,如何合理利用资源,降低企业成本?

链接:日事日毕,日清日高——海尔 OEC 管理模式

任务二　成本报表编制

任务描述

编制成本报表是企业成本管理工作中的重要环节,只有及时、准确编制成本报表,才能对成本状况进行全面了解和深入分析。成本报表可以是反映企业一定时期内生产所有产品发生的全部生产费用的产品生产成本表,也可以是反映企业在报告期内生产的各种主要产品单位成本构成情况和各项主要技术经济指标报告情况的主要产品单位成本表,还可以是反映制造费用、期间费用等的其他成本报表。成本报表的编制有助于企业全面了解和控制成本,优化成本结构,提高经济效益,为企业的健康、稳定和可持续发展提供有力保障。本任务中的知识点是业财税融合成本管控1+X证书的技能考核点——成本报表的编制。

项目活动一　产品生产成本表的编制

工作情境

成本会计顾肖从账务系统导出成本相关数据后着手编制成本报表,他想从湖南启航电池有限公司整体角度分析和评价企业成本管理工作。顾肖有些迷茫,这么多成本数据及指标,哪些数据才是企业最需要的呢?

思考：(1) 全部产品如何进行分类才能起到更好的分析效果？
(2) 应该将哪些指标作为核心指标进行分析？

产品生产成本表是用来反映企业在一定时期内生产的所有产品而发生的全部生产费用的报表。利用产品成本表，可以揭示企业为生产一定数量的产品所付出的成本是否达到了预期的要求，可以考核和分析企业产品成本计划执行情况以及可比产品成本降低计划的执行情况，对企业的成本管理工作进行评价。该类报表在编报的时间、种类、格式、内容和报送对象等方面，国家相关法律、法规均不作统一规定，而是由企业根据其生产特点与管理要求自行设置和调整。产品生产成本表一般按月编制。

一、产品生产成本表的格式

产品生产成本表分为正表和补充资料两部分。正表由实际产量、单位成本、本月总成本、本年累计总成本四部分构成，并按可比产品和不可比产品分别填列。产品生产成本表格式见表6-1。

表6-1　产品生产成本表

编制单位：湖南启航电池有限公司　　　　20××年××月

产品名称	计量单位	实际产量		单位成本			本月总成本			本年累计总成本		
		本月	本年累计	上年实际平均	本年计划	本月实际	本年累计实际平均	按上年实际平均单位成本计算	按本年计划单位成本计算	本月实际	按上年实际平均单位成本计算	按本年计划单位成本计算	本年实际
		①	②	③	④	⑤	⑥	⑦	⑧	⑨	⑩	⑪	⑫
可比产品													
其中：													
合计													
不可比产品													
总计													

补充资料：

正表项目栏的纵栏中，分别反映各种产品的实际产量、单位成本、本月总成本和本年累计总成本，分别以上年实际平均单位成本、本年计划单位成本和本月实际单位成本为标准，计算实际产量下的总成本，以便将本年实际与上年实际和本年计划进行比较，正确评价企业成本工作的业绩。

正表项目栏的横栏中首先分为可比产品与不可比产品两部分。可比产品是指以前会计期间内正式生产过，并保留有较完整的成本资料可以进行比较的产品；不可比产品是指企业在本会计期间初次生产的新产品，或者虽非初次生产，但是缺乏可比成本资料的产品，即不具备可比产品条件的产品。对不可比产品来说，由于没有可比的成本资料，因此只列示本期的计划成本和实际成本。将可比产品成本与不可比产品成本加总，可以求得全部产品生产制造成本。

补充资料包含可比产品成本降低额、降低率、产值成本率的累计实际数与计划数，以及按现行价格计算的产品产值等，以便对报表资料进行分析和利用，写在表的下端。

二、产品生产成本表的填制方法

(1) 报表标题。明确标明为"产品生产成本表"，以便使用者明确报表的用途和内容。

(2) 报表期间。注明报表所反映的时间段,以便使用者了解数据的时效性和范围。

(3) 产品名称栏。按照企业所生产的产品分为可比产品和不可比产品,按产品名称或品种列示,并列明规格和计量单位。

(4) 实际产量栏。分为两个栏目反映,其中"本月"实际产量应根据本月成本核算单或产品生产成本明细账填列;"本年累计"实际产量应根据产品生产成本明细账或产品成本表中上期该栏的数量加本月实际产量计算填列。

(5) 单位成本栏。分为四个栏目反映,其中"上年实际平均"单位成本应根据上年年末该产品生产成本表中本年累计实际平均数填列;"本年计划"单位成本应根据本年度成本计划资料填列;"本月实际"单位成本应根据各产品的本月实际总成本,除以本月实际产量计算填列;"本年累计实际平均"单位成本应根据自年初起至本月末的本年累计实际总成本,除以本年累计实际产量计算填列。

(6) 本月总成本栏。分为三个栏目反映,其中"按上年实际平均单位成本计算"和"按本年计划单位成本计算"两栏只需以本年累计实际产量分别乘以"上年实际平均"单位成本和"本年计划"单位成本后的数字;"本月实际"总成本则应根据本期成本核算单填列。

(7) 本年累计总成本栏。分为三个栏目反映,其中"按上年实际平均单位成本计算"和"按本年计划单位成本计算"两栏只需以本年累计实际产量分别乘以"上年实际平均单位成本"和"本年计划单位成本"后的数字;而"本年实际"总成本栏则应根据上期产品生产成本表此栏数字加上本月实际总成本填列。

如果有不合格品,应单列一行,并注明"不合格品"字样,不应与合格产品合并填列。

(8) 补充资料可根据企业自身的实际情况和成本管理的需求进行确定,这些资料可以帮助企业更全面地了解成本管理的各项内容,从而制定更有效的成本控制策略。补充资料中部分数据计算公式为

$$可比产品成本降低额 = \frac{可比产品按上年实际平均单位}{成本核算的本年累计总成本} - 本年累计实际总成本$$

$$可比产品成本降低率 = \frac{可比产品成本实际降低额}{可比产品按上年实际平均单位成本核算的本年累计总成本} \times 100\%$$

如果本年可比产品成本比上年不是降低,而是升高,上列成本的降低额和降低率应用负数填列。如果企业可比产品品种不多,其成本降低额和降低率也可以按产品品种分别计算。

【例 6-1】 湖南启航电池有限公司 2×23 年 12 月全部产品成本资料见表 6-2。

表 6-2　湖南启航电池有限公司 2×23 年 12 月全部产品成本资料

产品名称	计量单位	本月产量	本年累计产量	上年实际平均单位成本	本年计划单位成本	本月实际单位成本	本年累计实际平均单位成本
磷酸铁锂电池	组	2 850	12 890	145 370	72 000	70 189	71 679
三元材料电池	组	416	4 632	156 172	86 000	85 967	86 357
石墨	kg	24 536	1 145 548		61	63	62

要求:根据上述资料编制产品生产成本表。

解析:湖南启航电池有限公司磷酸铁锂电池和三元材料电池以前会计期间正式生产过,并保留有较完整的成本资料,两种产品可以进行比较,归类为可比产品。石墨以前会计期间没有正式生产过,没有历史资料进行比较,归类为不可比产品。表内各项目具体计算方法见表 6-3 内公式。

表 6-3 产品生产成本表

编制单位：湖南启航电池有限公司　　2×23 年 12 月

产品名称	计量单位	实际产量		单位成本				本月总成本			本年累计总成本		
		本月	本年累计	上年实际平均	本年计划	本月实际	本年累计实际平均	按上年实际平均单位成本计算	按本年计划单位成本计算	本月实际	按上年实际平均单位成本计算	按本年计划单位成本计算	本年实际
		①	②	③	④	⑤=⑨÷①	⑥=⑫÷②	⑦=①×③	⑧=①×④	⑨=①×⑤	⑩=②×③	⑪=②×④	⑫=②×⑥
可比产品 其中：磷酸铁锂电池	组	2 850	12 890	145 370	72 000	70 189	71 679	414 304 500	205 200 000	200 038 650	1 873 819 300	928 080 000	923 942 310
三元材料电池	组	416	4 632	156 172	86 000	85 967	86 357	64 967 552	35 776 000	35 762 272	723 388 704	398 352 000	400 005 624
合计		3 266	17 522	—	—	—	—	479 272 052	240 976 000	235 800 922	2 597 208 004	1 326 432 000	1 323 947 934
不可比产品 石墨	kg	24 536	1 145 548	—	61	63	62	—	1 496 696	1 545 768	—	69 878 428	71 023 976
总计		—	—	—	—	—	—	—	—	—	—	1 396 310 428	1 394 971 910

补充资料：

① 可比产品成本降低额：⑩－⑫＝1 273 260 110 元。

② 可比产品成本降低率：（⑩－⑫）÷⑩＝49.02%。

三、按产品种类反映的产品生产成本表的主要作用

（1）可以分析和考核产品本月与本年累计的成本计划执行情况，对其节约或超支情况作出一般评价。

（2）可以分析和考核可比产品本月与本年累计的成本变动情况。

（3）分析和考核可比产品成本降低计划的执行情况。

（4）为进行产品单位成本分析奠定基础。

职业拓展

"数字＋管理"双极赋能，鞍钢股份公司构建"日成本"管理系统

扫描右侧二维码阅读文章。

思考：产品生产成本表中哪些项目适合反映在"日成本"报表中？

链接："数字＋管理"双极赋能，鞍钢股份公司构建"日成本"管理系统

项目活动二　主要产品单位成本表的编制

工作情境

企业生产部门和设计部门为挖潜改造，想进一步了解企业主要产品的成本构成情况和各项主要技术经济指标情况，以便有针对性展开降本增效工作。

思考：在产品生产成本表的基础上还需要补充哪些内容？

主要产品单位成本表是指反映企业在报告期内（月、季、年）生产的各种主要产品单位成本构成情况和各项主要技术经济指标报告情况的报表。该表应按主要产品分别编制，是产品生产成本表的补充报表。通过主要产品成本表，企业可以了解各种主要产品的单位成本构成和变动情况，分析成本升降的原因，寻求降低成本的途径。同时，该表还可以为编制成本计划和制定成本控制措施提供依据，为企业的决策提供有力的支持。该表通常每月编制。

一、主要产品单位成本表的格式

主要产品单位成本表是按成本项目反映单位产品成本水平的报表，由表首、基本内容、补充资料三部分构成，主要根据成本核算表和日常积累的经济资料填列，其格式见表6-4。

表6-4　主要产品单位成本表

编制单位：湖南启航电池有限公司　　　　××××年××月　　　　　　　　单位：元

产品名称			本月计划产量		
规格			本月实际产量		
计量单位			本年计划产量		
销售单价			本年累计实际产量		
成本项目	历史先进水平	上年实际平均	本年计划	本月实际	本年累计实际平均
直接材料/元					
直接人工/元					
制造费用/元					

续表

产品单位生产成本/元					
主要经济指标	用量	用量	用量	用量	用量
材料					
工时					

二、主要产品单位成本表各栏目的填列方法

（1）表头部分应填写报表名称、编制单位、编制日期、主要产品名称和计量单位。

（2）"本月计划产量"和"本年计划产量"分别根据本月和本年产品产量计划填列。

（3）"本月实际产量"和"本月累计实际产量"分别根据统计提供的产品产量资料或产品入库单填列。

（4）"成本项目"中，"历史先进水平"栏各项目根据有关年度的资料填列；"上年实际平均"栏各项目根据上年年末该表"本年累计实际平均"栏资料填列；"本年计划"栏各项目根据成本计划单位成本资料填列；"本月实际"栏各项目根据产品成本明细账有关资料填列；"本年累计实际平均"栏各项目，根据年初至本月月末止的有关产品成本明细账资料采用加权平均计算后填列。

某产品的本年累计实际平均单位成本＝该产品累计总成本÷该产品累计产量

某产品的本年累计实际平均单位用量＝该产品累计总用量÷该产品累计产量

（5）"主要经济指标"应分别根据实际消耗记录、计划、上年度有关数据等业务技术资料和企业或上级机构规定的指标名称、填列方法计算填列。

（6）补充资料。该表可在基本内容后填制补充资料，补充资料主要说明某种产品的合规程度及工资水平。

【例6-2】 假设湖南启航电池有限公司历史最先进水平发生在上一年度，材料及工时用量见表6-5。

表6-5 磷酸铁锂电池材料工时用量表

主要经济指标	历史先进水平	上年实际平均	本年计划	本月实际	本年累计实际平均
材料	5.68	5.68	5.65	5.8	5.78
工时	23.6	23.6	23.4	23.5	23.36

要求：根据例6-1数据填制主要产品单位成本表。

解析：主要产品单位成本表见表6-6。

表6-6 主要产品单位成本表

编制单位：湖南启航电池有限公司　　　2×23年12月　　　　　　　　单位：元

产品名称	磷酸铁锂电池	本月计划产量	2 800
规格	64kWh/组	本月实际产量	2 850
计量单位	组	本年计划产量	12 000
销售单价	121 680	本年累计实际产量	12 890

续表

成本项目	历史先进水平	上年实际平均	本年计划	本月实际	本年累计实际平均
直接材料/元	63 260	63 260	27 500	27 460	27 493
直接人工/元	17 680	17 680	17 890	18 110	17 960
制造费用/元	64 430	64 430	26 610	24 619	26 226
产品单位生产成本/元	145 370	145 370	72 000	70 189	71 679
主要经济指标	用量	用量	用量	用量	用量
材料	5.68	5.68	5.65	5.8	5.78
工时	23.6	23.6	23.4	23.5	23.36

 成本管理理念

一家将低成本战略用到极致的企业——格兰仕

扫描右侧二维码阅读文章。

思考：2023年中央经济工作会议明确提出，要以科技创新推动产业创新，特别是以颠覆性技术和前沿技术催生新产业、新模式、新动能，发展新质生产力。上述案例中，格兰仕的战略发展与我国的内外部环境有哪些关联？

链接：一家将低成本战略用到极致的企业——格兰仕

项目活动三　其他成本报表的编制

工 作 情 境

任逍遥发现随着产业升级，公司制造费用在企业产品成本中所占比例不断提高，制造费用报表的编制对企业也越来越重要。

思考：(1)哪些制造费用项目是制造费用报表需要重点展示的？

(2)为进行成本优化，企业还可以编制哪些报表？

一、制造费用明细表的编制

制造费用明细表是具体反映工业企业在报告期内发生的各项制造费用及构成情况的成本报表。制造费用明细表一般只反映基本生产车间的制造费用情况。

通过制造费用明细表可以了解制造费用的实际发生情况、构成及增减变动情况，分析和考核制造费用预算的执行情况及结果，充分揭示差异及产生原因。制造费用明细表由表首和基本内容两部分构成，其基本内容分为"本年计划数""上年同期实际数""本月实际数"和"本年累计实际数"四个部分。各部分按制造费用明细项目逐项反映。制造费用明细表的格式见表6-7。

表 6-7 制造费用明细表

编制单位：湖南启航电池有限公司　　　　××××年××月　　　　　　　　单位：元

成本项目	行次	本年计划数	上年同期实际数	本月实际数	本年累计实际数
机物料消耗	1				
职工薪酬	2				
折旧费	3				
办公费	4				
水电费	5				
停工损失	6				
其他	7				
合计	8				

1. 制造费用明细表的填制方法

制造费用明细表主要是根据制造费用明细账发生额分析计算汇总填列的。通常，制造费用明细账按车间设置，账内按照制造费用项目设置专栏，以归集当期发生的各种制造费用。所以，制造费用明细表实际上是对当期制造费用明细账的分项汇总。

(1)"本年计划数"，应根据本年制造费用计划填列。

(2)"上年同期实际数"，应根据上年同期本表的本月实际数填列。

(3)"本月实际数"，应根据制造费用总账科目所属各基本生产车间制造费用明细账的本月合计数汇总计算填列。

(4)"本年累计实际数"，应根据这些制造费用明细账本月月末的累计数汇总计算填列。

如果需要，也可以根据制造费用的分月计划，在表中加列"本月计划数"。

2. 制造费用明细表的主要作用

(1) 利用该表可以按费用项目分析制造费用本年累计实际数比上年同期累计实际数的增减变化情况。

(2) 可以按费用项目，分析制造费用年度计划的执行情况及原因。

(3) 可以分析本月实际数和本年累计实际制造费用的构成情况，并与上年同期实际构成情况和计划构成情况进行比较，分析制造费用构成的变化趋势及原因。

二、期间费用明细表的编制

1. 销售费用明细表的编制

销售费用明细表是反映企业在报告期内发生的全部产品销售费用及构成情况的报表，应按产品销售费用项目分别反映各项费用的"本年计划（预算）数""上年同期实际数""本月实际数"和"本年累计实际数"。其中，"本年计划（预算）数"应根据本年产品销售费用计划填列。"上年同期实际数"应根据上年同期本表的"累计实际数"填列。"本月实际数"应根据产品销售费用明细账的"本月合计数"填列。"本年累计实际数"应根据产品销售费用明细账的"本月月末累计数"填列。销售费用明细表的格式见表 6-8。

表 6-8　销售费用明细表

编制单位：湖南启航电池有限公司　　　　××××年××月　　　　　　　　　　　单位：元

项　　目	行次	本年计划（预算）数	上年同期实际数	本月实际数	本年累计实际数
保险费	1				
包装费	2				
展览费	3				
广告费	4				
商品维修费	5				
预计产品质量保证损失	6				
运输费	7				
专项销售机构经费	8				
合　　计	9				

2. 管理费用明细表的编制

管理费用明细表是反映企业在报告期内发生的全部管理费用及构成情况的报表。此表按管理费用项目分别反映各项费用的"本年计划（预算）数""上年同期实际数""本月实际数"和"本年累计实际数"。其中，"本年计划（预算）数"应根据企业行政管理部门的管理费用计划填列。"上年同期实际数"应根据上年同期本表的"累计实际数"填列。"本月实际数"应根据管理费用明细账中的"本月合计数"填列。"本年累计实际数"应根据管理费用明细账的"本月月末累计数"填列。管理费用明细表的格式见表6-9。

表 6-9　管理费用明细表

编制单位：湖南启航电池有限公司　　　　××××年××月　　　　　　　　　　　单位：元

项　　目	行次	本年计划（预算）数	上年同期实际数	本月实际数	本年累计实际数
开办费	1				
公司经费	2				
工会经费	3				
董事会费	4				
聘请中介机构费	5				
咨询费	6				
诉讼费	7				
业务招待费	8				
印花税	9				
技术转让费	10				
矿产资源补偿税	11				
研究费用	12				
排污费	13				
其他	14				
合　　计	15				

3. 财务费用明细表的编制

财务费用明细表是反映企业在报告期内发生的全部财务费用及构成情况的报表。此表按财务费用项目分别反映各项费用的"本年计划（预算）数""上年同期实际数""本月实际数"和"本年累计实际数"。其中，"本年计划（预算）数"应根据本年财务费用计划填列。"上年同期实际数"应根据上年同期本表的"累计实际数"填列。"本月实际数"应根据财务费用明细账的"本月合计数"填列。"本年累计实际数"应根据财务费用明细账的"本月月末累计数"填列。财务费用明细表的格式见表6-10。

表 6-10 财务费用明细表

编制单位：湖南启航电池有限公司　　　××××年××月　　　　　　单位：元

项　　目	行次	本年计划(预算)数	上年同期实际数	本月实际数	本年累计实际数
利息支出(减利息收入)	1				
汇兑损失(减汇兑收益)	2				
手续费	3				
现金折旧	4				
合　计	5				

三、其他成本报表的编制

企业除需按时编报上述几种成本报表外，还要按成本管理的要求和责任会计的要求，编制一些其他成本报表，服务于企业内部的成本控制，如责任成本表、质量成本表、材料成本考核表、人工成本考核表等。其他成本报表形式多样，不同企业可有不同的设计。

(1) 责任成本表。责任成本表是根据责任中心(部门)的成本核算资料定期进行编制，用于反映和考核责任成本预算完成情况的内部成本报表。责任成本表仅为实施责任成本核算的企业使用。

(2) 质量成本表。质量成本表是根据企业质量管理的要求，按照质量成本的种类和项目核算企业实际发生的质量成本，用以反映、分析和考核一定时期内质量成本预算执行情况的内部成本报表。

(3) 材料成本考核表。材料成本考核表是根据企业对主要材料成本管理的需要，反映和考核主要材料的耗用量及采购成本情况的内部成本报表，包括材料耗用量月报表、材料耗用成本月报表、材料成本差异分析月报表，可分别由仓库保管员和财会部门核算人员编制。

(4) 人工成本考核表。人工成本考核表是反映报告期内工人工作效率的报表。该表主要分析工人在生产时间内的工作效率，一般由下而上逐级编报。

(5) 成本预测表。成本预测表基于历史成本数据和其他相关信息，对未来的成本进行预测。这有助于企业制订预算和计划，并预测未来的盈利能力。

(6) 成本效益分析表。成本效益分析表用于对比不同方案或项目的成本与效益，以评估它们的经济可行性。这有助于企业在决策过程中选择最具成本效益的方案。

(7) 标准成本与实际成本对比表。标准成本与实际成本对比表展示标准成本与实际成本的差异，帮助企业分析成本差异的原因，并采取改进措施。

(8) 废料销售情况表。对于产生废料的企业，废料销售情况表用于记录废料的销售情况，包括销售数量、销售价格和销售收入等。这有助于企业了解废料的价值，并为其处理提供依据。

(9) 成本趋势分析表。成本趋势分析表通过对比不同时期的成本数据，揭示成本的变化趋势。有助于企业发现成本控制的潜在问题，并采取相应的措施加以改进。

成本报表背后的秘密：如何精准控制成本

扫描右侧二维码阅读文章。

思考：为何成本报表被称为企业的"内照镜"？

链接：如何精准控制成本

任务三　成本报表分析

成本报表分析是成本管控的基础，它是企业了解成本的构成、变化以及影响因素进而找到成本降低途径的关键点。本任务是业财税融合大数据应用竞赛的核心考点，也是业财税融合成本管控1+X证书的技能考核点——成本报表分析。

项目活动一　成本分析的基本方法

通过编制各类成本报表，成本会计顾肖知道了湖南启航电池有限公司生产成本以及其他成本的增减变动情况。为进一步进行成本管控，企业需要分析各项指标的变动及指标之间的关系，以揭示影响成本升降的各种因素及变动原因，进而找到降低成本的方法，优化成本管理策略。

思考：（1）企业如何查找引起成本变动的主要影响因素？

（2）企业总生产成本的大幅度升降能否作为评价企业成本控制优劣的唯一因素？

成本报表分析属于事后分析，它以成本报表所提供的反映企业一定时期产品成本水平和构成情况的资料和有关的计划、核算资料为依据，运用科学的分析方法，通过分析各项指标的变动以及指标之间的相互关系，揭示企业各项成本指标计划的完成情况和原因，从而对企业一定时期的成本管理工作情况获得比较全面的认识。

成本分析方法是指完成成本分析目标的手段，是指用来研究和分析企业成本构成和变动情况的方法，旨在帮助企业更好地控制成本、提高经济效益。下面是几种常见的成本分析方法。

一、比较分析法

比较分析法也称对比分析法，是指将两个经济内容相同、时间或空间地点不同的经济指标相减，借以了解经济活动的成绩和问题的一种分析方法。它是成本分析中最简便、运用范围最广泛的一种方法。

比较分析法一般是绝对数的比较分析，只适用于同类型企业、同质指标的数量比较。采用这种分析法时，应当注意相比指标的可比性。进行比较的各项指标，在经济内容、计算方法、计算期和影响指标形成的客观条件等方面，应有可比的共同基础。如果比较的指标之间有不可比因素，应先按可比的口径进行调整，然后进行比较。

由于分析的目的不同,比较的基数也会有所不同。一般来说,对比的基数有计划数(预算数)、定额数、以往年度同期实际数,以及本企业历史最高水平和国内国外同行业先进水平。根据对比分析的要求不同,可采用不同的对比形式,可以进行绝对值比较,也可进行相对数比较。

采用比较分析法时,由于分析的目的不同,对比的基期数也有所不同。常用的对比指标主要有以下几种。

(1) 本期实际与计划或定额指标对比。

(2) 本期实际与前期(上年同期或历史先进水平)的实际成本对比。

(3) 本企业实际成本指标(或某项技术经济指标)与国内外同行业先进指标对比。

【例 6-3】 湖南启航电池有限公司磷酸铁锂电池单位成本表见表 6-6。

要求:用比较分析法阐述本月磷酸铁锂电池计划完成情况。

解析:分析表 6-6 中数据发现本月公司计划生产 2 800 组磷酸铁锂电池,实际生产 2 850 组,多生产 50 组,超额完成月度生产任务;本年度计划生产 12 000 组电池,实际生产 12 890 组,多生产 890 组,同样超额完成年度生产任务。从总体单位成本看,本年实际单位产品成本 71 679 元比计划产品单位成本 72 000 元降低 321 元,较历史先进水平降低 73 691 元,实现了单位产品成本降低的较大突破。分不同成本项目对比,本月单位产品原材料成本 27 460 元,低于本年累计实际平均单位成本 27 493 元和本年计划单位成本 27 500 元,说明本月磷酸铁锂电池原材料成本优于本年平均水平,同时也优于本年计划水平;本月及本年直接材料成本无论是计划还是实际均远远低于上年实际水平及历史先进水平,说明本年度公司整体上对未来原材料价格走势做了正确判断,并采取了较为可行的措施,材料成本控制取得了一定成效。本年度人工成本无论是较计划还是较上年都有所提高,这里要进一步查找原因,找出造成直接人工成本上涨的原因。本年度制造费用较计划和上年也都有不同程度的降低,但制造费用本年累计实际单位成本和本年计划单位成本相比,差额在三个成本项目中最大,应根据实际情况及时找出原因,及时修改以后年度计划。

【课赛融通 6-1】 湖南启航电池有限公司设有生产一部和生产二部两个部门,2×23 年 12 月两部门产量和单位成本数据见表 6-11。

表 6-11 生产车间成本产量信息表

车间	可比产品名称	产量/组		单位成本/(元/组)		上年单位成本/(元/组)
		计划	实际	计划	实际	
生产一部	磷酸铁锂	2 058.37	2 019.26	83 141.70	84 078.46	73 318.49
生产二部	62.8kWh 磷酸铁锂电池组	7 962.00	7 803.00	73 871.28	74 174.16	71 614.39
	78.54kWh 磷酸铁锂电池组	3 981.00	3 942.00	85 747.75	86 085.48	83 812.11

要求:采用比较分析法分析,计算计划成本比上年降低额和实际成本比上年降低额。

解析:根据上述资料,计算计划成本比上年降低额,以生产一部磷酸铁锂产品为例计算如下。

按计划产量计算的上年产品成本=2 058.37×73 318.49=150 916 580.26(元)

按计划产量计算的本年计划成本=2 058.37×83 141.70=171 136 381.03(元)

计划成本比上年成本降低额=150 916 580.26-171 136 381.03=-20 219 800.77(元)

计划成本比上年成本降低率=-20 219 800.77÷150 916 580.26=-13.40%

计算实际成本比上年降低额,以生产一部磷酸铁锂产品为例计算如下。

按实际产量计算的上年产品成本＝2 019.26×73 318.49＝148 049 094.12(元)
按实际产量计算的本年实际成本＝2 019.26×84 078.46＝169 776 271.14(元)
实际成本比上年成本降低额＝148 049 094.12－169 776 271.14＝－21 727 177.02(元)
实际成本比上年成本降低率＝－21 727 177.02÷148 049 094.12＝－14.68%
其他产品计算过程以此类推,将上述数据填入表6-12。

表6-12 成本降低任务完成情况分析表

车间	可比产品名称	产量/组		单位成本/(元/组)		上年单位成本/(元/组)	计划成本比上年成本降低任务		实际成本比上年成本降低情况	
		计划	实际	计划	实际		降低额/元	降低率/%	降低额/元	降低率/%
生产一部	磷酸铁锂	2 058.37	2 019.26	83 141.70	84 078.46	73 318.49	－20 219 800.77	－13.40	－21 727 177.02	－14.68
生产二部	62.8kWh磷酸铁锂电池组	7 962.00	7 803.00	73 871.28	74 174.16	71 614.39	－17 969 358.18	－3.05	－19 973 885.31	－3.57
	78.54kWh磷酸铁锂电池组	3 981.00	3 942.00	85 747.75	86 085.48	83 812.11	－7 705 782.84	－2.31	－8 961 624.54	－2.71

高手过招

微课：采用比较分析法进行成本分析

二、比率分析法

比率分析法也称比重分析法,是指通过计算和对比经济指标的比率,进行分析的一种方法。采用这一方法,先要将对比的数值变成相对数,求出比率,然后进行对比分析。具体形式如下。

(1) 相关指标比率分析法。相关指标比率分析法是计算两个性质不同而又相关的指标的比率,从而进行数量分析的方法。相关指标比率分析法在财会类相关课程中应用非常广泛,具体到智能化成本核算与管理课程中,常用的比率有产值成本率、营业收入成本率、成本利润率、销售成本率等,这些成本相关指标能很好地分析各企业经济效益的优劣。

产值成本率、营业收入成本率、成本利润率、销售成本率的计算公式分别为

$$产值成本率 = \frac{成本}{产值} \times 100\%$$

$$营业收入成本率 = \frac{成本}{营业收入} \times 100\%$$

$$成本利润率 = \frac{利润}{成本} \times 100\%$$

$$销售成本率 = \frac{销售成本}{销售收入} \times 100\%$$

(2) 构成比率分析法。构成比率分析法是计算某项指标的各个组成部分占总体的比重，即部分与总体的比率，从而进行数量分析的一种方法。通常计算的相关比率指标为

$$直接材料成本率 = \frac{直接材料成本}{产品成本} \times 100\%$$

$$直接人工成本率 = \frac{直接人工成本}{产品成本} \times 100\%$$

$$制造费用成本率 = \frac{制造费用}{产品成本} \times 100\%$$

进行构成比率分析时，将构成产品成本的各个成本项目同产品成本总额相比，可计算出各个成本项目占总成本的比重，确定成本的构成比率，然后将不同时期的成本构成比率相比较，观察产品成本的构成变动，掌握经济活动情况及其对产品成本的影响。

(3) 趋势比率分析法。趋势比率分析法是指对某项经济指标不同时期的数值进行对比，求出比率，分析其增减速度和发展趋势的一种分析方法。由于计算时采用的基期数值不同，趋势比率又分为定基比率和环比比率两种形式。

$$定基比率 = \frac{比较期数值}{固定基期数值} \times 100\%$$

$$环比比率 = \frac{比较期数值}{前一期数值} \times 100\%$$

需要注意的是，在使用趋势比率分析法时，要选择合适的基期，并考虑季节性因素和周期性因素产生的影响。此外，还需要结合其他分析方法进行综合分析和判断。

【例6-4】 湖南启航电池有限公司磷酸铁锂电池单位成本表见表6-6。

要求：分析本年度实际各成本项目的成本结构。（成本比率尾差计入最后一个项目）

解析：

$$直接材料成本率 = \frac{27\,493}{71\,679} = 38.36\%$$

$$直接人工成本率 = \frac{17\,960}{71\,679} = 25.06\%$$

$$制造费用成本率 = \frac{26\,226}{71\,679} = 36.58\%$$

本年度磷酸铁锂电池实际成本中，直接材料占比最大达到38.36%，是该产品总成本中第一大成本项目。直接人工占比最小，但也占到该产品总成本的25.06%，在未来成本管理中，三个成本项目均较为重要。

【课赛融通6-2】 湖南启航电池有限公司设有生产一部和生产二部两个部门，2×23年12月所生产产品销售收入、销售成本，以及两部门产品成本构成情况见表6-13。

要求：根据相关数据计算各产品成本构成，以及各产品销售成本率情况。占比差额计入制造费用，本月占各产品成本合计比例、上年同期占总成本比例、本期金额较上年同期变动比例、销售成本率、降低率保留至0.01%。

解析：根据上述资料，以62.8kWh磷酸铁锂电池组为例进行计算如下：

$$本月直接材料占比 = \frac{527\,867\,038.21}{578\,780\,980.40} = 91.20\%$$

表 6-13　12 月成本分析表

单位：元

项目	车间	产品名称	成本构成项目	本月金额	本月占各产品成本合计比例	上年同期金额	上年同期占总成本比例	本期金额较上年同期变动比例	说明
生产成本构成分析	生产一部	磷酸铁锂	直接材料	153 049 637.67		131 622 688.40			
			燃料及动力	1 902 676.41		1 845 596.12			
			直接人工	5 333 517.64		5 280 182.46			
			制造费用	9 490 438.05		9 300 629.29			
			成本合计	169 776 269.77		148 049 096.27			
		62.8kWh 磷酸铁锂电池组	直接材料	527 867 038.21		519 949 032.64			
			燃料及动力	2 865 249.74		2 779 292.25			
			直接人工	9 124 780.78		9 033 532.97			
			制造费用	38 923 911.67		38 145 433.44			
			成本合计	578 780 980.40		569 907 291.30			
	生产二部	78.54kWh 磷酸铁锂电池组	直接材料	309 547 636.79		301 808 945.87			
			燃料及动力	1 825 414.55		1 770 652.11			
			直接人工	6 184 105.52		6 122 264.46			
			制造费用	21 791 802.38		21 355 966.33			
			成本合计	339 348 959.24		331 057 828.77			

			本月		差异额		
指标分析	产品名称	指标	2022年12月	计划	实际	先进企业实际	比计划	比上年同期	比先进
	62.8kWh 磷酸铁锂电池组	销售收入	710 559 474.60	727 536 356.80	720 558 290.81	1 237 762 309.23			
		销售成本	569 907 291.30	617 563 900.80	620 533 200.12	1 025 210 756.05			
		销售成本率							
	78.54kWh 磷酸铁锂电池组	销售收入	421 279 745.00	440 223 722.40	418 135 541.94	726 511 666.59			
		销售成本	331 057 828.77	358 425 595.00	341 632 897.74	607 831 633.12			
		销售成本率							

本月燃料及动力占比 $=\dfrac{2\,865\,249.74}{578\,780\,980.40}\times 100\% = 0.49\%$

本月直接人工占比 $=\dfrac{9\,124\,780.78}{578\,780\,980.40}\times 100\% = 1.59\%$

本月制造费用占比 $= 1 - 91.20\% - 0.49\% - 1.59\% = 6.72\%$

上年同期直接材料占比 $=\dfrac{519\,949\,032.64}{569\,907\,291.30}\times 100\% = 91.23\%$

上年同期燃料及动力占比 $=\dfrac{2\,779\,292.25}{569\,907\,291.30}\times 100\% = 0.49\%$

上年同期直接人工占比 $=\dfrac{9\,033\,532.97}{569\,907\,291.30}\times 100\% = 1.59\%$

上年同期制造费用占比 $= 1 - 91.23\% - 0.49\% - 1.59\% = 6.69\%$

直接材料本期金额较上年同期变动比例 $=\dfrac{527\,867\,038.21 - 519\,949\,032.64}{519\,949\,032.64}\times 100\% = 1.52\%$

燃料及动力本期金额较上年同期变动比例 $=\dfrac{2\,865\,249.74 - 2\,779\,292.25}{2\,779\,292.25}\times 100\% = 3.09\%$

直接人工本期金额较上年同期变动比例 $=\dfrac{9\,124\,780.78 - 9\,033\,532.97}{9\,033\,532.97}\times 100\% = 1.01\%$

制造费用本期金额较上年同期变动比例 $=\dfrac{38\,923\,911.67 - 38\,145\,433.44}{38\,145\,433.44}\times 100\% = 2.04\%$

成本合计本期金额较上年同期变动比例 $=\dfrac{578\,780\,980.40 - 569\,907\,291.30}{569\,907\,291.30}\times 100\% = 1.56\%$

2022年12月销售成本率 $=\dfrac{569\,907\,291.30}{710\,559\,474.60}\times 100\% = 80.21\%$

本月计划销售成本率 $=\dfrac{617\,563\,900.80}{727\,536\,356.80}\times 100\% = 84.88\%$

本月实际销售成本率 $=\dfrac{620\,533\,200.12}{720\,558\,290.81}\times 100\% = 86.12\%$

先进企业实际销售成本率 $=\dfrac{1\,025\,210\,756.05}{1\,237\,762\,309.23}\times 100\% = 82.83\%$

实际比计划销售成本率差异额 $= 86.12\% - 84.88\% = 1.24\%$

实际比上年同期销售成本率差异额 $= 86.12\% - 80.21\% = 5.91\%$

实际比先进企业实际销售成本率差异额 $= 86.12\% - 82.83\% = 3.29\%$

其他产品计算过程以此类推,将上述数据填入表6-14中。

高手过招

微课:采用比率分析法进行成本分析

项目六 成本报表的编制与分析

表 6-14 12月成本分析表

项目	车间	产品名称	成本构成项目	本月金额/元	本月占各产品成本合计比例/%	上年同期金额/元	上年同期占总成本比例/%	本期金额较上年同期变动比例/%	说 明
生产成本构成分析	生产一部	62.8kWh磷酸铁锂电池组	直接材料	153 049 637.67	90.15	131 622 688.40	88.90	16.28	
			燃料及动力	1 902 676.41	1.12	1 845 596.12	1.25	3.09	
			直接人工	5 333 517.64	3.14	5 280 182.46	3.57	1.01	
			制造费用	9 490 438.05	5.59	9 300 629.29	6.28	2.04	
			成本合计	169 776 269.77	100.00	148 049 096.27	100.00	14.68	
	生产二部	78.54kWh磷酸铁锂电池组	直接材料	527 867 038.21	91.20	519 949 032.64	91.23	1.52	
			燃料及动力	2 865 249.74	0.49	2 779 292.25	0.49	3.09	
			直接人工	9 124 780.78	1.59	9 033 532.97	1.59	1.01	
			制造费用	38 923 911.67	6.72	38 145 433.44	6.69	2.04	
			成本合计	578 780 980.40	100.00	569 907 291.30	100.00	1.56	
			直接材料	309 547 636.79	91.22	301 808 945.87	91.17	2.56	
			燃料及动力	1 825 414.55	0.54	1 770 652.11	0.53	3.09	
			直接人工	6 184 105.52	1.82	6 122 264.46	1.85	1.01	
			制造费用	21 791 802.38	6.42	21 355 966.33	6.45	2.04	
			成本合计	339 348 959.24	100.00	331 057 828.77	100.00	2.50	

指标分析	产品名称	指 标	2022年12月	本 月		先进企业实际	差 异		
				计划	实际		比计划	比上年同期	比先进
	62.8kWh磷酸铁锂电池组	销售收入/元	710 559 474.60	727 536 356.80	720 558 290.81	1 237 762 309.23	−6 978 065.99	9 998 816.21	−517 204 018.42
		销售成本/元	569 907 291.30	617 563 900.80	620 533 200.12	1 025 210 756.05	2 969 299.32	50 625 908.82	−404 677 555.93
		销售成本率/%	80.21	84.88	86.12	82.83	1.24	5.91	3.29
	78.54kWh磷酸铁锂电池组	销售收入/元	421 279 745.00	440 223 722.40	418 135 541.94	726 511 666.59	−22 088 180.46	−3 144 203.06	−308 376 124.65
		销售成本/元	331 057 828.77	358 425 595.00	341 632 897.74	607 831 633.12	−16 792 697.26	10 575 068.97	−266 198 735.38
		销售成本率/%	78.58	81.42	81.70	83.66	0.28	3.12	−1.96

三、因素分析法

因素分析法也称连环替代法,是指把某一综合指标分解为若干个相互联系的因素,并分别计算、分析各因素影响程度的方法。采用这种方法的出发点在于当有若干因素均对分析对象有影响时,假定其他各个因素都无变化,顺序确定每一因素单独变化所产生的影响。

因素分析法运用程序如下。

(1) 根据指标的计算公式确定影响指标变动的各项因素。

(2) 确定各项因素的排列顺序。各因素排列的顺序要根据指标与各因素的内在联系加以确定,一般是数量因素排列在前,质量因素排列在后;用实物与劳动量表示的因素排列在前,用货币表示的因素排列在后;主要因素与原始因素排列在前,次要因素与派生因素排列在后。

(3) 按照排定的因素顺序对各因素的基数进行计算,确定综合指标的基期数值。

(4) 依次将前面一项因素的基数替换为实际数,将每次替换后的计算结果与其前一次替换后的计算结果进行对比,顺序算出每项因素的影响程度,有几项因素就替换几次。

(5) 将各因素的影响(有的正方向影响,有的反方向影响)数值的代数和,与指标变动的差异总额核对相符。

需要说明的是替代顺序确定的一般原则为先数量,后质量(即先替代数量指标,后替代质量指标);先实物量指标,后价值量指标;先分子,后分母。

假定某综合经济指标 N 受 A、B、C 三个因素影响,关系式为 $N=A\times B\times C$。基期(或计划)指标 N_0 由 A_0、B_0、C_0 组成,报告期(或实际)指标 N_3 由 A_1、B_1、C_1 组成,即:

$$基期(计划)指标\ N_0=A_0\times B_0\times C_0$$

$$报告期(实际)指标\ N_3=A_1\times B_1\times C_1$$

$$总差异额\ G=N_3-N_0$$

采用连环替代法进行因素替代。

$$第一次用\ A\ 因素进行替代\ N_1=A_1\times B_0\times C_0$$

$$第二次用\ B\ 因素进行替代\ N_2=A_1\times B_1\times C_0$$

$$第三次用\ C\ 因素进行替代\ N_3=A_1\times B_1\times C_1$$

替代后的结果减去替代前的结果即为该因素的影响程度,这种方法称为连环替代法。

运用连环替代法分析三个因素变动对差异额 G 影响程度的计算程序如图 6-3 所示。

将计算公式进行整理得到:

$$A\ 因素影响程度=N_1-N_0=(A_1-A_0)\times B_0\times C_0$$

$$B\ 因素影响程度=N_2-N_1=A_1\times(B_1-B_0)\times C_0$$

$$C\ 因素影响程度=N_3-N_2=A_1\times B_1\times(C_1-C_0)$$

此方法称为差额法。

将 A、B、C 三个因素变动的影响相加:

$$(N_1-N_0)+(N_2-N_1)+(N_3-N_2)=N_3-N_0=G$$

通过因素分析法,可以确定各个因素对成本指标的影响程度,并确定因素各自引起的差异占总差异的比重,为制定降低成本的方案提供可靠的依据。从以上分析可知,因素分析法以指标对比法为基础,是指标对比法的补充。

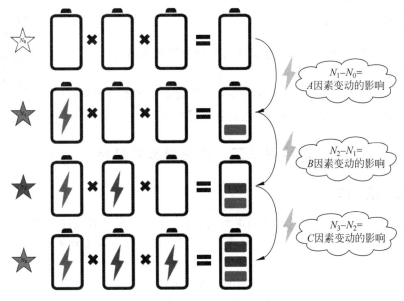

图 6-3 因素分析法示意图

【例 6-5】 从主要产品单位成本表(表 6-6)中可以看到,湖南启航电池有限公司磷酸铁锂电池计划年产量 12 000 组,实际年产量 12 890 组;每组电池计划使用直接材料 27 500 元,每组电池实际使用直接材料 27 493 元;每组电池计划使用直接材料 5.65 单位,实际每组电池使用直接材料 5.78 单位。

要求:分析各因素对材料成本总额的影响程度。

解析:

本年度生产磷酸铁锂电池使用材料总成本＝总产量×每组材料消耗量×单位材料成本

采用连环替代法分析计算如下。

本年材料费用计划总金额:$12\,000 \times 5.65 \times \dfrac{27\,500}{5.65} = 330\,000\,000.00(元)$ ①

第一次替代: $12\,890 \times 5.65 \times \dfrac{27\,500}{5.65} = 354\,475\,000.00(元)$ ②

第二次替代: $12\,890 \times 5.78 \times \dfrac{27\,500}{5.65} = 362\,631\,061.95(元)$ ③

第三次替代: $12\,890 \times 5.78 \times \dfrac{27\,493}{5.78} = 354\,384\,770.00(元)$ ④

产量增加的影响＝②－①＝354 475 000.00－330 000 000.00＝24 475 000.00(元)
单位材料消耗量的影响＝③－②＝362 631 061.95－354 475 000.00＝8 156 061.95(元)
单位材料价格的影响＝④－③＝354 384 770.00－362 631 061.95＝－8 246 291.95(元)
验证结果＝24 475 000.00＋8 156 061.95＋(－8 246 291.95)
　　　　＝354 384 770.00－330 000 000.00
　　　　＝24 384 770.00(元)

分析可见,本年度磷酸铁锂电池总成本比计划超支 24 384 770.00 元,其中由于产量增加造成超支 24 475 000.00 元,是本年度磷酸铁锂电池原材料消耗超支的主要原因;由于原材料单位消耗量增加超支 8 156 061.95 元,也是造成年度整体材料消耗增加的因素;而原材料因单位成本降低,反而让总材料成本节约 8 246 291.95 元。

小米雷军：我用这五个办法来实现企业低成本运营

扫描右侧二维码阅读文章。

思考：（1）进行成本分析时，成本越低是否代表企业成本管理越好？

（2）通过成本分析，成本管控的重点是管控哪些成本？

链接：我用这五个办法来实现企业低成本运营

项目活动二　产品总成本分析

成本会计顾肖在分析公司总成本的时候，发现企业主要原材料实际价格比计划价格降低较大，由于工艺的提升制造费用也有一定幅度的降低，虽因行业用工紧张造成人工成本略有上升，但总成本降低却不及预期。

思考：（1）造成总成本降低不及预期的因素有哪些？

（2）哪些因素造成的总成本升高不仅是无害的，反而可能是有益的？

对产品成本分析表的分析，可以揭示产品总成本计划的完成情况，找出影响成本升降的因素，确定各个因素对成本计划完成情况的影响程度，为进一步挖掘降低成本的途径指明方向。产品成本表的分析主要包括产品成本计划完成情况分析和可比产品成本分析。

一、产品成本计划的完成情况分析

产品成本计划完成情况分析，主要分析本期全部产品的实际总成本较计划总成本的升降情况，分析和研究升降的原因，为进一步寻求降低成本的途径和措施提供线索。在实际工作中，分析产品总成本计划完成情况，可以从产品类别、成本项目、成本性态几个方面进行。

（一）按产品类别分析全部产品成本计划完成情况

按产品类别分析产品成本计划完成情况，可以确定产品的实际成本脱离计划成本的差异，查明产生差异主要是由哪几种产品造成的，以便分产品采取措施，挖掘降低成本的潜力。

【例 6-6】　为进一步寻求降低成本的途径，湖南启航电池有限公司需要先了解不同大类产品成本计划完成情况。

要求：根据例 6-1 中表 6-3 填制的产品成本报表资料，按产品类别进行分析。

解析：（1）将全部产品的实际总成本与计划总成本进行对比，确定实际总成本比计划总成本的成本降低额与成本降低率。

实际总成本比计划总成本降低额＝计划总成本－实际总成本

$$=\sum[实际产量\times(计划单位成本-实际单位成本)]$$

$$=1\ 396\ 310\ 428-1\ 394\ 971\ 910=1\ 338\ 518(元)$$

计划总成本$=\sum$（各种产品实际产量×各该产品计划单位成本）

实际总成本比计划总成本降低率＝实际总成本比计划总成本降低额÷全部产品计划总成本×100%

$$=1\ 338\ 518\div 1\ 396\ 310\ 428\times 100\%=0.096\%$$

(2) 按产品类别分析考核可比产品和不可比产品成本计划完成情况,分别计算可比产品和不可比产品的实际成本比计划成本降低额和降低率。

可比产品实际成本比计划成本降低额＝可比产品计划总成本－可比产品实际总成本
$$= 1\ 326\ 432\ 000 - 1\ 323\ 947\ 934 = 2\ 484\ 066(元)$$

$$可比产品实际成本比计划成本降低率 = \frac{可比产品实际成本比计划成本降低额}{可比产品计划总成本} \times 100\%$$

$$= \frac{2\ 484\ 066}{1\ 326\ 432\ 000} \times 100\% = 0.19\%$$

不可比产品实际成本比计划成本降低额＝不可比产品计划总成本－不可比产品实际总成本
$$= 69\ 878\ 428 - 71\ 023\ 976 = -1\ 145\ 548(元)$$

$$不可比产品实际成本比计划成本降低率 = \frac{不可比产品实际成本比计划成本降低额}{不可比产品计划总成本} \times 100\%$$

$$= -\frac{1\ 145\ 548}{69\ 878\ 428} \times 100\% = -1.64\%$$

(3) 按每种产品考核其成本计划的完成情况,计算每种产品的实际成本比计划成本降低额和实际成本比计划成本降低率,根据计算结果编制全部产品成本计划完成情况表,见表 6-15。

表 6-15 全部产品成本计划完成情况表

项目	产量		单位成本		
	计划产量	实际产量	上年实际平均	本年计划	本年实际平均
可比产品					
其中:磷酸铁锂电池	12 000	12 890	145 370	72 000	71 679
三元材料电池	4 000	4 632	156 172	86 000	86 357
合计	16 000	17 522			
不可比产品					
石墨	1 100 000	1 145 548	—	61	62
全部产品					

项目	总成本/元			降低指标	
	按上年计算	按计划计算	本年实际/元	实际比计划降低额/元	实际比计划降低率/%
可比产品					
其中:磷酸铁锂电池	1 873 819 300	928 080 000	923 942 310	4 137 690	0.45
三元材料电池	723 388 704	398 352 000	400 005 624	−1 653 624	−0.42
合计	2 597 208 004	1 326 432 000	1 323 947 934	2 484 066	0.19
不可比产品					
石墨	—	69 878 428	71 023 976	−1 145 548	−1.64
全部产品		1 396 310 428	1 394 971 910	1 338 518	0.096

从上述的计算可以看出,企业全部产品实际总成本比计划总成本降低了 1 338 518 元,降低率为 0.096%,说明企业已超额完成了年度全部产品成本计划;可比产品实际比计划成本降低额为 2 484 066 元,降低率为 0.19%;不可比产品实际比计划成本超支额为 1 145 548 元,超支率为 1.64%。可比产品具有较高水平的成本降低额和降低率,超额完成了成本计划;而不可比产品不但没有完成成本计划,而且出现超支,其超支额和超支率都较高。这就说明该企业并未全面完成成本计划,需要进一步查找不可比产品成本超支的原因,如是否存在人为把可比产品的成本转嫁给不可比产品的情况。

（二）按成本项目分析全部产品成本计划完成情况

这种分析是将全部产品的总成本按成本项目汇总，将实际总成本的成本项目构成与计划总成本的成本项目构成进行对比，确定每个成本项目的降低额和降低率。

【例 6-7】 在按照产品类别进行分析的基础上，湖南启航电池有限公司需要进一步了解不同成本项目成本计划完成情况，仍以例 6-1 资料为例，假定湖南启航电池有限公司 2×23 年度生产的全部产品计划成本与实际成本按项目汇总见表 6-16。

表 6-16 全部产品成本构成项目信息表

成本项目	全部产品成本/元		降低指标	
	计划	实际	降低额/元	降低率/%
直接材料	558 524 171	567 988 746	−9 464 575	−1.69
直接人工	279 262 086	281 999 382	−2 737 296	−0.98
制造费用	558 524 171	544 983 782	13 540 389	2.42
生产成本	1 396 310 428	1 394 971 910	1 338 518	0.096

要求：按成本项目分析全部产品计划成本完成情况。

解析：因表 6-16 中列示的是降低额指标，因此要用计划数减去实际数，降低率指标用降低额除以计划数进行计算。从表 6-16 结果来看，虽然全部产品实际成本比计划成本降低 1 338 518 元，降低率为 0.096%，但从构成总成本的三个成本项目来看，直接材料和直接人工项目的实际成本高于计划成本，全部产品成本降低的主要原因是制造费用项目成本的降低。因此，还需深入生产实际，对各项目进行进一步调查分析，找出影响各成本项目降低或超出计划的具体原因，以便增加有利差异，消除不利差异，改善企业成本管理工作。

 实务训练

湖南启航电池有限公司 2×24 年 1 月，各部门产品成本构成项目信息见表 6-17。

表 6-17 各部门产品成本构成项目信息

车间	产品名称	成本构成项目	本月金额/元	计划金额/元	降低额/元	降低率/%
生产一部	磷酸铁锂	直接材料	153 049 637.67	131 622 688.40		
		燃料及动力	1 902 676.41	1 845 596.12		
		直接人工	5 333 517.64	5 280 182.46		
		制造费用	9 490 438.05	9 300 629.29		
		成本合计	169 776 269.77	148 049 096.27		
生产二部	62.8kWh 磷酸铁锂电池组	直接材料	527 867 038.21	519 949 032.64		
		燃料及动力	2 865 249.74	2 779 292.25		
		直接人工	9 124 780.78	9 033 532.97		
		制造费用	38 923 911.67	38 145 433.44		
		成本合计	578 780 980.40	569 907 291.30		
	78.54kWh 磷酸铁锂电池组	直接材料	309 547 636.79	301 808 945.87		
		燃料及动力	1 825 414.55	1 770 652.91		
		直接人工	6 184 105.52	6 122 264.46		
		制造费用	21 791 802.38	21 355 966.33		
		成本合计	339 348 959.24	331 057 828.77		

要求：计算各产品及项目成本降低额及降低率。（降低率保留至0.01%）

（三）按成本性态构成进行分析

按成本性态构成进行分析，是将全部产品成本按成本习性划分为变动成本和固定成本，分别确定变动成本和固定成本的降低额和降低率。

【例 6-8】 湖南启航电池有限公司在成本管理工作中采用了变动成本法对成本进行归集，成本会计顾肖按照成本形态构成分析产品成本计划完成情况，仍以例 6-1 资料为例，假定湖南启航电池有限公司 2×23 年度生产的全部产品计划成本与实际成本按成本性态构成汇总见表 6-18。

表 6-18 全部产品成本分析表

成本项目		全部产品成本/元		降低指标	
		计划	实际	降低额/元	降低率/%
变动成本	直接材料	558 524 171	567 988 746	−9 464 575	−1.69
	直接人工	279 262 086	281 999 382	−2 737 296	−0.98
	变动制造费用	258 552 215	243 978 165	14 574 050	5.64
	小计	1 096 338 472	1 093 966 293	2 372 179	0.22
固定成本	固定制造费用	299 971 956	301 005 617	−1 033 661	−0.34
合计		1 396 310 428	1 394 971 910	1 338 518	0.10

要求：按成本性态构成分析全部产品计划成本完成情况。

解析：从表 6-18 的结果来看，湖南启航电池有限公司全部产品成本的实际成本比计划成本降低 1 338 518 元，降低率为 0.096%。从按性态划分的各成本项目来看，降低的主要原因是变动制造费用降低 14 574 050 元，降低率为 5.64%，直接材料、直接人工和固定制造费用分别超支 9 464 575 元、2 737 296 元和 1 033 661 元，均未完成各自的成本计划。在分析时，还需深入分析变动成本中的各项目成本降低或超支的原因以及固定制造费用超支的原因。

二、分析可比产品成本降低任务的完成情况

可比产品的成本分析，除进行实际成本与计划成本的对比分析外，还可以进行本期实际成本与上期实际成本的对比分析。可比产品的成本分析一般从两方面进行：一是可比产品成本降低情况的总括分析；二是影响可比产品成本降低情况的因素分析。

（一）可比产品成本降低情况的总括分析

一般情况下，在成本计划中已经确定了可比产品成本计划降低额和计划降低率。因此，进行可比产品成本降低计划执行情况分析，首先应该计算实际完成的降低额和降低率，然后将实际与计划进行比较，确定可比产品成本降低计划的完成情况。

这里应强调指出，进行这方面分析时，必须正确划分可比产品与不可比产品的界限，如实反映费用情况，保证分析结果的正确性。

可比产品成本的变动情况分析，可以按产品品种进行，也可以将全部可比产品汇总进行分析。一般采用对比分析法，分析全部可比产品和各种可比产品本年实际成本与上年实际成本的差异，确定成本升降的情况。

有关可比产品成本实际降低额和降低率的计算方法已在本项目任务二项目活动一产品生

产成本表的编制中详细阐述,这里的可比产品成本实际降低额和降低率,就是产品生产成本表中的可比产品成本降低额和降低率指标,有关可比产品成本计划降低额和降低率的计算公式为

$$可比产品成本计划降低额 = \sum 可比产品计划产量 \times (上年实际平均单位成本 - 计划单位成本)$$

$$可比产品成本计划降低率 = \frac{可比产品成本计划降低额}{\sum(可比产品计划产量 \times 上年实际平均单位成本)} \times 100\%$$

可比产品成本降低额完成情况＝可比产品成本实际降低额－可比产品成本计划降低额

可比产品成本降低率完成情况＝可比产品成本实际降低率－可比产品成本计划降低率

【例6-9】 分析完总体产品成本计划完成情况,湖南启航电池有限公司需要进一步掌握可比产品成本降低任务的完成情况,成本会计顾肖整理了2×23年12月有关可比产品的成本资料,见表6-19。

表6-19 可比产品成本计划与实际对比表

可比产品名称	计量单位	产品产量		单位成本/元		
		本年计划	本年实际	上年实际	本年计划	本年实际
磷酸铁锂电池	组	12 000	12 890	145 370	72 000	71 679
三元材料电池	组	4 000	4 632	156 172	86 000	86 357

要求:根据资料分析产品成本计划降低完成情况并进行分析。(金额保留两位小数列示,比例保留％前4位小数列示,以完整小数位引用进行后续计算)

解析:根据表6-19可分别计算可比产品成本计划降低额、成本计划降低率、成本实际降低额、成本实际降低率等指标。

成本计划降低额＝12 000×(145 370－72 000)＋4 000×(156 172－86 000)
　　　　　　　＝1 161 128 000(元)

$$成本计划降低率 = \frac{1\ 161\ 128\ 000}{12\ 000 \times 145\ 370 + 4\ 000 \times 156\ 172} = 49.010\ 8\%$$

成本实际降低额＝12 890×(145 370－71 679)＋4 632×(156 172－86 357)
　　　　　　　＝1 273 260 070(元)

$$成本实际降低率 = \frac{1\ 273\ 260\ 070}{12\ 890 \times 145\ 370 + 4\ 632 \times 156\ 172} = 49.024\ 2\%$$

可比产品成本降低额完成情况＝1 273 260 070－1 161 128 000＝112 132 070(元)

可比产品成本降低率完成情况＝49.024 2％－49.010 8％＝0.013 4％

从上述计算资料结果中可以看出,可比产品成本实际降低额比成本计划降低额多降112 132 070元;成本实际降低率比成本计划降低率多降0.013 4％,说明该企业基本完成可比产品成本计划降低任务,应进一步查找降低因素,扬长避短以便将来更好发展。

(二)影响可比产品成本降低情况的因素分析

影响成本降低额的因素有产品产量、产品品种结构和单位成本三个因素;影响成本降低率的因素有产品品种结构和单位成本两个因素。

1. 产品产量变动的影响

可比产品成本计划降低额是根据各种产品的计划产量确定的,实际降低额是根据实际产

量计算的。在产品品种比重和产品单位成本不变的情况下,产量增减会使成本降低额发生同比例的增减。但由于按上年实际平均单位成本核算的本年累计总成本也发生了同比例的增减,因而不会使成本降低率发生变动(成本降低率计算公式的分子和分母发生同比例变动,其结果不变)。具体计算公式为

$$\text{产量变动对成本计划降低额的影响} = \left[\sum(\text{实际产量}-\text{计划产量})\times\text{上年实际单位成本}\right]\times\text{成本计划降低率}$$

【例 6-10】 成本会计顾肖在分析过可比产品总体情况后,想进一步了解各因素变动对可比产品成本降低计划完成情况的影响。

要求: 仍以例 6-9 中数据为例,计算可比产品产量变动对成本降低计划执行的影响。

解析:

产量变动对成本计划降低额的影响
$= [(12\,890-12\,000)\times 145\,370+(4\,632-4\,000)\times 156\,172]\times 49.010\,8\%$
$= 111\,783\,834.60(\text{元})$

由于产品产量变动使实际成本降低额比计划多 111 783 834.60 元。产品产量变动不影响成本降低率。

2. 产品品种结构变动的影响

由于各种产品的成本降低程度不同,因而产品品种比重的变动会影响成本降低额和降低率同时发生变动。成本降低程度大的产品比重增加会使成本降低额和降低率增加;反之则会减少。在分析中单独计量产品品种构成变动对降低额和降低率的影响,是为了揭示企业取得降低产品成本真实成果的具体途径,从而对企业工作做出正确的评价。

具体计算公式为

$$\text{产品品种结构变动对成本降低额的影响} = \sum(\text{实际产量}\times\text{上年实际单位成本}) - \sum(\text{实际产量}\times\text{计划单位成本}) - \sum(\text{实际产量}\times\text{上年实际单位成本})\times\text{成本计划降低率}$$

$$\text{产品品种结构变动对成本降低率的影响} = \frac{\sum(\text{实际产量}\times\text{上年实际单位成本}) - \sum(\text{实际产量}\times\text{计划单位成本})}{\sum(\text{实际产量}\times\text{上年实际单位成本})} \times 100\% - \text{成本计划降低率}$$

【例 6-11】 成本会计顾肖在分析可比产品总体情况后,想要进一步了解各因素变动对可比产品成本降低计划完成情况的影响。

要求: 根据例 6-9 中数据,计算并分析可比产品品种结构变动对成本降低计划执行的影响。

解析:

产品品种结构变动对成本降低额的影响
$= [(12\,890\times 145\,370)+(4\,632\times 156\,172)] - [(12\,890\times 72\,000)+(4\,632\times 86\,000)] - [(12\,890\times 145\,370)+(4\,632\times 156\,172)]\times 49.010\,8\%$
$= -2\,135\,774.20(\text{元})$

产品品种结构变动对成本降低率的影响
$= \frac{[(12\,890\times 145\,370)+(4\,632\times 156\,172)] - [(12\,890\times 72\,000)+(4\,632\times 86\,000)]}{12\,890\times 145\,370+4\,632\times 156\,172} - 49.010\,8\%$
$= -0.082\,2\%$

从上述计算可以看出,由于产品品种结构变动使实际成本降低额和降低率比计划分别少 2 135 774.20 元和 0.082 2%,这是由于成本降低程度小的产品在可比产品中比重较大,从而使总成本降低不及预期,企业应进一步分析造成这种现象的原因。

3. 单位成本变动的影响

可比产品成本计划降低额和实际降低额都是以上年实际成本为基础进行测算的。因此,当本年度可比产品实际单位成本比计划单位成本降低或升高时,必然会引起降低额和降低率的变动。产品实际单位成本比计划单位成本降低得越多,成本降低额和降低率也越大,这意味着生产过程中成本消耗的节约;反之,呈相反变化,也意味着成本消耗的提高。

具体计算公式为

$$\text{产品单位成本变动对成本降低额的影响} = \sum \text{实际产量} \times (\text{本期计划单位成本} - \text{本期实际单位成本})$$

$$\text{产品单位成本变动对成本降低率的影响} = \frac{\text{单位成本变动对成本降低额的影响}}{\sum \text{实际产量} \times \text{上年实际单位成本}} \times 100\%$$

【例 6-12】 成本会计顾肖在分析过可比产品总体情况后,想要进一步了解各因素变动对可比产品成本降低计划完成情况的影响。

要求:仍以例 6-9 中数据为例,计算可比产品单位成本变动对成本降低计划执行的影响,并验证可比产品成本降低额和可比产品成本降低率与产量变动、产品品种结构变动以及产品单位成本变动三因素影响额之间的关系。

解析:

$$\text{产品单位成本变动对成本降低额的影响} = 12\,890 \times (72\,000 - 71\,679) + 4\,632 \times (86\,000 - 86\,357)$$

$$= 2\,484\,066(\text{元})$$

$$\text{产品单位成本变动对成本降低率的影响} = 2\,484\,066 \div (12\,890 \times 145\,370 + 4\,632 \times 156\,172)$$

$$= 0.095\,6\%$$

可比产品成本降低额和降低率与产量变动、产品品种结构变动、产品单位成本变动三者之间的关系如下:

$$\text{可比产品成本降低额完成情况} = \text{产量变动对成本计划降低额的影响} + \text{品种结构变动对成本计划降低额的影响} + \text{产品单位成本变动对成本计划降低额的影响}$$

$$\text{可比产品成本降低率完成情况} = \text{品种结构变动对成本计划降低率的影响} + \text{产品单位成本变动对成本计划降低率的影响}$$

下面进行验证:

可比产品成本降低额完成情况 = 111 783 834.60 + (−2 135 774.20) + 2 484 066
　　　　　　　　　　　　　≈ 112 132 070(元)

可比产品成本降低率完成情况 = (−0.082 2%) + 0.095 6% = 0.013 4%

从以上计算可知,由于产品产量、品种结构和单位成本的变动,分别使可比产品成本降低额增加了 111 783 834.60 元、减少了 2 135 774.20 元和增加了 2 484 066 元,从而使实际可比产品成本降低额比计划共增加了 112 132 070 元;由于品种结构和单位成本的变动,分别使可比产品成本降低率下降了 0.082 2%和升高了 0.095 6%,从而使可比产品实际成本降低率比计划共提高了 0.013 4%。

 **成本管理理念**

中国五冶:"成本管理法"护航国企高质量发展

扫描右侧二维码阅读文章。

思考: 2024年政府工作报告中提出要优化房地产政策,对不同所有制房地产企业合理融资需求要一视同仁给予支持,促进房地产市场平稳健康发展。现阶段建筑企业如何实现可持续发展,如何平衡经济效益和社会责任?

链接:"成本管理法"护航国企高质量发展

项目活动三　主要产品单位成本分析

工作情境

通过编制产品成本分析报告,成本会计顾肖发现,主要产品成本在全部成本中所占比例较大,管控好主要产品成本对企业成本管理具有决定性作用,顾肖决定对主要产品进行成本分析。

思考: (1)应该把什么样的产品定位为主要产品?

(2)如何确定各因素对主要产品单位成本影响大小?

主要产品单位成本表是反映企业在报告期内生产的各种主要产品单位成本构成情况的报表。

主要产品是指企业经常生产、在企业全部产品中所占比重较大、能概况反映企业生产经营面貌的各种产品。主要产品单位成本表应当按照主要产品分别编制,每种主要产品编制一张。该表是对产品生产成本表所列的各种主要产品成本的补充说明。利用该表,可以按照成本项目考核和分析各种主要产品单位成本计划的执行情况;可以考核和分析各种主要产品的主要技术经济指标的执行情况,进而查明主要产品单位成本升降的具体原因;还可以按照成本项目将本月实际和本年累计实际平均单位成本与上年实际单位成本及历史先进成本水平进行对比,以便了解单位成本的变动情况。总之,该表是对按产品种类反映的产品生产成本表中某些主要产品成本的进一步反映。

主要产品单位成本表的分析应当选择成本超支或节约较多的产品有重点地进行,以更有效地降低产品的单位成本。分析方法主要有一般分析法和各主要项目因素分析法。

一、主要产品单位成本增减变动情况分析

1. 对比分析法

在成本分析中,对比分析法是一种核心且常用的方法。这种方法主要通过将实际成本数据与各种基数进行对比,来揭示实际数与基数之间的差异,进而了解成本活动的成绩和问题。对比分析法的主要目的是通过对比,揭露矛盾,发现问题,找出差距,分析原因,并为进一步降低成本指明方向。通过科学合理地运用对比分析法,企业可以更深入地了解自身的成本状况,发现问题并制定改进措施,从而实现成本的优化和降低。

【例6-13】 湖南启航电池有限公司所生产的磷酸铁锂电池产值高,在企业全部产品中所占比重大,加上近几年成本变动明显,被确定为主要产品。

要求: 结合例6-2表6-6中数据分析磷酸铁锂电池单位成本。

解析：该产品的本年累计实际平均成本 71 679 元和本月实际成本 70 189 元均低于本年计划成本 72 000 元，同时低于上年实际平均成本 145 370 元和历史先进水平 145 370 元，可见成本总体控制实现了计划目标。通过对比分析法还可以看到，本年度产品成本的降低主要是由于直接材料和制造费用大幅度降低带来的，直接人工本年度有小幅度上涨。造成这一现象的原因可以结合具体宏观经济环境及产品环境以及企业微观经济环境进行具体问题具体分析。

从本年计划成本明显低于上年实际平均成本可以看出，在制订本年度的成本计划时就已预见到成本显著降低的趋势。此外，从本月（12 月）实际成本 70 189 元低于本年累计实际成本 71 679 元还可以看出，在本年度内成本增减的幅度也是较大的。因此，把该产品作为主要产品进行单位成本分析是正确的。

2. 趋势分析法

采用趋势分析法时，在连续的若干时期之间，可以按绝对数进行对比，也可以按相对数即比率进行对比；可以以某个时期为基期，其他各期均与该时期的基数进行对比，也可以在各个时期之间进行环比，即分别以上一时期为基期，下一时期与上一时期的基数进行对比。

【例 6-14】 湖南启航电池有限公司生产的磷酸铁锂电池近 5 年实际平均单位成本见表 6-20。

表 6-20　2×19—2×23 年实际平均单位成本表

年　份	2019	2020	2021	2022	2023
实际平均单位成本/元	148 465	151 832	156 483	145 370	71 679

要求：对企业磷酸铁锂电池实际平均单位成本进行趋势分析。

解析：现以 2×19 年为基期，148 465 元为基数，计算其他各年与之相比的比率如下（保留小数点后两位小数）。

$$2\times20\ 年：\frac{151\ 832}{148\ 465}\times100\%=102.27\%$$

$$2\times21\ 年：\frac{156\ 483}{148\ 465}\times100\%=105.40\%$$

$$2\times22\ 年：\frac{145\ 370}{148\ 465}\times100\%=97.92\%$$

$$2\times23\ 年：\frac{71\ 679}{148\ 465}\times100\%=48.28\%$$

再以上年为基数，计算各年环比的比率如下。

$$2\times20\ 年比\ 2\times19\ 年：\frac{151\ 832}{148\ 465}\times100\%=102.27\%$$

$$2\times21\ 年比\ 2\times20\ 年：\frac{156\ 483}{151\ 832}\times100\%=103.06\%$$

$$2\times22\ 年比\ 2\times21\ 年：\frac{145\ 370}{156\ 483}\times100\%=92.90\%$$

$$2\times23\ 年比\ 2\times22\ 年：\frac{71\ 679}{145\ 370}\times100\%=49.31\%$$

通过以上分析计算可以看出，磷酸铁锂电池的单位成本，如果以 2×19 年为基期，以后 4 年成本呈现出先升高后降低的趋势，电池成本在 2×23 年出现断崖式下跌；如果以上一年为基期 2×21 年产品成本提高的最多，2×23 年产品成本降低的最多，在成本下降的大趋势下，各年不同,有增有减。因此,应当进一步分析产生这些变化的具体原因,是由于物价上涨而引起材料成本增加等客观原因,还是由于成本管理工作弱化等主观原因。为了查明单位成本变动的具体原因,企业还应当按照成本项目进行分析。

二、各成本项目增减变动情况分析

企业在一定时期产品单位成本的高低,受同期生产技术水平、生产组织状况、经营管理水平和采取的技术组织措施效果影响。为了研究成本升降的具体原因,需对单位产品成本分项目进行分析,挖掘降低成本的潜力。在可能的条件下,也可以在同行业之间对同类产品单位成本进行对比分析,找出差距,不断降低本企业的生产成本。

【例6-15】 看到主要产品磷酸铁锂电池近年来成本变动明显,湖南启航电池有限公司需要进一步查找引起这些变动的原因,成本会计顾肖编制了磷酸铁锂电池成本项目分析表,见表6-21。

表6-21 单位产品成本项目分析表

产品:磷酸铁锂电池　　　　　　　　　2×23年

成本项目	单位成本		与本年计划比	
	本年计划/元	本年实际/元	降低额/元	降低率/%
直接材料	27 500	27 493	7	0.025 5
直接人工	17 890	17 960	−70	−0.391 3
制造费用	26 610	26 226	384	1.443 1
合　计	72 000	71 679	321	0.445 8

要求:对各成本项目进行分析。

解析:表6-21表明,磷酸铁锂电池单位产品成本的直接材料节约7元,直接人工超支70元,制造费用节约384元,是实际成本比计划成本降低321元的主要因素。因此,还应进一步对各成本项目深入分析,查找直接人工成本项目超支的原因,以及直接材料、制造费用降低的原因。

1. 直接材料成本分析

直接材料实际成本与计划成本之间的差额构成了直接材料成本差异。形成该差异的基本原因:一是用量偏离标准;二是价格偏离标准。前者按计划价格计算,称为数量差异;后者按实际用量计算,称为价格差异。具体计算公式为

材料消耗量变动的影响=(实际数量−计划数量)×计划价格

材料价格变动的影响=实际数量×(实际价格−计划价格)

【例6-16】 从表6-6、表6-21中磷酸铁锂电池的各项成本来看,直接材料成本占产品单位成本的比重较大,本年实际材料成本虽然比上年有所降低,但超过本年计划和历史先进水平,应当作为重点成本项目进行分析。成本会计顾肖继续整理磷酸铁锂电池2×23年成本计划和实际发生的材料消耗量和材料单价,见表6-22。

表6-22 单位磷酸铁锂电池直接材料计划成本与实际成本对比表

2×23年

项　　目	材料消耗数量	材料价格/元	直接材料成本/元
本年计划	5.65	4 867.26	27 500
本年实际	5.78	4 756.57	27 493
直接材料成本差异	—	—	−7

要求：分析直接材料消耗数量和价格因素对磷酸铁锂电池成本的影响。

解析：从前述磷酸铁锂电池成本项目分析表（表6-21）和直接材料计划和实际成本对比表（表6-22）可以看出，该产品成本中的直接材料成本本年实际比本年计划节约7元。单位产品材料成本是材料消耗数量与材料价格的乘积，其影响因素主要在于材料消耗数量差异（量差）和材料成本差异（价差）两个方面。用差异分析法计算这两方面因素变动对直接材料成本节约的影响如下。

$$材料消耗数量变动的影响 = (5.78 - 5.65) \times 4\,867.26 = 632.74(元)$$

$$材料价格变动的影响 = 5.78 \times (4\,756.57 - 4\,867.26) = -639.74(元)$$

$$两因素影响程度合计 = 632.74 + (-639.74) = -7(元)$$

通过以上计算可以看出，磷酸铁锂电池的直接材料成本节约7元，从分析结果表明，材料价格的降低（由4 867.26元降为4 756.57元）使材料成本降低了639.74元；材料消耗量提高（由5.65提高到5.78），则使材料成本超支632.74元。两者相抵，净节约7元。由此可见，磷酸铁锂电池材料价格的降低掩盖了材料消耗量提高所引起的材料成本超支。因此，应该对材料消耗量提高和材料单价降低的原因，继续作深入分析。材料消耗量上升一般受工人技术水平、劳动态度、设备性能、加工工艺、材料质量、材料综合利用、产品改进设计等多种因素影响，应针对具体情况再深入分析。材料单价受市场调价、采购及运输等原因的影响，也要认真调研有针对性地进行分析。根据分析寻找降低材料费用的有效途径，保证不断降低产品成本中的材料费用。

上述材料分析是实际和计划的对比分析，从本月情况看低于本年实际，但这不一定是成本管理工作的成绩，还应比照上述方法进行量差和价差的分析。

2. 直接人工成本分析

直接人工实际成本与计划成本之间的差额构成了直接人工成本差异。形成该差异的基本原因：一是量差，是指实际工时偏离计划工时的差异，称为单位产品所耗工时变动的影响；二是价差，是指实际每小时工资成本偏离计划每小时工资成本的差异，称为每小时工资成本变动的影响。具体计算公式为

单位产品所耗工时变动的影响 =（实际工时 - 计划工时）× 计划每小时工资成本

每小时工资成本变动的影响 = 实际工时 ×（实际每小时工资成本 - 计划每小时工资成本）

根据表6-6的资料，进一步分析发现磷酸铁锂电池单位成本的直接人工成本中，本年累计实际平均数（17 960元）高于本年计划数（17 890元）和上年实际平均数（17 680元）；本月实际数（18 110元）高于本年累计实际平均数（17 960元），也高于本年计划数（17 890元），说明在当前环境下人工成本很难降低。该公司实行的工资制度如果是计件工资制度，这些变动主要是由于计件单价变动引起的，应该查明该产品计件单价变动的原因。如果是计时工资制度，单位成本中的直接人工成本是根据单位产品所耗工时数和每小时的工资成本分配计入的，可以比照直接材料成本采用差异分析法进行分析（单位产品所耗工时数相当于单位产品的材料消耗数量，每小时的工资成本相当于材料单价），计算产品所耗工时数变动（量差）和每小时工资成本变动（价差）对直接人工成本变动的影响。

【例6-17】 根据表6-6、表6-21磷酸铁锂电池单位成本表有关数据，假定该公司实行计时工资制度，成本会计顾肖分析、计算磷酸铁锂电池每件产品所耗工时数和每小时工资成本的计划数和实际数，见表6-23。

表 6-23 单位磷酸铁锂电池直接人工成本计划与实际对比表

2×23 年

项　　目	单位产品所耗工时	每小时工资成本/元	直接人工成本/元
本年计划	23.40	764.53	17 890
本年实际	23.36	768.84	17 960
直接人工成本差异	—	—	70

要求：分析直接人工消耗工时和每小时工资成本因素对磷酸铁锂电池成本的影响。

解析：从磷酸铁锂电池单位产品成本项目分析表(表 6-21)和直接人工成本计划与实际对比表(表 6-23)可以看出，磷酸铁锂电池单位成本中的直接人工成本本年实际比本年计划提高了 70 元。采用差异分析法计算各因素的影响程度如下：

单位产品所耗工时变动的影响＝(23.36－23.40)×764.53＝－30.58(元)

每小时工资成本变动的影响＝23.36×(768.84－764.53)＝100.58(元)

两因素影响程度合计＝(－30.58)＋100.58＝70(元)

以上分析计算表明：磷酸铁锂电池直接人工成本提高了 70 元，完全是由于每小时工资成本增加的结果，同时由于单位产品所耗工时有所节约，在一定程度上抵消了每小时工资成本增加所生产的磷酸铁锂电池直接人工成本提高。企业应当进一步查明单位产品工时消耗降低和每小时工资成本升高的原因。

单位产品所耗工时的降低，一般是生产工人生产效率提升引起的，也有可能是由于技术进步带来的效率提升等原因引起的。每小时工资成本是以生产工资总额除以生产工时总额计算求出的。工资总额控制得好，生产工资总额减少，会使每小时工资成本节约；否则会使每小时工资成本超支。在工时总额固定的情况下，非生产工时控制得好，减少非生产工时，增加生产工时总额会使每小时工资成本节约；否则会使每小时工资成本超支。因此，要查明每小时工资成本变动的具体原因，还应对生产工时的利用情况进行调查研究。

3. 制造费用分析

制造费用是以分配的方式计入产品成本的，其分配的标准通常是工时消耗量。因此影响产品成本中制造费用多少的基本因素有两个：单位产品工时耗用量和每小时制造费用分配率。单位产品生产工时消耗量越多，小时费用分配率越高，该产品成本中的制造费用也越多。具体计算公式为

工时消耗量变动的影响＝(实际单位工时消耗量－计划单位工时消耗量)×计划小时费用分配率

费用分配率的影响＝实际单位工时消耗量×(实际小时费用分配率－计划小时费用分配率)

【例 6-18】 从表 6-6、表 6-21 可以看出，制造费用在磷酸铁锂电池各成本项目中比重也较大，成本会计顾肖对磷酸铁锂电池每件产品所耗工时数和每小时费用成本的计划数和实际数整理见表 6-24。

表 6-24 单位磷酸铁锂电池制造费用计划与实际对比表

2×23 年

项　　目	单位产品所耗工时	每小时费用分配率	制造费用/元
本年计划	23.4	1 137.18	26 610
本年实际	23.36	1 122.69	26 226
直接人工成本差异	—	—	－384

要求：分析制造费用两因素变动对产品成本造成的影响。

解析：从磷酸铁锂电池单位产品成本项目分析表（表 6-21）和制造费用计划与实际对比表（表 6-24）可以看出，磷酸铁锂电池单位成本中的制造费用本年实际比本年计划降低了 384 元。采用差异分析法计算各因素的影响程度如下。

单位产品所耗工时变动的影响＝(23.36－23.4)×1 137.18＝－45.49(元)

每小时制造费用变动的影响＝23.36×(1 122.69－1 137.18)＝－338.51(元)

两因素影响程度合计＝(－45.49)＋(－338.51)＝－384(元)

以上分析计算表明：磷酸铁锂电池制造费用实际成本比计划成本降低了 384 元，是由于单位产品所耗工时和每小时制造费用共同降低的结果。

中国制造的发展变化，彰显产业升级的铿锵步伐——"老三样"焕发新生机 "新三样"展现新优势

扫描右侧二维码阅读文章。

思考：党的二十大报告提出要牢固树立和践行绿水青山就是金山银山的理念，站在人与自然和谐共生的高度谋划发展。我国贸易成功实现从"老三样"到"新三样"转变，为什么中国制造能锚定高质量发展？

链接："老三样"焕发新生机"新三样"展现新优势

项目活动四 制造费用明细表和期间费用明细表分析

财务主管王驰皓发现，随着新设备、新技术大量投入使用，企业生产过程中制造费用所占比例较大，随着工人对新设备、新技术的掌握，制造费用有较大改进空间，王驰皓打算对制造费用进行分析。

思考：(1) 哪些企业适合进行制造费用分析？

(2) 哪些企业适合进行期间费用分析？

一、制造费用明细表分析

1. 对比分析法

在采用对比分析法进行分析时，通常先将本月实际数与上年同期实际数进行对比，揭示本月实际与上年同期实际之间的增减变化。在表中列有本月计划数的情况下，则也应将本月实际数与本月计划数进行对比，以便分析和考核制造费用月份计划的执行结果。在将本年累计实际数与本年计划数进行对比时，如果该表不是 12 月的报表，这两者的差异反映年度内计划执行的情况，可以据以发出信号，提醒人们应该注意的问题。例如，如果该表是 7 月的报表，而本年累计实际数已经接近、达到甚至超过本年计划的半数时，就应注意节约以后各月的成本，以免全年的实际数超过计划数。如果该表是 12 月报表，则本年累计实际数与本年计划数的差异，就是全年制造费用计划执行的结果。为了具体分析制造费用增减变动和计划执行好坏的情况和原因，上述对比分析应该按照成本项目进行。由于制造费用的项目很多，分析时应选择超支或节约数额较大或者成本比重较大的项目进行重点分析。

需要说明的是,各项制造费用的性质和用途不同,评价各项目成本超支或节约时应联系成本的性质和用途具体分析,不能简单地将一切超支都看成不合理的、不利的,也不能简单地将一切节约都看成合理的、有利的。例如,职工薪酬的节约,可能缺少必要的劳动保护措施,影响安全生产;又如,机物料消耗的超支也可能是由于追加了生产计划,增加了开工班次,相应增加了机物料消耗的结果。这样的超支也是合理的,不是成本管理的责任。此外,在分项目进行制造费用分析时,还应特别注意"停工损失"项目的分析,分析其发生额是否是生产管理不良的结果。

2. 构成比率分析法

在采用构成比率法进行制造费用分析时,可以计算某项成本占制造费用合计数的构成比率,也可将制造费用分为与机器设备使用有关的成本(例如机器设备的折旧费、机物料消耗等。如果动力成本不专设成本项目,还应包括动力成本),与机器设备使用无关的成本(例如车间管理人员职工薪酬、办公费等),以及非生产性损失等,分别计算其占制造费用合计数的构成比率。可以将这些构成比率与企业或车间的生产、技术特点联系起来,分析其构成是否合理;也可以将本月实际和本年累计实际的构成比率与本年计划的构成比率和上年同期实际的构成比率进行对比,揭示其差异和与上年同期的增减变化,分析其差异和增减变化是否合理。

二、期间费用明细表分析

期间费用明细表是反映本年计划、上年同期实际、本年累计实际期间费用增减变动情况的报表。分析期间费用明细表时应注意以下几点。

(1) 通过本年实际与本年计划比较,可以确定实际脱离计划的差异,然后分析差异产生的原因。在明确费用实际支出脱离计划的差异时,应按组成项目分别进行分析,不能只看费用总额的计划完成情况,也不能单纯地认为凡超计划即为不合理的、低于计划即为合理的,如职工教育经费减少,并不就等于职工素质和管理水平的提高。

(2) 通过本年实际与上年同期的比较,可以看出各项费用的增减变动趋势,了解企业管理工作的改进情况,以推动企业改善经营管理思想,提高管理水平。

(3) 在分析期间费用时,还应针对不同费用项目的性质进行有重点的、针对性的分析。如办公费、工资费、业务招待费等费用的多少主要取决于部门的设置及各项开支预算的执行情况。为此,可以按费用项目与预算指标相比进行分析,并将费用的支出与取得的效益结合起来进行分析与评价。

成本管理理念

市场低迷,如何有效管控费用,保障利润

扫描右侧二维码阅读文章。

思考:党的二十大报告提出以国家战略需求为导向,集聚力量进行原创性引领性科技攻关,坚决打赢关键核心技术攻坚战。加快实施一批具有战略性、全局性、前瞻性的国家重大科技项目,增强自主创新能力。华为技术有限公司为什么能突破国外技术封锁成为民族骄傲品牌?

链接:如何有效管控费用,保障利润

课后训练

一、单项选择题

1. 成本报表是（   ）。
    A. 对外报表
    B. 对内报表（或称内部报表）
    C. 既是对外报表，又是对内报表
    D. 对内报表还是对外报表，由企业自行决定
2. 成本报表属于内部报表，成本报表种类、格式、项目、指标的设计和编制方法、编报日报期、具体报送对象，由（   ）。
    A. 企业自行决定　　　　　　　　　　B. 国家统一规定
    C. 国家相关原则规定　　　　　　　　D. 上级主管机关规定
3. 可比产品是指（   ），有完整的成本资料可以进行比较的产品。
    A. 试制过　　　　　　　　　　　　　B. 国内正式生产过
    C. 企业曾经正式生产过　　　　　　　D. 企业曾经试制过
4. 可比产品成本降低额是指可比产品累计实际总成本比按（   ）计算的累计总成本降低的数额。
    A. 本年计划单位成本　　　　　　　　B. 上年实际平均单位成本
    C. 上年计划单位成本　　　　　　　　D. 国内同类产品实际平均单位成本
5. 制造费用明细表反映工业企业（   ）。
    A. 基本生产和辅助生产的制造费用　　B. 基本生产的制造费用
    C. 企业各生产单位的制造费用　　　　D. 辅助生产的制造费用
6. 同时影响可比产品降低额和降低率变动的因素是（   ）。
    A. 产品产量和产品单位成本　　　　　B. 产品单位成本和产品品种比重
    C. 产品产量和产品品种比重　　　　　D. 产品品种比重和产品单位售价
7. 湖南启航电池有限公司生产 W 产品，属于可比产品，上年实际平均单位成本为 125 元，上年实际产量为 990 件，本年实际产量为 1 100 件，本年实际平均单位成本为 123.35 元，则本年 W 产品可比产品成本降低率为（   ）。
    A. 0.15%　　　　B. 1.21%　　　　C. 1.32%　　　　D. 2.13%
8. 湖南启航电池有限公司生产甲产品，属于可比产品，上年实际平均单位成本为 75 元，上年实际产量为 2 200 件，本年实际产量为 2 100 件，本年实际平均单位成本为 73.5 元，则本年甲产品可比产品成本降低额为（   ）元。
    A. 1 000　　　　B. 2 000　　　　C. 3 150　　　　D. 6 000
9. 产量变动之所以影响产品单位成本，是由于（   ）。
    A. 在产品全部成本中包括了一部分变动费用
    B. 在产品全部成本中包括了一部分相对固定的费用
    C. 在产品总成本不变的情况下
    D. 在产品产量增长超过产品总成本增长的情况下

10. 比较分析法是指通过指标对比,从(　　)上确定差异的一种分析方法。
   A. 质量　　　　B. 价值量　　　　C. 数量　　　　D. 劳动量
11. 将两个性质不同但又相关的指标对比求出的比率,称为(　　)。
   A. 构成比率　　　　　　　　　B. 相关指标比率
   C. 动态比率　　　　　　　　　D. 效益比率
12. 连环替代法是用来计算几个相互联系的因素对综合经济指标变动(　　)的一种分析方法。
   A. 影响原因　　B. 影响数量　　C. 影响程度　　D. 影响金额
13. 用连环替代分析法对其企业某产品消耗某种材料的成本进行分析时,其替代的顺序依次为(　　)。
   A. 材料单价、材料单耗、产品产量　　B. 材料单耗、产品产量、材料单价
   C. 产品产量、材料单价、材料单耗　　D. 产品产量、材料单耗、材料单价
14. 湖南启航电池有限公司2×19年成本为657万元,销售收入为1 020万元。则该企业的营业收入成本率为(　　)%。
   A. 40　　　　B. 60　　　　C. 64.41　　　　D. 155.25
15. 湖南启航电池有限公司A产品的单位成本为158元,其中,原材料101元,直接人工32元,制造费用25元。则W产品中直接材料的成本比率为(　　)%。
   A. 20.25　　　　B. 60　　　　C. 63.92　　　　D. 15.82
16. 湖南启航电池有限公司本月生产甲产品750件,实际使用材料1 250kg,材料实际采购价格180元/kg;直接材料的计划价格175元/kg,计划材料消耗量为1 500kg,则该企业本月材料价格差异为(　　)元。
   A. −7 500　　　　B. 7 500　　　　C. −6 250　　　　D. 6 250
17. 湖南启航电池有限公司实行计时工资制度,生产W产品计划单位工时15小时/台,实际耗时15.5小时/台,每小时工资成本计划35元,实际为36.5元,则该企业单位产品所耗工时变动的影响金额是(　　)元。
   A. 17.5　　　　B. 18.25　　　　C. 22.5　　　　D. 23.25
18. 湖南启航电池有限公司对其生产的W材料进行单位成本分析,资料见表6-25。

表6-25　W材料的单位成本

项目	计划	实际
单价/(元/kg)	35	32
消耗数量/kg	170	175

以下材料消耗数量变动和材料价格变动对单位成本影响的计算中正确的是(　　)。
   A. −175元,−525元　　　　B. 175元,−525元
   C. 160元,−510元　　　　D. −160元,510元

二、多项选择题
1. 成本报表属于内部报表,成本报表种类、格式、项目、指标的设计和编制方法、编报日期、具体报送对象,不由(　　)。
   A. 企业自行决定　　　　　　　B. 国家统一规定
   C. 国家相关原则规定　　　　　D. 上级主管机关规定

2. 下列指标中,属于产品生产成本表提供的有( )。
    A. 按产品种类反映的上年实际平均单位成本
    B. 按成本项目反映的本月实际生产费用
    C. 按产品类反映的本年累计实际总成本
    D. 按产品种类反映的本月和本年累计的实际产量
3. 主要产品单位成本表反映的单位成本,包括( )单位成本。
    A. 本月实际   B. 同行业同类产品实际
    C. 本年计划   D. 上年实际平均
4. 常见的成本分析方法有( )。
    A. 比率分析法   B. 结构分析法
    C. 趋势分析法   D. 对比分析法
5. 影响可比产品成本降低率变动的因素有( )。
    A. 产品产量   B. 产品品种构成
    C. 产品价格   D. 产品单位成本
6. 影响单位产品原材料消耗数量变动的因素有( )。
    A. 产品或产品零部件结构的变化
    B. 材料质量的变化
    C. 生产中产生废料数量和废料回收情况的变化
    D. 材料价格的变化
7. 以下影响可比产品成本降低额变动的因素有( )。
    A. 本年实际产量   B. 产品实际单位成本
    C. 产品计划单位成本   D. 上年实际销量
8. 影响产品单位成本中工资费用变动的因素主要是( )。
    A. 单位产品工时消耗   B. 工人出勤率
    C. 产品工时定额   D. 小时工资率
9. 在对比分析法下,其实际数可与( )进行对比分析。
    A. 本企业历史先进水平   B. 计划数
    C. 前期实际数   D. 以往年度同期实际数
10. 下列各项属于成本差异中价格差异的有( )。
    A. 材料消耗量变动的影响 B. 材料价格变动的影响
    C. 单位产品所耗工时变动的影响 D. 每小时工资成本变动的影响

三、判断题
1. 成本报表既是对外报表,又是对内报表。 ( )
2. 成本报表属于内部报表,成本报表种类、格式、项目、指标的设计和编制方法、编报日期、具体报送对象,由企业自行决定。 ( )
3. 对比分析法只适用于同质指标的数量对比。 ( )
4. 可比产品的计划降低额是根据各种产品的计划产量确定的,实际降低额是根据实际产量计算的。 ( )
5. 可比产品成本降低额如为负数,则表明可比产品成本比上年降低;相反,则比上年升高。 ( )

6. 产品品种比重和产品单位售价是同时影响可比产品成本降低额与可比产品成本降低率变动的因素。（   ）

7. 可比产品是指企业曾经正式生产过,有完整的成本资料可以进行比较的产品。（   ）

8. 湖南启航电池有限公司2×22年的营业收入成本率为87.5%,2×23年增加了3.7%,这表明企业的经济效益进一步提高。（   ）

9. 趋势分析法是将综合性指标分解为各个因素的方法。（   ）

10. 在对直接材料进行差异分析时,比较价格差异时,使用的数量指标是计划的,比较数量差异时,使用的价格指标是实际的。（   ）

四、课证融通题

某制造企业生产一种电子产品,其关键原材料为电子芯片。近期,企业发现电子芯片的成本出现了异常波动,带来产品总成本出现大幅波动,需要进行成本分析以找出原因并制定相应的成本控制措施。

① 企业该产品成本数据见表6-26。

表6-26　产品成本

项目	数量/个	单位成本/(元/个)	总成本/元
计划	1 000	50	50 000
实际	1 200	55	66 000

② 企业生产该产品过程中,本月人工耗费见表6-27。

表6-27　人工耗费

项目	本月总工时/工时	平均每小时工资/(元/工时)	总成本/元
计划	1 530	22	33 660
实际	1 550	21	32 550

要求：根据上述资料,可考虑其他因素,分析回答下列问题。

(1) 根据资料①,企业可采用(   )对产品成本进行分析。
　　A. 比较分析法　　　　　　　　B. 比率分析法
　　C. 因素分析法　　　　　　　　D. 趋势分析法

(2) 根据资料①,企业该产品成本降低额为(   )。
　　A. 6 000元　　B. 16 000元　　C. −6 000元　　D. −16 000元

(3) 根据资料①,企业该产品成本降低率为(   )。
　　A. 10%　　B. −10%　　C. 12%　　D. −12%

(4) 根据资料②,本月单位产品所耗工时变动的影响为(   )。
　　A. 1 110　　B. −1 100　　C. 420　　D. 440

(5) 根据资料②,本月每小时工资成本变动的影响为(   )。
　　A. 420　　B. 440　　C. −1 550　　D. −1 530

五、岗课赛证融通题

沿用项目一至项目五岗课赛证融通题目中任务一至任务十三的相关资料。

任务十五：生产单耗对比

根据磷酸铁锂行业龙头公司各项产品生产所需物料的单耗数据(表6-28),计算行业物料单耗平均值,结合已经完成的任务,进行本公司生产工艺标准单耗对比分析(表 6-29),判断单耗是否达到行业平均值。

表 6-28 行业龙头公司物料单耗数据

物料名称	规格型号	A公司	B公司	C公司
碳酸锂	纯度 99.5%	0.23	0.24	0.24
葡萄糖	固形物≥80%	0.1	0.14	0.13
磷酸铁	纯度 99.5%	0.87	0.89	0.9
磷酸二氢铵	纯度 99%	0.74	0.76	0.77
硫酸亚铁	纯度 99%	1.96	1.98	1.99
双氧水	行业标准	0.52	0.59	0.6
磷酸	纯度 85%	0.1	0.11	0.11
氨水	纯度 25%	0.82	0.86	0.84
硫酸	纯度 98%	0.12	0.12	0.11
PAM(聚丙烯酰胺)	行业标准	0.000 382	0.000 386	0.000 383

表 6-29 生产工艺标准单耗对比分析

物料名称	规格型号	行业龙头平均值	本公司	差异额	差异率	单耗是否达到行业平均值
碳酸锂	纯度 99.5%					
葡萄糖	固形物≥80%					
磷酸铁	纯度 99.5%					
磷酸二氢铵	纯度 99%					
硫酸亚铁	纯度 99%					
双氧水	行业标准					
磷酸	纯度 85%					
氨水	纯度 25%					
硫酸	纯度 98%					
PAM(聚丙烯酰胺)	行业标准					

说明:(1) PAM(聚丙烯酰胺)的消耗量保留 6 位小数,其他保留 2 位小数。

(2) 差异率比率计算结果填百分数且四舍五入保留至 0.01%。

(3) 单耗是否达到行业平均值栏填写是/否。

任务十六:材料单价对比

根据行业龙头平均值,结合已经完成的任务,对公司生产所耗原材料单位成本进行对比,填写材料单价对比表,见表 6-30。

表 6-30 材料单价对比表

物料名称	规格型号	行业龙头平均值	本公司	差异额	差异率
碳酸锂	纯度 99.5%	312 305.23			
葡萄糖	固形物≥80%	1 700.2			
磷酸铁	纯度 99.5%	10 600			

续表

物料名称	规格型号	行业龙头平均值	本公司	差异额	差异率
磷酸二氢铵	纯度99%	5 200			
硫酸亚铁	纯度99%	401.22			
双氧水	行业标准	911.02			
磷酸	纯度85%	5 230.31			
氨水	纯度25%	972			
硫酸	纯度98%	772.03			
PAM(聚丙烯酰胺)	行业标准	13 900			

说明：差异率比率计算结果填百分数且四舍五入保留至0.01%。

成本管理与控制

素养目标

培养节约意识；具备爱岗敬业、细心严谨的职业素养；树立正确的成本效益观。

知识目标

了解标准成本法、作业成本法、目标成本法、质量成本的基本概念、内容；熟悉其计算方法；掌握各方法的具体操作流程以及质量成本的核算。

能力目标

能运用标准成本法、作业成本法、目标成本法进行企业成本管理；能对企业相关的质量成本进行账务处理。

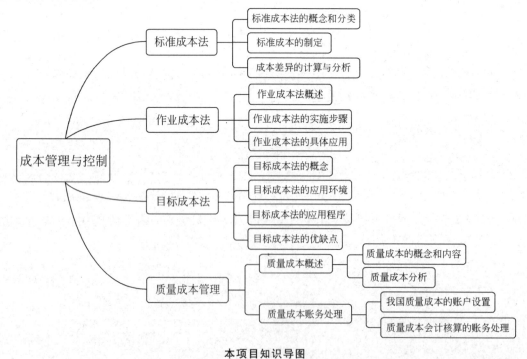

本项目知识导图

任务一 标准成本法

标准成本法是企业进行成本控制的一种重要方法,对企业的成本管控具有重要意义,通过学习了解标准成本法的概念、分类,掌握标准成本的制定和成本差异的计算等。

任逍遥入职湖南启航电池有限公司财务部工作。工作中,任逍遥发现采用实际成本法进行成本核算,要到月末结账时才能将相应的费用结转到产品中去,仅满足了按产品真实成本消耗进行记账的要求,无法体现企业的事前把控能力。

思考:如何才能实时管控产品在不同阶段沉淀的价值,做到事前合理推演,事中及时采取有效措施进行控制,以避免事后分析的无奈?

一、标准成本法的概念和分类

(一)标准成本法的概念

标准成本法是指企业以预先制定的标准成本为基础,通过比较标准成本与实际成本,计算和分析成本差异、揭示成本差异动因,进而实施成本控制、评价经营业绩的一种成本管理方法,标准成本管理系统的核算流程如图 7-1 所示。

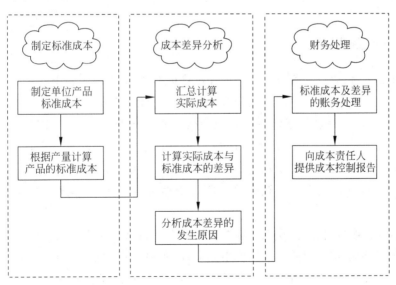

图 7-1 标准成本管理系统的核算流程

(二)标准成本的分类

标准成本制度的关键是标准成本的制定。因为标准成本是日常成本控制的目标,是与实际成本相比较从而计算差异的依据,其合理与否直接影响成本控制的效果。所以,标准成本的制定要遵循科学性、客观性、正常性和稳定性等原则。所谓科学性和客观性,就是标准成本要根据客观实际，用科学的方法去制定。所谓正常性，就是标准成本要按正常条件去制定，不考虑不能预测的异常变动。所谓稳定性，就是标准成本一经制定，不能随意变动，应保持它的稳定性。在制定标准成本时，根据不同的效率要求，可以制定理想标准成本、正常标准成本和现实标准成本。

1. 理想标准成本

理想标准成本是在最佳工作状态下可以达到的成本水平，是排除了一切失误、浪费和资源闲置等因素，根据理论耗用量、价格，以及满负荷生产能力制定的标准成本。理想标准成本是影响成本的所有因素都在最佳状态时的成本水平，而这种情况实际是不存在的，因而只是"理想成本"，它指出了企业努力的方向和目标。

2. 正常标准成本

正常标准成本是在正常生产经营条件下应该达到的成本水平，是根据正常的耗用水平、正常的价格和正常的生产经营能力利用程度制定的标准成本。正常标准成本通常反映过去这段时期实际成本水平的平均值，反映该行业平均的生产能力和技术能力，在生产技术和经营管理条件变动不大的情况下，它是一种可以在较长时间内采用的标准成本。

3. 现实标准成本

现实标准成本是在现有的生产条件下应该达到的成本水平，是根据现在的价格水平、生产耗用量，以及生产经营能力利用程度制定的标准成本。现实标准成本最接近实际成本，最切实可行，通常认为是员工经过努力可以达到的标准，是可以为管理层提供衡量的标准。与正常标准成本不同的是，它需要根据现实情况的变化不断进行修改，而正常标准成本则可以维持较长一段时间保持固定不变。

二、标准成本的制定

制定标准成本时，要分别确定用量标准和价格标准两部分，两者相乘就得到标准成本，即

$$标准成本 = 用量标准 \times 价格标准$$

式中，用量标准是每单位产品所需消耗资源的数量限定标准，包括单位产品材料消耗量、单位产品直接人工工时、单位产品机器工时等。用量标准的潜在来源主要有历史经验、工艺研究及生产操作人员的意见。价格标准是指每单位资源的价格限定标准，包括原材料单价、小时工资率、小时制造费用分配率等。制定价格标准是生产、采购、人事和会计部门的共同责任。

产品成本由直接材料、直接人工和制造费用三个项目组成。无论是确定哪一个项目的标准成本，都需要分别确定其用量标准和价格标准，两者的乘积就是每一成本项目的标准成本，将各项目的标准成本汇总，即得到单位产品的标准成本。其计算公式为

$$单位产品的标准成本 = 直接材料标准成本 + 直接人工标准成本 + 制造费用标准成本$$
$$= 用量标准 \times 价格标准$$

单位产品标准成本的制定思路如图 7-2 所示。

1. 直接材料标准成本的制定

直接材料标准成本由材料的用量标准和价格标准确定。

直接材料的用量标准是指在现有生产技术条件下，生产单位产品所需的材料数量。它包

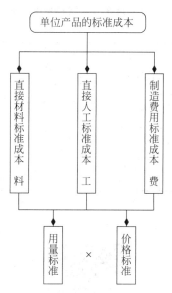

图 7-2 单位产品标准成本的制定思路

括构成产品实体的材料和有助于产品形成的材料,以及生产过程中的合理损耗和难以避免的损失所耗用的材料。材料的用量标准一般应根据科学的统计调查,以技术分析为基础计算确定。

直接材料的价格标准通常采用企业编制的计划价格,它通常是以订货合同的价格为基础,并考虑到未来物价、供求等各种变动因素后按材料种类分别计算的,包括买价、运杂费、保险费、包装费、检验费和运输途中的合理损耗等成本费用。直接材料的标准成本一般由财务部门、采购部门等共同制定。

单位产品直接材料标准成本的计算公式为

单位产品直接材料标准成本＝单位产品的材料用量标准×材料价格标准

【课赛融通 7-1】 湖南启航电池有限公司 2×23 年 12 月生产一部对 2×24 年的直接材料标准成本进行预测,有关成本信息见表 7-1。

表 7-1　2×24 年直接材料标准成本预测信息

产品:1t 磷酸铁锂

类别	材料项目	单位	2×23 年单位产品标准消耗量	计划降低单耗	2×23 年单位材料标准价格	预计 2×24 年涨跌幅
原料	磷酸铁	t	0.96	1%	12 506	−20%
原料	碳酸锂	t	0.24	1%	261 000	−10%
原料	葡萄糖	t	0.11	1%	1 660	5%

要求:编制 2×24 年磷酸铁锂产品直接材料单位标准成本表。2×24 年计划单位产品标准消耗量保留 4 位小数,标准成本增减率以百分数形式表示,百分号前保留 2 位小数,其余结果保留 2 位小数。

解析:根据直接材料标准成本制定的原理,依次计算 2×24 年编制直接材料单位标准成本表,见表 7-2。

表 7-2　2×24 年直接材料单位标准成本

产品：1t 磷酸铁锂

类别	材料项目	单位	2×23 年单位产品标准消耗量	计划降低单耗	2×24 年计划单位产品标准消耗量	2×23 年单位材料标准价格/元	2×24 年预计涨跌幅	2×24 年预计单位材料标准价格/元	2×23 年材料标准成本/元	2×24 年材料标准成本/元	材料标准成本增减额/元	材料标准成本增减率
原料	磷酸铁	t	0.96	1%	0.950 4	12 506	−20%	10 004.8	12 005.76	9 508.56	−2 497.2	−20.80%
原料	碳酸锂	t	0.24	1%	0.237 6	261 000	−10%	234 900	62 640	55 812.24	−6 827.76	−10.90%
原料	葡萄糖	t	0.11	1%	0.108 9	1 660	5%	1 743	182.6	189.81	7.21	3.95%
合　计									74 828.36	65 510.61	−9 317.75	−12.45%

 高手过招

微课：直接材料标准成本的制定

2．直接人工标准成本的制定

直接人工标准成本由直接人工的用量标准和直接人工的价格标准确定。

直接人工用量标准，即工时用量标准，是指在现有的生产技术条件下，生产单位产品所耗用的必要工作时间，包括产品直接加工工时、必要的间歇或停工工时，以及不可避免的废次品所耗用的工时等。直接人工的用量标准一般由生产技术部门、劳动工资部门等运用特定的技术测定方法和分析统计资料后确定。

直接人工的价格标准就是标准工资率，通常由劳动工资部门根据用工情况制定。当采用计时工资时，标准工资率就是小时标准工资率，是由标准工资总额除以标准总工时来确定的，单位产品直接人工标准成本的计算公式为

$$标准工资率 = \frac{标准工资总额}{标准总工时}$$

单位产品直接人工标准成本 = 单位产品的标准工时 × 标准工资率

3．制造费用标准成本的制定

制造费用标准成本是由制造费用的用量标准和制造费用的价格标准确定的。

制造费用的标准成本一般先按车间分别编制，然后将同一产品涉及的各车间单位制造费用标准加以汇总，得出整个产品制造费用标准成本。

制造费用按成本性态分为变动制造费用和固定制造费用两类，因此，制造费用标准成本也分为变动制造费用标准成本和固定制造费用标准成本两部分。

（1）变动制造费用标准成本的制定。变动制造费用的用量标准，通常采用单位产品直接人工工时标准，它在制定直接人工标准成本时已经确定。用量标准的选择需要考虑用量与成本的相关性，有的企业采用机器工时和其他用量标准。

变动制造费用的价格标准是单位工时变动制造费用的标准分配率，它根据变动制造费用预算数和直接人工（或机器）总工时计算得出。单位产品变动制造费用标准成本的计算公式为

$$变动制造费用分配率 = \frac{变动制造费用预算数}{直接人工(或机器)标准总工时}$$

单位产品变动制造费用标准成本 = 单位产品的标准工时(或标准机器工时) × 变动制造费用分配率

（2）固定制造费用标准成本的制定。固定制造费用的用量标准与变动制造费用的用量标准一样，通常采用单位产品直接人工工时、机器工时和其他用量标准。为了进行差异分析，两者要保持一致。

固定制造费用的价格标准是单位工时固定制造费用的标准分配率，它根据固定制造费用预算数和直接人工(或机器)总工时计算得出。单位产品固定制造费用标准成本的计算公式为

$$固定制造费用分配率 = \frac{固定制造费用预算数}{直接人工(或机器)标准总工时}$$

单位产品固定制造费用标准成本 = 单位产品的标准工时(或标准机器工时) × 固定制造费用分配率

【课赛融通7-2】 湖南启航电池有限公司 2×23 年 12 月生产部门对 2×24 年的制造费用标准成本进行预测，有关成本信息见表 7-3。

表 7-3 2×24 年制造费用标准成本预测信息

项　　目	生产一部 （磷酸铁锂）	生产二部（62.8kWh 磷酸铁锂电池组）	生产二部（78.54kWh 磷酸铁锂电池组）
制造费用预算	11 376 825.28	35 543 244.4	18 732 695
生产量标准（机械工时）	4 600	13 700	7 350
月平均产量	2 049.14	7 954	3 973

要求：编制 2×24 年制造费用标准成本表。2×24 年制造费用标准分配率、用量标准保留 6 位小数，其余结果保留 2 位小数。

解析：根据标准制造费用制定的原理，依次计算编制制造费用标准成本表，见表 7-4。

表 7-4 2×24 年制造费用标准成本

项　　目	生产一部 （磷酸铁锂）	生产二部（62.8kWh 磷酸铁锂电池组）	生产二部（78.54kWh 磷酸铁锂电池组）
制造费用预算	11 376 825.28	35 543 244.4	18 732 695
生产量标准（机械工时）	4 600	13 700	7 350
制造费用标准分配率	2 473.222 887	2 594.397 401	2 548.665 986
月平均产量	2 049.14	7 954	3 973
用量标准（机械工时）	2.244 844	1.722 404	1.849 987
单位产品制造费用标准成本	5 552.00	4 468.60	4 715.00

高手过招

微课：制造费用标准成本的制定

三、成本差异的计算与分析

（一）成本差异的含义与类型

1. 成本差异的含义

成本差异是指在一定时期生产一定数量产品所发生的实际成本与其标准成本之间的差额，是反映实际成本脱离预定目标程度的信息。成本差异可用以下公式表示：

$$成本差异 = 实际成本 - 标准成本$$

2. 成本差异的类型

为了便于进行差异的计算和分析，可将成本差异按照多种标准进行分类。

(1) 按照成本差异的构成内容分类。按照成本差异构成内容的不同进行分类，成本差异可以分为总差异、直接材料成本差异、直接人工成本差异、变动制造费用差异和固定制造费用差异。

① 总差异，是产品的实际总成本与标准总成本之间的差异额，能够概括反映企业成本管理工作的总体情况。

② 直接材料成本差异，是耗用的直接材料实际成本与其标准成本之间的差异额。

③ 直接人工成本差异，是耗用的直接人工实际成本与其标准成本之间的差异额。

④ 变动制造费用差异，是耗用的变动制造费用实际成本与其标准成本之间的差异额。

⑤ 固定制造费用差异，是耗用的固定制造费用实际成本与其标准成本之间的差异额。

(2) 按照成本性态进行分类。按照成本性态不同进行分类，成本差异可以分为变动成本差异和固定成本差异。

① 变动成本差异。直接材料成本差异、直接人工成本差异和变动制造费用差异都属于变动成本差异。

② 固定成本差异。固定制造费用差异属于固定成本差异。

区分变动成本差异和固定成本差异便于组织变动成本和完全成本的差异分析与控制。

(3) 按照成本差异的形成过程分类。按照成本差异的形成过程进行分类，成本差异可以分为价格差异和用量差异。

① 用量差异，是反映由于直接材料、直接人工和变动性制造费用等要素实际用量消耗与标准用量消耗不一致而产生的成本差异，用公式表示如下：

$$用量差异 = (实际产量下的实际用量 - 实际产量下的标准用量) \times 标准价格$$

② 价格差异，是反映由于直接材料、直接人工和变动性制造费用等要素实际价格水平与标准价格水平不一致而产生的成本差异，用公式表示如下：

$$价格差异 = (实际价格 - 标准价格) \times 实际产量下的实际用量$$

无论用量差异还是价格差异计算公式中，实际用量和标准用量都是总量指标，是实际产量下的耗用量；而实际价格和标准价格均为个量指标，即单价。

(4) 按照成本差异与其他因素的关系分类。按照成本差异与其他因素的关系进行分类，成本差异可以分为纯差异与混合差异。

① 纯差异。从理论上讲，任何一类差异在计算时都需要假定某个因素变动时其他因素固定在一定基础上不变。把其他因素固定在标准的基础上，计算得出的差异就是纯差异，如纯用量差异就是标准价格与实际产量下的用量差之积，而纯价格差异则是价格差与标准用量之积，计算公式如下：

$$纯用量差异 = (实际用量 - 标准用量) \times 标准价格$$

$$纯价格差异 = (实际价格 - 标准价格) \times 标准用量$$

② 混合差异。与纯差异相对立的差异就是混合差异，它是总差异扣除所有纯差异后的剩余差异，它等于价格差与用量差之积，计算公式如下：

混合差异＝用量差异×价格差异＝（实际用量－标准用量）×（实际价格－标准价格）

（5）按照成本差异是否可以控制分类。按成本差异是否可以控制，成本差异可以分为可控差异与不可控差异。

① 可控差异，是指与主观努力相联系而形成的差异，又叫作主观差异。它是成本差异控制的重点所在。

② 不可控差异，是指与主观努力程度关系不大，主要受客观原因影响而形成的差异，又称为客观差异。

划分可控差异和不可控差异有利于调动有关方面进行成本控制的积极性，有利于成本指标的考核和评价。

（6）按照成本差异的性质分类。按照成本差异的性质进行分类，成本差异可以分为有利差异与不利差异。

① 有利差异，是指因实际成本低于标准成本而形成的节约差。

② 不利差异，是指因实际成本高于标准成本而形成的超支差。

但这里的有利与不利是相对的，并不是有利差异越大越好。企业在成本管理控制过程中，不能为了盲目地追求成本的有利差异，而不惜以牺牲质量为代价。

（二）成本差异计算分析的基本模式

在标准成本系统下，企业在生产经营过程中以预定的标准成本为尺度衡量实际成本，而实际成本往往由于种种原因与预定的标准成本不符，有一定的差异。企业进行标准成本差异分析的主要目标是找出差异产生的原因，提出可行的对策，以便采取措施加以纠正，提高工作效率，不断改善产品成本。在实务中，为便于成本差异分因素定量分析，通常将成本差异分解为价格差异和用量差异两个因素，分别计算成本差异额，进行因素分析。标准成本的差异分析框架如图7-3所示。

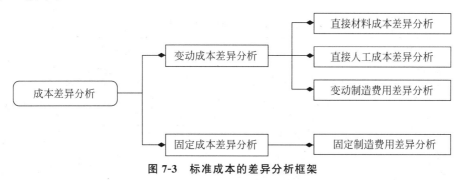

图7-3　标准成本的差异分析框架

1. 价格差异

价格差异是由实际价格和标准价格之间的差异所引起的，其计算建立在实际投入数量的基础上，计算公式如下：

价格差异＝（实际产量下的实际用量×实际价格）－（实际产量下的实际用量×标准价格）
　　　　＝（实际价格－标准价格）×实际产量下的实际用量

2. 用量差异

用量差异是由于实际产量下的实际用量和实际产量下允许的标准用量之间差异所引起

的,其计算建立在标准价格的基础上,计算公式如下:

用量差异 =（实际产量下的实际用量 × 标准价格）－（实际产量下的标准用量 × 标准价格）
　　　　 =（实际产量下的实际用量 － 实际产量下的标准用量）× 标准价格

（三）直接材料成本差异的计算分析

直接材料成本差异是指在实际产量下,直接材料实际总成本与直接材料标准总成本之间的差额。

1. 直接材料成本差异的计算公式

直接材料成本是变动成本,按照差异形成的原因,直接材料成本差异可以进一步分解为以下两种差异:一是实际材料用量脱离标准用量而形成的材料用量差异;二是材料实际价格脱离标准价格而形成的材料价格差异。有关计算公式如下。

（1）直接材料成本差异的计算。

直接材料成本差异 = 直接材料实际成本 － 直接材料标准成本
　　　　　　　　　= 直接材料用量差异 ＋ 直接材料价格差异

（2）直接材料用量差异的计算。

直接材料用量差异 = 材料实际用量 × 材料标准价格 － 材料标准用量 × 材料标准价格
　　　　　　　　　=（材料实际用量 － 材料标准用量）× 材料标准价格

（3）直接材料价格差异的计算。

直接材料价格差异 = 材料实际用量 × 材料实际价格 － 材料实际用量 × 材料标准价格
　　　　　　　　　=（材料实际价格 － 材料标准价格）× 材料实际用量

【课赛融通 7-3】 湖南启航电池有限公司 2×23 年 12 月生产一部共生产磷酸铁锂 2 019t,耗用的直接材料实际成本与标准成本存在差异,需要对差异原因进行分析。磷酸铁的标准单价为 12 506 元/t,标准用量为 1 938.24t;碳酸锂的标准单价为 261 000 元/t;标准用量为 484.56t。葡萄糖的标准单价为 1 660 元/t,标准用量为 222.09t。生产一部生产磷酸铁锂的工艺单耗见表 7-5。

表 7-5　生产一部生产工艺单耗

产品类别	产品名称	产品单位	产品编号	类别	物品名称	物品编号	物品规格	物品单位	单位产品消耗指标	部门	备注
半成品	磷酸铁锂	t	10004	原料	葡萄糖	10003	固形物 ≥80%	t	0.11	生产一部	工业级葡萄糖
半成品	磷酸铁锂	t	10004	原料	碳酸锂	10002	纯度 99.5%	t	0.24	生产一部	YST 592-2013
半成品	磷酸铁锂	t	10004	原料	磷酸铁	10001	纯度 99.5%	t	0.96	生产一部	HGT 4701-2014

2×23 年 12 月磷酸铁锂生产成本计算表见表 7-6。

要求:计算并编制 2×23 年 12 月直接材料差异分析表(保留 2 位小数,尾差计入价差,若单价一致不产生价差,则尾差计入量差)。

解析:根据直接材料差异分析的原理,依次计算并编制 2×23 年 12 月直接材料差异分析表,见表 7-7。

表 7-6 磷酸铁锂生产成本计算表

成本项目		单位	期初在产品		本期投产		生产成本累计		分配率		完工产品		月末在产品	
			数量	金额/元	数量	金额/元	数量	金额/元	数量	金额/元	数量	金额/元	数量	金额/元
直接材料	磷酸铁	t	197.61	2 471 310.66	1 981.96	25 742 707.46	2 179.57	28 214 018.12	0.96	12 460.87	1 943.78	25 161 728.92	235.79	3 052 289.20
	碳酸锂	t	49.40	12 893 400.00	495.49	130 093 615.29	544.89	142 987 015.29	0.24	63 150.95	485.94	127 518 189.78	58.95	15 468 825.51
	葡萄糖	t	22.64	37 582.40	227.10	376 986.00	249.74	414 568.40	0.11	183.10	222.72	369 718.97	27.02	44 849.43
	小计		269.65	15 402 293.06	2 704.55	156 213 308.75	2 974.20	171 615 601.81			2 652.44	153 049 637.67	321.76	18 565 964.14
燃料及动力	气	m³	3 666.01	24 452.29	36 661.82	244 533.83	40 327.83	268 986.12	18.83	125.59	38 021.68	253 604.16	2 306.15	15 381.96
	电	度	124 763.74	122 268.47	1 247 624.27	1 223 114.17	1 372 388.01	1 345 382.64	640.78	628.17	1 293 908.08	1 268 447.01	78 479.93	76 935.63
	水	m³	7 887.79	36 678.22	78 882.05	367 033.24	86 769.84	403 711.46	40.51	188.50	81 807.91	380 625.24	4 961.93	23 086.22
	小计		136 317.54	183 398.98	1 363 168.14	1 834 681.24	1 499 485.68	2 018 080.22			1 413 737.67	1 902 676.41	85 748.01	115 403.81
直接人工	工资	元		195 991.57		3 919 774.32		4 115 765.89		1 921.70		3 880 406.04		235 359.85
	社会保险费	元		39 538.40		790 756.56		830 294.96		387.67		782 814.59		47 480.37
	住房公积金	元		14 256.21		285 120.00		299 376.21		139.78		282 256.40		17 119.81
	工会经费	元		3 919.83		78 395.49		82 315.32		38.43		77 608.12		4 707.20
	职工教育经费	元		15 679.33		313 581.95		329 261.28		153.74		310 432.49		18 828.79
	职工福利费	元		0.00		0.00		0.00		0.00		0.00		0.00
	小计	元		269 385.34		5 387 628.32		5 657 013.66				5 333 517.64		323 496.02
制造费用		元		479 343.10		9 586 722.36		10 066 065.46		4 699.96		9 490 438.05		575 627.41
制造成本		元		16 334 420.48		173 022 340.67		15 723 079.12				169 776 269.77		19 580 491.38

表 7-7 2×23 年 12 月直接材料差异分析表

成本项目		标准			当期实际			当期实际与标准对比		
		数量/t	单价/(元/t)	金额/元	数量/t	单价/(元/t)	金额/元	量差对成本的影响/元	价差对成本的影响/元	合计/元
直接材料	磷酸铁	1 938.24	12 506.00	24 239 629.44	1 943.78	12 944.74	25 161 728.92	69 283.24	852 816.24	922 099.48
	碳酸锂	484.56	261 000.00	126 470 160.00	485.94	262 415.50	127 518 189.78	360 180.00	687 849.78	1 048 029.78
	葡萄糖	222.09	1 660.00	368 669.40	222.72	1 660.02	369 718.97	1 045.80	3.77	1 049.57
合计		2 644.89	—	151 078 458.84	2 652.44	—	153 049 637.67	430 509.04	1 540 669.79	1 971 178.83

微课：直接材料成本差异分析

2. 直接材料成本差异的分析

(1) 材料价格差异是在材料采购过程中形成的，不应由耗用材料的生产部门负责，而应由材料的采购部门负责。采购部门未能按标准价格进货的原因是多方面的，如供应厂家调整售价、本企业未批量进货、使用不必要的快速运输方式、违反合同被罚款、承接紧急订货造成额外采购等。但是有时采购价格偏高并非采购部门的责任，对此需要进行具体分析和调查，才能明确最终原因和责任归属。例如，生产计划安排不合理或材料浪费等原因，导致采购部门采取应急采购措施，则不应该由采购部门负责，而应由生产部门负责。又如，由于市场供求关系发生变化所引起的材料价格变动，也不应该由采购部门负责。

(2) 材料用量差异是在材料耗用过程中形成的，反映了生产部门的成本控制业绩。材料用量差异形成的具体原因也有许多，例如，工人操作疏忽造成废品或废料增加、操作技术改进而节省材料、新工人上岗造成用料增多、机器或工具不适造成用料增加等。但是，有时用料量增多并非生产部门的责任，对此，需要进行具体的调查研究才能明确责任归属。例如，购入材料质量低劣、规格不符造成使用量超过标准，则是采购部门的责任。

（四）直接人工成本差异的计算分析

直接人工成本差异是指在实际产量下，直接人工实际总成本与直接人工标准总成本之间的差额。

1. 直接人工成本差异的计算公式

直接人工成本也是变动成本，其成本差异可以进步分解为以下两种差异：一是实际人工工时用量脱离标准工时用量而形成的人工用量差异，即效率差异，类似于直接材料用量差异；二是人工实际价格脱离标准价格而形成的人工价格差异，类似于材料价格差异。所以，直接人工成本差异的计算分析方法类似于直接材料成本差异。有关计算公式如下。

(1) 直接人工成本差异的计算。

$$直接人工成本差异 = 直接人工实际成本 - 直接人工标准成本$$
$$= 直接人工用量差异 + 直接人工价格差异$$

(2) 直接人工用量差异的计算。

$$直接人工用量差异 = 实际工时 \times 标准人工价格 - 标准工时 \times 标准人工价格$$
$$= (实际工时 - 标准工时) \times 标准人工价格$$

(3) 直接人工价格差异的计算。

$$直接人工价格差异 = 实际工时 \times 实际人工价格 - 实际工时 \times 标准人工价格$$
$$= (实际人工价格 - 标准人工价格) \times 实际工时$$

【例 7-1】 湖南启航电池有限公司生产磷酸铁锂电池 1 000 组，实际耗用工时 24 000 小时，实际人工总额为 1 104 000 元，平均每工时为 46 元。假设标准人工率为 45 元，每组磷酸铁锂电池的工时耗用标准为 25 小时。

要求：根据以上资料，对湖南启航电池有限公司直接人工成本差异进行分析。

解析：

$$直接人工成本差异 = 1\,104\,000 - 45 \times 25 \times 1\,000 = -21\,000(元)$$
$$直接人工用量差异 = (24\,000 - 25 \times 1\,000) \times 45 = -45\,000(元)$$
$$直接人工价格差异 = (46 - 45) \times 24\,000 = 24\,000(元)$$

2. 直接人工成本差异的分析

一般情况下，直接人工价格差异形成的原因主要包括：高低工资的工人生产调度不当，生产工人升级或降级使用；工资变动，原工资标准未及时调整；工资计算方法变更；出勤率变化；奖励制度未产生实效；加班或雇用临时工；季节性或临时性生产增发工资等。在实际工作中，由于具体安排工作时也会由于某种原因造成人工价格出现差异，由此产生的责任应由劳动人事部门或生产部门承担，有时也会涉及其他部门。由于人工价格差异产生的原因复杂且难以控制，在分析人工价格差异时，应结合各部门的工作和责任范围，进行具体分析评价。

直接人工用量差异的形成原因，主要包括：生产工人经验不足、工作不熟练，未能在标准工时内完成任务；工作环境差，工人劳动情绪不佳，影响生产潜能发挥；材料供应不及时，造成停工待料，浪费工时；设备故障较多，停工待修，浪费工时；生产工艺变更，未能及时修订标准；生产计划安排不当，造成"窝工"；材料质量低劣导致加工时间延长，新工人上岗多，机器或工具选用不当，产品批量少、批次多，调整准备时间长等。人工效率差异基本上都是可控差异，主要应由生产部门负责，但这也不是绝对的，有些差异如材料质量不好、供应不及时或由于生产工艺变化引起的差异，应由采购部门、动力部门及其他有关部门负责。因此，在分析人工效率差异时，应针对具体负责部门进行分析评价。

（五）变动制造费用成本差异的计算分析

变动制造费用成本差异是指在实际产量下，变动制造费用实际总成本与其标准总成本之间的差额。

1. 变动制造费用成本差异的计算公式

变动制造费用成本差异可以进一步分解为以下两种差异：一是实际工时用量脱离标准工时用量而形成的用量差异，也叫效率差异；二是实际变动制造费用分配率脱离其标准而形成的价格差异，又称耗费差异或开支差异。有关计算公式如下。

(1) 变动制造费用成本差异的计算。

$$变动制造费用成本差异 = 实际变动制造费用 - 标准变动制造费用$$
$$= 变动制造费用效率差异 + 变动制造费用开支差异$$

(2) 变动制造费用效率差异的计算。

$$变动制造费用效率差异 = 实际工时 \times 标准分配率 - 标准工时 \times 标准分配率$$
$$= (实际工时 - 标准工时) \times 标准分配率$$

(3) 变动制造费用开支差异的计算。

$$变动制造费用开支差异 = 实际工时 \times 实际分配率 - 实际工时 \times 标准分配率$$
$$= (实际分配率 - 标准分配率) \times 实际工时$$

变动制造费用开支差异类似于材料价格差异和直接人工工资率差异，变动制造费用效率差异类似于材料用量差异和直接人工效率差异。所以，变动制造费用成本差异的计算分析方法类似于直接材料成本差异或直接人工成本差异。

【例 7-2】 湖南启航电池有限公司生产磷酸铁锂电池 1 000 组，实际耗用工时 24 000 小时，实际发生变动制造费用 460 728 元。假设标准的变动制造费用分配率为 18 元/小时，每组磷酸铁锂电池的工时耗用标准为 25 小时。

要求：根据以上资料，对湖南启航电池有限公司变动制造费用差异进行分析。

解析：

变动制造费用成本差异 = 460 728 − 18×25×1 000 = 10 728（元）

变动制造费用效率差异 = (24 000 − 25×1 000)×18 = −18 000（元）

变动制造费用开支差异 = (460 728/24 000 − 18)×24 000 = 28 728（元）

2. 变动制造费用成本差异的分析

通常情况下，变动制造费用开支差异的形成原因主要包括：预算或标准估计有误，导致实际变动制造费用发生额与预计数额发生偏差；间接材料价格的变化、质量的低劣，间接人工工资的调整；其他各项费用控制不当等。由于变动制造费用耗费差异构成内容繁多，具体原因各异，因此，可根据变动制造费用的明细项目（如间接材料、间接人工、动力费用等）区分可控与不可控因素进行分析，并视具体情况确定其责任的归属，变动制造费用效率差异的形成原因与直接人工效率差异产生的原因相同，其责任归属也与直接人工效率差异相同。

（六）固定制造费用成本差异的计算分析

固定制造费用成本差异是在实际产量下，固定制造费用实际发生总额与其标准发生总额之间的差额。虽然固定制造费用具有在其相关范围内总额不变的特性，但是在实际工作中，由于生产能力利用程度的不同、生产效率高低的不同、实际执行与预算的不同，仍会出现固定制造费用成本差异，对固定制造费用进行成本控制是通过编制固定预算来实现的。

1. 固定制造费用成本差异的计算公式

固定制造费用成本差异是指一定期间的实际固定制造费用与标准固定制造费用之间的差额。其计算公式如下：

固定制造费用成本差异 = 实际产量下实际固定制造费用 − 实际产量下标准固定制造费用

固定制造费用是固定成本，它在一定业务量范围内不随业务量的变动而变动。因此，固定制造费用成本差异不能简单地分为价格差异和数量差异两种类型。根据固定制造费用不随业务量的变动而变动的特性，为了计算固定制造费用标准分配率，须根据固定制造费用预算，设定一个预算工时，实际工时与预算工时的差异导致的固定制造费用成本差异是其生产能力利用程度差异。因此，固定制造费用成本差异除像变动制造费用那样包括开支差异和效率差异外，还包括生产能力利用差异。

固定制造费用成本差异的计算分析有其特殊性，分为二因素分析法和三因素分析法。

（1）二因素分析法，是将固定制造费用成本差异分为耗费差异和能量差异两种差异。其中，耗费差异是实际固定制造费用脱离预算而形成的预算差异，能量差异是指固定制造费用预算脱离标准而形成的除数差异。

① 固定制造费用耗费差异的计算公式为

固定制造费用耗费差异 = 固定制造费用实际数 − 固定制造费用预算数

= 实际产量下实际固定制造费用 − 预算产量下标准固定制造费用

② 固定制造费用能量差异的计算公式为

固定制造费用能量差异＝预算产量下标准固定制造费用－实际产量下标准固定制造费用
＝（预算产量标准工时－实际产量标准工时）×固定制造费用标准分配率

【例 7-3】 湖南启航电池有限公司生产磷酸铁锂电池 1 000 组，实际耗用工时 24 000 小时，实际发生固定制造费用 51 190 元。企业生产能量为 26 000 小时，假设每组磷酸铁锂电池的固定制造费用标准成本为 57.5 元，即每组电池标准工时 25 小时，标准分配率为 2.3 元/小时。

要求：根据以上资料，对湖南启航电池有限公司固定制造费用成本差异进行分析。

解析：

固定制造费用成本差异＝51 190－1 000×57.5＝－6 310（元）

固定制造费用耗费差异＝51 190－26 000×2.3＝－8 610（元）

固定制造费用能量差异＝（26 000－1 000×25）×2.3＝2 300（元）

（2）三因素分析法，是将固定制造费用成本差异分为以下三种差异：一是实际固定制造费用脱离预算而形成的耗费差异，也称开支差异；二是由于实际工时未能达到生产能量而形成的生产能力利用差异；三是实际工时脱离标准工时而形成的效率差异。其计算公式如下：

$$\text{固定制造费用耗费差异}=\text{实际产量下实际固定制造费用}-\text{预算产量下标准固定制造费用}$$

$$\text{固定制造费用能力差异}=（\text{预算产量标准工时}-\text{实际产量实际工时}）\times\text{固定制造费用标准分配率}$$

$$\text{固定制造费用效率差异}=（\text{实际产量实际工时}-\text{实际产量标准工时}）\times\text{固定制造费用标准分配率}$$

【例 7-4】 承例 7-3 资料。

要求：对湖南启航电池有限公司固定制造费用成本差异进行分析。

解析：

固定制造费用能力差异＝（26 000－24 000）×2.3＝4 600（元）

固定制造费用效率差异＝（24 000－25×1 000）×2.3＝－2 300（元）

三因素分析法的能力差异 4 600 元与效率差异－2 300 元之和为 2 300 元，与二因素分析法中的"能量差异"数额相同。

2. 固定制造费用成本差异的分析

固定制造费用的耗费差异是固定制造费用的实际数脱离预算数造成的，一般应由部门主管负责。出现差异的原因主要为预算编制不全面，缺乏适当或足够的经营控制造成过度开支。

固定制造费用闲置能量差异主要反映企业生产能力是否被充分利用。如果是正差异，说明设计的生产能力出现闲置，产生了不利的差异；如果是负差异，说明设计的生产能力被充分利用，产生了有利的差异。导致固定制造费用闲置能量差异出现不利差异的原因可能有多种，如生产安排的不均衡、机器设备发生故障、设备检修引起停工，以及不能得到足够订单而无法保持正常生产能力等。管理人员应该分清不利差异产生的具体原因并采取相应的措施。需要注意的是，固定制造费用生产能力利用差异经常导致生产管理人员追求高于正常生产能力的生产水平。如果多生产的产品可以及时销售出去，那么这样做就是有利的；但是如果多生产的产品不能及时销售出去，而不得不成为存货，那么固定制造费用的有利差异实际上反而会导致不利后果。

固定制造费用效率差异产生的原因与直接人工效率差异的原因相同，是由企业劳动组织和人员配备情况、工人技术熟练程度和责任感、材料质量、动力供应等情况引起的工时利用差异造成的，反映了劳动生产率的高低。

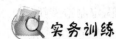

湖南启航电池有限公司生产三元锂电池,其标准成本单见表7-8。

表 7-8 三元锂电池标准成本单

项目	价格标准	数量标准	金额/(元/组)
直接材料	150 元/kg	500kg/组	75 000
直接人工	50 元/小时	24 小时/件	1 200
变动制造费用	40 元/小时	24 小时/件	960
固定制造费用	20 元/小时	24 小时/件	480
合计			77 640

三元锂电池正常生产能力为 30 000 小时。本月实际生产量为 1 200 组,实际耗用材料为 615 000kg,实际人工工时为 27 800 小时,实际成本中,直接材料 90 005 000 元、直接人工 1 340 000 元、变动制造费用 1 100 000 元、固定制造费用 630 000 元,总计 93 075 000 元。

要求:分别计算各成本项目的成本差异和分析差异,其中固定制造费用差异分析采用三因素法。

什么是标准成本?标准成本比实际成本好在哪里

扫描下方二维码阅读文章。

思考:(1) 标准成本法与实际成本法的本质差异是什么?

(2) 企业在核定标准成本时应该是从紧还是从宽呢?

作为财务人员,理解怎样进行标准成本管理

扫描下方二维码阅读文章。

思考:作为财务人员,应如何进行标准成本管理?

链接:什么是标准成本?标准成本比实际成本好在哪里

链接:作为财务人员,理解怎样进行标准成本管理

任务二 作业成本法

作业成本法是企业进行成本管理的一种重要方法,对企业的成本管控具有重要意义,通过学习了解作业成本法的核心概念,掌握作业成本法的实施步骤和具体应用。

工作情境

任逍遥 12 月对公司磷酸铁锂电池和三元锂电池进行成本核算时,注意到直接人工成本比重较上月有所下降,而间接管理费用在其成本中所占比重增加,传统成本核算方法把辅助部门归集的制造费用平均分配给各产品,没有考虑实际生产中产品消耗与成本配比问题,无法帮助企业实现科学有效成本控制。

思考:如何更加科学地分配制造费用,提高产品成本计算的准确性和成本控制的有效性?

一、作业成本法概述

(一)作业成本法的含义

作业成本法是指以"作业消耗资源,产品消耗作业"为原则,按照资源动因先将资源费用追溯或分配至各项作业,计算出作业成本,然后再根据作业动因,将作业成本追溯或分配至各成本对象,最终完成成本计算的成本管理方法,作业成本法的运作程序如图 7-4 所示。

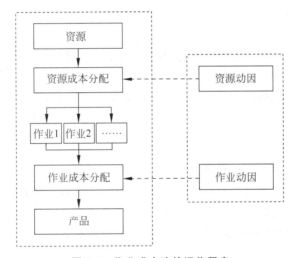

图 7-4 作业成本法的运作程序

(二)作业成本法的相关概念

1. 资源

资源是企业生产耗费的最初形态,是成本产生的源泉。企业作业活动系统所耗费的人力、物力、财力都属于资源。执行任何一项作业都要耗费一定的资源。制造型企业的资源项目一般包括原材料、辅助材料、燃料及动力、职工工资、折旧费、修理费、运输费等。

2. 作业

作业是指企业中特定组织为了某种目的而重复执行的任务或活动,是连接资源和成本对象的桥梁,例如,签订材料采购合同、将材料运达仓库、对材料进行质量检验等。

一项作业可能是一项非常具体的活动,如车工作业;也可以是多项连续作业的合并,如机加工车间的车、铣、刨、磨等所有作业可以统称为机加工作业;甚至可以将机加工作业、产品组装作业等统称为生产作业。

3. 作业中心与作业成本库

作业中心是指由一系列相互关联的、能够实现某种特定功能的具体作业组成的作业集合。

作业中心是资源费用分配的对象。一般来讲，一个作业中心就是生产流程的一个组成部分，企业可以把相同成本动因引起的作业集合设置为一个作业中心。例如，材料采购、材料检验、材料入库、材料仓储保管等一系列作业相互联系，可以归类于材料处理作业中心。作业中心有助于企业更明晰地分析一组相关的作业，以便进行作业管理以及企业组织机构和责任中心的设计与考核。

在作业成本法中，将相关的一系列作业消耗的资源费用归集到作业中心，则构成该作业中心的作业成本库，作业成本库是作业中心的货币表现形式。

4. 成本动因

成本动因又称成本驱动因素，是指引起成本发生的因素，即成本的诱因。例如，采购订单数决定着采购作业的资源消耗，采购订单数便是采购作业的成本动因。在作业成本法下，成本动因是成本分配的依据。根据成本动因在资源流动中所处的位置，成本动因又可以分为资源动因和作业动因。

资源动因是引起资源耗用的成本动因，反映作业量与资源耗费之间的因果关系。资源动因被用来计量各项作业对资源的耗用，根据资源动因可以将资源成本分配给各有关作业，如机器钻孔作业的资源动因是机器工作小时。

作业动因是引起作业耗用的成本动因，反映产品产量与作业耗费之间的因果关系。作业动因计量各种产品对作业耗用的情况，并被用来作为作业成本的分配基础，是沟通资源消耗与最终产出的中介。如材料搬运作业的衡量标准是搬运的零件数量，生产调度作业的衡量标准是生产订单数量，加工作业的衡量标准是直接人工工时，自动化设备作业的衡量标准是机器作业小时数等。

（三）作业成本法与传统成本法的区别

作业成本法与传统成本法下，直接材料成本与直接人工成本都可以直接归集到成本对象，两者的区别集中在对间接成本的分配上，主要是制造费用的分配。为便于说明，本节后面的内容都以"制造费用"代替"间接成本"，作业成本法与传统成本法程序对比如图7-5所示。

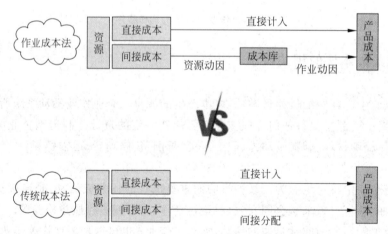

图7-5 作业成本法与传统成本法程序对比

1. 制造费用分配的路径不同

作业成本法的基本指导思想是"作业消耗资源、产品消耗作业"。根据这一指导思想，作业成本法把成本计算过程划分为两个阶段：第一阶段，将作业执行中耗费的资源分配到作业，计算作业的成本;第二阶段,将第一阶段计算出的作业成本分配到各有关成本对象。

作业成本法下成本计算的第一阶段,除了把直接成本追溯到产品,还要将各项制造费用分配到各有关作业,并把作业看作按产品生产需求重新组合的"资源";在第二阶段,按照作业消耗与产品之间不同的因果关系,将作业成本分配到产品。因此,作业成本法下制造费用的分配路径是"制造费用(资源)→作业→产品"。

传统的成本法也是分两步进行,但是中间的成本中心是按部门建立的。第一步除了把直接成本追溯到产品,还要把不同性质的各种制造费用按部门归集在一起;第二步是以产量为基础,将各部门归集的制造费用分配到各种产品。因此,传统成本法下,制造费用的分配路径是"制造费用(资源)→部门→产品"。

2. 制造费用分配的动因不同

在传统成本法下,制造费用分配的动因比较单一,通常以直接人工工时或机器工时为分配依据,当企业生产多样性明显时,生产量小、技术要求高的产品成本分配偏低,而生产量大、技术要求低的产品成本分配偏高。

在作业成本法下,制造费用分配的动因较多。首先,确认发生制造费用的一个或多个作业环节,如维修机器作业、搬运作业、质量检验作业等;然后,根据作业量的大小,将制造费用分配到各作业中;最后,依据相应的成本动因,如维修工时、搬运数量、检查次数等,将各作业中心的成本分配到成本对象。采用作业成本法,制造费用按照成本动因直接分配,避免了传统成本计算法下的成本扭曲。

二、作业成本法的实施步骤

1. 设立资源库,将确认和计量的各种资源归集到各资源库

企业在生产产品或提供劳务过程中会消耗各种资源,如原材料、厂房、设备等有形资源,信息、知识产权等无形资源。企业首先应为各类资源设置相应的资源库,并对一定期间内耗费的各种资源价值进行计量,将计量结果归入各资源库。

2. 确认主要作业,并设立相应的作业中心

在进行作业确认时,理论上要求将有关费用划分得越细越好,但基于成本效益的考虑,一般按重要性和同质性的要求进行作业划分,将同类作业纳入同一作业组。纳入同一作业组的作业应具备两个条件:一是属于同一类作业;二是对于不同产品来说,有着大致相同的消耗比率。例如,"材料搬运"是一项作业,也可以作为一个作业中心,所有与材料搬运相关的费用都归属到"材料搬运"这一作业中心。

3. 确定资源动因,并将各资源库汇集的价值分配到各作业中心

资源动因是把资源库价值分配到各作业中心的依据。首先,企业应根据不同的资源,选择合适的资源动因,如电力资源可以选择"消耗的电力度数"作为资源动因。然后,根据资源费用和资源动因数量,计算出资源动因分配率。最后,根据各项作业所消耗的资源动因数,将各资源库的价值分配到各作业中心。其计算公式为

资源动因分配率=资源费用÷各作业消耗的资源动因数量

分配到某作业中心的资源=作业中心消耗的资源动因数量×资源动因分配率

例如,电力的资源动因是耗电度数,资源动因分配率是0.55元/度,若"产品质量检验"作业消耗了2 000度电,那么,"产品质量检验"作业分配到的"电力成本"为1 100元。在分配过程中,对于为执行某种作业直接消耗的资源,应直接追溯至该作业中心;对于为执行两种或两

种以上作业共同消耗的资源费用,应按照各作业中心的资源动因量比例分配至各作业中心。企业为执行每一种作业所消耗的资源费用的总和,构成该种作业的总成本。

4. 确定作业动因,并计算作业动因分配率,归集各产品应负担的作业成本

一般来说,作业动因的选择由企业工程技术人员和成本会计师等组成的专门小组讨论确定。选择作业动因时,要确保作业消耗量与作业动因消耗量相关,综合权衡收益与成本,并考虑确认成本动因后的行为结果。

作业动因分为业务动因、持续时间动因和强度动因三类,企业要根据具体情况进行选择。其中,业务动因是指用执行次数计量的成本动因,适用于每次执行所需要的资源数量相同或接近的情形,如发出订单数、处理收据数等;持续时间动因是指用执行时间计量的成本动因,适用于每次执行所需要的时间显著不同的情形,如机器检查时间、设备安装时间等;强度动因是指需要直接衡量每次执行所需资源的作业动因,包括特别复杂产品的安装、质量检验等。

当各作业中心已经建立、作业动因已经选定后,就可以计算出以作业动因数量为单位的分配率和分配到产品上的作业成本。其计算公式为

$$作业动因分配率 = \frac{作业中心归集的作业成本总额}{作业动因总量}$$

$$分配到某产品的作业成本 = 某产品耗用的作业动因数量 \times 作业动因分配率$$

5. 计算各成本对象的总成本和单位成本

根据每种产品所耗用的各项作业成本,可以计算该产品应负担的总成本和单位成本。其计算公式为

某产品总成本 = 当期投入该产品的直接成本 + 分配至该产品的作业成本总和

= 当期投入该产品的直接成本 + (某产品耗用的作业动因数量 × 作业动因分配率)

三、作业成本法的具体应用

如前所述,对于直接材料、直接人工等直接成本的核算,作业成本法与传统的完全成本法一样,都是直接计入产品成本。两者的区别主要体现在对制造费用的分配上。作业成本法的分配路径是"制造费用→作业→产品",而完全成本法的分配路径是"制造费用→部门→产品"。

【课赛融通7-4】 湖南启航电池有限公司公司主要生产磷酸铁锂电池和三元锂电池。2×23年12月公司发生制造费用总计9 599 680元,以往公司按传统成本法计算两种产品的成本,制造费用按直接人工工时分配。由于锂电池市场竞争激烈,公司为了精细化管理产品生产成本,决定采用作业成本法进行成本核算。假设2×23年12月磷酸铁锂电池和三元锂电池月初、月末均无在产品,产品相关资料见表7-9。

表7-9 湖南启航电池有限公司产品相关资料表

项 目	磷酸铁锂电池	三元锂电池
直接材料/元	902 996 060	85 000 000
直接人工/元	14 346 570	1 350 000
制造费用/元	9 599 680	
机器工时/小时	30 854	30 348

公司财务人员对形成制造费用的资源消耗进行分析,将其归类为水电费、折旧费、车间管理费。形成制造费用的资源项目及耗费金额见表7-10。

表 7-10 资源项目及耗费金额表   单位：元

项　目	金额
水电费	550 000
折旧费	9 000 000
车间管理费	49 680
合　计	9 599 680

公司成本管理小组根据企业生产特点，将涉及制造费用的一系列作业划分为材料准备、电极制备、电池组装、产品包装、产品检测五个作业中心，将各项资源耗费向各项作业中心分配的依据（即资源动因）包括：水电费按作业中心的耗电度数分配；折旧费按作业中心所用机器设备小时数；车间管理费按车间管理人员数进行分配。本月各项作业中心的资源动因数量见表 7-11，本月磷酸铁锂电池和三元锂电池两种产品消耗的各项作业动因数量见表 7-12。

表 7-11 资源动因数量表

资源类别	资源动因	资源动因数量					
		合计	材料准备	电极制备	电池组装	产品包装	产品检测
水电费	耗电量/度	561 224	11 224	250 000	200 000	55 000	45 000
折旧费	机器工时	337 202	25 000	136 000	124 000	35 000	17 202
车间管理费	车间管理人员数	7	2	1	2	1	1

表 7-12 作业动因数量表

作业中心	作业动因	磷酸铁锂电池	三元锂电池	合　计
材料准备	投料批次/次	7	3	10
电极制备	处理小时/小时	3 300	1 200	4 500
电池组装	处理小时/小时	2 100	900	3 000
产品包装	包装次数/次	35	15	50
产品检测	检验小时/时	3 000	1 000	4 000

要求：根据上述资料，采用作业成本法计算湖南启航电池有限公司 12 月产品成本（单位成本计算结果四舍五入保留两位小数）。

解析：（1）计算并编制资源耗费分配表，见表 7-13。

表 7-13 资源耗费分配表

资源类别	资源费用	资源动因数量	分配率	作业中心				
				材料准备	电极制备	电池组装	产品包装	产品检测
水电费	550 000.00	561 224.00	0.98	10 999.53	245 000.21	196 000.17	53 900.05	44 100.04
折旧费	9 000 000.00	337 202.00	26.69	667 255.83	3 629 871.71	3 309 588.91	934 158.16	459 125.39
车间管理费	49 680.00	7.00	7 097.14	14 194.29	7 097.14	14 194.29	7 097.14	7 097.14
合　计	9 599 680.00			692 449.64	3 881 969.07	3 519 783.37	995 155.35	510 322.57

（2）根据表 7-12 和表 7-13 资料，计算并编制作业成本分配率和产品作业成本计算表，见表 7-14。

表 7-14 作业成本分配率和产品作业成本计算表

作业中心	作业成本合计	作业动因数量	分配率	作业量		作业成本	
				磷酸铁锂电池	三元锂电池	磷酸铁锂电池	三元锂电池
材料准备	692 449.64	10.00	69 244.96	7.00	3.00	484 714.75	207 734.89
电极制备	3 881 969.07	4 500.00	862.66	3 300.00	1 200.00	2 846 777.31	1 035 191.75
电池组装	3 519 783.37	3 000.00	1 173.26	2 100.00	900.00	2 463 848.36	1 055 935.01
产品包装	995 155.35	50.00	19 903.11	35.00	15.00	696 608.75	298 546.61
产品检测	510 322.57	4 000.00	127.58	3 000.00	1 000.00	382 741.93	127 580.64
合 计	9 599 680.00					6 874 691.10	2 724 988.90

(3) 根据表 7-9 和表 7-14 资料,计算并编制作业成本法下产品成本计算表,见表 7-15。

表 7-15 作业成本法下产品成本计算表

成本项目	磷酸铁锂电池(12 890 组)		三元锂电池(1 150 组)	
	总成本	单位成本	总成本	单位成本
直接材料	902 996 060.00	70 054.00	85 000 000.00	73 913.04
直接人工	14 346 570.00	1 113.00	1 350 000.00	1 173.91
制造费用	6 874 691.10	533.34	2 724 988.90	2 369.56
合 计	924 217 321.10	71 700.34	89 074 988.90	77 456.51

  高手过招

微课:作业成本法核算

沿用课赛融通 7-4 资料。

要求:采用完全成本法计算产品成本,并比较作业成本法和完全成本法下的磷酸铁锂电池和三元锂电池两种产品的单位成本。

职业拓展

消除作业与缩短时间,作业成本法教你降本增效

扫描下页二维码阅读文章。

思考:如何运用作业成本法实现降本增效?

作业成本:为什么先进制造企业普遍使用作业成本法

扫描下页二维码阅读文章。

思考：为什么先进制造企业普遍使用作业成本法？

链接：作业成本法教你降本增效

链接：为什么先进制造企业普遍使用作业成本法

任务三　目标成本法

正确运用目标成本法进行产品成本管理，对企业控制产品成本，提升产品市场竞争力具有重要意义。本任务中的技能点是业财税融合成本管控 1＋X 证书的技能考核点——生产成本控制分析。

湖南启航电池有限公司是一家锂电池生产企业，随着国内新能源汽车市场的发展，磷酸铁锂电池市场竞争也日趋激烈，公司决定对新型磷酸铁锂电池进行目标成本管理。

思考：作为湖南启航电池有限公司的财务人员，该如何运用目标成本法，帮公司实现成本管理呢？

一、目标成本法的概念

目标成本法是指企业以市场为导向，以目标售价和目标利润为基础确定产品的目标成本，从产品设计阶段开始，通过各部门、各环节乃至与供应商的通力合作，共同实现目标成本的成本管理方法，该方法一般适用于制造业企业成本管理，也可在物流、建筑、服务等行业应用。

二、目标成本法的应用环境

企业应用目标成本法，应遵循《管理会计应用指引第 300 号——成本管理》中对应用环境的一般要求。

（1）企业应用目标成本法，要求处于比较成熟的买方市场环境，且产品的设计、性能、质量、价值等呈现出较为明显的多样化特征。

（2）企业应以创造和提升客户价值为前提，以成本降低或成本优化为主要手段，谋求竞争中的成本优势，保证目标利润的实现。

（3）企业应成立由研究与开发、工程、供应、生产、营销、财务、信息等有关部门组成的跨部门团队，负责目标成本的制定、计划、分解、下达与考核，并建立相应的工作机制，有效协调有关部门之间的分工与合作。

（4）企业能及时、准确取得目标成本计算所需的产品售价、成本、利润以及性能、质量、工艺、流程、技术等方面各类财务和非财务信息。

三、目标成本法的应用程序

目标成本法的应用一般需经过目标成本的设定、分解、达成到再设定、再分解、再达成多重循环,以持续改进产品方案。具体按照确定应用对象、成立跨部门团队、收集相关信息、计算市场容许成本、设定目标成本、分解可实现目标成本、落实目标成本责任、考核成本管理业绩、持续改善等步骤进行,如图 7-6 所示。

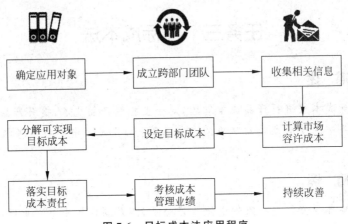

图 7-6 目标成本法应用程序

1. 确定应用对象

企业应根据目标成本法的应用目标及其应用环境和条件,综合考虑产品的产销量和盈利能力等因素,确定应用对象。一般将拟开发的新产品或那些功能与设计存在较大的弹性空间、产销量较大且处于亏损状态或盈利水平较低、对企业经营业绩具有重大影响的老产品作为目标成本法的应用对象。

2. 成立跨部门团队

因为采用目标成本法需要企业各部门的通力合作,因此企业需先成立一个高水平的跨部门团队,并建立成本规划、成本设计、成本确认、成本实施等小组,各小组根据管理层授权协同合作完成相关工作。

(1) 成本规划小组由业务及财务人员组成,负责设定目标利润,制定新产品开发或老产品改进方针,考虑目标成本等。该小组的职责主要是收集相关信息、计算市场驱动产品成本等。

(2) 成本设计小组由技术及财务人员组成,负责确定产品的技术性能、规格,负责对比各种成本因素,考虑价值工程,进行设计图上成本降低或成本优化的预演等。该小组的职责主要是可实现目标成本的设定和分解等。

(3) 成本确认小组由有关部门负责人、技术及财务人员组成,负责分析设计方案或试制品评价结果,确认目标成本,进行生产准备、设备投资等。该小组的职责主要是可实现目标成本设定与分解的评价和确认等。

(4) 成本实施小组由有关部门负责人及财务人员组成,负责确认实现成本策划的各种措施,分析成本控制中出现的差异,并提出对策,对整个生产过程进行分析、评价等。该小组的职责主要是落实目标成本责任、考核成本管理业绩等。

3. 收集相关信息

目标成本法的应用需要企业研究与开发、财务等各部门收集与应用对象相关的信息,主要包括以下信息。

(1) 产品成本构成及料、工、费等财务和非财务信息。

(2) 产品功能及设计、生产流程与工艺等技术信息。

(3) 材料的主要供应商、供求状况、市场价格及变动趋势等信息。

(4) 产品的主要消费者群体、分销方式和渠道、市场价格及变动趋势等信息。

(5) 本企业及同行业标杆企业产品盈利水平等信息。

(6) 其他相关信息。

4. 计算市场容许成本

市场容许成本是指目标售价减去目标利润之后的余额。计算公式为

$$市场容许成本 = 目标售价 - 目标利润$$

注意：

(1) 目标售价的设定应综合考虑客户感知的产品价值、竞争产品的预期相对功能和售价，以及企业针对该产品的战略目标等因素。

(2) 目标利润的设定应综合考虑利润预期、历史数据、竞争地位分析等因素。

5. 设定目标成本

企业设定市场容许成本后应将容许成本与新产品设计成本或老产品当前成本进行比较，确定差异及成因，设定可实现的目标成本。

企业一般通过价值工程、拆装分析、流程再造、全面质量管理、供应链全程成本管理等措施和手段，寻求消除当前成本或设计成本偏离容许成本差异的措施，使容许成本转化为可实现的目标成本。

6. 分解可实现目标成本

企业设立目标成本后，应按主要功能对可实现的目标成本进行分解，确定产品所包含的每一零部件的目标成本。

注意：

分解目标成本时，首先应确定主要功能的目标成本，然后寻求实现这种功能的方法，并把主要功能和主要功能级的目标成本分配给零部件，形成零部件级目标成本。同时，企业应将零部件级目标成本转化为供应商的目标售价。

7. 落实目标成本责任

企业应将设定的可实现目标成本、功能级目标成本、零部件级目标成本和供应商目标售价进一步量化为可控制的财务和非财务指标，落实到各责任中心，形成各责任中心的责任成本和成本控制标准，并辅之以相应的权限，将达成的可实现目标成本落到实处。

8. 考核成本管理业绩及持续改善

企业应依据各责任中心的责任成本和成本控制标准，按照业绩考核制度和办法，定期进行成本管理业绩的考核与评价，为各责任中心和人员的激励奠定基础。

企业应定期将产品实际成本与设定的可实现目标成本进行对比，确定其差异及性质，分析差异的成因，提出消除各种重要不利差异的可行途径和措施，进行可实现目标成本的重新设定、再达成，推动成本管理的持续优化。

【例 7-5】 承本任务工作情境资料，公司为了对新型磷酸铁锂电池进行目标成本管理。经过市场调研，公司决定将磷酸铁锂电池（64 kWh）的销售价格定为 75 000 元/组，目标利润率定为 8%。

要求：计算每组新型磷酸铁锂电池的市场容许成本。

解析：

$$市场容许成本 = 目标售价 - 目标利润$$
$$= 75\,000 \times (1 - 8\%)$$
$$= 69\,000(元)$$

【例 7-6】 新型磷酸铁锂电池可实现的目标成本是由构建产品的工艺过程及构建产品的各部件决定的。电池的部件由磷酸铁锂、石墨、电解液、NMP 清洗剂等组成，生产一组新型磷酸铁锂电池需要更精细的人工投入，其他部分与现有的锂电池是一样的，现有锂电池的生产成本为 71 679 元/组。

要求：根据现有锂电池的有关资料（表 7-16），对新型磷酸铁锂电池的成本进行估算。

表 7-16 现有锂电池部件成本　　　　　　　　　　单位：元

部　件	产品类型	
	新型磷酸铁锂电池	现有锂电池
磷酸铁锂	13 726	13 726
石墨	5 145	5 145
隔膜	3 092	3 092
电解液	12 075	12 075
NMP 清洗剂	2 174	2 174
铝箔	473	473
铜箔	6 115	6 115
铝带	1 327	1 327
镍带	15 929	15 929
胶纸	0	0
隔膜纸	10	10
正极盖板	178	178
负极盖板	178	178
钢壳	33	33
正极焊接过渡片	200	200
负极焊接过渡片	200	200
侧板	3 800	3 800
隔圈	1 062	1 062
负极粘结剂	628	628
正极粘结剂	1 300	1 300
热缩管	106	106
注液孔密封盖	18	18
胶带	2 285	2 285
条码纸	0	0
合计	70 054	70 054

解析：由于新型磷酸铁锂电池的部件成本和现有锂电池的一样，所以其部件成本也是 70 054 元/组。

新型磷酸铁锂电池的每组产品主要加工成本构成见表 7-17。

表 7-17　主要加工成本构成　　　　　　　　　　　　单位：元

工艺流程	产品类型	
	新型磷酸铁锂电池	现有锂电池
配料	105	98
涂布	75	68
辊压	72	65
制片	50	50
模切	55	55
焊软连接	65	65
包聚酯薄膜	55	55
烘烤	45	45
卷芯入壳	50	50
焊顶帽	68	68
注液	73	73
化成	80	80
抽气	75	75
二次注液	73	73
焊密封钉	60	60
测试	78	78
打包	50	55
合计	1 129	1 113

综合上述资料，新型磷酸铁锂电池的制造成本之和为 71 183 元，见表 7-18。

表 7-18　新型磷酸铁锂电池成本　　　　　　　　　　单位：元

成本要素	产品类型	
	新型磷酸铁锂电池	现有锂电池
部件成本	70 054	70 054
主要加工成本	1 129	1 113
合　计	71 183	71 167

通过表 7-18 数据可知，使用当前生产部件和流程工艺，新型磷酸铁锂电池成本要高于市场可容许成本。如果要让新型磷酸铁锂电池成本达到产品的可实现目标成本，就必须将成本降低 2 183 元。

【例 7-7】 承例 7-6 有关资料。

要求：试分析湖南启航电池有限公司采用目标成本法，如何降低新产品磷酸铁锂电池生产成本。

解析：为了降低产品成本，公司严格控制生产流程，使每组新型磷酸铁锂电池可降低人工成本 38 元，其中焊密封钉环节减少 10 元，测试环节减少 20 元，打包环节减少 8 元。此时，新型磷酸铁锂电池的成本降到 71 145 元，但是离可接受的目标成本还有 2 145 元的差距。公司拟通过与磷酸铁锂材料供应商协商，将公司的成本压力传递给供应商，来进一步降低成本。此时正是原材料磷酸铁锂价格波动时期，为稳定客户，磷酸铁锂供应商同意降低材料价格，降价后每组新型磷酸铁锂电池的成本降低了 2 000 元，同时，石墨供应商也在价格上做出了一定的让步,使每组新型磷酸铁锂电池的成本降低了145元。

至此,湖南启航电池有限公司新型磷酸铁锂电池的目标成本已经达到了69 000元,其中零部件成本和主要加工成本的构成见表7-19。

表7-19 零部件成本和主要加工成本构成　　　　　　　　　　单位:元

项目名称	新型磷酸铁锂电池每组成本	项目名称	新型磷酸铁锂电池每组成本
部件:		主要加工成本:	
磷酸铁锂	11 726	配料	105
石墨	5 000	涂布	75
隔膜	3 092	辊压	72
电解液	12 075	制片	50
NMP清洗剂	2 174	模切	55
铝箔	473	焊软连接	65
铜箔	6 115	包聚酯薄膜	55
铝带	1 327	烘烤	45
镍带	15 929	卷芯入壳	50
胶纸	0	焊顶帽	68
隔膜纸	10	注液	73
正极盖板	178	化成	80
负极盖板	178	抽气	75
钢壳	33	二次注液	73
正极焊接过渡片	200	焊密封钉	50
负极焊接过渡片	200	测试	58
侧板	3 800	打包	42
隔圈	1 062	小计	1 091
负极粘结剂	628	合计	69 000
正极粘结剂	1 300		
热缩管	106		
注液孔密封盖	18		
胶带	2 285		
条码纸	0		
小计	67 909		

湖南启航电池有限公司采用目标成本法,对新型磷酸铁锂电池进行了成本控制,大大提高了产品的市场竞争力,后续公司将进一步控制成本,提高企业的盈利能力。

四、目标成本法的优缺点

1. 目标成本法的优点

(1)突出从原材料到产品出货全过程成本管理,有助于提高成本管理的效率和效果。

(2)强调产品生命周期成本的全过程和全员管理,有助于提高客户价值和产品市场竞争力。

(3)谋求成本规划与利润规划活动的有机统一,有助于提升产品的综合竞争力。

2. 目标成本法的主要缺点

目标成本法的应用不仅要求企业具有各类所需要的人才,更需要各有关部门和人员的通力合作,管理水平要求比较高。

浅谈目标成本管理

扫描右侧二维码阅读文章。

思考：深入学习贯彻党的二十大提出的国资国企改革精神，围绕扎实推进中国式现代化，聚焦推进高质量发展，企业应该如何进行目标成本管理？

链接：浅谈目标成本管理

承例7-5~例7-7，假设公司将新型磷酸铁锂电池（64kWh）的目标利润率提高到10%，其他条件不变。

要求：（1）计算每组新型产品的市场容许成本。

（2）沿用资料中原有的降低成本的方式，在其他数据不变的情况下，通过原材料磷酸铁锂降价的方式，使得每组新型磷酸铁锂电池的成本降低多少才可以实现目标成本？

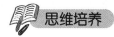

成本管理：企业成本管控应从这5点入手

扫描右侧二维码阅读文章。

思考：企业成本管控可以从哪些方面入手？

链接：企业成本管控应从这5点入手

任务四　质量成本管理

任务描述

当今社会已处于"客户导向"的管理思想时代，树立"全面质量管理"观念是企业提高竞争优势的重要途径，正确进行质量成本分析以及相应的账务处理对企业成本管理具有重要意义。

项目活动一　质量成本概述

工作情境

湖南启航电池有限公司质量管理部门发现近期产品的不合格率有所上升，导致了大量的返工和客户投诉。这不仅影响了企业的声誉，还增加了质量成本，包括内部故障成本和外部故障成本。

思考：你该如何解决这个问题呢？

一、质量成本的概念和内容

1. 质量成本的概念

质量成本是企业为了保证和提高产品质量而支出的一切费用，以及因产品质量不达标不能满足消费者的要求而产生的一切损失的总和。

2. 质量成本的内容

质量成本的内容主要包括预防成本、鉴定成本、内部损失成本、外部损失成本和外部质量保证成本。

(1) 预防成本。预防成本是指用于预防产生不合格品与故障等所支付的各种费用,包括质量培训费、质量管理活动费用、质量改进措施费、质量评审费、工资及福利基金等。预防成本一般发生在企业生产的研究与开发阶段,目的在于防止在其后的生产过程中出现低质量产品。

(2) 鉴定成本。鉴定成本是指评定产品是否满足规定的质量要求所支付的费用,包括试验检验费,质量检验部门办公费,从事质量试验、检验工作人员的工资总额及提取的职工福利基金,检测设备维修折旧费等,一般发生在预防成本之后,目的在于防止将不合格的产品交付给顾客。

(3) 内部损失成本。企业内部损失成本又称内部故障成本,是指产品交货前因不满足规定要求所损失的费用,包括废品损失费用、返修损失费用、产品完成返工返修后的复检和测试费用、停工损失费用、产品降级损失费等。

(4) 外部损失成本。外部损失成本又称外部故障成本,是指成品出厂后因不满足规定的质量要求,导致索赔、修理、更换或信誉损失等而支付的费用,包括索赔费用、退货损失费、折价损失费、保修费用等。

(5) 外部质量保证成本。外部质量保证成本是指企业为提供用户要求的客观证据所支付的费用,包括特殊的和附加的质量保证措施、程序、数据、证实试验和评定的费用,如由认可的独立试验机构对特殊的安全性能进行试验的费用等。

上述质量成本项目中,预防成本和鉴定成本属于企业事先可以规划和控制的成本,故称可控质量成本。内部损失成本和外部损失成本则属于企业无法事先控制的成本,故称不可控质量成本。

此外,按质量成本的存在形式不同,可将其划分为显性质量成本和隐性质量成本。

显性质量成本是指可从企业会计记录中获取数据的成本,例如预防成本、鉴定成本、内部损失成本及部分外部损失成本等。

隐性质量成本是指未列入国家现行成本核算制度规定的成本开支范围,也未列入专用基金的成本,通常不是实际支出的费用,而是反映为实际收益的减少,如产品降级、降价、停工损失等。

二、质量成本分析

质量成本分析是指通过分析产品质量与成本的关系,进一步衡量质量成本对经济效益的影响程度。

图 7-7 表明了产品质量与收益之间的关系。

图 7-7 中,S_1 曲线表示一般情况下质量、价格、销售收入之间的关系:当质量不断提高,销售量增多,销售收入会增加;但当质量提到一定程度后,那么企业需要维持质量所花费的成本也会增加,产品价格相对昂贵,销售量随之下降,销售收入增长趋于缓慢、甚至下降。S_2 曲线表示一般情况下质量、成本、费用之间的关系:当质量很低时,产品无用户需求,造成产品积压损失,或用户购买后形成较高的索赔成本,总体成本高;随着产品质量提高,次品及废品损失减少,销售收入增加,索赔损失减小,总成本降低;到某一质量水平后,若再提高质量,维持质量的成本增多,成本将又随着提高。

由图 7-7 可知,某一质量水平下的产品利润即为销售收入与成本的差额,也就是 S_1-S_2。当企业的质量水平在 M 点时,其差值最大,表示利润最高。由此可知,M 点就是最佳质量水平。

质量成本模型如图 7-8 所示。

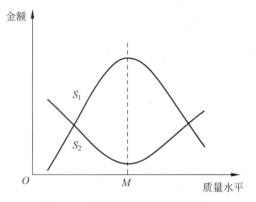

图 7-7　产品质量与收益的关系

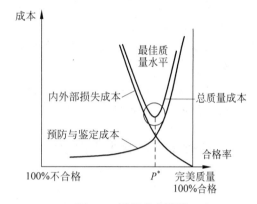

图 7-8　质量成本模型

质量成本模型是通过把预防成本、检验成本这些"可控成本"与内外部故障成本这些"结果性成本"结合起来研究,寻找两者理想的结合点的成本模型。当预防成本和检验成本为零时,产品为 100% 的次品,要提高产品符合性质量,就要增加这两类成本,当符合性质量为 100% 时,预防成本就会无穷大。内外部损失成本则是因次品而存在。如没有次品,则表示产品 100% 符合规格,事故成本为零。当发生产品不符合规格情况,事故成本上升,到 100% 不符合规格时,全是次品。P^* 点或 P^* 点附近区域总成本最低,此时为产品最优质量水平。

质量成本控制为什么是企业可持续发展的关键

扫描下方二维码阅读文章。

思考:党的二十大报告中提出,加快建设制造强国、质量强国、航天强国、交通强国、网络强国、数字中国。制造强国成本控制是关键,企业如何进行质量成本控制?

动力电池制造过程中的质量如何把控

扫描下方二维码阅读文章。

思考:动力电池制造过程中的质量应该如何把控?

链接:质量成本控制为什么是企业可持续发展的关键　　　链接:动力电池制造过程中的质量如何把控

项目活动二　质量成本账务处理

湖南启航电池有限公司财务部任逍遥 12 月收到很多来自质量管理部、生产部、采购部等部门的原始单据,这些资料详细记录了企业在产品质量控制过程中所产生的各类费用,任逍遥对这些原始数据进行了仔细的审核和分类,发现某批产品的返工率异常高,并导致内部故障成本大幅增加。

思考:(1)内部故障成本该如何进行账务处理?
(2)企业可以通过哪些方式降低产品的返工率?

一、我国质量成本的账户设置

我国的质量成本一般分为三级科目:一级科目是质量成本;二级科目包括预防成本、鉴定成本、内部故障(损失)成本、外部故障(损失)成本;三级科目见表 7-20。企业可依据各行业实际情况及质量费用的用途、目的、性质进行增删。

表 7-20　质量成本费用科目

一级科目	二级科目	三级科目
质量成本	预防成本	质量培训费
		质量管理活动费
		质量改进措施费
		质量评审费
		工资及福利基金
	鉴定成本	试验检验费
		质量检验部门办公费
		工资及福利基金
		检测设备维修折旧费
	内部损失成本	报废损失费
		返修费
		降级损失费
		停工损失费
		产品质量事故处理费
	外部损失成本	折价损失费
		退货损失费
		索赔费
		保修费

二、质量成本会计核算的账务处理

质量成本会计核算的原则是所有与质量成本有关的费用都必须进行质量成本核算。费用先记入质量成本相关明细账户,再从质量成本账户中转出,结转至相关成本类或损益类账户中,月末质量成本明细账户无余额。

(1) 归集产品的质量改进措施费时,账务处理如下。

借:质量成本——预防成本
　　贷:银行存款

将质量成本明细账户的相关费用转出时,账务处理如下。

借:管理费用
　　贷:质量成本——预防成本

(2) 所有属于计检部门、质管部门的费用,都必须经过质量成本明细账户归集,如废品损失,其账务处理如下。

借:质量成本——内部损失成本
　　贷:生产成本

将质量成本明细账户的相关费用转出时,账务处理如下。

借:生产成本
　　贷:质量成本——内部损失成本

(3) 归集用现金和银行存款支付的质量成本(如职工的质量培训费),账务处理如下。

借:质量成本——预防成本
　　贷:库存现金等

将质量成本明细账户的相关费用转出时,账务处理如下。

借:管理费用
　　贷:质量成本——预防成本

(4) 归集直接涉及损益的质量处置费和三包索赔费用,账务处理如下。

借:质量成本——外部损失成本
　　贷:银行存款等

将质量成本明细账户的费用转出时,账务处理如下。

借:销售费用
　　贷:质量成本——外部损失成本

【例7-8】 湖南启航电池有限公司是一家专门生产电池的公司,2×23年12月生产64kWh的磷酸铁锂电池12 890组,发生有关质量成本资料如下。

(1) 为提高职工的质量意识,发生质量培训费1 000元,已通过现金支付。

(2) 为改进磷酸铁锂电池的生产质量,发生了整顿质量措施费3 000元,已通过银行存款支付。

(3) 产品检验入库时,发现可修复废品5件,平均每件修复费用2 500元,其中原材料费用1 500元,人工费用2 000元。

(4) 当月支付产品质量"三包"费用500元。

要求:编制上述业务的会计分录。

解析:根据上述资料,编制以下会计分录。

(1) 归集并结转职工培训费。

借:质量成本——预防成本　　　　　　　　　　　　　　1 000
　　贷:库存现金　　　　　　　　　　　　　　　　　　　　　1 000

借:管理费用	1 000	
贷:质量成本——预防成本		1 000

(2) 归集并结转质量改进措施费。

借:质量成本——预防成本	3 000	
贷:银行存款		3 000
借:管理费用	3 000	
贷:质量成本——预防成本		3 000

(3) 归集并结转可修复废品损失。

借:质量成本——内部损失成本	2 500	
贷:原材料		1 500
应付职工薪酬		1 000
借:生产成本——64kWh磷酸铁锂电池组	2 500	
贷:质量成本——内部损失成本		2 500

(4) 归结并结转质量"三包"费用。

借:质量成本——外部损失成本	500	
贷:银行存款		500
借:销售费用	500	
贷:质量成本——外部损失成本		500

成本管理理念

大疆无人机,从农田到战场,一飞冲天的中国智造

扫描右侧二维码阅读文章。

思考:2024年政府报告提出,大力推进现代化产业体系建设,加快发展新质生产力,积极培育新兴产业和未来产业,积极打造生物制造、商业航天、低空经济等新增长引擎。在商业航天领域,深圳市大疆创新科技有限公司为什么能带领"中国智造"走出国门,以科技实力折服世界?

链接:大疆无人机,
从农田到战场,
一飞冲天的中国智造

实务训练

承例7-8,假设湖南启航电池有限公司2×23年12月为磷酸铁锂电池进行质量检测的设备折旧费为4 000元,应支付给检测人员的工资为10 000元。

要求:根据上述资料,编制湖南启航电池有限公司2×23年12月相关会计分录。

思维培养

质量成本要统计准确吗

扫描右侧二维码阅读文章。

思考:质量成本要统计准确吗?

链接:质量成本要
统计准确吗

课后训练

一、单项选择题

1. 标准成本与实际成本的成本差异的分析属于（　　）。
   A. 事前控制　　　B. 事中控制　　　C. 事后控制　　　D. 全面成本控制
2. 下列（　　）不是标准成本的种类。
   A. 历史标准成本　　B. 行业标准成本　　C. 正常标准成本　　D. 理想标准成本
3. 按既定的标准成本编制的预算对实际生产过程的控制属于（　　）。
   A. 事前控制　　　B. 事中控制　　　C. 事后控制　　　D. 全面成本控制
4. 作业成本法中某作业中心的可追溯成本是 100 000 元，直接追溯成本是 20 000 元，该作业中心成本动因耗用总数是 200 个，该中心成本分配率是（　　）。
   A. 500.0　　　　B. 250.0　　　　C. 1 000.0　　　　D. 100.0
5. 作业成本计算法是以（　　）作为联系资源和成本对象的媒介。
   A. 资源动因　　　B. 作业动因　　　C. 作业　　　　D. 生产流程
6. 作业成本计算法主张以（　　）作为分配大多数间接成本的基础。
   A. 数量　　　　B. 作业量　　　　C. 分配率　　　　D. 定额
7. 目标成本分解通常是先把总体目标成本分解到（　　）。
   A. 各种产品　　　B. 各责任单位　　C. 个人　　　　D. 产品各部件
8. 下列（　　）产品生命周期是目标成本法适用的阶段。
   A. 研发设计　　　B. 批量生产　　　C. 售后服务　　　D. 市场导入
9. 质量成本的内容一般包括四项内容，下列不属于质量成本内容的项目是（　　）。
   A. 预防成本　　　B. 坏账损失　　　C. 内部故障成本　　D. 外部故障成本
10. 作业成本制度是以（　　）为核心。
    A. 生产　　　　B. 作业　　　　C. 管理　　　　D. 流程

二、多项选择题

1. 标准成本制度的意义有（　　）。
   A. 加强成本控制与评价　　　　B. 提高经营决策效率
   C. 加强产品标准化　　　　　　D. 简化成本核算
2. 标准成本控制的构成有（　　）。
   A. 成本考核　　　　　　　　　B. 账务处理
   C. 标准成本的制定　　　　　　D. 成本差异的计算分析
3. 作业成本计算的基本前提是（　　）。
   A. 作业消耗资源　　　　　　　B. 产品消耗作业
   C. 作业中心建立　　　　　　　D. 资源动因选择
4. 根据成本动因在资源流动中所处的位置，通常可将其分为（　　）。
   A. 资源动因　　　B. 作业动因　　　C. 直接动因　　　D. 间接动因
5. 下列选项中属于作业成本计算法的步骤有（　　）。
   A. 确定成本计算对象　　　　　B. 确定直接计入产品成本的类别

C. 确认作业类别和作业中心 D. 将资源成本分配到作业中心

6. 下列（　　）是目标成本制定的步骤。
   A. 预测销售量和价格 B. 计算目标利润 C. 匡算目标成本 D. 目标成本分解
7. 新产品的目标成本初步确定后，可参加产品设计小组的人员有（　　）。
   A. 技术 B. 生产 C. 销售 D. 会计
8. 下列属于质量成本内容的是（　　）。
   A. 预防成本 B. 鉴定成本 C. 内部故障成本 D. 外部故障成本
9. 内部故障成本是指产品出厂前因不符合规定的质量要求所发生的费用，它一般包括（　　）。
   A. 废品损失 B. 返修损失 C. 停工损失 D. 产品降价损失
10. 外部故障成本是指产品出厂后因未达到规定的质量要求所发生的各种费用或损失，下列属于外部故障成本的项目是（　　）。
    A. 索赔费用 B. 退货损失 C. 保修费 D. 诉讼费

三、判断题

1. 历史标准成本也要结合未来企业内外的变动因素而制定。（　　）
2. 作业成本法实行多元化制造费用分配标准。（　　）
3. 将资源成本分配到作业中心，这一步骤的分配工作反映了作业成本计算法的基本前提：产出量的多少决定着作业的耗用量。（　　）
4. 资源动因是指资源被各种作业消耗的方式和原因，是作业中心的成本分配到产品中的标准。（　　）
5. 目标成本是保证企业目标利润实现所必须达到的成本水平。（　　）
6. 目标成本的制定是目标成本控制的首要环节。（　　）
7. 产品出厂后由于质量问题造成的退货、换货所发生的损失属于内部故障成本。（　　）
8. 为改进和保证产品质量而支付的各种奖励称为质量奖励费，它属于预防成本。（　　）
9. 质量教育培训能够改善员工对质量的认知水平和行为态度。（　　）
10. 提高质量能为社会带来效益，但是企业的成本也会增加，因为质量越高，成本越高。（　　）

四、岗课赛证融通题

沿用项目一至项目六岗课赛证融通题目中任务一至任务十五的相关资料。

任务十七：作业成本计算

2×24年12月磷酸铁锂生产部生产磷酸铁锂（正极材料）12 500 t，机器工时2 182.5小时，采用作业成本法进行计算，见表7-21～表7-23。

表7-21　资源费用明细表

部门	磷酸铁锂生产部			
工序环节	资源费用	资源动因	资源动因量	项目费用/元
物料预备	材料费用	完工数量/t	87 000	
	水电气费	机器工时/小时	750	
	人工费	完工数量/t	190	
	设备费	机器工时/小时	400	
	小计		—	

续表

部门		磷酸铁锂生产部		
工序环节	资源费用	资源动因	资源动因量	项目费用/元
入窑烘烤	辅助费用	完工数量/t	2 000	
	水电气费	机器工时/小时	1 000	
	人工费	完工数量/t	200	
	设备费	机器工时/小时	600	
	小　计		—	
过筛包装	包装费用	完工数量/t	200	
	水电气费	机器工时/小时	600	
	人工费	完工数量/t	100	
	设备费	机器工时/小时	500	
	小　计		—	

表 7-22　作业分配率计算表

部门	磷酸铁锂生产部		
作业	总费用/元	作业动因量/t	作业成本分配率/(元/t)
物料预备		12 500	
入窑烘烤		12 500	
过筛包装		12 500	
合　计		—	

表 7-23　成本差异分析表

部门	磷酸铁锂生产部		
项目	完全成本法	作业成本法	差异
完工数量/t			
成本合计/元			
单位成本/(元/t)			

说明：（1）成本合计、单位成本的计算结果四舍五入保留 2 位小数。

（2）差异为完全成本法与作业成本法的差。

参 考 文 献

[1] 财政部会计资格评价中心. 初级会计实务[M]. 北京：中国财政经济出版社，2023.
[2] 中国注册会计师协会. 财务成本管理[M]. 北京：中国财政经济出版社，2024.
[3] 中国注册会计师协会. 会计[M]. 北京：中国财政经济出版社，2024.
[4] 于海琳. 成本核算与管理[M]. 2版. 北京：清华大学出版社，2020.
[5] 谭秋云. 业财税融合成本管控（初级）[M]. 北京：电子工业出版社，2021.
[6] 江希和，向有才. 成本会计教程[M]. 7版. 北京：高等教育出版社，2022.
[7] 李爱红. 成本核算与管理[M]. 北京：高等教育出版社，2020.
[8] 王忠孝，刘爱荣，刘艳红，等. 成本会计[M]. 9版. 大连：大连理工大学出版社，2023.
[9] 孙颖. 成本会计项目化教程[M]. 3版. 北京：高等教育出版社，2023.
[10] 陈强，王超. 成本计算与控制[M]. 北京：人民邮电出版社，2020.

编 者 寄 语

君子之守,修其身而天下平

亲爱的读者朋友,无论你是即将进入会计领域的职场新秀,还是正在从事会计工作的业界前辈,你们既是社会经济活动的重要参与者,更是国家经济秩序与行业秩序的坚定维护者,你们的工作都将对我国的社会经济发展产生重要影响。任重且道远,行稳能致远。漫漫职业生涯中,请你成为这样的人。

1. 一个热爱祖国的人

会计是经济管理的重要组成部分,它随着市场经济的发展而发展,是经济管理不可缺少的重要工具。经济越发展,会计越重要。经济的发展离不开国家的稳定,离不开各民族的团结,离不开每个人对祖国赤诚的爱。历史长河中,会计行业历经演变,直至今天走向智能化,是无数行业前辈辛勤耕耘的结晶。作为会计人,你理应秉承先辈遗志,坚守初心使命,热爱祖国,为民族振兴、国家富强而努力奋斗。

2. 一个遵纪守法的人

会计人员是会计法律、法规、规章的主要执行者和实施者。在贯彻执行会计法律、法规和其他财经法纪中承担重要责任,并发挥重要作用。会计工作是财务收支的"关口",对于维护投资人、债权人、其他利益关系人的合法权益,正确处理国家、集体、个人三者利益关系,都负有重要责任。因此你要学法、知法、懂法,切勿做出损害国家、社会、企业利益的事。

3. 一个爱岗敬业的人

会计职业道德要求会计人员热爱会计工作,安心本职岗位,忠于职守、尽心尽力、尽职尽责。你应当热爱会计工作,正确认识会计职业,树立爱岗敬业的精神与职业荣誉感。在工作中要保持严肃细致的工作态度和一丝不苟的工作作风。要能在各种复杂的情况下,抑制各种诱惑,忠实地履行岗位职责。

4. 一个诚实守信的人

会计职业道德要求会计人员做老实人,说老实话,办老实事,执业谨慎,信誉至上,不为利益所诱惑,不弄虚作假,不泄露秘密。你在从业过程中,应当将"诚实守信"作为自己的办事原则之一,要有实事求是的职业精神。会计人员只有坚持"诚实守信",对外披露的会计信息才具有可靠性和真实性,投资者、债权人以及所有信息使用者才能做出正确的判断。坚持诚实守信,是每一个会计人员应坚守的最基本底线。

5. 一个廉洁自律的人

会计职业道德要求会计人员公私分明、不贪不占、遵纪守法、清正廉洁。你要廉洁,应当做到不收受贿赂、不贪污钱财,保持自身清白;面对经济利益与其他诱惑,你应当做到自我约束、自我控制、自觉地抵制自己的不良欲望。你应当在正确的人生观与价值观的引领下,不断加强自身的道德修养。

6. 一个客观公正的人

会计职业道德要求会计人员端正态度、依法办事、实事求是、不偏不倚,保持应有的独立性。你在职业生涯中,要保证会计信息的真实性,以客观的事实为依据,真实地记录和反映实际经济业务事项;要保证会计信息的可靠性,核算要精准,记录要可靠,凭证要合法;要保持会计工作的公正性,以法律法规、会计准则、会计制度为标准,公正处理会计事务,做到公平公正,不偏不倚。

7. 一个坚持准则的人

会计职业道德要求会计人员熟悉国家法律、法规和国家统一的会计制度,始终坚持按法律、法规和国家统一的会计制度要求进行会计核算,实施会计监督。你在履行经济业务核算与监督职能的过程中,应当以法律法规、会计准则与制度为准绳,以事实为依据。在发生道德冲突时,应当坚持准则,维护国家利益、社会公众利益和正常的经济秩序。

8. 一个善于学习的人

会计职业道德要求会计人员增强提高专业技能的自觉性和紧迫感,勤学苦练,刻苦钻研,不断进取,提高业务水平。面对现代经济业务的多样性、创新性与会计准则、税收法规的不断更新,你应当保持终生学习的态度,不断更新自己的专业知识与技能。特别是在信息技术快速发展的今天,会计行业正面临前所未有的技术变革,在时代前行的洪流中,你更应当加快学习的步伐,努力提升专业水平以适应时代的需求。

9. 一个善于管理的人

会计职业道德要求会计人员在做好本职工作的同时,努力钻研相关业务,全面熟悉本单位经营活动和业务流程,主动提出合理化建议,协助领导决策,积极参与管理。新一代信息技术的快速发展和应用,使得未来会计信息的处理更加智能化,会计核算等一系列基础工作将会由财务机器人来进行处理。充分利用会计信息与业务信息协助决策、参与管理的能力将会是会计人员必须具备的一项重要技能。

10. 一个善于服务的人

会计职业道德要求会计人员树立服务意识,提高服务质量,努力维护和提升会计职业的良好社会形象。

| 高等职业教育 数智化财经 系列教材 |

大数据技术在财务中的应用
大数据技术应用基础
财务机器人应用
财务大数据分析与可视化
会计基础
智能财务会计实务
企业财务会计
大数据财务管理
数字化财务管理
财务管理实务
智慧化税费申报与管理
企业纳税实务
税务会计
纳税筹划

智能化成本核算与管理
成本核算与管理（第三版）
成本核算与管理知识点练习与全真实操（第三版）
业财一体信息化应用
会计信息系统应用
企业内部控制
大数据管理会计
管理会计实务
出纳实务（第四版）
税法
审计基础
审计实务（第四版）
审计业务全真实训（第三版）
行政事业单位会计

教学服务　　清华大学出版社

官方微信号

ISBN 978-7-302-66753-7

定价：59.80元